JN441706

비둘기와 뱀

"우리는 수많은 사람들처럼
하나님의 말씀을 혼잡하게 하지 아니하고
곧 순전함으로 하나님께 받은 것 같이
하나님 앞에서와 그리스도 안에서 말하노라!"
(고후 2:17)

비둘기와 뱀

초판 1쇄 발행	2017. 3. 15.
지은이	김주한
펴낸이	방주석
펴낸곳	베드로서원
주소	(10252) 경기도 고양시 일산동 고봉로 776-92(설문동)
전화 | 팩스	031)976-8970 | 031)976-8971
이메일	peterhouse@daum.net
창립일 | 출판등록	1988년 6월 3일 | 2010년 1월 18일(제 59호)
ISBN	978-89-7419-355-3 03230
책값	뒤표지에 있습니다.

베드로서원은 말씀과 성령 안에서 기도로 시작하며
영혼이 풍요로워지는 책을 만드는 데 힘쓰고 있으며
문서선교사역의 현장에서 세계화의 비전을 넓혀가겠습니다.

✝

나의 힘이신 여호와여 내가 주를 사랑하나이다(시18:1)

[정반합의 원리로 선명하게 드러나는 하나님의 마음]

비둘기와 뱀

베드로서원

글을 쓰며

진리는 동전에 앞뒤면 같은 양면성을 지니고 있습니다. 우리가 종이 한 장을 보아도 표면과 이면이 있듯이 하나님의 말씀인 성경말씀 또한 겉으로 드러난 표면과 안에 감추어진 이면이 있습니다.

전체를 본다는 것은 이 둘을 다 같이 본다는 것입니다. 그런데 우리가 성경을 볼 때에 전체를 보지 못하고 어느 한 단면만을 바라본다면 우리는 진리를 이해하는데 있어서 심각한 오류에 빠지게 될 수 있습니다.

이단에 치우친 사람들이 잘하는 것이 이 부분입니다. 성경의 한 단면만을 집중적으로 부각시키는 일입니다. 말씀을 콕콕~ 집어내는 것으로 보면 앞에서 들을 때는 귀에 쏙쏙~ 들어오는 것 같은데 반하여 집에 와서 생각하면 영 이상한 경우입니다.

이를 테면 성경엔 주를 위하여 헌신할 때 "나를 위하여 아비나 어미나 본토친척을 버린 자는 금생에서 백배를 받되. 쟁기를 가지고 뒤를 돌아보는 자는 하나님나라에 합당치 않다"(막 10:29)라는 말씀이 있지만 또한 주님은 십자가라는 가장 위대한 공무를 수행하실 때에도 사적인 일인 어머니를 돌아보는 말씀을 하셨습니다. 요한복음 1장 27절을 보면 "또 그 제자에게 이르시되 보라 네 어머니라 하신대 그 때부터 그 제자가 자기 집에 모시니라!" 입니다.

사도바울도 디모데후서 2장 4절에서 “병사로 복무하는 자는 자기 생활에 얽매이는 자가 하나도 없나니 이는 병사로 모집한 자를 기쁘게 하려 함이라!”하셨지만 같은 책인 디모데전서 5장 8절에서는“자기 친족 특히 자기 가족을 돌아보지 않는 자는 믿음을 배반한 자요 불신자보다 더 악하다!”고 한 말씀도 있습니다.

지금 주의 일을 한다는 명분으로 분명히 돌보아야 하는 가정을 내 팽개친 경우라면 후자의 말씀을 적용해야 합니다. 또한 지금 분명히 감당해야하는 주의 사명이 있음에도 불구하고 집안핑계를 대는 사람은 전자의 말씀을 붙잡아야 합니다.

이것이 성도들의 놓인 상황에 따라 정확하게 적용되지 못하고 반대로 적용하게 되면 사람들은 심각한 시험에 빠지게 됩니다. 마치 의사가 설사환자에게 변비약을 처방하는 것과도 같은 결과가 됩니다.

의사가 환자의 모든 ‘삶의 정황’(Context)을 종합적으로 파악해서 신중한 처방을 내려야 하듯이 말세가 될수록 목회적인 부분에서 또한 더욱 세심한 처방과 말씀적용이 필요한 시대인 것 같습니다.

본 책자는 비둘기와 뱀. 공의와 사랑. 은혜와 율법. 등등의 성경에서 서로 댓구를 이루며 진리의 앞뒷면을 이루는 내용을 분석하고 종합하는 과정을 통해서 진리의 하나님말씀을 올바로 깨닫고 이해하는 데에 도움이 되도록 꾸며졌습니다.

코에 걸면 코걸이 귀에 걸면 귀걸이 식으로의 알레고리(풍유적) 성경해석이 아니라 성경전체를 이해하고 본문을 볼 수 있도록 구성하였습니다.

또한 서로 상충되는 개념으로 알고 있던 본문들을 서로 비교하며 성경이 말하고자하는 의미를 바르게 알 수 있도록 쉬운 적용과 비유를 통해 평신도들의 성경이해에 도움이 될 수 있게 했습니다.

그래서 책 제목 또한 주님이 하신말씀 중에 "너희가 뱀처럼 지혜롭고 비둘기처럼 순결 하라!"는 말씀에서 인용된 〈비둘기와 뱀〉이 되었습니다.

글의 주제가 다소 무거운 감이 없지 않은 것 같아 후반부에 가서는 좀 더 편안하게 보실 수 있도록 성경인물들과 함께 목회자의 고백적 글들도 실었습니다.

하나님 나라의 성도들은 지혜롭되 교활해서는 안 됩니다. 또한 순수하되 바보가 되어서도 안 될 것입니다. 웃음을 주는 것과 웃음거리가 되는 것은 다른 것이기 때문입니다.

겸손하되 비굴해서도 안 됩니다. 또한 용감하되 그것이 만용으로 비춰져서도 안 됩니다. 높은 자존감을 가져야 하겠지만 그것이 자랑이나 교만이 되어서는 안 될 것입니다.

이와 같이 진리의 양면을 다 취함에 있어서 어느 한쪽으로의 쏠림이나 치우침 없이 하나님 말씀을 깨닫고 각자의 삶에 올바르게 적용할 줄 아는 성도들이 되길 바라며 보잘 것 없는 책자를 만들어 보았습니다.

사랑하는 아내 소연과 자랑스런 아들 다형. 그리고 초판 표지디자인 작업해 준 딸 다제에게 고마움을 전합니다.

진리를 비취는 시대의 횃불이 되게 하소서!
모든 영광 하나님께!!!

2017.
종교개혁 500 주년을 맞이하며….

· 차례 ·

첫 번째 이야기

비둘기와 뱀

비둘기와 뱀 | 진리와 복음 | 맞음과 틀림 | 진리와 사랑 | 하나님의 뜻
믿음과 행위 | 공의와 사랑 | 풍성함과 절박함 | 깨끗함과 순수함
됫박 아래 선반 위에 | 선과 악 | 지식과 지혜 | 생명의 빛 심판의 빛
그 나라와 그의 | 동질성과 이질성 | 가해자와 피해자 | 공간과 영원
마귀와 바이러스 | 숙성과 부패 | 맹목과 불신 | 플라시보와 피그말리온
크로노스 행위 카이로스 행위 | 예지와 예정

첫 번째 이야기

비둘기와 뱀

착하게 산다는 것

성경은 믿음의 열매인 행위를 언급할 때 착하게(선하게) 살아갈 것을 말씀하고 있습니다. 그러나 가끔 보면 착하다고 하는 삶에 대한 두려움을 갖고 있는 사람들이 있는 것을 보게 됩니다.

착하게 사는 것이 요즘 세상에 와서는 좀 어눌하고, 순진하며 세상일에 대해 발 빠르게 대응하지 못하는 사람들을 에둘러서 표현할 때 '너는 왜 그렇게 착하기만 하냐!' 내지는 '재가 착하기는 한 대 쯧쯧' 이라는 말을 쓰는 것을 보면 그렇습니다.

그러나 성경이 말하는 착함은 요즘 사람들이 해석하듯이 세상에 대한 적응력이 떨어지는 바보가 되는 것을 말하는 것은 아닙니다. 착하게 사는 것은 자신을 지키는 요소를 포함하고 있기 때문입니다.

자기를 잃어버리고서 착하게 산다고 하는 것은 의미가 없습니다. 그래서 주님이 주신 말씀 중에 **"뱀같이 지혜롭고 비둘기같이 순결 하라!"**는 말씀에 우리는 주목해야할 것입니다.

지혜와 순결

뱀은 지혜의 상징이고 비둘기는 순결의 표상입니다. 우리의 지혜 속에는 항상 순결이 담겨있어야 한다는 말씀입니다. 세상에 살아가지만 세상에 결코 동화되지 않은 삶을 말합니다. 물이 기름 속에서 섞이지 않고 존재하는 것과도 같습니다.

세상과 동화되었다면 순결을 잃은 비둘기가 된 것입니다. 속물 그 자체 일 뿐입니다. 반대로 지혜가 없는 비둘기는 말 그대로 바보입니다. 지혜와 순결. 그 어느 쪽도 놓칠 수 없는 진리의 양면입니다.

지혜가 세상을 살아가는데 필요한 외적 도구라면 순결은 그 안에 감추어진 내적 본래의 모습니다. 특별히 순결은 정체성을 말합니다. 순결을 잃으면 나라고 하는 존재가치가 없어지는 것입니다. 그래서 순결을 이야기할 때면 그것을 지키기 위한 투쟁이 필연적으로 동반됩니다.

이를테면 주님은 평강의 왕으로 오신분이고 우리에게 평안을 주시겠다고 했습니다. 또한 "너희는 할 수 있거든 모든 사람과 더불어 화평하라!"고도 하셨습니다.

그러나 또한 마태복음 10장을 보면 "내가 세상에 화평을 주러 온줄 생각지 말라 화평이 아니요 검을 주러왔노라 내가 온 것은 사람이 그 아비와 딸이 어미와 며느리가 시어미와 불화하게 하려 함이니 사람의 원수가 자기 집안 식구리라. 아비나 어미를 나보다 더 사랑하는 자는 내게 합당치 아니하고 아들이나 딸을 나보다 더 사랑하는 자도 내게 합당치 아니하고 또 자기 십자가를 지고 나를 좇지 않는 자도 내게 합당치 아니하니라!"는 말씀이 그것입니다.

정체불명의 평화

믿는 자로서 나의 정체를 분명히 해두지 않고서 벌이는 세상과의 화평

은 사상누각입니다. 즉 믿는 자의 순결이 다 사라져버린 모습으로 세상과 평화하고 있으면 그는 하나님나라에 합당치 않다는 것이 성경의 주장입니다.

성경은 무조건적인 화평을 결코 말하고 있지 않습니다. 그래서 누가복음 6장 26절에 보면 "모든 사람이 너희를 칭찬하면 화가 있도다. 거짓선지자들이 이같이 하였다!"고 말씀합니다. 우상숭배자들도, 무신론자도, 세상 모든 사람들이 그를 칭찬하고 있으면 그는 이미 그들과 동조한 결과입니다.

"무릇 그리스도 안에서 경건하게 살고자하는 자는 핍박을 받으리라"(딤후 3:12) 말씀하셨습니다. 그래서 주님은 "세상이 이유 없이 너희를 미워할 것이다. 그러나 너희보다 앞서서 나를 미워한 연고임으로 그때 이상히 여기지 말라!"(요 15:18)고 하신 것 입니다.

물론 우리의 행위는 세상 사람들로부터 칭찬을 받아야 합니다. "너희 빛을 사람 앞에 비추게 하여 너희 착한 행실을 보고 하늘에 계신 너희 아버지께 영광을 돌리게 하라!"고 하셨기 때문입니다.

그러나 아무리 내가 착하고 바르게 살아도 단지 예수 믿는 이유 하나로 칭찬이 아니라 욕을 먹고 조롱과 배척을 받는 부분이 있다는 것입니다. 이때 받는 핍박은 나의 정체와 순결을 지키기 위한 것입니다.

순결에 더 많은 비중이

세상과 사람 앞에 착하게 살아야 합니다. 화평하며 살아야 합니다. 그러나 나의 정체와 순결을 다 내어주는 평화라면 그건 아무것도 아닙니다. 주님은 "겉옷을 달라하면 속옷까지 벗어주고, 오리를 가자하면 십리를 가주라!"고 말씀 하셨습니다.

그러나 분명히 한발치도 내어주어서는 안 되는 부분이 있습니다. 그

것이 나를 나 되게 하는 가장 중요한 부분입니다. 바로 '순결' 입니다.

가끔 사람 앞에서는 뱀의 지혜를 갖고 살기는 하는 것에 반하여 하나님 앞에서 비둘기의 순결을 잃어버리는 사람들을 보게 됩니다. 성경은 지혜를 강조하고 있지만 그보다 순결에 더 많은 비중을 두고 말씀하고 있다는 것을 알아야 합니다.

순결을 내어준 성도는 이미 하늘나라 성도임을 포기한 것이기 때문입니다. 세상을 살아가면서 하나님 앞에 순결을 잃지 않은 하늘나라의 참 성도들이 되기를 소망합니다.

첫 번째 이야기

진리와 복음

진리가 무엇이냐?

요한복음 18장을 보면 예수님께서 빌라도에게 심문을 받으시면서 "진리에 속한 자가 내 말을 듣는다!"고 하셨습니다. 그때 빌라도가 "진리가 무엇이냐?" 라고 물었습니다. 그것이 빌라도와 예수님과의 마지막 대화였습니다.

사람들은 진리를 찾습니다. 진리를 구합니다. 굳이 '데카르트' 의 '방법적 회의' 를 구하지 않더라도 진리는 내가 여기 이렇게 존재하고 있다는 것에서부터 출발합니다. 그리고 나를 이렇게 존재하게 하는 누군가가 있다는 것입니다.

그러나 중요한 것은 사람이 진리를 구하고 찾아다니지만 진리가 그에게로 가지 않는 한 진리는 끝없는 미로일 뿐이라는 것 입니다. 사람들은 역사적 진리. 철학적 진리. 종교적 진리. 등등의 진리를 말합니다.

조작된 진리

어느 저명한 스님이 나는 불교에 진리가 있다고 믿기 때문에 불교에 몸담고 있는 것이지 진리가 다른 곳에 있다면 나는 벌써 그곳으로 갔을 거라 했습니다. 진리 때문에 불교에 있는 것이지 불교 때문에 진리를 추구하는 것은 아니라했습니다.

진리가 그에게로 가지 않고 그가 찾아가는 진리는 그에 머릿속에서 만들어 낸 조작된 진리에 불과합니다. 그런 의미에서 진리는 깨닫는 것이라기보다는 진리가 그를 사로잡는 것이라 할 수 있습니다.

예수님은 내가 진리라고 했습니다. 그러나 진리를 물어보는 빌라도에게는 아무 말도 하지 않으셨습니다.

진리는 인격이고 창조주이십니다. 진리를 우연이라고 하는 자들에게 있어서 진리는 그저 듣기 좋은 말 몇 마디일 수 있습니다. 그러나 그것은 허망한 미혹에 불과합니다.

너는 누구냐?

성경은 진리를 가리켜서 이러쿵저러쿵 말하고 있는 사람들을 가리켜서 "너는 누구냐?"고 묻고 있습니다. 욥기를 보면 하나님에 대해서 이러쿵저러쿵 말하고 있는 욥과 그의 네 친구들에게 폭풍 중에 나타나셔서 말씀하십니다.

너는 대장부처럼 허리를 묶고 내가 묻는 말에 답하라고 하십니다. 내가 땅의 기초를 놓을 때 어디에 있었는지 물으십니다. '베헤못' 의 넓적다리 힘이 어디서 나오며 '레비아탄' 을 낚시로 걸 수 있냐는 말씀을 하셨습니다. 크고 광대하신 하나님 앞에 우리가 깨달았으면 무엇을 얼마나 깨달았는지를 묻고 계신 것입니다.

천문학자들에 의하면 이 드넓은 우주 안에 있는 지구를 마치 우주에 비유한다면 지구는 마치 지구 안에 있는 가장 작은 물질인 수소원자와 같다고 했습니다. 그 속에서 사는 사람들이 스스로 뭘 안다고 하며 진리를 정의 하는 것이 얼마나 하나님 앞에 우스운 행위인지를 알아야 한다는 것입니다.

좋은 말?

가끔 보면 목사님의 말씀과 스님의 말씀 구분이 안 될 때가 있습니다. 세상에서 좋은 말 듣고 은혜 받았다고 하는 것입니다. 그러나 정말로 좋은 말은 스님이 쓴 책을 보면 정말 좋은 글 들이 많이 있습니다. 물 흐르는 것 같고. 사람의 마음을 부드럽게 터치하며. 모든 것을 내려놓고 비우게 합니다. 산사(山寺) 흐르는 물가에 사람들을 앉혀놓고 물소리를 들으려 하지 말고 그냥 물이 되라고 합니다.

우리 주위에는 너무나 듣기 좋은 말이 많이 있습니다. 그러나 그 말은 우리의 지성과 감성을 잠시 달래줄 수 있을지는 모르지만 우리를 구원하는 말은 될 수 없습니다.

성경은 좋은 말 적어놓은 책이 아니라 이제 곧 준엄한 하나님의 심판이 있다는 말씀을 기록한 책입니다. 복음은 무엇이냐면 살아날 길이 있다는 것입니다. 전도를 하면 이런 경우를 만날 때가 있습니다. 좋은 이야기라고만 받는 겁니다.

'이 세상의 창조주가 계십니다!'
'좋은 이야기야'
'그분이 죄악세상을 심판하십니다!!'
'아. 좋은 이야기라니까.'
'예수를 믿어야 구원받습니다!!!'
'아 좋은 이야기라니까 자꾸 그러네'

좋은 이야기를 벗어나지 못합니다.

온갖 것을 믿으면서도

우리의 구원은 심판 속에서의 구원입니다. 유황불이 비처럼 내리고 있는 가운데에서의 구원입니다. 창조주를 믿는다면 그분이 구원주가 되심을 믿게 되며 그 분은 또한 심판주가 되심을 믿게 됩니다.

온갖 것을 믿으면서도 예수는 안 믿는 사람이 있습니다. 사기꾼의 말은 그렇게 잘 믿으면서 예수는 안 믿습니다. 뭘 잘 믿는다고 해서 믿게 되는 분이 예수가 아니라는 것입니다.

겁이 많아서 조그만 무서운 것을 보아도 버들버들 떠는 사람이 희한한 것은 지옥을 무서워하지 않습니다. 눈이 가려지고 어두워져서 그렇습니다. 육신의 정욕, 안목의 정욕, 이생의 자랑으로 덮여 있어서 그렇습니다.

즉 우리가 믿어서 이 만큼의 신앙생활을 하고 있는 것이 아니라 성령께서 끊임없이 우리를 독려하시고 이끌어 주셨기 때문이라는 것입니다.

진리는 우리를 지으신 분이 계신다는 것이며, 그분이 우리의 죄악을 심판하신다는 것이며, 그것을 벗어날 수 있는 길은 오직 독생자이신 하나님의 아들 예수그리스도밖에 없다는 것입니다.

이것이 바로 우리에게 전해진 천국복음입니다.

첫 번째 이야기

맞음과 틀림

숨 쉬는 진리

오늘은 고린전서 13장 6절에 기록된 **"사랑은 불의를 기뻐하지 않고 진리와 함께 기뻐하는 것"**이 무엇인지를 보도록 하겠습니다. 진리와 함께 기뻐하는 것이 무엇인지 알기 위해서는 진리가 무엇인지 먼저 알아야합니다.

물론 진리는 참된 것이고 영원한 것이고 변치 않는 것입니다. 그러나 우리가 정말 '이것이 진리다!' 라고 말할 수 있다면 그것은 종교적 진리, 수학적 진리, 철학적 진리.등등의 이론적 진리가 아닙니다. 우리는 숨 쉬는 진리, 살아있는 진리, 움직이는 진리를 원합니다. 그래서 우리는 그것을 위해 살고, 그것과 함께 살다가 그것과 함께 죽을 수 있는 그 진리를 추구하는 것입니다.

진리는 헬라어로 '알레데이아' 라고 합니다. 이 말의 성경적 의미는 3가지의 뜻을 담고 있습니다. 첫 번째는 '하나님의 뜻 안에 있다는 것' 을 의미합니다. 두 번째로는 옳고 그름을 정의하는데 있어서 '이것이 옳은 것이다' 할 수 있는 것이 진리입니다. 마지막으로 '조작되지 않았다는 의미에서 사실' 을 진리라고 합니다. 이 세 가지를 줄이면 진리는

'하나님의 뜻 안에서 올바른 사실' 이라고 할 수 있습니다.

물론 어떤 때는 어느 것이 하나님 뜻 안에 있는 것인지 그리고 어느 편이 정말 옳은 쪽인지 그리고 무엇이 조작되지 않은 진실인지 잘 구별이 되지 않은 것이 있을 수 있습니다. 나중에 하나님 앞에 가서야 그 진위가 들어나는 것이 있다는 것입니다. 그러나 하나님의 뜻을 구하고 옳고 그름을 나누는데 있어서 분명하게 나누어지는 것이 있습니다. 이것도 어렵다고하면 안됩니다. 너무 쉬운 것을 가지고 어렵게 가지고 가면서 애매하게 만드는 경우가 있는데 이것은 말로 사람을 농간하는 현학일 뿐입니다.

이를테면 이런 것입니다. 도적질하는 것은 분명히 나쁜 것이고 잘못된 것입니다. 8계명을 어긴 것입니다. 바람피우는 것도 분명히 죄 된 것이고 7계명을 어긴 것입니다. 그러면 남자와 남자가 결혼하는 동성연애는 옳은 것입니까? 그른 것 입니까? 여기서는 갑자기 어렵다는 사람들이 생기게 됩니다. 이것도 아주 쉬운 것입니다. 이거는 그릇되고 틀린 것이며 더 나아가 악한 것입니다. 물론 하나님 말씀과 뜻 안에서 그렇다는 것입니다.

틀린 것이 없는 시대

세상은 동성연애를 악하다 하지 않습니다. 왜 그러냐면 요즘 세상을 포스트모더니즘(후기현대주의) 세상이라고 하는데 이게 말이 어려워서 그렇지 쉬운 말로하면 이 세상엔 틀린 게 없다는 말입니다. 틀린 것이 없다는 시대를 가리켜 한마디로 일컫는 말이 '포스트모더니즘시대' 라고 합니다. 이거는 이래서 맞고 저거는 저래서 맞는다는 것입니다.

모자를 앞으로 쓰는 것도 맞고, 뒤로 쓰는 것도 맞는 것이며, 바지를 앞으로 입든, 뒤집어 입든, 찢어서 입든 다 맞는 것입니다. 바이올린을 연주하는 것이 예술이면 그것을 부수는 것도 예술입니다. 그러면서 모두 바이올린 하나씩 들고는 그것을 부수고 있습니다. 소위 '전위예술'이라는 것입니다.

미술관에 가면 나무에 대못 하나 박아 놓고는 '질투' 라는 심오한 타이틀을 붙여 놓았습니다. 못 하나 박아 놓은 나무 앞에서 오래도록 감상을 해야 합니다. 빨리 지나가면(?) 세상에 무식한 사람취급을 받습니다. 이게 모두 다 무슨 벌거벗은 임금님 놀이 하는 것입니까!

물론 우리가 각기 다른 모양의 사람들이 서로 어울려 살면서 다양성 속에 조화를 이루고 다양성 속에 일치를 이루는 일은 매우 중요한 일이라고 하겠습니다. 그래서 부부간에 상담치유 하는 것도 보면 상대가 틀렸다고 하면 안 되고 나와 다르다고 하는 관점에서 접근할 것을 요구합니다. 부부갈등의 원인이 서로 내가 맞고 당신은 틀렸다고 하기 때문에 갈등이 심화되는 것이니까 다름의 차이를 인정하면 하나 됨을 이룰 수 있다 하면서 상담치유를 한다고 합니다. 여기는 맞는 말입니다.

부부간의 갈등을 좀 확대해서 우리가 살아가는 사회로도 가져갈 수 있습니다. 요즘 다문화를 살아가는 우리 사회에서도 이것은 그대로 적용되는 말입니다. 사람이 인종이 다르고 살아온 배경이 다르고 문화가 다른 것이지 틀린 것이 아니니까 그 다양성 속에서 아름다운 일치와 하나 됨을 찾자는 것입니다. 이와 같은 사회현상은 매우 고무적이고 바람직한 흐름이라고 할 수 있습니다.

성적취향의 자유(?)

그러나 문제는 뭐냐면 이 다름의 차이가 끝도 없이 확장되어서 모든 부분에 있어서 다름의 가치를 인정하라고 하게 되면 나중에 무슨 일이 일어나게 되냐면 이 세상에 틀린 것은 아무것도 없어지는 아주 이상한 현상이 일어나게 되는 것입니다.

모든 것이 그냥 좀 다른 것이지 틀린 것이 아무것도 없다는 것입니다. 남자가 남자와 결혼을 하든지, 항문섹스를 하든지, 여자가 여러 남자와 살든지, 무슨 짐승하고 교잡하고 결혼을 하든지 그것이 그저 나와는 성적인 취향이 좀 달라서 그럴 뿐이지 틀린 것이 아니라는 것입니다. 이것이 이제 성경에 반하는 세상가치를 쫓아가는 사람들이 하는 말이 되는 것입니다. **세상은 다양성의 가치를 인정하는 척하면서 슬그머니 그 안에 죄도 포함시킵니다. 그래서 세상은 기상천외한 것이 나타나면 좋아하는 것입니다.**

이것이 계속해서 확대되면 부부 중 어느 한편이 바람을 펴도 그 배우자의 성적취향이 다른 파트너로 바뀐 것임으로 잘못한 게 아니라는 결론에 이르게 됩니다. 그래서 이제 우리나라도 간통죄는 법적으로 없어졌습니다. 요즘 유행하는 말이 이 성적취향의 자유라는 말입니다. 학생인권조례안에도 들어있는 말이기도 합니다. 어린 학생들에게 조차 성적타락과 동성연애를 조장하는 세상이 된 것입니다.

분명한 것은 한 개인의 자유는 인류보편의 가치와 공공의 사회 질서유지를 위해 제한되어야 한다는 것입니다. 그래서 우리나라는 헌법37조 2항에 법률로 국민의 자유와 권리를 제한하고 있습니다. 개인의 성적취향의 자유를 인정한다면 개인의 음주운전의 자유도 개인의 마약복용의 자유도 다 인정해야 합니다. 성소수자들을 위한다는 명목으로 성적취향의 자유를 인정하게 된다면 그 다음 차례는 동물과 교잡하는 수간자(獸姦者)들이 나와 자기들 또한 성소수자로 보호 받게 해 달라고 하는 것입니다. 나아가서 소아성애자(小我性愛者)들 과 온갖 변태성욕자들 또한 사회 약자인 냥 성소수권자로 자신들의 권리를 행세하게 된다는 것입니다. 추악한 아동성추행(폭행)범의 대부분이 소아성애자(小

我性愛者)들이라는 것을 알게 될 때에 이것은 있을 수 없는 일입니다.

인권이라는 말이 분명한 경계를 찾지 못하고 방황하는 것입니다. 물론 인권법이라는 것이 아무리 추한 모습을 하고 있는 사람이라 할지라도 사람으로서의 존엄성을 지니고 최소한의 권리를 누리도록 하자는 취지에서 만들어졌고 또한 실지로 사회약자들을 위해 있다고는 하나 가만히 보면 어떤 경우에는 살인자와 흉악범의 인권을 챙겨주고 있더라는 것입니다. 초상권 침해되니까 흉악범 잡으면 얼굴가려주고, 고분고분 진술 받아 내야겠으니 짬뽕 먹을래? 짜장면 먹을래? 물어보고 입맛 없다 하면 탕수육 시켜주고 있더라는 것입니다. 범죄자가 포토라인 앞에서 모델처럼 사진 찍고 들어가는 세상이 된 것입니다. 그러나 이것은 정말 정상이 아닙니다. 너무 멀리 간 것입니다.

상대와 절대

진리가 있으면 비진리가 있는 것이고 옳은 것이 있으면 그른 것이 있는 것이며 맞는 것이 있으면 틀린 것이 있는 것입니다. 진리를 모르게 되면 어디까지 가야하는 것인지 경계를 모르는 것입니다. 경계를 모른다는 것은 곧 틀린 것이 없다는 말입니다. 절대적인 진리가 없고 모든 것이 상대화 되는 것입니다. 이와 같은 포스트모더니즘 사조에서 나온 것이 바로 종교다원주의입니다. 알라를 믿든지 석가모니를 믿든지 무속을 믿든지 산을 오르는 길만 다를 뿐이지 모두가 구원받는다는 말입니다. 이 말을 일반인이 하는 것이 아니라 목사를 키운다고 하는 신학대학 학장이 하고 있으니 예수님 오실 날이 정말 얼마 안 남은 것 같습니다.

오직 예수로만 구원 얻는다고 하는 사람들을 편협하다고 하고 옹졸하다 비판합니다. 다양성의 가치를 인정하고 모든 종교에 구원이 있다고 외치는 자신들이야 말로 참으로 열린 사람들이라 말합니다. 분명한 사실은 이런 분들은 예수십자가 보혈로 인해 하나님께 나아간 분들이 아니라는 것입니다. 자신들의 이성과 신학으로 절대적인 하나님을 상대적인 사람의 자리로 끌어내린 하나님은 이미 성경에서 말하는 하나님은 아니기 때문입니다.

절대적 진리가 없어진다고 하는 것은 곧 절대적 가치가 없어진다는 것입니다. 하나님을 배제하고 하나님 말씀을 버리고 사람이 진리가 되고 사람의 기분과 취향에 따라 그리고 지금 내 앞에 놓인 상황윤리에 따라 모든 것을 합리화하고 정당화 하는 것입니다.

진리 안에서의 기쁨

하나님의 사람들은 틀린 것을 향하여 틀렸다고 말할 수 있어야합니다. 세상을 향해서 분명한 소리를 내어야합니다. 바람피우는 것은 틀린 것이고, 동성연애도 틀린 것이며, 흉악범 인권 챙겨주는 것도 틀린 것이라고 확실히 말할 수 있어야 하는 것입니다.

고린도전서 13장 5~6절에서 하나님의 사랑은 **"악한 것을 생각지 않고 불의를 기뻐하지 않으며 진리와 함께 기뻐한다!" 했을 때에 악하고 불의한 것은 머릿속으로 나쁜 생각하고, 손으로 발로 죄 짓는 것만이 악하고 불의한 것이 아니라 절대적인 하나님을 상대적인 사람의 자리로 끌어내리는 모든 인간의 발상과 행위와 그와 비견된 모습들이 바로 악한 것이고 불의한 것이라는 말씀입니다.**

이 세상은 언제 무서워지냐면 틀린 것이 없고 모든 것이 옳은 것이다 했을 때 무서워지는 것입니다. 절대적인 기준과 인류보편의 윤리가 상실되는 것으로 가치의 아노미 현상이 오는 것입니다.

그래서 처음에 글을 시작하면서 언급 했듯이 진리는 하나님의 뜻 안에 있는 것이며, 옳은 것이며, 조작되지 않은 진실이기 때문에 우리는 그 진리 안에서 기쁨을 찾아야 하는 것입니다.

세상은 하나님의 뜻이 아닌 것을 뻔히 알면서도 그 안에서 기쁨을 찾으려합니다. 또한 틀렸다는 것을 뻔히 보면서도 그 안에서 일탈의 기쁨을 찾습니다. 또한 진실이 아닌 조작된 냄새가 나는 것을 뻔히 보면서도 그 안에서 히히덕(시시덕)거리고 있는 것입니다. 우리의 타락한 죄성이 악행으로 치닫고 있을 때에 이것을 하고 있는 것입니다.

그러나 **우리 성도들의 기쁨은 고린도전서 3장 6절의 말씀과 같이 불의와 함께하는 기쁨이 아니라 언제 어디서든지 진리 안에서 그리고 진리와 함께 누리는 기쁨인 것을 믿습니다.**

첫 번째 이야기

진리와 사랑

칭찬과 징계

성경의 마지막 책인 요한계시록은 사도요한이 '밧모섬' 에 유배되어 있을 때 주님이 보여주신 환상과 계시를 통해 장차 되어 질 일을 기록한 편지의 글입니다.

수신자는 특별히 소아시아에 흩어져있는 일곱 교회 목회자와 성도들을 향해 주시는 말씀입니다. 주님은 일곱별(일곱 교회의 지도자)을 쥐고서 일곱 개의 금 촛대(일곱 교회)사이를 다니시는 분으로 묘사되어 있습니다.

일곱 교회들 대부분이 주님으로부터 칭찬과 징계를 같이 받았습니다. 게 중에는 규모는 작았지만 칭찬만 받은 '서머나' 교회와 '빌라델비아' 교회도 있었고, 부자들의 교회였음에도 '라오디게아' 교회처럼 야단만 잔뜩 맞은(?) 교회도 있었습니다.

에베소 교회와 버가모 교회

제일 먼저 기록된 '에베소' 교회 역시 사랑의 사도로 불리었으며 계시록의 저자이기도 한 사도요한이 담임목회자로 있던 교회였음에도 불구하고 첫 사랑을 잃어버린 교회로 우리에게 익히 알려져 있습니다. 그러나 이 교회가 칭찬을 받은 부분도 있었습니다. 그것은 거짓선지자(이단)를 물리친 일 이었습니다.

흥미로운 부분은 주님의 칭찬과 책망을 듣는 일에 있어서 '에베소' 교회와 정 반대 되는 교회가 있습니다. 바로 '버가모' 교회입니다. 이 교회는 주님을 향한 사랑은 지키고 있었는데 거짓 선지자를 받아들인 일로 주님의 큰 징계를 받았습니다.

한 교회는 진리는 지키고 있었는데 사랑을 잃어버렸고, 또 한 교회는 사랑은 하고 있었는데 진리를 잃어버렸습니다. 하나님 나라를 설명함에 있어서 동전에 앞뒷면과도 같은 진리와 사랑, 사랑과 진리는 둘 중에 그 어느 것 하나라도 잃어버리거나 놓칠 수 없는 기독교신앙에 핵심과도 같은 부분입니다.

나를 나 되게 하는 것

진리가 머리에 속했고 말씀을 담고 있으며 좀 차갑고, 이성적이고, 교리적이고, 딱딱하다면 사랑은 가슴에 속했으며 은혜를 담고 있고 따듯하고, 감성적이며, 부드러운 부분이라고 할 수 있습니다.

"말씀이 육신이 되어 우리 가운데 거하시매 우리가 그 영광을 보니 은혜와 진리가 충만하더라."에서 '은혜와 진리' 가 바로 '사랑과 진리' 의 개념입니다. 또 있습니다. "하나님을 예배하는 자들은 신령과 진리로 예배할 지니라!"에서 말씀하시는 '신령과 진리' 가 '사랑과 진리' 의 또 다른 이름입니다.

진리는 나를 나 되게 하는 부분입니다 그래서 지금 교회들도 보면 말씀을 많이 가르치고, 교리적으로 든든히 서 있는 교회는 거짓이단을 철저히 구분해내고 그들을 철저히 배격합니다.

그런데 어떻게 보면 굉장히 차갑게 느껴집니다. 심한 경우에는 기도할 때 소리를 내거나 찬송할 때 박수치는 것 같은 감정표현 조차도 못하게 합니다.

사랑이 없는 것 같고 도무지 정나미가(?) 붙을 것 같지가 않습니다. 그러나 장점으로는 교회의 자기정체성이 분명하고 세상에 유혹이나 이단의 감언이설에 넘어가지 않습니다.

반대로 말씀은 잘 안 가르치는데 사랑과 실천만을 강조하는 교회가 있습니다. 성도들이 서로 모여서 사랑하고 살면 말씀을 다 이루는 것이라고 해서는 온갖 거짓진리에 속한 이단들도 다 받아들이고 서로 교제하고 사랑을 나눕니다.

실제로 강단에 서신 목사님도 성경 한 줄 읽어 놓고는 본문말씀하고는 전혀 상관없는 세상 돌아가는 이야기, 정치 이야기, 사람들이 재미있어하는 이야기만 하고 내려오시는 목사님들도 우리 주위에는 있습니다. 사실 정치 이야기나 세상 이야기는 교회 말고도 들을 수 있는 곳이 얼마든지 있기 때문에 이름만 교회이름으로 모였을 뿐이지 교회라고 하기가 좀 어렵습니다. 하나님의 말씀은 교회를 교회 되게 하는 제일 요소이기 때문입니다

진리가 없는 사랑은 인본주의 사랑

'진리와 사랑' 사실 그 어느 것이 더 중요하다고 말하기가 딱히 힘이 든 것이 사실입니다. 이 둘을 저울에 달았을 때 어느 것이 더 무겁다고 할 수도 없습니다.

그러나 **그 순서에 있어서는 분명한 순서가 있습니다. 진리가 먼저고 그리고 나서 사랑입니다. 진리가 없는 사랑 그것을 가리켜서 인본주의 사랑이라고 부릅니다. 인본주의 사랑에는 사람끼리 좋은 것만 있지 하**

나님의 구원이 없습니다.

사람끼리 모여 서로 감동하는 일 속에서는 아무리 큰 희생과 눈물 흘리는 휴머니즘이 있다고 해도 그곳에 진리가 없으면 그곳엔 하나님의 구원이 없습니다. 이것이 성경입니다. 그러나 사랑이 좀 부족하지만 그래서 좀 딱딱하고, 차갑고, 정이 없어 보이기는 하지만 진리가 있다면 거기에는 하나님의 구원이 있습니다.

혹 고린도전서13장의 말씀을 아시는 분 가운데는 "사랑이 없으면 아무것도 아니라!"고 하지 않았습니까! 라고 반문하실 수 있습니다. 성경을 더 깊이 아시는 분은 "사랑은 율법의 완성"이라고 하지 않았습니까! 예 맞는 말씀입니다.

그런데 **그 사랑은 사람끼리 좋고 좋은 인본주의 사랑이 아니라 철저히 하나님이 중심이 되신 신본주의 사랑이기 때문에 반드시 진리를 먼저 알고 나서야 알 수 있는 사랑입니다.** 더하기와 빼기를 먼저 알아야 곱하기, 나누기를 아는 것과 같습니다. 더하기, 빼기는 그냥 지나가고 곱하기, 나누기 더 나아가서 미적분을 안다고 한다면 이건 웃긴 이야기입니다.

건물이 세워질려면 1층이 먼저 세워지고 2층, 3층이 세워집니다. 1층은 허공으로 비워두고 2층부터 세워지는 경우는 없습니다. 1층이 있고 2층입니다. 1층 없는 2층은 없습니다. 2층으로 갈려면 세상없어도 1층을 딛고 가야 하는 것처럼 **하나님의 사랑을 알려면 반드시 진리를 딛고 나서야 알게 되는 사랑이 바로 하나님 사랑입니다.**

진리는 예수그리스도

이 **진리가 바로 예수그리스도**입니다. "내가 길이요 진리요 생명이다!" 하셨을 때의 바로 그 진리입니다. "진리를 알지니 진리가 너희를 자유케 하리라!" 하셨을 때의 그 진리입니다. 예수그리스도로 말미암지 않고는 하나님을 알 수 없고, 하나님의 사랑은 더 더욱 모릅니다.

주님께서 일곱 교회들을 칭찬하시고 책망하시는 기준이 바로 여기에 있습니다. **진리를 지키고 있었느냐가 먼저입니다. 상당수의 교회들이 진리를 지킨 것으로 칭찬을 듣고, 진리를 잃어버린 것으로 책망을 받고 있습니다.**

좋은 게 좋다고 비 진리에 넘어 갔으면 핍박이란 말이 왜 있고, 순교자는 또 어떻게 나오겠습니까! 모두가 진리를 지키기 위해 이단을 축출하는 과정에서 박해를 받은 것이고, 또한 순교자도 그와 같은 배경에서 나온 것입니다. 그런 의미에서 우리 믿음의 선배들은 모두 진리를 지키기 위해 항거했던 분들입니다.

진리를 잃어버린 사랑에는 그 안에 하나님이 계시지 않습니다. 사람이 본위가 된 사람들끼리의 종교놀음에 불과합니다. 마치 얼마 전 비둘기의 순결과 뱀의 지혜를 할 때 비둘기의 순결이 먼저였던 것과도 같습니다. 순결이 먼저 있고 그리고 지혜가 뒤따라야 하는 것 이었습니다. 순결을 잃어버린 비둘기라면 그 안에 사악한 뱀의 모습만이 있을 뿐입니다.

믿음이 먼저

우리의 구원에 있어서도 마찬가지입니다 '믿음이냐! 행위냐!' 를 놓고 많은 사람들이 설전을 벌이지만은 우리가 언제나 주지해야 할 사실은 믿음이 없으면 구원은 없다는 것입니다.

그러나 행위가 좀 모자라도 믿음이 있으면 구원을 받습니다. 이것이 말씀에 근거한 우리의 신앙입니다. 진리가 먼저인 것처럼, 순결이 먼저인 것처럼, 여기서도 믿음이 먼저입니다.

여기서도 조금 전과 똑같은 반문을 하실 수 있습니다. "행위가 없는 믿음은 죽은 믿음이라고 했지 않습니까!" 예! 맞는 말씀입니다. **믿음과 행위 모두가 똑같이 중요한 검의 양날과 같은 것이지만 순서상 믿음이 먼저입니다. 먼저 믿고 나서 바른 행위들을 할 때 그 행위들이 하나님께서 인정하시는 행위가 되는 것입니다.**

사람들은 항상 믿음보다 행위를 먼저 내세웁니다. '믿기만 하면 다냐! 바른 행위가 있어야지!', '착하게 살면 됐지 꼭 믿어야 되나!' 의 논리를 전면에 내세웁니다. 이것은 사람의 순서입니다. 그러나 주님의 순서는 그보다 믿음이 먼저 라고 말씀하십니다.

믿음 없는 행위

행위만을 강조하는 사람들과 일부 자유주의 진영의 교회들은 야고보서 2장의 '행위 없는 믿음은 죽은 믿음' 이라는 것만 알고 있지 요한계시록 2장의 '믿음 없는 행위 역시 죽은 행위' 라는 것은 모르고 있습니다.

'사데 교회' 는 행위가 있는 교회였습니다. 선하고 의로운 행위가 있고, 선교와 구제에 앞장 선 것으로 세상 사람들 앞에 널리 알려진 교회였습니다.

그러나 요한계시록 2장 1~2절에서 "내가 네 행위(선하고 의로운 행위)를 아노니 네가 살았다하는 이름은 가졌으나 죽은 자로다! 하나님 앞에서 네 행위(선하고 의로운 행위)의 온전한 것을 찾지 못 하겠다!" 는 책망과 징계의 말씀을 들었습니다.

'사데 교인' 의 선한행위는 자기 이름 내기 위한 바리새인 같은 외식하는 행위였으며, 믿음은 뒷전으로 한 선한행위 그 자체만을 중시하는 행위였기 때문에 주님으로부터 "네가 살았다하는 이름은 가졌으나 실상은 죽은 자로다!"라는 큰 책망을 들은 것 이었습니다.

그리고 야고보서 2장의 "행위 없는 믿음은 죽은 믿음"이라 했을 때에 그 말씀의 대상자는 이미 예수 믿고 있다고 하면서 행실이 온전치 못한 성도를 가리킨 것이지 전혀 믿지 않는 사람들을 대상으로 구원의 길을 설명한 내용이 아니라는 것입니다. 그러므로 야보고서의 말씀을 가지고 복음을 모르는 일반인을 상대로 적용할 수 있는 것이 아님을 먼저 알아야 할 것입니다.

믿고 합시다!

어떤 분 '밥 먹고 합시다!' 라는 말을 하던데 저는 '믿고 합시다!' 라는 말을 하고 싶습니다. 배가 고프면 우리 눈앞에 아무리 멋진 금강산이 있어도 그것이 다 아무것도 아닌 것처럼 예수 믿는 사람에게 있어서 믿음 없이 한 것이라면 그가 뭘 해도 그것이 다 아무것도 아니라는 의미입니다.

우리가 무엇을 하든지 먼저는 믿어야 합니다. 먼저 믿고 가정생활하고. 먼저 믿고 직장생활하고. 학생들은 믿음으로 공부하고. 장사하시는 분들도 믿음으로 사업하고.

뭘 할 때 먼저 믿고 해야 합니다. 먼저 믿고 나서 할 때 그 행위가 하나님보시기에 아름다운 것입니다.

첫 번째 이야기

하나님의 뜻

구원의 길

마태복음 7장 21절에서 주님은 "나더러 주여 하는 자마다 다 천국에 들어갈 것이 아니요 다만 하늘에 계신 **내 아버지의 뜻대로 행하는 자라야** 들어가리라" 하셨습니다. 또한 요한1서 2장 17절에서도 "이 세상도, 그 정욕도 지나가되 오직 **하나님의 뜻을 행하는 자**는 영원히 거하느니라!" 하셨습니다.

죄인이 구원받아 천국가게 될 때에 하나님의 뜻대로 행한 자라야만이 들어간다는 말씀입니다. 그렇다면 그 행함의 주된 내용은 무엇이냐는 것입니다. 그것은 바로 하나님을 믿는 행위를 말씀하는 것입니다. 믿음과 행위는 다른 것인 줄 알았는데 믿음이 곧 행위라고 하니까 이상한 것입니다.

물론 우리가 알고 있는 소자에게 물 그릇 떠주는 선한 행위가 그 안에 들어있지만 핵심적인 내용의 중심에는 이 모든 일 가운데 언제나 하나님을 믿고 의지하는 믿음의 행위를 말씀하는 것입니다.

그래서 요한복음 6장 40절에서 주님은 하나님의 뜻이 정확히 무엇인지를 밝혀주고 계십니다. **"내 아버지의 뜻은 아들을 보고 믿는 자마**

다 영생을 주는 이것이니 마지막 날에 이를 내가 다시 살리리라!" 하신 것입니다.

하나님 아버지의 뜻은 무엇이냐면 먼저 하나님이 보내신 아들을 믿는 일입니다. 예수 보혈로 인한 십자가 구원을 믿고 부활하신 주님이 언제나 보혜사 성령으로 나와 함께 하신다는 것을 믿고 사는 것이 곧 하나님 아버지의 뜻이라고 성경은 말씀하는 것입니다.

죄를 짓는 것

그러면 반대로 죄를 짓는 것은 무엇이냐? 성경은 그것을 '믿지 않는 것'이라고 말씀하는 것입니다! "의심하고 먹는 자는 정죄 되었나니 이는 믿음으로 좇아하지 아니한 연고라 **믿음으로 좇아하지 아니하는 모든 것이 죄니라!"**(롬 14:23) 성경은 사기치고 도적질하는 것만이 죄가 아니라 '믿지 않는 것' 이 죄라는 것을 분명히 밝히고 있다는 사실입니다.

교회를 다니고 은혜를 받게 되면 자꾸 뭘 하려고 합니다. 물론 주님의 몸 된 교회를 세우고 하나님나라를 확장하는 일에 부름 받은 직분자로서 우리는 힘써 주를 위해 헌신하며 일해야 합니다.

그러나 이 모든 우리가 해야 하는 일보다 가장 앞선 일은 무엇이냐면 하나님이 보내신 이를 믿는 일입니다. 하나님께서 보시기에 신부인 성도가 신랑인 예수를 믿고 바라는 일보다 기쁘게 받으시는 일은 없다는 뜻입니다. 그래서 주님은 은혜 받고 무엇인가 주님 앞에 일하려고 하는 사람들에게 요한복음 6장 28절에서 이렇게 말씀하셨습니다.

"우리가 어떻게 하여야 하나님 일을 하오리까? 예수께서 대답하여 가라사대 하나님의 보내신 이를 **믿는 것이 하나님의 일이니라!"**(요 6:28).

사람들의 생각 속에는 무슨 일을 한다고 하면 꼭 손과 발이 일하는 것으로만 아는 경우가 있습니다. 삽 들고 곡괭이 들고 들에 나가 일하는 것만 일하는 것으로 아는 것입니다. 어떤 개그맨이 동료들과 자기 방에서 하룻밤을 세우며 낄낄대다 나왔습니다. 그 부모님이 하는 말이 '어찌 밤 세~도록 놀기만 하냐!' 하니까 그 개그맨 이 하는 말이 '어머니! 밤 세~도록 일하고 나왔어요!' 했습니다. 사람들을 웃기기 위해서 웃음의 포인트를 맞추는 일은 분명 보통일은 아니기 때문입니다.

정말로 중요한 일은 손으로 발로 하는 일이 있기 전에 머릿속에서 일어나는 일이 있다는 것 입니다. 우리의 머릿속에서 주로 하는 일은 뭐냐면 걱정하는 일 근심하는 일을 찾아서 열심히 그 일(?)을 합니다. 죄가 왕 노릇해서 그렇습니다. 모든 걱정 근심의 뿌리에는 의심이 있습니다. 의심은 우리로 하여금 걱정 근심하게 합니다. 그러나 믿는 일을 열심히 하는 사람은 언제나 평안가운데 거하게 됩니다.

그러므로 예수 믿고 사는 사람들은 먼저 무엇을 하려하기 이전에 먼저 믿으려고 해야 한다는 것입니다. 상황이 아무리 어려워져도 하나님의 인도하심을 의심하지 않으며 세상에서 그 어떤 것을 보았다고 해도 하나님의 의로우심과 선하심을 의심치 않는 것입니다.

지금 내 곁에서 우리 인생을 붙들고 계시는 보혜사 성령의 임재와 그분의 실제를 믿는 것입니다. **지금 내 심령 안에서 의심하라고 충동질하는 마귀와 싸워 이기는 것으로 예수 믿는 믿음을 열심히 지키고 있다면 그것으로 그는 지금 하나님의 일을 열심히 하고 있는 것입니다. 하나님의 보내신 이를 믿는 것이 곧 하나님의 일이라고 했기 때문입니다.**

항상 기뻐하고 쉬지 말고 기도하며 범사에 감사하는 일

그리고 뒤 이어서 우리를 향하신 하나님의 뜻은 데살로니가전서 5장

16~18절에 말씀하고 있는 것과 같이 "항상 기뻐하라. 쉬지 말고 기도하라. 범사에 감사하라. 이것이 그리스도 예수 안에서 너희를 향하신 하나님의 뜻이니라!"고 할 수 있습니다.

주님의 도우심을 의심치 않고 오직 믿음으로 살아갈 때에 우리는 항상 기뻐 할 수 있는 것이고, 쉬지 않고 기도하는 자리에서 이탈하지 않는 것이며, 이 모든 일로 감사할 수 있는 성도가 된다는 것입니다. 이와 같은 성도의 모습은 오직 그리스도 예수 안에서 이루어진 하늘 성도의 모습인 것입니다. 그리스도를 믿는 믿음을 떠나서는 결코 있을 수 없는 삶의 모습인 것을 기억하시는 것으로 하나님의 뜻을 온전히 이루는 성도들이 되시기를 바랍니다!

첫 번째 이야기

믿음과 행위 _ 오직 믿음으로

자력으로 하나님을

사람이 자력으로 스스로 하나님을 찾아갈 때 나타나는 현상이 두 가지가 있습니다. 하나는 우상을 만든다는 것이고 또 하나는 구원의 길로서 공로주의자의 길을 간다는 것입니다. 그러나 이 모든 행위는 다 자기만족을 위한 사람들끼리의 종교놀음에 불과합니다.

자기만족을 위한 종교놀음은 사람들이 '자기 생각에 옳다!' 고 생각하는 것에서부터 출발합니다. 구약성경 사사기에 보면 당시에 "왕이 없음으로 해서 사람들이 자기 소견에 옳은 데로 행하니라!"라는 성경 기자의 깊은 탄식이 이 부분을 말씀하고 있습니다.

왕은 법을 말하고, 권위 있는 하나님의 말씀을 의미합니다. 하나님의 말씀을 가르치지도 배우지도 않으니까 사람들이 다 자기 소견(생각)에 따라 가짜 하나님을 만들어내고 있습니다. 모세와 여호수아 같은 강력한 지도자가 있었을 때에는 어림도 없었던 일입니다.

저주를 받지 않기 위해 우상을 새깁니다. 복을 받으려고 우상을 섬깁니다. 그래서 사실 우상은 인간의 필요에 의해 만들어진 신입니다.

힘겨운 세상에서 의지할 대상이 필요하고 복을 빌 대상이 있어야겠기에 사람들은 우상을 만들고 섬깁니다. 그 누군가의 말 그대로 막연한 의존감정에 의해서 생겨난 종교일 뿐입니다. 그러나 참된 신앙은 사람의 머리에서 시작되지 않고 하나님 계시의 말씀에서 비롯됩니다.

공로와 행위의 집착

사람들이 놓치는 것이 있습니다. 자기가 좋으면 하나님도 좋을 줄 알고 자기에게 옳으면 하나님께도 옳은 줄 아는 것입니다. 그래서 참 하나님에게로 나아가려면 자기 생각과 소견을 따라가면 안 되고 하나님이 하시는 말씀을 들어야 합니다. 그래서 이사야 55장 9절에서 사람들에게 구원의 길을 보이시면서 하는 말씀이 "여호와의 말씀에 내 생각은 너희 생각과 다르며 내 길은 너의 길과 달라서 하늘이 땅에서 높음같이 내 길은 너의 길보다 높으며 나의 생각은 너의 생각보다 높으니라!" 하신 것입니다.

사람의 머리에서 말미암은 종교의 특성은 인간의 공로와 공적, 행위에 집착합니다. 모두가 하나같이 공로를 쌓고 공적을 높임으로 해서 그것으로 신에게 이르는 구원의 길로 삼습니다. 그러나 이것은 사람의 머리에서 나온 것입니다. 사람이 종교를 만들어내면 반드시 이걸 합니다.

공로를 쌓는 것 자체에 문제가 있다는 게 아니라 공로를 쌓으면 그것이 자기 의로움이 되어서 하나님을 충분히 만족시키는 것으로 안다는 것이 문제라는 것입니다!

그러나 성경에서 말씀하시는 하나님은 너희가 아무리 공적을 쌓아도 나를 만족시킬 수 없다고 말씀하고 계시는 하나님 이십니다. "율법의 행위로는 그의 앞에 의롭다함을 받을 육체가 없나니…"(롬 3:20).

구원에 이르는 믿음

그리스도인에게 있어서 구원은 내가 쌓은 의를 하나님이 인정하는 행위가 아니라, 예수그리스도께서 이루신 십자가의 의를 내가 받을 때(믿을 때) 하나님이 인정해주시는 일종의 법적인 선언이며 절차입니다. 기분이나 감정상의 문제가 아닙니다.

내가 좀 의로운 행위를 하고 있으면 하나님이 날 받으실 것 같고, 내가 좀 변변치 못하면 날 내치실 것 같은 그런 감정상의 문제가 아니라는 것입니다. 성경에서 말하는 우리의 구원은 하나님의 법정에서 이루어지고 있는 매우 논리적이고, 때로는 냉정하기 까지 한 법적인 용어입니다.

우리의 공적이 필요 없으면 그럼 예수만 믿으면 다 천국 가냐! 답은 '예' 입니다. 그럼 공적은 하나도 쌓지 않고, 예수만 믿고 살면 되냐! 여기에 대한 답은 '아니요' 입니다. 구원은 오직 예수 믿음으로 받습니다. "너희가 그 은혜를 인하여 믿음으로 말미암아 구원을 얻었나니 이것이 너희에게서 난 것이 아니요 하나님의 선물이라"(엡 2:8) 말씀 하셨기 때문입니다.

공적은 뭐냐!

그렇다면 '크리스천에게 있어서 공적은 무엇이냐?' 했을 때에 그것은 이미 예수 믿고 구원받은 자의 삶의 모습이라는 것입니다. **구원을 받고 구원을 이루기 위해 공적을 쌓는 것이 아니라 이미 예수 믿고 구원받은 자의 자연스런 삶의 모습이 공적이라는 것입니다.**

뒤를 돌아보며 우리 구원의 진위를 알아보는 거울과 같은 것이지 앞에 있는 구원을 얻기 위해 준비해야하는 구원의 근거가 아니라는 것입니다.

그러나 사람머리에서 말미암은 여타의 모든 종교는 다 구원을 받기 위해 공적을 쌓습니다. 이 부분이 성경이 말하고 특별히 바울사도가 강조하는 참 종교와 거짓 종교의 차이점입니다.

믿음으로라야 하나님을 기쁘시게 할 수 있다는 성경의 진리는 하나님이 마련하신 구원의 길을 사람이 받을 때 그것이 곧 하나님의 기쁨이 된다는 말씀입니다. 그런데 사람들은 하나님이 예수그리스도의 십자가를 통해 마련하신 구원의 길을 받기보다는 자신의 공로와 행위를 통해서 하나님께 나아가기를 더 좋아합니다.

자기의 것이 있어야 남과 비교할 수 있고 거기서 자신의 우월성을 발견함으로 스스로의 의로움에 도취해 자기만족을 찾을 수 있기 때문입니다. 이 부분은 매우 교묘하게 우리 속에서 일어나는 교만입니다.

그럼으로 공로주의자들의 행위는 다 자기만족을 위한 것입니다. 스스로가 스스로에게 잘난 척을 하는 것입니다. 우리가 교만이라고 하면 다른 사람 앞에 잘난 척하고 거들먹거리는 것이라고 할 수 있는데, 이 부분은 하나님 앞에 내가 이만하면 의롭게 살았지! 하면서 자기 스스로가 잘난 척을 하는 겁니다. 이것은 사람들은 들여다 볼 수 없고 하나님이 들여다보는 교만입니다.

교만을 막기 위하여

하나님께서 사람들로부터 오직 믿음을 요구하시는 이유가 바로 여기 있습니다. 교만을 막기 위함입니다. 우리 속에 있는 깊은 교만을 막기 위함입니다. 사람들은 자기가 공로가 좀 있고 행위가 좀 된다 싶으면 스스로 교만해지면서 바로 옆에 있는 자기와 같지 않은 사람을 판단하는 일을 합니다.

공로주의자들 또는 행위론자들의 대표가 바리새인입니다. 그들은 자신의 행위가 좀 되는 것(?)으로 인해서 언제나 자기만 못한 옆 사람을 정죄하고 판단합니다.

기도의 내용도 다 그런 겁니다. 자신은 세리 같지 않고.. 창기 같지 않고.. 이방인 같지 않고.. 죄인 같지 않고.. 그러나 스스로가 뭐가 좀 된다 싶었는데 뚜껑을 열어보니 아무것도 없었습니다. 하나님 앞에 자신의 행위가 뭐가 좀 된다 싶은 기분이 들면 이내 '내가 하나님이 마련하신 구원의 길과는 정반대로 가고 있구나!' 생각하면 틀림없습니다.

"너희가 그 은혜를 인하여 믿음으로 말미암아 구원을 얻었나니 이것이 너희에게서 난 것이 아니요 하나님의 선물이라 **행위에서 난 것이 아니니 누구든지 자랑치 못하게** 하려 함이라"(엡 2:8).

우리가 도대체 죄인인지 의인인지 헷갈려 하는 분들이 계십니다. 강단에서 목사님이 의인이라면 의인인 줄 알고, 죄인이라면 또 그저 죄인인 줄 압니다(?). 그러나 **정확한 우리의 신분은 '자랑할 것 없는 의인' 입니다.** 하나님보시기에 의인이 되긴 되었는데 내 것으로 되지 않고 예수님십자가 보혈로 되었기 때문입니다.

우리가 구원받은 것은 오직 은혜로 받은 것입니다. 믿음으로 받았다는 것과 같은 말입니다. 내 행위가 온전해서 구원받은 것이 아니라, 내가 하나님이 마련하신 구원의 방주에 올라탔기 때문입니다. 그 방주가 예수그리스도 방주입니다.

사랑하게 하기 위하여

또한 **하나님께서 믿음의 인생을 살라고 말씀하시는 이유는 성도들이 믿음으로 살아야만 서로 사랑할 수 있게 되기 때문입니다.**

내가 정말 내 모습을 정직하게 보았을 때 도무지 구원받을만한 모습이 없는 나를 하나님이 마련하신 구원의 길인 예수를 믿은 것으로 인해

날 받으시고 의롭다고 하셨다면 그는 역시 다른 사람들을 바라볼 때도 하나님의 시각으로 바라보게 됩니다.

다른 사람의 허물과 부족한 것이 보이더라도 저의 믿는 바를 보아줍니다. **하나님이 허물 많은 나를 받으시듯 저 또한 받으셨는데 감히 내가 뭐라고 저의 허물을 보고 나무랄 수 있겠습니까! 의롭다 하신이가 하나님이신데 누가 정죄하겠습니까!**

"그러므로 이제 그리스도 예수 안에 있는 자에게는 결코 정죄함이 없나니… 누가 능히 하나님 택하신 자들을 송사하리요 의롭다 하신 이는 하나님이시니 누가 정죄하리요"(롬 8장).

공로주의, 율법주의자가 되서는 언제나 행위로 나 자신을 보고 있다면 그는 스스로의 의에 도취해서 하나님 앞에 영적 교만의 인생을 살게 될 것입니다.

또한 행위와 공적으로 다른 사람을 보고 있다면 그는 이웃을 진정으로 사랑하기가 어렵습니다. 행위로 다른 사람을 보며 판단 할 것이기 때문입니다. 바리새인처럼 나보다 행함이 나은 사람들 앞에는 시기심을 그리고 나보다 행함이 못한 사람들 앞에서는 나의 행함을 자랑하고, 그의 부족함을 지적하고, 나무랄 것입니다.

그러나 믿음으로 날 보게 되면(오직 은혜로 구원 받은 나) 또한 믿음으로 다른 사람을 바라보며(오직 은혜로 구원 받을 그) 그들을 사랑할 수 있습니다.

우리의 신앙생활에 문제는 언제나 구원받을 만한 내 모습이 보이게 될 때부터 라는 것을 잊지 말아야 합니다. 그래서 말씀순종 생활을 잘 하고, 주일성수 잘 하며, 십일조생활 잘 하는 성도 일수록 더욱 깊은 내면에 교묘하게 자리한 교만의 죄를 보아야하며 그에 따른 회개의 필요성을 절감해야 합니다.

우리의 '신앙생활' 이라고 하는 것은 우리의 의와 공로를 사람들과 하나님 앞에 내어놓고 인정해 달라고 하는 생활이 아니라, 예수그리스도의 십자가 의와 그와 함께 주신 풍성한 은혜를 내 안에서 계속해서 발견하는 생활이라는 것을 알아야 합니다.

로마서 1장 17절을 보면 "기록된바 오직 의인은 믿음으로 살리라!" 고 했습니다 크리스천은 믿음으로 구원을 얻는 것뿐만 아니라 오직 믿음으로 사는 사람들인 것입니다!

크리스천에게 있어서 믿음의 삶은 단순한 영혼 구원의 방편만이 아니라, 하나님 앞에서의 겸손한 삶이고, 이웃을 진정으로 사랑하며 사는 인생인 것을 믿습니다!

여기까지 오면 하나님은 왜 히브리서 11장에서 믿음이 아니고서는 하나님을 기쁘시게 할 수 없다고 하신 것인지 이해할 수 있습니다. 오늘도 우리는 행위와 공적으로 하나님 앞에 가려는 수많은 사람들의 틈바구니 속에서 살아갑니다. 그러나 하나님이 인정하시고, 받으시며, 기뻐하시는 것은 '오직 믿음' 인 것을 믿습니다.

첫 번째 이야기

공의와 사랑 _ *형벌과 용서*

하나님의 속성

하나님의 속성은 '공의' 와 '사랑' 으로 대표 됩니다. 문제는 이 두 가지 속성이 서로 상대되는 부분이라는 것입니다. 상대적이면서도 항상 같이 있는 것입니다. 공의가 '물' 이라면 사랑은 '불' 입니다. 공의가 '차가운 지식' 이라면 사랑은 '따뜻한 감성' 입니다. 또한 공의가 '머리' 에 속한 부분이라면 사랑은 하나님의 '가슴' 입니다.

하나님의 공의를 이해한 사람만이 하나님의 사랑의 깊이와 그 넓이를 알 수 있습니다. 하나님의 공의를 알지 못하고 하나님의 사랑을 안다고 하는 사람은 거짓입니다. 하나님의 사랑은 하나님의 공의 위에 서 있는 것이기 때문입니다. 마치 철부지아이가 해산의 고통과 육아의 희생을 치루지 않고 부모의 사랑을 이해한다고 하는 것과도 같습니다.

공의는 법대로 심판하는 재판장에게서 찾을 수 있는 것입니다. 법 앞에는 재판장의 사사로운 감정이 들어갈 수 없습니다. 오직 법에 어긋난 불법을 색출하고 불법을 행한 자들을 벌하고 심판하는 것을 공의라고 합니다. 하나님의 공의대로 하자면 우리 모두는 지은 죄 값에 따라 유황불에 멸망해야 하는 사람들이었습니다.

그러나 하나님은 사랑이십니다. 사랑은 용서하는 겁니다. 봐주는 겁니다. 잘못을 덮어주시고, 용서해주시길 원하시는 분이 또한 하나님의 마음입니다. 그런데 얼레 설레 그냥 대충 봐주는 것은 안 됩니다.

잡아온 죄인을 뒷문으로 그냥 놓아주는 것은 있을 수 없는 일입니다. 만약에 그냥 용서한다면 치명적인 자기모순에 빠집니다. 법을 만드신 분이 그 법을 지키지 않는 결과가 되기 때문입니다.

공의 사랑이 만난 곳 ,, 십자가

법대로 심판해야하는 하나님의 공의와 용서하고, 덮어주고 싶은 하나님의 사랑이 하나로 만난 곳이 있습니다. 그곳이 바로 "십자가"입니다 하나님의 공의와 사랑이 충돌하지 않고 서로 완전한 만족이 이루어 졌습니다.

죄 지은 자를 향한 하나님의 공의로운 심판이 쏟아졌는데 죄 없이 십자가에 달리신 예수님 위에 쏟아지게 하셨습니다. 죄진 자의 죄 값을 죄 없는 예수님에게 대신 물게 했습니다. 이제 후로는 죄인을 용서할 명분이 생긴 것입니다. 그냥 용서한 것이 아니라 죄인의 죄 값을 당신의 아들의 목숨과 맞바꾸셨던 것입니다.

십자가는 죄진 자를 형벌에 처하는 하나님의 공의가 만족된 곳이며, 동시에 그로인해 죄인들을 향한 하나님의 용서와 사랑이 표현된 곳입니다.

그래서 우리는 십자가를 바라볼 때마다 하나님께서 얼마나 크고, 놀랍고, 기가 막힌 계획을 세우셨는지를 알아야 합니다. 하나님이 얼마나 큰 고민을 하셨는지 얼마나 위대한 결단을 내리셨는지 조금이나마 알게 됩니다.

하나님의 지혜

하나님께서는 독생자 예수그리스도를 십자가에 내어주실 때 당신이 죽는 것 보다 더 큰 고통을 경험하셨습니다. 그와 동시에 하나님은 예수의 십자가를 믿는 사람들을 무서운 심판과 진노와 멸망에서 구원하실 기쁨으로 가득하셨습니다. 하나님의 공의와 사랑이 십자가라는 한 자리에서 만날 때 일어나는 고통과 기쁨입니다.

그래서 십자가는 하나님의 지혜입니다 사람의 지혜가 아닙니다. 고린도전서 2장 6절부터 "비밀함 가운데 있는 하나님의 지혜를 말하노니 감추었던 것인데 하나님이 우리의 영광을 위하사 만세전에 미리 정하신 것이라. 이 지혜는 이 세대의 관원이 하나도 알지 못하였나니 만일 알았더라면 영광의 주를 십자가에 못 박지 아니하였으리라!"고 말씀하시면서 십자가에 대한 이해가 사람들에게 없었음을 말씀하고 있습니다.

십자가를 이해해야 예수 믿는 자가 되며 하나님을 아는 지식이 생깁니다. 하나님은 십자가를 통해서 두 가지 일을 완벽하게 이루셨습니다. 하나는 하나님의 공의를 만족시키셨고, 또 하나는 하나님의 사랑을 이루셨습니다.

위대한 지식

하나님의 공의를 이해하는 것 없이 하나님의 사랑만 강조하는 것은 성경적이지 않습니다. 하나님의 사랑은 하나님의 공의라고 하는 반석위에 세워진 것이기 때문입니다. 지옥을 만드신 분이 하나님이십니다. 노아시대 물로 세상을 멸망시키실 때와, 소돔고모라 성을 불로 멸망시킬 때 일말에 긍휼도 없으셨던 분이 하나님이십니다.

죄에 대한 심판과 멸망과 진노로 가득한 것이 성경입니다. 하나님의 공의 앞에 만인은 떨게 되어있습니다. 공의로우신 재판장이신 하나님 앞에 우리의 모든 죄가 드러나기 때문입니다. "오직 여호와는 그 성전에 계시니 온 천하는 그 앞에 떨며 잠잠할 지어다!" 했습니다. "오직 두려움과 떨림으로 너희 구원을 이루라!"고 또한 말씀 하셨습니다.

성경을 통해 하나님은 우리에게 값없이 구원을 거저 주신 것이라고 말씀합니다. 그러나 그것은 받는 우리입장에서 그런 것이지 주시는 하나님 입장에서는 우리가 미처 다 헤아릴 수도 없는 엄청난 대가가 치러진 것을 알아야 합니다. 하나님은 우릴 살리시고자 너무 많은 것을 투자하시고 희생하셨습니다. 이것이 하나님의 사랑입니다.

이제 하나님께서 우릴 향해 아깝다 하시고 움켜쥐고 계시는 것은 아무것도 없습니다. 하나님의 그 크신 사랑과 놀라운 은혜를 정말 안다고 하는 성도는 그보다 앞서 나를 얻기 위해서 무엇이 지불되었는지를 깨닫게 된 성도입니다.

십자가라는 위대한 지식위에 우리의 믿음은 견고한 반석위에 서게 되는 것입니다.

첫 번째 이야기

풍성함과 절박함

하나님의 사랑

성경에 나타난 하나님의 사랑은 크게 두 가지 형태의 모습으로 나타나는 것을 알 수 있습니다. 먼저 하나님은 당신의 진노와 심판을 다루시는 데에 있어서는 그것을 참으시고 인내하시는 것으로 가져가신다면 반대로 상을 주시고 선물을 주시는데 있어서는 속히 그것을 수행하시는 것으로 하나님의 사랑을 나타내시는 것을 볼 수 있습니다.

성경의 대표적인 구절을 들자면 진노와 심판에 관하여는 출애굽기 34장 6절입니다. "여호와께서 그의 앞으로 지나시며 선포하시되 여호와라 여호와라 자비롭고 은혜롭고 노하기를 더디하고 인자와 진실이 많은 하나님이라!" 상과 선물에 관하여는 요한계시록 22장 12절에 기록된 "보라. **내가 속히 오리니 내가 줄 상이 내게 있어**"입니다.

참으심과 상주심

우리를 향하신 하나님의 커다란 사랑은 **참으심**과 **상주심**입니다. 이것은 자녀를 사랑하는 부모들의 마음에도 똑같이 있는 것입니다. 자녀들이 잘못한 일이 있었을 때 처음부터 바로 화를 내고 매를 드는 부모는 없습니다. 자녀를 진심으로 사랑하는 부모라면 한번 참고 두 번 참고 세 번 참고 하면서 진노를 안으로 삭히는 것입니다. 일반적인 경우라면 세 번 정도 까지는 자녀가 잘못된 일에 대하여 좋은 말로 타이르고 가르치는 것입니다. **진노와 화는 이와 같이 나중에 미루었다가 받게 되는 형태를 보이게 되는 것입니다.**

반면에 상을 주고 선물을 주는 일에 관해서는 이것은 반대입니다. 상을 주는 마음은 안으로 가지고 가게 되는 것이 아니라 밖으로 속히 행하게 되는 것입니다. 사랑하는 자녀에게 상을 주고 선물을 주고자하는 마음은 결코 마음속으로 삭히게 되는 것이 아닙니다. 그래서 상과 선물은 미리 끌어다가 받게 됩니다. 성탄절 선물. 어린이날 선물은 미리 받게 됩니다.

자녀와 약속하기를 평균90점이 되면 상으로 자전거 사 준다 해놓고는 아직 시험도 안 치렀는데 자전거를 받게 되는 것을 흔히 보게 됩니다. 이렇게 사랑하는 이에게 무엇인가를 주고자하는 마음은 안으로 삭히거나 참게 되는 것이 아닙니다.

줄 수밖에 없는 절박함

비단 사랑하는 자녀뿐만 아니라 우리가 누군가를 사랑하고 있다면 이렇게 될 것입니다. 사랑은 주고 싶은 마음입니다. 마음을 담아, 정성을 담아, 사랑을 담아 내가 준비한 그것을 빨리 전해주고자 하는 자의 간절한 마음인 것입니다.

하나님의 사랑이 이와 같이 전해졌습니다. "하나님이 세상을 **이처럼** 사랑하사 독생자를 주셨으니"(요 3:16). 여기서 **'이처럼'** 이 바로 이 마음입니다. 사람의 몸을 입고 이 땅에 성육신 하신 예수님은 하나님이 우리에게 주신 선물이었습니다.

사람들은 하나님의 선물인 예수를 알아보지 못하고 도리어 배척하고, 조롱하고, 매질하고 결국에는 나무에 달아버렸습니다. “자기 땅에 오매 자기백성이 영접치 아니하였으나”(요 1:11). 하나님은 당신의 아들이 사람들로부터 멸시와 천대를 받고 십자가에 달릴 것을 아셨지만 독생자를 주지 않고는 견딜 수 없이 **‘이처럼’** 사랑하신 것입니다.

‘이처럼’ 속에는 죄인을 구원하시고자 하시는 하나님 사랑의 풍성함만이 있는 것이 아닙니다. 우리가 미처 다 측량할 수 없는 우리를 살려내기 위한 하나님 사랑의 절박함이 담겨있는 것입니다.

사랑을 주는 이의 마음은 결코 주고자하는 자의 넉넉한 마음이 아닙니다. 그것은 줄 수밖에 없는 절박함과 절실함인 것입니다. 사랑을 해보지 못하면 이 마음을 알 수 없습니다. 설령 상대가 그 애틋한 마음을 몰라준다 해도 주지 않고는 못 배기는 마음이 되는 것입니다. 이처럼의 사랑이 지금 우리 앞에 있는 것입니다.

우리가 하나님을 사랑할 때도 마찬가지가 됩니다. 하나님께 가지 않고는 못 배기는 것입니다. 내 정성과 내 마음과 내 물질을 드리지 않고는 견딜 수 없는 마음이 되는 것입니다. 하나님을 향한 사랑의 마음은 결코 널널한 마음이 아닙니다. 주일날 비가 오거나. 늦잠자지 않거나. 어디 갈 일 없으면 그냥 한번 나와 주는 그런 넉넉한 차원이 아닙니다.(?) 그것은 숨 막히는 애절함과 절절함입니다. 마리아처럼 나도 인식하지 못하는 사이에 벌써 나는 주님 발밑에 가서 말씀을 듣고 있는 것입니다.

이처럼

주님이 우리를 **“이처럼”** 사랑하신 그 깊이를 조금이라도 들여다보게 된다면 우리는 **“이처럼”**의 믿음을 이해하게 됩니다. 독생자를 내어주시는 **"이처럼"**의 절박함과 애절함 속에는 로마서 8장 32절이 있다는 것도 알게 됩니다. "자기 아들을 아끼지 아니하시고 우리 모든 사람을 위하여 내주신 이가 어찌 그 아들과 함께 모든 것을 우리에게 주시지 아니하겠느냐"

그리고 이어서 마태복음 6장 7~8절의 말씀도 이해하게 됩니다. "그들은 말을 많이 하여야 들으실 줄 생각하느니라. 그러므로 그들을 본받지 말라 구하기 전에 너희에게 있어야 할 것을 하나님 너희 아버지께서 아시느니라" 구하기전에 있어야할 것을 다 아신다는 것은 이미 벌써 다 주셨다는 말씀이 된다는 것을 깨닫는 것입니다. 그것은 마태복음 10장 30절에서도 증명됩니다. "너희에게는 머리털까지 다 세신 바 되었나니." 하나님의 자상하고도 세심하신 손길이 벌써 이처럼의 사랑으로 살피시고 돌보신다는 것입니다.

아시는 분은 아시겠지만 성적 90점 넘으면 자전거 사준다는 아버지의 말은 사실은 자전거 사 주고 싶은 아버지의 마음이 먼저고 90점은 그냥 건수로(?) 달아놓은 것이라는 말입니다.

"온갖 좋은 은사와 온전한 선물이 다 위로부터 빛들의 아버지께로부터 내려오나니"(약 1:17).

첫 번째 이야기

깨끗함(clean)과 순수함(pure)

_ 계신 만큼 보입니다

마음을 비운다는 것

세상을 살면서 더러워진 마음을 비우고 깨끗이 하는 것은 우리 모두의 과제입니다. 특별히 신앙생활을 하고 있는 우리에게는 더 없이 간과할 수 없는 부분입니다.

오죽하면 세상살이가 마음비우는 일에 방해가 된다고 하여 산속에 수도원을 지어놓고 그 안에 들어가 도를 닦기도 합니다. 도를 닦는다는 것은 마음을 청소한다는 말입니다.

그러고 보면 타 종교는 비움 자체에 많은 비중을 둡니다. 비우고 비워서 비워있는 그 자체도 없애는 것을 득도에 경지로 보고 있습니다. 그래서 불교 같은 경우를 보아도 빌 '공'(空)자와 없을 '무'(無)자에 불교의 모든 사상이 다 담겨있다 해도 틀린 말이 아니라고 합니다.

그러나 성경은 마음의 청결을 말할 때 단순히 비우고 없앤다는 뜻의 깨끗함(clean)의 의미만 가지고 말하고 있지 않습니다. 그 보다 더 높은 의미의 청결을 말하고 있습니다. 그것은 오직 하나로서만 존재하는 맑고 순수함(pure)의 의미입니다.

비워 둘 수가 없습니다.

왜냐하면 아무것도 없는 것은 없기 때문입니다. 자연은 결코 진공의 상태를 허용치 않습니다. 장마철에 물이 넘듯이 우리의 마음은 세상의 더러운 것이 들어옵니다. 마음을 비우고 돌아서면 어느새 우리 맘엔 또 다시 죄가 들어 와 있습니다.

사람들 앞에 마음을 비운 척 거룩한 행세를 하고 있는 사람들을 향해 성경은 외식하는 자들 이라고 하십니다. 아무리 도를 닦아도 여전히 더러운 내 모습을 보는 것이 하나님 앞에 정직한 사람에 모습입니다.

우리의 마음을 비우고, 깨끗하게 하고, 청소하는 일 그 자체를 절대시 할 수 없음은 누가복음 11장에서 하신 주님의 말씀에 있습니다.

주님이 어떤 사람에게서 귀신을 쫓아줬는데 귀신이 있을 곳을 찾아 돌아다니다가 있을 곳이 마땅치 않은 고로 자신이 나왔던 그 사람에게로 돌아와서 보니 자기 있던 곳이 비어 깨끗이 소제가 되어 있는 고로 자기 친구 일곱을 데리고 다시 들어갔다고 합니다. 그러자 그 사람의 사정이 전보다 더욱 악화되었다고 말씀하고 있습니다.

이 말씀을 보면 깨끗하게 비우는 것 자체가 능사가 아닙니다. 무엇이 들어와 있느냐의 문제입니다. 사람의 마음은 귀신이 들어가서 똬리를 틀고 앉아 있던지 하나님이 좌정해 계시던지 둘 중의 하나입니다. 비워 둘 수가 없습니다.

귀신이 들어 있다고 해서 꼭 귀신들린 미친 사람의 모습을 상상할건 없습니다. 귀신은 꼭 사람으로 머리 풀게 하고 거품 물고 쓰러지게 하는 일만(?)하는 거는 아닙니다. 귀신이 하는 일은 그보다 훨씬 더 지능적인 일을 합니다.

사실 귀신이 사람 안에서 가장 많이 하는 일은 하나님을 가리우는 일을 합니다. 하나님을 모르게 하고 말씀을 받아들이지 않게 합니다. 반대로 하나님의 성령이 사람 안에서 하는 가장 큰 일은 그로 하여금 하나님을 알아보도록 하는 것입니다.

오직 하나만이 있다는 것

왜 사람들이 하나님을 모르냐면 그 속에 하나님이 없기 때문입니다! 마음속에 음악이 없으면 아무리 좋은 음악을 들어도 그건 다 자장가에 불과합니다. 반면에 마음에 음악이 가득한 사람은 아름다운 선율이 다 읽혀지고 음표하나까지 다 마음에 새겨지게 됩니다.

마찬가지로 하나님을 하나님으로 보고 알 수 있음은 그 마음속에 하나님이 계시기 때문입니다. 그 마음에 하나님으로 가득한 사람은 그의 모든 삶을 통해 나타난 하나님을 보게 됩니다. 그래서 입만 열면 그렇게 하나님.. 하나님.. 하는 것입니다.

"하나님이 그 심령에 계신 만큼만 하나님이 보일 것입니다!"

주님 말씀에 마음이 청결한자는 복이 있나니 저희가 하나님을 볼 것이라 했습니다. 여기서의 청결은 단순히 마음을 비우고 깨끗이 청소한다는 차원의 청결이 아닙니다.

오직 단순하고, 심플하게 하나만 있다는 차원에서의 청결입니다. 아무것도 없다는 의미의 깨끗함이 아니라, 순수하게 하나만 있다는 의미에서의 청결을 말합니다.

지저분해 진다는 것

클린의 의미보다 더 깊은 퓨어의 의미입니다. 퓨어한(?) 사람들을 영어로 '퓨리탄' 이라고 합니다. '청교도' 들을 말합니다. 오직 신앙의 자유 하나를 위해 모든 삶의 기반을 내려놓고 미지의 땅 신대륙으로 건너간 사람들입니다. 다시 말해 하나님 한 분 만을 깨끗하게 바라보고 살아간 사람들로서의 '퓨리탄' 들입니다.

하나님 한 분만으로 충분히 의지가 됐었습니다. 그런데 어느 순간부터 돈이 더 미더워 보입니다. 이건 믿음이 떨어졌다기보다는 청결을 잃은 겁니다.

하나님 한 분만으로 충분히 용감했고, 당당했습니다. 근데 언젠가부터 하나님만으로는 왠지 초라한 자신이 보인다면 이것도 역시 믿음이 떨어졌다기보다는 청결을 잃은 겁니다. 마음이 이것저것 섞여서 지저분해진 것입니다. 나중에 가서는 나도 내가 무얼 의지하는지 모를 정도로 복잡해 있는 상태가 마음이 지저분해 있는 상태입니다. 오직 마음이 단순하게 하나만 있는 것이 청결한 상태입니다.

다른 것이 섞이지 않은 순금이어야지 금으로서 가치가 있는 것처럼 우리의 마음 또한 순 하나님만 계셔야지 그 믿음이 가치를 발하게 될 것입니다. **나의 마음이 오직 하나님 한분만으로 가득 채워져서 그 분만이 나의 모든 삶의 동기가 되고, 내 인생을 움직이는 힘이 될 때 그래서 우리의 마음이 비로소 청결하게 될 때 우리의 눈앞에는 그리고 우리의 삶속에는 온통 하나님으로 가득하실 것입니다.**

사랑합니다.^^

첫 번째 이야기

말(됫박)아래와 등경(선반)위에

_ 영광을 주님께로

서로 상반되어 보이는 것

마태복음 5장은 예수님의 산상수훈이 시작되는 부분입니다. 감람산위에서 가르치신 빼어난 가르침이라 해서 산상수(秀)훈 이라고도 하고 보배 보(寶)자를 써서 산상보(寶)훈이라고도 합니다.

그런데 여기에 보면 마치 서로 상충되어 보이고, 상반 되는 것 같은 예수님의 말씀이 나옵니다. '마태복음 5장 14~15절' 과 이어서 나오는 '6장2~4절' 입니다. 이 둘은 모두 선행에 대한 예수님의 가르침입니다.

내용은 이렇습니다. 5장에서는 "사람이 불을 켜서 말(됫박)아래 두지 않고 등경(선반)위에 두어서 온 방을 밝게 하는 것처럼 너희의 착한행실을 온 세상에 비춰라!"는 말씀이 나오고, 바로 이어지는 6장 2절에서는 "너희가 구제하는 일(선행)을 할 때가 있으면 그것을 사람 앞에 온 동네 나팔 불고 다니지 말고, 오른손이 한 일 왼손이 모르게 하라!"고 하는 말씀이 그것입니다.

알리라? 숨기라?

앞에는 '착한행실' 이고 뒤에는 '선행' 이니까 같은 내용입니다. 그런데 앞에서는 착한 행실을 '온 동네가 다 알게 하라!' 하시고 뒤에서는 또 선행을 '아무도 모르게 하라!' 고 하십니다. 같은 사안인데 정 반대 되는 것 같은 말씀을 하시는 것처럼 들려 질 수 있습니다. 그것도 지금 말씀을 하시는 중에 같이 나온 말씀이라서 더욱 그렇습니다.

이 부분을 사람들이 잘못 이해한 것으로 인해 많이 혼란스러워 했던 것이 사실입니다. 여러분이라면 선한행위를 한 것으로 어느 쪽을 따르시겠습니까? 사람들에게 알리시겠습니까? 숨기시겠습니까?

실제로 교회역사 속에서는 하나님의 감동이 '오른손이 한 일 왼손이 모르게 하라!' 말씀을 통해서 성도들이 더 많은 감동을 받고 이 말씀을 따라 갔습니다. 또한 이 말은 언론에서 사회구제 이야기만 나오면 항시 회자되는 하나의 모토가 된 말이기도 합니다.

통계적으로 보면 정부가 다 감당할 수 없는 사회구제나 봉사하는 일에 기독교가 많은 부분을 차지하고 있음에도 불구하고 세상 사람들이 볼 때에는 자신들 눈에 별로 본 일이 없으니까 교회가 왜 구제하지 않고 사랑을 베풀지 않느냐고 손가락질 할 때가 있습니다.

그러니까 어떤 목사님은 교회가 너무 "오른손이 하는 일 왼손이 모르게 하라!"는 말씀에만 목메어서 "너희 착한행실을 모든 이에게 알게 하라!"는 말씀은 소홀히 한 경향이 있음으로 이제부터라도 '좀 알게 하자!' 고 하면서 이 부분을 주장하고 다니는 교회와 목회자도 계십니다.

누가 영광을 받고 있는 지를?

말씀의 오류가 있는 것이 아닙니다. 하나님의 말씀은 완전하여 편벽되거나 치우침이 없다 했습니다. 이 두 말씀이 마치 다르게 비춰진 대는 아주 쉬운 부분에 있어서 사람들의 이해의 부족에서 생긴 일입니다. 두 말씀의 실타래를 푸는 끈은 이겁니다.

선행을 할 때 그것을 자기의 의로 삼고 자기영광을 받고 있으면 오른손이 하는 일을 왼손이 모르게 해야 하는 것이고, 나의 선행을 통해 하나님이 영광 받고 계시면 그때는 온 동네가 알 수 있도록 비춰라는 말씀입니다.

중요한 것은 지금 누가 영광을 받고 있느냐는 문제입니다. 사람인 내가 영광을 받고 있으면 얼른 왼손이 그걸 모르게 해야겠지만 하나님이 영광을 받고 계시면 온 동네가 알게 하라는 말씀입니다.

그래서 5장에서 나오는 '온 동네 알게 하라!' 는 말씀 속에는 '너희의 착한행실을 보고 하나님께 영광을 돌리라!' 는 '하나님영광' 이란 말씀이 나오는 것이고 6장에 '온 동네 모르게 하라' 는 말씀하실 때는 '사람에게 영광을 얻으려고' 라는 말이 나오는 것입니다.

십자가 뒤로 숨는 연습을

이것을 잘 구분해야 하는데 이것을 구분하지 못해서 죄를 짓는 것을 볼 때가 있습니다. 한 때는 하나님의 신실한 종 이었는데 어느 순간 하나님께 돌아갈 영광을 자기가 다 차지하고서는 하나님께 복 받은 사람 행세를 하는 경우가 그것입니다.

말과 입으로는 하나님 영광을 말하고 있지만 사람들의 환호와 찬사와 높임을 한 몸에 받으면서도 도리어 나를 이것밖에 대접해 주지 않는다고 하면서 섭섭해 하는(?) 분들을 볼 때면 정말 답답하기 이를 데 없습니다.

물론 성도는 목회자를 예수님 섬기듯이 섬겨야합니다. 은혜는 결국 그곳을 통해서오기 때문입니다. 그러나 또한 목회자는 예수님을 태운 나귀임을 항상 기억하고, 영광은 주님께 돌리고 자신은 십자가 뒤로 숨을 줄 알아야 합니다.

우리 모든 성도들도 만찬가지입니다. 혹이라도 사람들이 내가 한 선한 행위와 공로로 인해 나에게 영광을 돌리려 하는 것이 있다면 그때는 얼른 십자가 뒤로 숨어야 합니다.

그 영광은 주님이 받으셔야 할 것이기 때문입니다. 그렇게 할 때에 내가 한 선한 행위의 근거가 나에게서 말미암은 것이 아니라 하나님에게서 말미암은 것이라는 증명이 되는 것입니다.

우리의 선한 행위가 사람의 위대함을 자랑 삼기 위한 인본주의 휴머니즘이 아니라. 하나님의 영광과 거룩하심을 나타내는 신본주의 행위가 될 때에 비로소 우리는 예수 믿는 자가 되는 것입니다.

첫 번째 이야기

선과 악

선악을 아는 일

창세기 3장 22절을 보면 선악과를 따먹은 아담과 하와를 향하여 "여호와 하나님이 이르시되 보라 이 사람이 선악을 아는 일에 우리 중 하나 같이 되었으니 그가 그의 손을 들어 생명나무 열매도 따먹고 영생할까 하노라!" 하시는 말씀이 있습니다.

그러나 이 말씀은 바로 위의 구절인 3장5절에서 뱀이 하와를 꼬일 때 "너희가 그것을 먹는 날에는 너희 눈이 밝아져 하나님과 같이 되어 선악을 알 줄 하나님이 아심이니라!"의 말이 그대로 모사되었다는 의미에서 보면 어쩌면 뱀의 말이 단순히 유혹하는 말이 아니라 바른 말이 될 수도 있다는 점에서 이해하기 어려운 부분일 수 있습니다.

선악과는 말 그대로 선악을 알게 하는 나무열매입니다. 마귀가 유혹한 〈너희가 선악과를 먹으면 하나님 된다!〉는 말은 "하나님도 그것 드시고 하나님 되셨기 때문에 너희에게 먹지 말라고 한 것이다!" 라고 유혹한 말이지만 하나님께서 〈너희가 선악과를 먹고 우리 중 하나같이 되었다!〉라고 말씀하신 것은 "선악을 아는 일이 자기들 스스로의 생각과 판단에 따라 되어졌다!"라는 의미에서의 말씀이라는 것입니다.

자기들 마음대로

선과 악을 나누는 기준은 오직 절대자이시며 완전자이신 하나님만이 나눌 수 있습니다. 그런데 아담과 하와가 선악과를 먹고 난 이후 부터는 스스로가 선악을 나누는 하나님이 된 것입니다. 그 이전에는 모든 것이 하나님이 기준이었습니다.

사실 아담과 하와는 선악과를 따먹기 이전에도 선과 악을 알았습니다. 그러나 하나님 기준으로 알았습니다. 하나님이 선하다고 하시면 그것이 선한 것으로 알았고 악한 것이라 하시면 그것은 악한 것이었습니다. 그러나 선악과를 먹고 타락한 이후로는 선과 악을 알고 판단할 때에 자기들 마음대로가 된 것입니다. 그와 같은 의미에서의 "선악을 아는 일에 우리같이 되었다!"는 말씀의 뜻이 됩니다.

선과 악을 마음대로 나누는 하나님이 되긴 되었는데 절대자로서의 하나님이 아니라 세상에 초라하고 연약하며 한치 앞도 내다 볼 수 없는 볼품없는 하나님이 된 것입니다.

수많은 선과 악

지금 우리가 사는 모습을 보면 금방 알 수 있습니다. 마치 사람 수 만큼의 많은 선과 악이 나뉘어져 있어서 자기에게 선한 것이면 그것이 절대선이며 자기에게 악한 것이면 그것을 절대 악으로 규정하며 살아가는 세상이 곧 타락 이후의 세상이라고 하겠습니다. 모두가 다 자기 말이 진리라고 하며 자기 말이 정의롭다고 하지만 세상에 이것처럼 모순된 말이 없습니다.

내게 선한 것이라고 모든 사람에게도 선이 되는 것은 아니라는 말씀입니다. 어떤 일로 해서 누군가가 웃고 있다면 그 일로 인해서 누군가는 울고 있는 것이 세상의 이치입니다. 사람들이 서로 반목하고, 사회가 분열되며, 나라와 민족이 전쟁하는 것은 모두가 자기가 절대선 임에도 불구하고 자기 말을 따르지 않았다고 하기 때문입니다.

일례를 들자면 스스로가 절대선이라고 주장하는 대표적인 나라는 북한인 것과 같습니다. 세상에 죄가 들어오고 사람이 타락했다는 것은 바로 '선과 악이 자기들 식이 되었다는 것' 이라고 하면 성경적인 답이 될 것입니다.

타락하기 전의 자리로

그렇다면 모두에게 선한 절대 선은 무엇이냐는 것입니다. 모두에게 정의로운 것은 도대체 무엇이냐 해서 사람들은 고민하고 연구하고 책을 씁니다. 그러나 사람이 정의를 말 하는 것처럼 무익한 것이 없습니다. 결국에는 자기만 아는 개인주의와 특정 계층과 공동체의 이익만을 추구하는 집단 이기주의로 가기 때문입니다.

작금의 한국사회의 문제도 여기에 기인합니다. 왜 정규직 비정규직이라는 이름으로 똑같은 일을 하는 사람의 월급이 몇 배씩 차이가 나야 합니까! 왜 대기업은 초등학교 앞 떡볶이 장사까지 하려하며 왜 집주인들은 그렇게 눈에 불을 켜고 파지를 줍는 것입니까! 물론 그분들이 그만큼 사는 것은 부지런히 열심히 살았기 때문인 것은 사실입니다. 그러나 월급 백만 원으로 힘들게 가정을 꾸리고 있는 사람을 앞에 두고서 월급 천만 원 갖고는 모자라니 더 달라고 데모하는 일은 철저하게 자기 선악의 논리에 빠진 악한 시대의 전형이라는 것입니다.

지금 내 옆에서 힘들어하는 사람들을 보지 않으려 하는 것은 하나님 앞에는 악입니다. 그 해악은 결국 그 사회에 속한 구성원인 모두가 받는 것입니다. 그래서 요즘에 일어나는 범죄들을 보면 상당수가 불특정 다수를 향한 무작위식 분노의 표출입니다. 계층 간 반목이 고착되고 사회불안이 가속화되는 것입니다. 그럼으로 선악을 나누는 기준은 언제나 하나님의 말씀이어야지 사람기준이 되어서는 안 되는 것입니다.

그럼으로 우리는 선과 악을 생각하고 정의와 불의를 논하기 이전에 먼저 어디로 돌아가야 합니다. 그곳은 타락하기 전의 자리입니다. 타락하기 전의 자리 곧 하나님의 말씀에 기준해서 선과 악을 생각하고 정의와 불의를 나누는 것이 곧 진리 안에서의 삶인 것을 믿습니다.

그래서 우리는 어디에 있느냐가 매우 중요합니다. 어느 자리에 있는지를 묻는 것입니다. 예수믿음으로 인해 타락하기 전의 하나님 형상을 회복하고 오직 하나님 말씀을 기준으로 선과 악을 나누는 자리에 있는지 아니면 세상에서 얻은 얄팍한 지식을 통해서 자기만의 선악 기준을 가지고 하나님까지도 판단하는 교만한 자리에 있는지 우리는 스스로를 돌아봐야 할 것입니다.

타락하는 것 자체가 자리 이탈입니다. 유다서 1장 6절을 보면 "자기 지위를 지키지 않고 자기 처소를 떠난 천사들을 영원한 흑암가운데 가두셨다"는 말씀을 보면 그것을 더욱 깊이 알게 됩니다. 천사 타락의 내용이 한 마디로 "자기처소(자리)를 지키지 않은 것" 이라고 말씀하고 있다는 사실입니다.

그런 의미에서 창세기 3장 9절의 말씀이 또한 귀하지 않을 수 없습니다. 선악과를 따먹은 아담과 하와에게 처음 하나님이 하시는 말씀인 "너희가 어디에 있느냐!"라는 말씀입니다. 이 말씀은 매우 의미심장한 뜻이 담겨있습니다. 이 말씀은 죄짓고 숨어있는 아담을 찾으시는 물음표(?)의 말씀이기보다는 순종의 자리를 떠나 있는 것을 강하게 질책하시는 느낌표(!)로서의 말씀이라는 것입니다.

선과 악을 나누는 기준이 오직 하나님 말씀위에 있는 것으로 타락이전의 모습으로 돌아가는 하나님의 사람들이 되시기를 소원합니다.

첫 번째 이야기

지식과 지혜

인생의 해석

사람의 인생은 해석이 되어져야 합니다. 인생의 의미와 목적이 명쾌하게 해석 되어질 때 우리는 거기서 인생의 분명한 방향을 찾게 됩니다. 마치 시험지를 받아 든 학생이 모르는 문제 앞에서 끙끙 대듯이 이 인생문제가 해석 되지 않으면 우리는 이 받아 쥔 인생의 시험지 앞에서 끙끙 대게 됩니다. 방황하게 됩니다. 어쩌면 해석하지 못한 채 평생을 살기도 합니다. 해석은 그래서 중요합니다.

성경의 대표적 지혜자인 솔로몬은 전도서 8장1절에서 지혜자를 가리켜 '사리해석자' 라고도 말씀하고 있습니다. 사리가 해석이 될 때 얼굴에서 광채가 납니다.

그런데 사리가 해석되지 않고 세상과 삶이 이해되지 않을 때 그 얼굴이 사나워 진다고 합니다. 해석이 된다는 것은 보이지 않던 게 보인다는 것이고, 깨닫게 된다는 것이고, 방황이 멈춘다는 의미도 있습니다.

해석의 방법론

해석의 방법론으로 들어가면 문제를 푸는 방법이 몇 가지가 있습니다.

먼저는 세상에 속한 것으로 해석하는 것입니다. 그러나 세상에 있는 물질로 나를 해석하고, 세상의 가치로 내 인생을 해석하면 우리는 절망하게 됩니다. 세상의 물질적 가치로 해석된 우리의 모습은 원소로 이루어진 물질의 조합일 뿐입니다. 비참한 모습만 남습니다. 이미 한 세상을 풍미했다가 사라진 유물론사상이 그것을 증명했습니다.

마찬가지로 세상의 명예나 지위로 내 인생을 해석하려고 해서도 안 됩니다. 세상의 명예나 지위는 뜬 구름 같은 것으로 그것이 잠깐 인생이 풀린 것 같이 보이게는 하지만 이내 '이게 아닌데..' 가 됩니다.

인생 해석방법의 두 번째는 하나님의 말씀으로 해석하는 것입니다. 하나님의 손으로 지음 받은 나와 내 인생입니다. 하나님 아버지의 뜻과 섭리가 오늘의 나를 있게 했습니다. 하나님의 세심한 손길이 오늘까지 나의 인생을 인도하셨습니다. 고난이 있지만 하나님께서 당신 옆에 더욱 가까이 두시고자 믿음을 키우기 위해서 주신 것 이었습니다.

말씀으로 인생이 해석되고, 지금 나의 모습이 해석되어지며 특별히 고난이 해석될 때 우리는 큰 은혜를 받게 됩니다. 우리는 아무리 힘든 어려움이 있다 할지라도 이길 수 있습니다. 담대한 마음으로 미래를 소망하며 살 수 있습니다. "내가 너와 함께하리라!"는 하나님의 말씀이 나와 함께하기 때문입니다.

성령의 조명

문제는 일단 푸는 방법만 알면 그 다음은 일사천리입니다. 사칙연산만 잘 하면 됩니다. 말씀을 대입했을 때 인생이 풀리고, 고난이 풀리고, 문제가 풀립니다.

또한 성경은 세상과 인생을 해석할 때 "우리 스스로 하지 말라!"고 합니다. 타락한 이성과 모자란 지성으로 진리를 알겠다하는 사람들은 산속에 들어가 도를 닦겠다고 하는 사람과 같습니다. 거기서 얻은 결론은 겉으로는 그럴 듯한 것 같지만 허무하기 이를 데 없습니다.

진리를 깨달으려면 지혜의 영이신 성령이 와서 도와주어야 합니다. 환하게 조명을 비춰주셔야 합니다. 타락한 이성이 회복되고 빛이 비췸으로 진리가 보이고, 창조의 깊은 지식이 들여 다 보일 것입니다.

현미경과 망원경

이를테면 우리가 살아가는 세상의 모든 생명체를 이루는 기본단위는 세포조직입니다. 이 깊은 곳에 감춰진 세포조직을 보려면 현미경이 있어야합니다. 이것을 눈 크게 뜨고 집중해서 보려고 산속에 들어가는 사람이 있습니다.

마찬가지로 멀리 있는 사물을 보려면 망원경이 있어야 합니다. 사람이 아무리 '마인드컨트롤' 을 하고, 도를 닦는다고 해서 멀리 있는 사물이 보이지 않을 것입니다.

현미경과 망원경에 해당되는 것이 지혜입니다. 현미경이 있어야 사물의 깊은 것이 보이듯 지혜가 있어야 인생에 깊은 곳에 자리한 진리가 보입니다. 망원경이 있어야 먼 곳이 보이듯 지혜가 있어야 하나님이 보이고 죽음이후가 보입니다.

우리가 세상을 살면서 배우고 얻게 되는 지식은 지식 그 자체로서 보다는 한 차원 높은 지혜가 될 때 그 지식이 비로소 가치 있는 지식이 됩니다. 지식이 단편적이고, 이론적이며, 교과서적이라면 지혜는 종합적이며, 지식의 활용의 차원이고. 실제적 삶의 차원이기 때문에 그렇습니다.

가만히 보면 지식은 있는데 지혜가 없는 사람이 있습니다. 반대로 배운 지식은 조금인데 반하여 지혜가 있는 사람이 있습니다. 우리가 세상을 살면서 얻게 된 모든 개별적인 지식은 적게나마 그것이 정리되고 분류되고 종합될 때 지혜가 됩니다. 산만하게 쌓여만 있고 흩어져있는 지식은 지혜로서의 기능을 발휘하지 못합니다.

마치 현미경과 망원경을 이루는 개별적인 지식들이라 할 수 있는 렌즈와 조리개 나사하나까지 흩어져 있다면 그것을 통해 아무것도 볼 수 없듯이, 우리의 지식은 각자 제 자리에서 깨끗하게 정리 되어 있을 때 우리 삶에 정금같이 활용되는 지혜가 되는 것입니다.

지혜의 영이신 성령께서 죄로 인해 더럽혀지고, 흩어졌던 우리의 지식들을 정리해 주시고 지혜되게 해 주심으로 인생이 해석 될 것입니다.

인생은 말씀으로 해석하는 것이지 세상 가치로 해석하는 것이 아니라는 것을 가르쳐 주실 것입니다.

첫 번째 이야기

생명의 빛, 심판의 빛

창조의 빛

빛은 '창조의 빛' (첫째 날 창조하신 빛)과 '자연계의 빛' (태양, 별빛)과 '인공의 빛' (전깃불)이 있습니다. 위로 갈수록 고등한 빛입니다.
마치 사랑이 아가페, 스톨케, 필레오, 에로스로 나뉘어 지면서 위로 갈수록 고급한 사랑인 것과도 같습니다. 가장 위에 있는 '창조의 빛' 은 사실상 모든 빛의 근원으로서의 빛입니다.

그렇지만 빛 하면 태양빛의 한계를 벗어나서 생각하기 힘든 우리가 '창조의 빛' 이 무엇인지 추측한다는 것은 매우 어렵습니다.

우리가 사랑을 이해한다 하지만 가장 크신 하나님의 사랑인 아가페 사랑을 완전히 이해할 수 없는 것과 마찬가지입니다.

언젠가 한 때 태양은 넷째 날에 창조되었음으로 셋째 날 창조된 땅위 식물들은 태양빛 없이 어떻게 광합성을 했을까 생각한 적이 있는데, 추측컨대 더 근원적인 첫째 날의 '창조의 빛' 아래서 광합성을 한 것 이었습니다. 창조의 빛은 자연계와 인공의 빛의 모든 기능을 포함하고도 남음이 있기 때문입니다.

빛이 하는 일

참으로 신비로운 것은 빛이 하는 일입니다. 빛은 정 반대 되는 두 가지 일을 하고 있습니다. '생명의 기능' 과 '심판의 기능' 이 그것입니다.

먼저 빛은 모든 생명체가 살아가는 에너지를 공급해 줍니다. 살아있는 생명체를 더욱 생기 있게 하고, 싱그럽게 하며, 더욱 놀라운 생명의 힘으로 역사합니다. 생명을 더욱 생명 되게 하기위한 숨결을 불어넣어 줍니다. 빛의 생명으로의 역사입니다.

그러나 반대로 죽어있는 생명체에게는 아예 말리고, 굳혀서, 태워버립니다. 또한 빛은 어둠속에 숨겨져 있고 감추어져 있는 것을 백일하에 밝히 드러내는 역할을 합니다. 이것이 빛이 가지고 있는 심판의 기능입니다.

살아있는 잎사귀는 더욱 푸르고 싱그럽게 하지만, 죽어있는 잎사귀는 말려서 태워버립니다. 마태복음 25장 29절에 보면 "무릇 있는 자는 받아 풍족하게 되고 없는 자는 있는 것도 빼앗기리라"는 말씀이 나오는데 이 내용이 빛이 지닌 두 가지 기능의 말씀과 일맥상통 합니다.

'무릇 있는 자는…' 했을 때의 '있는' 은 '살아있는' 자를 말합니다. 살아있는 자는 생명을 더 받지만 죽은 자는 그 남은 생명까지 다 빼앗긴다는 것입니다.

이른 봄에 피어나는 어린 잎사귀 둘이 있습니다. 그런데 하나는 가지로부터 꺽 여진 잎사귀이고, 하나는 가지에 붙어있는 잎사귀입니다. 금방 보면 똑같이 싱그럽습니다. 그러나 시간이 지날수록 가지에 붙어있는 잎사귀는 태양빛을 받아 더욱 윤기가 흐르고, 싱그러운 잎사귀로 자라나지만, 가지에서 꺽 여진 잎사귀는 그 안에 있던 진액마저 다 말라버려 급기야는 불타버리고 맙니다.

빛으로 나아가야 합니다!

중요한 것은 뭐냐면 빛 앞에서는 살아있어야 한다는 것입니다. 죽어있는 것에게는 긍휼이 없다는 것입니다. 빛 앞에 살아있음을 알 수 있는 것은 빛으로 나아가는 것을 보고 압니다. 모든 살아있는 생명체는 빛을 향해 나아갑니다. 죽어 있는 것은 다 빛을 등지고 있습니다. 가을하늘에 피어있는 한 송이 코스모스가 오직 빛 앞에서 하늘하늘 그들의 한 때를 즐기며, 만족하며, 살아가고 있듯이 하나님의 백성들은 하나님의 얼굴빛을 바라보며 살아가는 사람들입니다.

요한복음 3장 20절을 보면 "악을 행하는 자 마다 빛을 미워하여 빛으로 오지 아니 하나니 이는 그 행위가 드러날까 함이요 진리를 좇는 자는 빛으로 오나니 그 행위가 하나님 안에서 행한 것임을 나타내려 함이로다!"

이 세상에는 빛의 심판을 두려워하며 빛으로 나아오지 않는 어리석은 사람들이 있고, 생명 주시는 빛을 감사하며 빛으로 나아가는 지혜로운 사람들이 있습니다. 빛으로 나아간다는 것은 하나님 말씀 안으로, 그리스도 안으로, 나아간다는 뜻입니다.

마치 어둠속에는 단순히 어둠만 있는 것이 아니라, 그 속엔 보이지 않는 세균과 곰팡이와 온갖 더러운 기운이 그 안에 가득 하듯이, 빛 안에는 단순히 밝고 환한 정도가 아니라 우리가 미처 다 알지 못하는 온갖 좋은 것들로 가득 하다는 사실입니다.

빛으로 나아가야 합니다. 빛 되신 하나님 앞으로 나아갈 때 우리는 새 에너지와, 새 기운과, 새 생명을 날마다 공급받으며 살게 되는 역사가 있을 것입니다.

그 나라와 그의

주권자의 다스림

사람은 이 땅을 살면서 원하든 원치 않던 한 나라에 속해서 살아가게 됩니다. 육신적으로도 그렇지만 영적으로도 우리는 자연스럽게 어떤 나라에 속하게 됩니다. 그리고 그 나라의 주권자가 다스리는 데로 이끌림을 받고 살아갑니다.

살아가면서 돈과 재물에 지나치게 이끌림을 받는 사람은 '맘몬' 이 다스리는 나라에서 사는 것과 같습니다. 돈이 있고 없음으로 인해 단순히 기분이 좋고 나쁘고를 넘어서서, 오직 물질로만 위로를 받고, 오직 물질로만 소망을 얻는다면 맘몬에 지배를 받는 사람입니다.

실지로 우리 주위에는 맘몬의 기쁨과 맘몬의 영광을 위하여 순교라도 할 사람들이 얼마든지 있습니다.

자아가 내 인생의 주인이 된 에고(ego)의 나라도 있습니다. 내가 왕인고로 모든 판단을 자기기준과, 자기지혜와, 자기 경험 안에서 내립니다. 내가 나를 다스리는 나라에 살면 우리는 쉽게 절망하고 넘어집니다. 내가 주인 된 내 나라처럼 불안한 나라는 없습니다. 혹 자신을 잘 다스려서 무언가를 이루었다면 이내 교만해지는 것이 또한 에고의 나라의 특징입니다.

예수 믿는 사람은 예수를 그리스도로 섬기고 사는 사람들입니다. 주는 그리스도지 맘몬도 그리스도가 아니고, 나도 그리스도가 아닙니다!

주님은 주권자라는 말이고 왕이라는 말입니다 베드로가 "주는 그리스도요 살아계신 하나님의 아들이십니다."라고 고백했을 때 왜 그토록 주님이 기뻐하셨는지 알 수 있습니다.

예수를 주와 그리스도로

예수를 그리스도로 고백하게 되면 그는 자연스럽게 하나님이 다스리시는 하나님의 나라 안으로 들어오게 됩니다. 그가 들어간다기보다는 하나님 나라가 그를 품으며 확장합니다. 흔히 하나님 나라 하면 죽어서 가는 천국을 생각하는데, 엄밀히 말하면 하나님 나라는 하나님이 왕으로 통치하시는 곳을 '하나님 나라' 라고 합니다.

주님께서는 "너희 가운데 귀신이 쫓겨 간 것이면 이미 하나님 나라가 너희 안에 임하였느니라!" 하셨습니다.

그럼으로 하나님 나라에서 하나님 백성으로 사는 사람들은 항상 아래의 두 가지를 위해서 기도합니다. "너희는 먼저 그의 나라와 그의 의를 구하라!"입니다. 이 기도가 있음으로 우리의 기도가 우상숭배자의 기도와 구별되는 기도가 됩니다.

그의 나라를 구한다고 하는 말씀의 의미는 그의 다스림을 구하는 것입니다. 그의 통치와 지배를 간절히 바라고 구하는 것입니다. 제일먼저 우리 마음이 하나님 다스리는 나라가 되기를 위해서 기도해야 합니다. 그리고 다음으로 우리의 가정과 교회가 하나님 다스리는 나라가 되도록 기도해야 합니다. 우리가 살기를 간절히 소망해야하는 나라는 맘몬의 나라도 아니고, 에고의 나라도 아니고, 바로 그리스도가 주가 되신

하나님나라 입니다.

여기가 가장 안전하고, 가장 복되며, 평안한 나라입니다. 오직 하나님의 다스리심으로 기쁨을 삼으며, 하나님의 어루만지심으로 위로를 받고, 하나님 인도하심으로 꿈을 꾸며, 하나님 한 분만으로 충분히 만족해할 때 그는 하나님나라에서 사는 사람이 됩니다.

하나님이 옳다고 하시는 것

그의 나라에서 사는 사람은 또한 그의 법을 따라 살아야합니다. 이 부분이 '그의 의' 라고 하는 것입니다 '그의 나라' 와 '그의 의' 는 사실 나눌 수 있는 부분이 아닙니다. 나라가 있으면 법이 있듯이 법은 그 나라를 세우는 뿌리요, 근간이 되는 것입니다.

옳을 의(義)자를 써서 하나님이 옳다고 하는 것이 곧 하나님의 '의' 입니다. 사람이 옳다고 인정하는 것을 넘어서서 하나님이 '이것이 정의고 진리다!' 하는 것에 집중해야 합니다. 사람이 옳다고 하는 것이 사람나라의 법이라면 하나님이 옳다고 하시는 것이 하나님 나라의 법입니다.

하나님은 누구를 향해 의롭다고 하시냐면 자기의 의로움과 공로를 내세우고 사는 사람을 의롭다하지 않으시고, 오직 하나님 주시는 은혜를 구하며 십자가 앞에 나오는 사람들을 의롭다고 하십니다. 도리어 자기의 공로를 의로움으로 드러내었던 바리새인 같은 사람들을 향해서는 그들을 불의하다 하셨습니다.

'나는 하나님이 인정하실만한 의가 하나도 없습니다! 그래서 예수의 십자가의(義) 만을 가지고 나갑니다! 나는 아무 공로도 없고 오직 보혈의 공로만을 의지합니다!' 하고 하나님 주시는 은혜를 구하는 사람을 향해 하나님은 그를 의롭다고 하십니다.

거래가 아닙니다! 은혜입니다!

하나님과 일종의 거래를 하려는 사람들이 있습니다. 내가 이와 같은 의로움과 공로를 낼 테니 내게 구원을 달라고 하는 것입니다. 우리의 구원은 하나님과의 거래가 아닙니다. 하나님께서 값없이 거저 주신 은혜입니다.

하나님을 믿는다는 것은 은혜주심을 믿는다는 의미입니다. 죽어서 천국 가는 구원의 은혜뿐만 아니라, 이 땅을 사는 동안 돌보심의 은혜가 다 포함되어있습니다.

그런 의미에서 믿음과 은혜는 같은 말입니다. 모종의 내 것을 지불했기 때문에 하나님이 주셨다면 그것은 거래지 은혜란 말을 써서는 안 됩니다.

"너희가 그 은혜를 인하여 믿음으로 말미암아 구원을 얻었나니 이는 너희에게서 난 것이 아니요 **하나님의 선물이라** 행위에서 난 것이 아니니 누구든지 자랑치 못 할지니라!"(엡 2:8).

그의 나라를 구한다는 것은 그의 다스림을 구한다는 것이고, 그의 의를 구한다는 것은 그의 은혜를 구하는 삶인 것을 믿습니다.

우리의 모든 기도에 앞서서 주의 다스림과 은혜주심을 바라는 기도가 항상 앞서야 할 것입니다.

동질성과 이질성

자기 숭배자

사람이 자신의 뜻대로 신(神)을 섬기고자 하는데 있어서는 특별히 배울 것이 없습니다. 사람들이 자기가 섬기고 싶은 데로 신을 섬기면, 그것이 곧 사람 뜻대로 섬기는 신이 됩니다. 신이 당신의 지식을 우리에게 알리지 않은 상태에서 우리가 신을 섬기게 되면 우리 모두는 우상을 숭배하는 길을 가게 됩니다.

혹자는 '나는 섬기는 신이 없다!' 라고 말할 수 있겠지만 이 세상에서 종교가 없는 사람은 없습니다. 무종교는 자기를 믿는 것이기 때문입니다. '예수 믿고 천당 가자!' 고 하면 '나는 내 주먹 믿고 만당 갈 거다!' (?) 라고 말 하는 사람들입니다.

자기의 의를 믿고, 자기 신념을 믿으며, 자기 구원을 믿는 사람들이기 때문에 일종의 자기 우상을 섬기는 사람들이라고 보면 되겠습니다. 자기에게 도취되고, 자기를 숭배하며 자기를 높입니다.

하나님을 아는 지식

하나님이 당신을 알리셨다는 것은 곧 당신의 지식을 가르치셨다는 의미입니다. 그래서 하나님을 섬긴다는 것은 그 분을 배워야 하는 부분을 담고 있습니다. 하나님의 성품과, 하나님의 계획과, 하나님의 바램이 무엇인지 배워야합니다. 성경에서 가장 비중이 높은 하나님사랑 이라고 하는 부분 역시 배워야 합니다.

하나님의 사랑은 그냥 알아지는 것이 아닙니다. 육체의 사랑을 말하는 '에로스' 사랑은 배울 것이 없습니다. 본능에 충실하다 보면 이걸 하고 있습니다. 그 보다 좀 나은 우정에 해당하는 '펠레오' 사랑도 굳이 공부할 것이 없습니다. 친구를 사귀고 우정을 쌓는 것도 특별히 공부해서 알게 되는 것은 아니기 때문입니다.

그러나 반드시 공부하고, 연구하고, 깊이 깨달아야 알 수 있는 것이 있습니다. 그것은 바로 하나님의 사랑인 '아가페' 사랑입니다!

하나님을 아는 지식이 깊어지면, 사람을 아는 지식도 깊어지게 됩니다. 사람이 하나님에게서 왔기 때문입니다. 사람을 바라볼 때 모두가 은혜를 입어야 하는 대상으로 보입니다. 이웃집아저씨도, 슈퍼가게 아줌마도, 존귀한 신분의 장관님도, 돈 많은 사장님도, 모두가 하나님의 은혜를 입어야 한다고 하는 초점에서만 보게 됩니다.

물론 사람들 간에는 차이가 있을 수 있습니다. 큰 사람이 있고 작은 사람이 있습니다. 그러나 크다고 해봐야 2미터가 안되고 특별히 작다고 해 봐야 1미터50입니다. 이것이 물론 사람들 사이에서는 큰 차이입니다. 그러나 높고 높은 하늘에서 보면 '도토리 키 재기' 입니다. 의로운 사람이 있고, 또한 악한 사람이 있습니다. 문제는 이 의롭다고 하는 사람들입니다.

자신의 의(義)가 키로 말하자면 2미터쯤 된다고 하면서 폼 잡는 사람들입니다. 그러나 **죄의 바다는 가장 낮은 곳도 3미터가 넘는 고로 여기 빠지면 다 죽는다는 것이 성경이 말하는 진리입니다.**

자신의 키가 조금 큰 것으로 인해 안 빠져 죽을 줄 아는 착각에서 깨어야합니다.

똑같은 죄인

지식 또한 그렇습니다. 사람들 사이에서는 아이큐200인 '아인슈타인'과 그를 모~우유회사 사장님(?)쯤으로 아는 아이큐 50의 백치가 결코 같이 취급될 수 없습니다.

그러나 이 우주를 조성하신 하나님의 지식 앞에서는 이 모든 것이 다 아무것도 아닌 것이 되어버립니다. 하나님은 우리 모두를 똑같은 죄인으로 보시는데, 사람들끼리는 서로간의 너무 많은 차이와 구별을 두는 것 같습니다.

우리 모두가 하나님 앞에 은혜를 입어야하는 죄인이라는 동질성을 최대한으로 높이고, 세상에서 얻은 것으로 서로를 구분하려하는 이질성을 최소한으로 줄일 때 우리 모두는 하나가 될 수 있습니다.

하나님을 알 때 우리가 누군지도 분명히 알게 되는 것을 믿습니다.

첫 번째 이야기

가해자와 피해자

실족케 하는 자

누가복음 17장1~2을 보면 주님은 사람을 실족하게 하는 자에게는 화가 있을 것이라고 말씀하시면서 너희 중에 작은 소자 하나를 실족하게 하느니 차라리 연자 맷돌을 그 목에 메고 바다에 빠지는 것이 낫다고 하시는 말씀을 주셨습니다. 주님은 그 만큼 누군가를 힘들게 하고, 상처 입히고, 괴롭히는 것을 크게 정죄하고 계신다는 말씀입니다.

주님이 주신 사람간의 계명인 십계명을 보아도 모두가 서로 간에 피해를 입히지 말 것에 집중되어 있습니다. 사람 간에 주신 구약의 거의 모든 법령들은 누군가에게 해악을 끼쳐서는 안 된다고 하는 규약들이라는 것입니다.

성경을 모르는 세상 사람들도 다 알고 있는 구약의 문구는 "눈은 눈으로 이는 이로 갚을지라"(출 21:24, 신 19:21, 레 24:20)라는 말씀입니다. 그런데 이 말씀처럼 곡해되어 사람들에게 잘 못 알려진 말씀도 없는 것 같습니다.

이 말씀의 본래의 뜻은 네가 상대방의 눈을 다치게 했으면 너도 똑같이 눈을 다치게 되고 상대의 이를 하나 부러뜨렸다면 너의 소중한 이도

한 개가 부러지게 될 것이니까 비록 다른 이의 것이라고 할지라도 그것을 네 것처럼 아끼며 소중히 여기라고 하는 '사랑의 법' 으로 주신 법령이라는 것입니다.

계산 법

그런데 안타깝게도 세월이 흐르면서 후대의 사람들은 법을 주신 하나님의 마음을 전혀 헤아리지 못하고 하나님의 율법을 생각할 때에 눈 몇 센티 부었고, 이빨 몇 개 부러뜨렸는지 계산하고만 있는 '계산법' 으로 만들어 놓았다는 것입니다.

즉 다시 말하면 "눈은 눈으로 이는 이로."라는 말씀의 본래의 법 정신은 피해자의 입장에서 피해 본 것 계산하고 원수 갚는 것을 정당화하기 위한 취지에서 주신 법이 아니라 철저히 가해자의 입장에서 가해자가 될 자들에게 남의 것은 너의 것과 똑 같이 귀한 것이니 다른 이에게 절대로 가해를 행하여서는 안 된다고 하는 법정신에서 주신 말씀이라는 것입니다.

그런고로 혹 사람이 인생을 살다가 피치 못하게 누군가에게 정신적 물적 피해를 입히는 경우가 생기거든 마치 자신이 피해를 입은 것과 같은 마음으로 보상을 하라는 취지에서 주신 법조문이 "눈은 눈으로 이는 이로라!"는 말씀의 참된 의미가 된다는 것입니다.

그러나 사람들은 하나님의 법을 오직 피해자의 입장에서만 해석하고 적용하게 된 것입니다. 그러니 이 법의 본래 취지인 사랑의 법은 온대간대 없어지고 계산기 두드리는 계산법으로만 남게 된 것입니다. 심한 경우에는 네가 당한만큼 복수해도 된다는 '복수법' 이 되어버렸다는 것입니다.

가해자가 없는 세상?

세상이 악한 세상이 되어 질수록 나타나는 현상이 있습니다. 그것은 가해자는 없고 피해자만 있는 이상한 세상이 된다는 것입니다. 나쁜 짓을 해 놓고도 한 줄도 모르고 남의 가슴에 대못을 박아놓고도 전혀 양심의 가책을 받지 않습니다. 사회적으로 물의를 일으킨 범죄자들 가운데에도 전혀 자신의 잘못을 반성 할 줄 모르는 악한 자들이 많다는 것입니다. 도리어 자신들이 마치 사회의 구조적인 모순 속에 생겨난 희생자인 것처럼 말하는 경우도 있다는 것입니다. 죄가 발각된 이후에 검찰청 포토라인 앞에 서는 사람들은 무슨 모델들 마냥 당당하게 카메라 후레쉬 세례를 받는 세상이 되었습니다.

국가적으로도 그렇습니다. 일본은 제국주의 시절에 국제적으로 그 못된 짓을 해놓고는 뻔뻔하게 부인으로 일관하고 도리어 적반하장으로 나오더라는 것입니다. 아시아를 그 끔찍한 광란의 전쟁 통으로 몰아넣은 전범국가(가해국가) 이면서도 해외에서는 자신들 스스로를 가리켜서 언제나 원폭피해자인 것처럼만 행세하더라는 것입니다. 손바닥으로 하늘을 가린다고 하는데 이 얼마나 우스운 이야기입니까.

이상사회

좀 이상한 말인지는 모르겠지만 반대로 가해자는 있다고 하는데 피해자가 없는 세상을 상상해보니 그곳은 천국은 아니라 해도 괜찮은 사회 같았습니다. 도적맞아 놓고 뭔가 뒤가 구려서 신고도 안하고 피해가 없었다고 하는 의미에서가 아니라 그 마음이 세심하여 부지불식간 누군가에게 자신도 모르는 어떤 피해를 입히지 않았나 하는 사려 깊은 발상을 말하는 것입니다. 우리가 어떤 의미에서는 하나님 앞에 알고 지은 죄보다 모르고 지은 죄가 더 많이 있는 것과도 같습니다.

우리가 꿈꾸는 이상사회는 피해자가 자신이 입은 피해를 계산하기 이전에 가해자 스스로가 자신의 죄를 인정하고 피해자가 입은 손해를 마치 자신이 피해 입은 것과도 같은 마음으로 배상하는 세상입니다. 말 그대로 법원이 필요 없는 세상입니다. 모든 사람이 혹시 모르게 상대에게 피해 입힐 것을 세심하게 돌아보며 말과 행동에 있어서 사려 깊은 배려를 하는 세상이 아름다운 세상이라는 것입니다.

그래서 잠언 21장 29절을 보면 "악인은 자기의 얼굴을 굳게 하나 정직한 자는 자기의 행위를 삼가느니라!"고 되어있습니다. 악한 사람들은 해악을 끼치고도 뻔뻔함으로 얼굴이 두껍습니다. 그러나 하나님의 사람들은 자신의 행위로 인해 누군가가 힘들어하지 않는지를 항상 생각한다는 것입니다.

피해자들에게

피해자들 또한 피해의식에 사로잡혀 가해자를 향한 미움과 분노가운데 살아간다면 이것 역시 결국 스스로에게 가해를 행하는 일이 됨을 알아야 합니다. 그래서 주님은 먼저 가해자가 될 자 들에게 누군가를 실족하게 해서는 결코 안 된다는 말씀을 하신 이후에 누가복음17장 3~4절에서 피해자인 실족한 자에게도 말씀을 주셨습니다.

그것은 "하루 일곱 번이라도 회개하거든 용서하라!"는 말씀입니다. 사도들이 그 말씀들 듣고는 아무래도 불가능할 것 같으니까 5절에서 "주여 우리에게 믿음을 더 하소서!" 했습니다. 그때 주님은 6절에서 너희에게 겨자씨만 한 믿음이 있다면 뽕나무가 뽑혀 바다에 빠질 것이라고 하신 것입니다. 결국용서는 큰 믿음이 있고서야 할 수 있는 것이라는 말씀입니다.

또한 자신이 입은 피해를 보상받는 데에 있어서 무슨 보험사에서 한

몫 챙겨야하는 것처럼 생각하는 발상을 버려야 한다는 것입니다. 조금 피해 입은 것을 과장하여 침소봉대하는 일이 없어야 한다는 것입니다. 이 모든 일에 있어서 **"하나님 앞에서 이렇게 할 수는 없다!"**는 마음이 피해자들에게도 있어야 할 것입니다.

우리가 학교에서 이웃을 사랑하고 예의를 다하는 윤리 도덕교육을 받는다고 하지만 이 모든 일 가운데에 하나님 앞에서 살게 하는 것보다 더욱 확실한 윤리교육은 없을 것입니다. 가장 훌륭한 윤리교육은 네 이웃을 네 몸과 같이 사랑하라는 그 말씀 하나로 다 이루어지는 것을 믿습니다.

사랑합니다.^^

첫 번째 이야기

시간과 공간 그리고 영원

영원한 현재

성도들에게 '영원' 이라는 시간이 무엇인지를 설명해야 할 때가 있습니다. 막연히 '영원이 무엇일까!' , 단순히 '시간이 존재하지 않는다는 것은 무엇일까!' 를 생각하다가 〈C. S. Lewis〉의 글이 생각났습니다.

그것은 '영원한 현재' 라는 말 이었습니다. 하나님은 과거에도 미래에도 계시지 않고 언제나 영원한 현재 속에 살아가신다는 말을 했는데, 문득 그 말이 사진과 동영상이라는 개념으로 이해되어 졌습니다.

사람은 흘러가는 시간 속에 살아감으로 동영상속에서 살아간다면, 하나님은 그 동영상을 이루는 수많은 한 컷의 사진 속에 바로 지금 계신다는 의미로 받아들여졌습니다.

우리가 어릴 때 사진을 보면 우리는 지금의 모습이 아니라 열 살 개구쟁이 아이의 모습으로 그 사진 속에 있습니다. 사진 속에 그 아이는 카메라 앵글로 찍힌 사진 틀 속에 갇힌 채로 영원합니다.

앳된 스무 살 청순한 사진도 흰 머리 희끗 해지는 마흔 즈음의 사진도 우리가 볼 때는 현재라는 시간 속에서 과거를 보는 것이지만, 하나님은 그 과거의 모든 시간을 지금 이라고 하는 현재의 시간 속에서 보고 계신다는 의미입니다.

하나님은 사람들이 살아가는 모든 시간과 공간을 한 장의 커트로 가지고 계십니다. 인생을 오래사신 성도께서 평생을 뒤돌아보면서 필름이 돌아가듯이 펼쳐진다는 표현을 할 때가 있는데 하나님은 그 분이 경험한 과거의 모든 경험을 필름의 한 컷 한 컷으로 그때가 아니라 지금이라는 시간 속에서 보신다는 것입니다.

정지된 시간

우린 또 이런 의문을 가질 수 있습니다. '이 땅엔 수많은 크리스천이 있는데 그들 수 억 명이 드리는 기도를 어떻게 한꺼번에 다 들으실 수 있나?' 하는 의문을 가질 수 있습니다.

'들으신다 해도 워낙 바쁘시니까 대충 듣는 것은 아니신지?' 마음이 순수한 어린이 일수록 이런 의문을 더 잘 갖습니다. 답은 간단합니다. 우리는 시간 속에 갇혀 있지만 하나님은 시간에 제약을 받지 않으시기 때문입니다.

혹 삼십대 후반이나 사십대 초반의 나이라면 어릴 적에 〈이상한 나라의 폴〉이라는 TV만화 영화를 본 기억이 이해에 도움이 될 수 있습니다.

폴이 이상한 나라로 가려고 망치로 허공을 치면 거기에 문이 생기고 시간이 그대로 정지가 됩니다. 모든 상황이 다 동작 그만 상태가 됩니다. 그러면 갑자기 삐삐라는 인형과 홀스타인 강아지가 말을 하고 주인공 폴과 함께 그 문 속으로 들어가서는 이상한 나라의 대마 왕 손아귀에 잡혀있는 '미나' 라는 소녀를 구해내는 스토리입니다.

주인공 폴이 이상한 나라에서 숱한 모험을 하고 현실세계로 돌아오면 모든 것이 그대로입니다. 하다못해 떨어지는 공도 이상한나라로 들어가기 전 그대로 허공에 있습니다.

이와 마찬가지로 하나님은 지금 내가 드리는 기도에만 집중하실 때는 다른 모든 시간은 정지 상태로 두십니다. **그 모든 사람들의 기도 하나 하나를 하나님과 그만의 대화시간으로 진지하게 사용하십니다.**

그 시간에는 온 우주에 하나님과 기도하고 있는 그 만이 있습니다! 이것을 알면 우리는 더욱 몸과 마음에 흐트러짐 없이 주님을 만날 수 있습니다. '뒤에 일정이 바쁘니까 빨리 끝내라!' 라는 식의 사람의 말이 하나님에겐 없습니다.

'차원' (dimension)

영원과 관련해서 조금 더 말씀드리면 사람은 시간뿐만 아니라 공간의 제약도 받습니다. 사람은 기껏해야 삼차원이라는 공간속에서 살아갑니다. 그 이상의 차원은 경험할 수 없습니다. '차원' (dimension)을 이해하는 부분과 관련해서 좋은 일례가 있습니다.

이를테면 차원이 1차원 속에서 사는 개미는 직선에 속한 세계 속에서만 살아갑니다. 넓이라고 하는 2차원의 면적을 경험할 수 없습니다. 볼 수도 만질 수도 없는 세계입니다.

그런데 갑자기 자기 눈앞으로 바퀴벌레가 지나갔습니다. 개미에게 있어선 지나 갔다기 보다는 나타났다가 사라진 것입니다. 바퀴벌레로서는 어디 빵부스러기 떨어진 것 없나(?) 하고 이리저리 휘젓고 다닌 것에 불과한데도, 개미의 입장에서는 자기 눈앞에 기적이 일어난 것입니다.

잠깐 자기 한계인 일차원의 눈앞에 나타났다 사라졌으니까요! 개미의 눈에 바퀴벌레의 세계는 자신이 경험할 수 없는 기적의 세계인 2차원의 넓이(평면)라고 하는 세계를 살아가는 존재였습니다.

마찬가지로 어느 날 바퀴벌레 앞에서 펄쩍펄쩍 공간을 뛰어다니는 메뚜기가 나타났습니다. 바퀴벌레는 아까 개미와 마찬가지로 공간이라고 하는 곳을 경험할 수 없습니다.

넓이(평면)의 세계 속에서만 살아가는 바퀴벌레 눈앞에 역시 기적이 일어난 것입니다. 잠깐 나타났다 사라졌으니까요! 바퀴벌레에게 메뚜기는 자신이 경험할 수 없는 세계를 살아가는 신비로운 영적(?) 존재였습니다.

사람을 메뚜기에 비유하는 것이 좀 비약일 수 있겠지만, 사람도 3차원의 세계를 벗어날 수 없다는 것만은 분명합니다. 그러나 우리가 경험할 수 없는 4차원과 그 이상의 세계가 있다는 것입니다.

부활하신 예수님이 제자들이 모여 있는 마가의 다락방 안에 짠~~하고 나타나셨습니다. 문도 안 열고 벽을 그냥 통과해서 나타나신 겁니다. 같은 시간에 엠마오로 가는 두 제자에게 나타나시고, 열 한 사도에게도 나타나시고, 시몬에게도 동시에 나타나셨습니다.

우리가 경험할 수 없는 4차원과 그 이상의 세계에 계시다가 우리가 경험할 수 있는 3차원의 세계로 잠깐씩 보이신 것입니다. 그리고 또 사라지셨습니다.

재미있는 것은 상위의 차원에서는 상식에 불과한 것도, 그 아래 차원에서 보았을 때는 기적이라는 것입니다. 예수님의 부활의 몸이 벽을 뚫고 다니시고, 시간과 공간을 초월해서 다니시는 것은 그 차원에서는 상식입니다.

그러나 3차원인 우리가 보았을 때는 기적입니다. 그러나 기적이 상식이 되는 날이 우리 앞에도 펼쳐 질 것입니다. 우리가 부활의 몸을 입은 때입니다.

시간과 공간을 초월해서 존재하는 영적인 세계가 있다는 것을 인정하지 않겠다는 것은 마치 개미(일차원 직선의 세계)가 바퀴벌레(이차원

평면의 세계)의 세상이 존재함을 부인하는 것과 별반 다르지 않습니다. 바퀴벌레가 메뚜기(삼차원 공간의 세계)의 세상이 있음을 부인하는 것과도 같습니다.

그 세계를 우리가 아직은 경험 할 수 없지만, 이제 천국에 가면 맛 볼 수 있게 될 줄을 믿습니다. 이미 천사들과 앞서간 믿음의 선진들이 경험하고 있는 세상이기도합니다.

'예지' 銳智(미리아심)

다시 시간으로 돌아오겠습니다. 사실 하나님의 시간인 영원을 생각하면서 커다란 은혜를 받은 부분이 있습니다. **그것은 하나님께서는 우리의 과거뿐만 아니라 우리의 미래까지도 지금 보고 계신다는 부분 이었습니다!**

여기가 신비롭습니다! 욥기 23장 10절에 이런 표현이 있습니다. "나의 가는 길을 오직 그가 아시나니." 그리고 시편 139편 16절에서는 "내 형질이 이루어지기 전에 주의 눈이 보셨으며 나를 위하여 정한 날이 하루도 되기 전에 주의 책에 다 기록이 되었나이다."

전지전능하신 하나님은 우리의 미래를 아십니다. 전지하다는 것은 모든 것을 다 안다는 것입니다. 어려운 예정론을 말하자고 하는 것은 아닙니다. 그분의 '예지' 銳智(미리아심)를 말하자는 것입니다.

하나님은 내가 기도하기 전에 이미 내가 기도할 내용을 알고 계십니다. 주님이 하신말씀입니다 "너희가 기도하기 전에 기도할 것을 아시느니라!" 기도할 것을 아시는 주님은 또한 우리 기도의 응답이 되는 미래의 일을 지금 보고 계십니다.

하나님이 지금 내가 간절히 원하는 바를 바로 지금 보고 계신다고 하니까 힘이 솟았습니다! 막연한 바람이 아니라 하나님께서 지금 내 소원을 한 장면, 한 장면으로 보고 계신다 하니까 정신이 번쩍 들었습니다!

그래서 우리의 기도는 하나님이 보고 계신 그 장면이 저의 시간이 되게 해 달라는 간절한 외침입니다. 하나님이 보고 계신 그 응답의 시간과 나의 현실의 시간이 하나로 만나게 해달라는 기도가 또한 우리의 기도입니다.

그 어느 인본주의자들이 말하는 것처럼 '마인드콘트롤' 해서 바라는 바를 머릿속에 자꾸 그리고 떠올리고 해서 그 바라는 것을 이루자는 것이 아닙니다. 이미 하나님이 지금 보고 계신 나의 복된 미래를 실제로 나의 시간 속에서 나 또한 보자는 것입니다.

믿음은 바라는 것의 실상

히브리서의 말씀대로 하면 '믿음은 바라는 것의 실상' 이라 했을 때 이 말씀은 이미 우리의 바라는 바에 대한 실상을 하나님이 가지고 계신다는 의미입니다.

믿음을 정의할 때 '바라는 것' (미래)과 '실상' (현재)이 만난 것으로 말씀하고 있는 것이다. 하나님의 시간과 우리의 시간이 하나가 된 것입니다. 그러나 그 '바라는 실상' 을 실제로 우리가 보게 되는 경우가 그렇게 많지 않다는 것이 안타까운 일입니다. 믿음이 없기 때문입니다! **그래서 믿음은 바라는 것의 실상입니다. 바라는 바를 실상으로 보려면 믿음이라는 문을 열고 들어가야 합니다. 그런데 우리 중에 상당수는 그 마음에 가득한 의심이 있습니다. 의심은 하나님이 보고 계신 나의 복된 미래를 다 사라지게하고 지워버리는 지우개 역할을 합니다.**

오늘도 저는 저의 복된 미래를 상상합니다. 복된 교회의 미래를 꿈꿉니다. 그리고 **그 상상은 내게서 난 것이 아니라 하나님께서 지금 보고 계시는 것이라고 말씀드립니다. 하나님이 보고 계시는 시간과 나의 시**

간이 만나는 날이 속히 오기를 오늘도 간절히 기도합니다!

"너희 안에 행하시는 이는 그리스도니 자기의 기쁘신 뜻을 위하여 너희로 소원을 두고 행하게 하시느니라!(빌 2:13)".

완전한 이해가 될 수는 없겠지만, 그래도 흐릿하게나마 영원을 생각하면서 우리의 신앙생활에 있어서 조금은 도움이 될 수 있겠다 싶었습니다.

첫 번째 이야기

숙주세포를 좋아하는 마귀와 바이러스

'세균감염'과 '바이러스감염'

겨울이 오고 있습니다. 감기에 걸리기 쉬운 계절입니다. 감기 중에서도 독한 감기를 독감(인플렌자) 정도로 알고 있었는데, 요즘 들어서는 조류독감이니 신종플루니 해서 많은 사람들이 겨울에 감기 걸리는 것도 두려워하고 있는 것을 보면 아이러니 같습니다.

감염에는 '세균감염'과 '바이러스감염'이 있다고 합니다. 세균감염이 공기 중에 떠도는 박테리아 같은 미생물이 우리 몸 세포 안에 들어와서 질병을 일으키는 것이라면, 바이러스감염은 공기 중에 있을 때는 무생물이었는데, 우리 몸을 *숙주세포삼고 들어오면서부터 자가 증식하는 생물이 되는 것을 말 한다고 합니다. 숙주세포인 우리 몸을 먹이삼아 증식해 나갑니다. 그래서 주로 바이러스에 감염되어 생기는 감기는 세균을 죽이는 항생제를 쓸 필요가 없다고 하는 이야기를 의학저널에서 본 기억이 있습니다.

영적인 메커니즘

잘 알지도 못하는 의학 이야기를 꺼낸 것은 영적인 이야기를 하기 위함입니다.

우리가 신앙생활을 할 때도 이와 비슷한 영적인 메커니즘이 존재 하는 것을 보게 됩니다. 우리 안에 들어와서 역사하는 마귀가 그렇습니다. 바이러스가 숙주세포를 찾아다니듯이 그래서 자신을 나타내고, 표현하고, 증식하듯이 마귀가 그들의 숙주세포인 사람들을 찾아다니고 있었습니다.

누가복음 11장에서는 예수님께서 이런 말씀을 하십니다. "더러운 귀신이 사람에게서 나갔을 때에 이에 가로되 내가 나온 내 집으로 돌아가리라! 하고 와 보니 그 집이 소제되고 수리되었거늘 이에 가서 저보다 더 악한 귀신 일곱을 데리고 들어가서 거하니 그 사람의 나중 형편이 전 보다 더 심하게 되었느니라!"고 되어 있습니다. 이 본문을 보면 마귀들은 자신의 집을 사람의 몸으로 여기고 있습니다.

성경 베드로전서 5장의 말씀대로 하면 좀 더 강하게 "우는 사자가 두루 다니며 삼킬 자를 찾듯이." 마귀가 자기 거처가 되어줄 사람들을 찾아다닌다고 말씀하고 있습니다.

성경대로 하면 마귀는 본래 천사장 루시퍼였었는데 하나님께 반역한 결과로 천국에서 쫓겨나게 되었고, 하나님은 그의 심판을 세상 마지막 날까지 유예기간을 두셨습니다.

하늘에 계신 하나님과 땅에 사람들 사이의 공중권세를 잡고 있는 자로 성경은 말씀하고 있습니다. 영적인 존재임으로 큰 능력과 지혜가 있다는 것도 알아 두어야 합니다.

교활한 신학자

마귀가 하는 일은 자기가 하나님 대신해서 경배 받는 일을 합니다. 즉 가짜 하나님이 되는 것입니다. 사람들을 미혹해서 참 하나님을 가리 우고, 땅과 하늘 중간에서 창조주 하나님이 받아야 할 영광과 존귀를 가로채는 일을 하고 있습니다. 그래서 예수님을 시험 할 때도 내게 절하면 세상 만국을 주겠다고 거짓말을 한 것입니다. 마귀는 교활한 신학자이기 때문에 지금도 마귀는 항상 말씀을 가지고 사람을 현혹합니다. 마귀가 말씀을 많이 안 다고해서 말씀을 섬기는 것은 아닙니다. 그들은 철저히 말씀을 이용할 뿐입니다. 그럼으로 우리는 미혹되지 않기 위해 하나님의 말씀을 더욱 깊이 있게 알아야 할 것입니다.

바이러스가 끊임없이 육신을 찾아다니고, 그 안에서 증식하여 질병을 일으키듯이 마귀는 우리의 영을 숙주세포처럼 찾아다니고 있었습니다. 마귀는 영물이기 때문에 끊임없이 육신을 입으려는 속성이 있습니다.

그래서 그것이 우리 밖에 있을 때는 아무것도 아니지만 우리의 영혼안으로 들어와서 우리의 영으로 하여금 하나님을 가리우고, 정신을 흐리게 하며, 우리의 육신까지 병들게 할 때에 비로소 마귀가 마귀 되더라는 것입니다.

마귀에게 나를 내어준 내가 마귀

또는 순간적으로 욱하는 마음에 일어난 혈기를 이용해서도 들어온다고 하겠습니다. 노하기를 더디 하는 자는 성을 빼앗는 자보다 낫다고 말씀하셨는데 분노조절이 안 되게 하는 것입니다. 그래서 우리나라는 그렇게 충동자살 홧김자살이 많다고 합니다.

마귀에게 실컷 조정 당하고 나서 나중에 '그건 사실 제가 나이라 제 속에 마귀가 한 일입니다!' 라고 변명할 수 없다는 것입니다. 우리가 가끔 패륜범이나 흉악범이 악한 일을 저질렀을 때 그들의 한결같은 고백이 '그때 내가 아니었다!' 고 합니다.

'마귀는 다른 게 마귀가 아니라 마귀에게 나를 내어준 내가 마귀입니다!!'

공중에서 떠돌고 있는 마귀는 마치 대기 중에 떠도는 바이러스처럼 나와 아무관련이 없습니다. 중요한 것은 이 둘은 우리 안에 들여서는 안 된다는 것입니다.

나를 숙주로 삼아서 맘대로 자기 활동하게끔 내버려 두어서는 안 된다는 것입니다. 혹 들어왔다 해도 금방 물리쳐내야 한다는 것입니다.

건강한 몸이 바이러스를 물리치는 것처럼 건강한 영이 마귀를 물리치는 것입니다. 바이러스가 우리를 숙주삼지 못하게 하기 위해 우리는 운동도하고 건강을 돌보는 것처럼 마귀가 우리의 영을 숙주 삼지 않도록 우리는 **"근신하라! 깨어라! 너희 대적 마귀가 우는 사자같이 두루 다니며 삼킬 자를 찾나니 너희는 믿음을 굳게 하여 저를 대적하라"**했던 베드로전서 5장 8절의 말씀처럼 깨어 기도하며, 말씀을 가까이하는 일에 늘 매진해야 할 것입니다.

* '숙주세포' 란 다른 미생물을 자기 몸에서 기생시켜 영양을 공급하는 세포란 말로 요즘은 '좀비' 라는 말로도 통용됨

첫 번째 이야기

숙성과 부패

어떤 균에 노출되느냐에 따라

우리가 먹는 음식은 숙성이 될 때가 있고 부패될 때가 있습니다. 흔히 숙성이라고 하면 음식 맛이 더욱 맛나게 변하면서도 사람 몸에 유익하게 되는 것을 말하는 것이라면 부패는 말 그대로 썩는 것입니다. 음식물은 시간이 지나면서 공기 중의 어떤 균에 노출되느냐에 따라서 숙성되기도 하고 부패되기도 한다는 사실이 새삼 신비로운 부분이었습니다.

우리가 즐겨먹는 발효음식들이 다 건강식품인 것은 숙성되었기 때문입니다. 우리나라의 전통음식인 장류와, 젓갈류, 김치. 유제품들을 우리는 발효음식이라고 부릅니다. 좋은 말로해서 '발효' 고 '숙성' 이지 사실은 '유익한 균' 에 부패된 것입니다.

'발효의 맛'

음식의 맛을 아는 미식가 일수록 곰삭은 '발효의 맛' 을 아는 사람이라고 하겠습니다. 입속에서 감칠맛 나게 감기면서 씹히는 맛은 가히 일품이라 하겠습니다. 우리와는 지구 반대편에 사는 스페인 사람들이 우리나라 김치 식으로 먹는 음식 중에 '하몽' 이라는 '생 햄' 은 우리나라에서는 맛이 없다고 하는 돼지 엉덩이와 뒷다리 살을 통째로 소금에 절이고 포도주에 담갔다 뺐다 하면서 지중해의 바람에 숙성시킨 것인데 한 번 먹어본 사람은 그 맛에 반해 반드시 다시 찾는다고 합니다. 또한 바다 건너 미국의 어떤 스테이크 집은 도축한 고기를 자신들만의 노하우에 따라 온도와 습도를 맞춘 저장고에서 20일 이상 숙성시키는데 그 맛의 풍미로 인해 손님이 넘친다고 합니다. 생선회의 나라인 일본을 보면 성질 급한 우리 내처럼 막 잡은 '활어 회' 를 먹는 것이 아니라 숙성된 '선어 회' 를 먹는다고 합니다. 공전의 히트를 친 김치냉장고 또한 김치가 가장 맛있게 숙성되었을 때의 발효균을 잡았기 때문입니다.

'숙성균'

사람의 혀를 감동시키는 이 모든 맛의 출처는 바로 '숙성균' 에 있었습니다. 공기 중에는 우리가 미처 다 알지 못하는 수많은 세균과 박테리아와 미생물들이 있습니다. 그러나 간단하게 나눌 수 있습니다. 사람에게 유익한 '숙성균' 이 있고 말 그대로 썩어버리는 '부패균' 이 있습니다.

똑같은 음식물이라고 해도 어디에 어떻게 두느냐에 따라 발효되기도 하고 썩기도 한다는 것입니다. 물론 대부분의 음식물은 상온에서 방치하면 부패될 것입니다. 그런데 적당한 소금으로 간을 하고 적당한 온도와 습도 그리고 햇빛과 바람에 의해 유익한 발효균이 서식하기 좋아하는 환경을 만들어주게 되면 세상에서 찾을 수없는 유익한 음식이 된다는 것입니다. 요즘은 음식 뿐 아니라 EM공법이라고 해서 유익한 미생물을 활용하여 악취제거에서부터 살균, 미용, 등등. 생활 전반에 걸쳐 효과적으로 사용하는 추세라고 합니다.

사람도

사람도 살면서 시간이 지날수록 주위의 사람들에게 유익을 주는 숙성된 사람이 있는가 반면에 시간이 지날수록 구린 냄새가 나며 부패한 생선 같은 사람이 있습니다. 처음에는 그다지 별 차이를 느끼지 못했다가도 시간이 흐를수록 더욱 따스한 인간미가 풍기고, 삶속에 재치와 유머가 있어서 항상 같이 있고 싶으며, 뭔가 인생의 깊은 맛을 아는 정말 곰삭은 맛과 같이 느껴지는 사람이 있습니다. 그러나 또 한편으로는 처음에는 호감을 갖았을는지는 모르지만 갈수록 옆에 있기 불편하고 힘들어서 빨리 벗어나고 싶은 사람도 있다는 것입니다.

하나님의 숙성고

하나님은 하나님의 사람들을 훈련시킬 때 숙성을 시키십니다. 옆에 있는 사람을 힘들게 하지 않고 반대로 힘이 되게 하십니다. 하나님의 '숙성고' 에서 숙성된 사람들은 옆 사람에게 하나님의 복을 흘러가게 합니다. 그래서 세상이 일찍이 알지 못하는 곰삭은 맛과도 같은 하나님의 맛을 느끼게 합니다.

하나님은 아브라함을 '갈대아' '에서 불러내서는 가나안을 유리하게 하면서 그를 숙성된 사람으로 만드셨습니다. 그리고 그로 인하여 열방을 위한 복의 근원이 되게 하셨습니다. 또한 하나님은 모세를 40년간이나 미디안 광야 바람 속에서 숙성시키셨습니다. 그로인해 숙성된 모세는 이스라엘백성을 애굽 노예생활에서 출애굽 시키는 일에 쓰임을 받게 되었습니다. 다윗 또한 사울 왕에게서 도망을 다니면서 그의 삶이 숙성되었습니다. 그와 같은 숙성의 과정을 통해 그는 전무후무한 이스라엘의 선군이 될 수 있었습니다.

고난이라고 하는 시간에 노출되면서 숙성이 되지 못하고 도리어 부패 되는 사람이 있습니다. 될 대로 되라는 식으로 죄를 짓고, 마음대로 지껄이며 혀를 놀리고, 육체의 쾌락을 좇아가며 말 그대로 부패하며 썩는 사람이 있습니다. 그러나 하나님의 사람은 고난을 통해 숙성됩니다. 인내하며 하나님의 뜻을 기다리며 기도하고 소망합니다.

최고의 인생 맛

숙성은 단 시간에 강한 바람과 햇빛으로 말려버리는 건조와도 다릅니다. 때로는 숙성기간이 너무 오래되어서 차라리 이대로 말라버렸으면 하는 때도 있습니다. 그러나 마른다는 것은 분명히 숙성과는 다릅니다. 말라봐야 마른 오징어나 육포에 불과합니다. 그 몸에서 수분만이 빠진 것이지 참다운 맛의 변화가 일어났다고는 보기 어렵습니다. 그러나 숙성이 되는 것은 유기물의 화학적 변화가 일어나는 것입니다. 나의 나된 요소가 없어지고 성령에 의해서 다른 몸을 입는 것과도 같습니다.

하나님은 때로 우리를 저 오지인 강원도 인제에 있는 황태덕장과 같이 아무도 없는 '숙성고'에 내버려두실 때가 있습니다. 겨우내 내린 눈을 맞고 해풍에 얼고, 녹고, 마르고하는 과정을 통해 명태가 지닐 수 있는 최상품의 맛으로 숙성되는 것과도 같이 우리를 성령의 바람과 고난이라고 하는 밤과 그리고 말씀이라고 하는 햇빛을 통해서 우리가 낼 수 있는 최고의 인생 맛을 지닌 사람으로 숙성되게 하실 때가 있습니다.

숙성된 사람의 특징

어디에 있느냐가 그래서 참 중요합니다. 말씀 안에 있으면 결국은 숙성될 것입니다. 그리스 도안에 있으면 결국은 구원받을 것입니다. 그러나 세상 안에 있으면 부패되는 것입니다. 세상맛이 들고 돈 맛이 들고 하면서 천국과 구원과는 멀어지는 사람이 될 수 있다는 것입니다. 말씀 안에서 인내하고 있으면 이제 곧 주인이 와서 최상품의 황태로 옷을 입혀 백화점으로 향하게 할 것이지만 세상 안에 있으면 기껏해야 시장 좌판에 잠깐 놓였다가 잘못하면 썩은 생선 냄새가 진동하는 쓰레기통에 들어갈 수도 있다는 것입니다.

숙성된 사람의 특징을 몇 가지 들자면 분이나 화를 잘 내지 않습니다. 그 성품이 부드럽고 온유합니다. 또한 공손하고 예의 바르며 교양이 있습니다. 이단에 속한 아무개 집단처럼 모략이라는 이름으로 거짓말을 서슴없이 하고 권모술수하며 무례하게 굴지 않습니다.

김치가 익어야 맛이듯이 사람도 익어야 맛입니다. 사람 맛이 난다고 하는 것은 숙성의 맛이었습니다. 김치를 담으신 어머니들의 말씀에 의하면 김치가 숙성균에 맛있게 익다가도 갑자기 그 맛이 '미칠 때' 가 있다고 하십니다. 순간적으로 잡다한 부패균에 지배당한 것입니다. 못 먹을 맛이 되고 버려야 한다고 하셨습니다.

주님은 '숙성균' 과 '부패균' 을 하나의 단어인 '누룩' 으로 표현하셨습니다. 한줌 누룩이 온 반죽을 다 변화시킨다고 하셨고 또한 너희가 헤롯의 누룩을 조심하라고도 하셨습니다. 사도바울도 고린도전서 5장 8절에서 "괴이한 누룩으로도 말고 악독한 누룩으로도 말고"라고 하셨습니다.

나를 장악한 누룩이 성령의 '숙성누룩' 이어야지 악한 영의 '부패누룩' 이 되어서는 안 될 것입니다. 우리 모두 지금 내 옆에 있는 사람에게 맛깔난 숙성의 맛을 느끼게 해 줄 수 있는 사람이 되시기를 주의 이름으로 축원합니다.

첫 번째 이야기

맹목과 불신

불신의 밑바닥

사람들의 마음속 한 구석에는 자신이 믿고 싶은 것만 믿으려하는 속성이 있는 것 같습니다. 객관적인 사실이 아무리 입증이 되어도 그것을 인정하지 않고 무조건 불신하려하는 심리입니다.

한 연예인이 미국 학벌문제로 곤욕을 치르고는 경찰에 의해서 사실관계가 밝혀졌는데도 불구하고, 그 논란이 수그러들기는커녕 수십만 명의 안티 네티즌들은 도리어 경찰마저 불신하는 지경에 이르렀습니다. 이미 여기까지 갔으면 그 불신에는 알 수 없는 미움이 깊이 자리하고 있음을 보게 됩니다.

북한으로 인해 천안함 사건이 터졌음을 삼척동자도 아는 것을 아무리 정부가 과학적인 근거를 가지고 말해도 우리 사회 속에는 아직도 정부의 발표를 불신하고 심지어는 남한 정부가 꾸민 자작극이라는 북한의 선전에 동조하는 사람들이 많이 있는 것을 보고 놀라지 않을 수 없습니다.

불신 저 밑바닥에는 정부를 향한 미움이 깔려있습니다. 얼마 전에 유엔주재 북한대사가 지난 수십 년 동안 부인해 오던 대한항공 비행기 폭

파사건을 얼떨결에 시인했다고 하던데 천암한 사건 또한 설사 북한이 자신들의 소행임을 직접 대내외에 발표한다고 해도 그 사람들은 북한 뭐라고 할 사람들이 아니었습니다. 북한으로 그런 공격을 하게 만든 정부를 탓 할 사람들이라는 것입니다.

속내는?

어떤 사안에 대해서 보다 명백한 조사와 사실 입증을 위한다고는 하지만 이쯤 되면 이제 사실 확인 관계는 이미 떠난 이야기입니다. 감정의 문제고 미움의 문제입니다. 얼마 전에 있었던 소고기 광우병 파동 때도 마찬가지 이야기 같습니다.

겉으로 나타난 이야기는 미국 소고기 가지고 왈가왈가 하고 있지만 사실은 정부가 싫은 겁니다. 소고기 이야기가 아닙니다. 겉으로는 지금 막 격한 무슨 이야기가 오고 가고 있으면서 논쟁을 벌이고 있지만 사람들이 정작 중요한 속 얘기는 안 합니다. 사실 속내는 뭐냐면 난 네가 섭섭하고, 밉고, 싫다는 거거든요.

사람들이 사실과 진리에 움직이지 않고 감정에 휘둘릴 때 그 사회와 조직은 참 여러모로 힘이 듭니다. 미움은 우리의 이성을 마비시킵니다. 사랑은 못하더라도 최소한 미워는 하지 말고 살아야 합니다. 미워하고 살면 생각이 어느 한쪽으로 기울어져서는 그대로 굳어져 버립니다. 마비됩니다.

한번 미움의 타깃이 정해지면 그 타깃을 향해서 모든 생각이 일사분란하게 정리되고 종합 됩니다. 다른 부분을 일체 보지 못하게 됩니다. 아니 보지 않는 다는 것이 더 정확한 말 일 것입니다. 이때부터는 불신도 거의 맹목이 되어버립니다.

우리의 신앙에 있어서도

이러한 미움의 감정이 사람을 향하여 일어날 수 도 있겠지만 어떤 이론이나 더 나아가서 우리의 신앙에서도 마찬가지입니다.

하나님의 말씀을 믿고 싶은 부분만 따서 믿는 사람들이 있습니다. 자유주의 신학자들이라고 부르는 사람들입니다. 성경에 있는 기적들은 모두 믿지 않고 자신들의 이성이 받을 수 있는 것만 믿습니다. 서구유럽의 거의 모든 교회가 여기에 물들면서 황폐화 되었습니다. 우리나라도 몇몇 교단이 여기 속해 있습니다. 순수하게 하나님의 말씀을 있는 그대로 믿는 우리 같은 사람들을 향한 그들의 행태는 거의 감정적 수준입니다.

하나님을 대적하는 사람들도 그렇습니다. 하나님을 불신한 다기 보다는 하나님을 미워하는 사람들인 것을 금방 알게 됩니다. 바로왕은 하나님이 내리신 큰 재앙을 10번이나 보고도 하나님을 인정하지 않았습니다. 하나님이 미우니까 그 앞에서는 두려워하는 척 하지만 끝까지 하나님 앞에 굴복하지 않고 그 마음을 완악하게 가져가고 있습니다.

가나안 땅을 정탐하고서 그 땅을 악평하며 하나님을 원망한 사람들을 향하여 하나님이 진노하시는 민수기 14장을 보니까 하나님은 홍해를 마른 땅처럼 건너게 하시고 수많은 기적으로 이스라엘을 애굽에서 인도하여 내셨지만 이스라엘은 10번이나 나를 시험했다고 하십니다. 하나님이 아무리 많은 증거를 보여줘도 순복하지 않은 겁니다.

로마서에도 보면 "하나님을 알만한 것을 저희 속에 보이심이라" (1:18). "하나님을 알되 하나님으로 영화롭게 아니하며 감사치도 아니하며 오히려 그 생각이 허망하여지며 미련한 마음이 어두워졌나니" (1:21). "저희가 그 **마음에 하나님 두기를 싫어하매** 하나님께서 저희를 그 상실한 마음대로 내어 버려 두사"(1:28).

신앙의 근거

하나님을 불신하는 사람들은 엄밀히 말해서 하나님을 싫어하고, 하나님을 미워하는 사람들입니다. 하나님은 결코 무조건 믿으라고 하시는 분이 아니십니다. 그건 사이비 교주들이 하는 말입니다.

우리의 신앙의 근거는 이성에 호소한 것이고, 지성에 권면하는 것으로 시작된 것이어야 합니다. 물론 우리의 신앙이 이성과 지성을 초월하는 부분이 많이 있지만 그 기초는 언약의 말씀과 과거로부터 얻은 하나님 체험에서 말미암은 것입니다. 이것을 떠나게 되면 믿는다고 하면서도 미신에 치우치게 되고, 탈선한 신비주의에 빠지게 되며, 심한 경우는 맹목적 광신주의자가 되어 버립니다.

우리 하나님은 '신비' 이시지만 우리의 신앙이 '신비주의' 로 빠지면 안 된다는 것입니다. 마치 '권위' 는 있어야 하지만 '권위주의' 가 나쁜 것과 같다고 하겠습니다. '메멘토모리' 와도 같이 '종말' 을 항상 앞에 두고 사는 것은 지혜자의 모습이지만 '종말주의' 가 되어서 '시한부종말론' 에 치우쳐서는 안 되는 것과 같은 이치라고 하겠습니다.

우리를 사랑하시는 주님의 도우심과 역사하심이 우리 앞에 있습니다. 우리가 또 다시 주님께 나아가 기도할 수 있음은 이미 우리와 함께 하신 증거가 있기 때문입니다.

우리의 인생에 있어서 과거를 돌아보면서는 하나님의 함께하심을 <u>아는 것</u>이라면 우리의 미래를 바라보면서는 하나님의 함께하심을 <u>믿는 것</u>입니다. 그러므로 우리의 신앙지식은 과거에 기초한 것이고 그에 따른 우리의 믿음은 미래를 향한 것입니다.

즉 우리가 하나님을 안다고 한다면 그것은 과거의 일을 말하는 것이고, 하나님을 믿는다고 한다면 그 부분은 미래에 있을 일을 향해 있는 것입니다. 우리의 미래가 자신 있는 것은 우리의 과거가 하나님과의 동

행인 것이 너무나 확실하기 때문입니다.

하나님이 보이신 그 수많은 증거를 앞에 두고서 강퍅함으로, 불신으로, 미움으로, 오직 부인을 위한 부인하는데 급급한 사람들이 아니라, 오직 감사와 찬송과 경외하는 마음으로 하나님 앞에 나아가는 성도들이 되시기를 소망합니다!

첫 번째 이야기

플라시보(심리학계)와 피그말리온(교육계)

바라는 것의 실상

오늘은 믿음이라는 말이 지니고 있는 힘에 대해서 말씀을 드리려고 합니다. 예수를 믿고 하나님을 섬기는 삶을 가리켜서 우리는 신앙생활이라고도 하고 믿음생활이라고도 합니다.

믿음이라는 말은 지금 내 눈앞에 나타나지 않았고, 지금 내 손 끝에 만져지는 것은 아니지만 이제 곧 경험 될 것으로 생각하고 그리 행동하는 것을 말합니다. 그래서 히브리서를 11장에는 "믿음은 바라는 것의 실상이요 보지 못하는 것들의 증거"라고 한 것입니다.

아직 눈앞에 나타나지 않았지만 이제 곧 일어날 것으로 알고 모든 것을 거기에 맞추어서 살아가는 것을 말합니다. 재밌는 것은 믿음이라는 말이 교회 내 에서만 쓰는 말이 아니라는 것입니다.

신앙이 과학으로 입증됨

흔히 믿음은 실제적 증명을 우선시하는 과학과는 상충되는 경우가 많이 있습니다. 신앙생활에서 일어나는 하나님의 역사가 과학으로 입증되지 않는 경우가 대부분이기 때문입니다. 성경에 기록된 대부분의 하나님의 역사들은 과학이 설명할 수 없고 이성적 입증이 불가능한 부분입니다.

그런데도 불구하고 믿음에 관련하여 과학적으로 입증이 된 부분이 있다는 것은 매우 흥미로운 일이 아닐 수 없습니다. 심리학계에서 말하는 '플라시보 효과' 와 그에 반하는 '노시보 효과' 가 그렇고, 교육계에서 말하는 '피그말리온 효과' 와 그에 반하는 '스티그마 효과' 가 그것입니다.

심리학계

심리학계에서 말하는 '플라시보 효과' 는 일종의 '위약 효과' 라고도 하는 가짜 약 처방효과입니다. 내가 먹은 약의 실제효능과 관계없이 내가 믿은 대로 그 효과가 나타나는 현상입니다.

나는 이 약을 먹었기 때문에 낫는다고 생각하고 그렇게 믿으면 그대로 되는 어떻게 보면 터무니없는 이야기 같은 말이 사실은 과학적으로 상당부분 입증이 된다는 것이 놀라울 따름입니다. 실제로 세계대전이 한창이던 때에 많은 부상병들에게 소화제를 진통제라고 주었더니 그 중 상당수에서 진통효과가 나타나더라는 것입니다.

'플라시보 효과' 의 반대되는 말이 '노시보 효과' 라는 말입니다 '플라시보 효과' 와는 반대로 아무리 좋은 약을 먹어도 내게는 이 약이 쓸모없다고 믿고 그렇게 생각하면 그 약은 아무런 효과를 나타내지 못한다는 것입니다.

그러고 보면 **사람을 절망케 하는 것은 절망적인 상황이라기보다는 절망하는 마음과 그에 따른 믿음에 있었습니다.** 나는 이제 끝이라고 생각하고 그렇게 믿는 절망이 결국 사람을 죽이더라는 것입니다.

'노시보 효과' 의 사례 중에 대표적인 것이 어느 냉동 창고에 갇힌 사람의 죽음입니다. 이상한 것은 갇힌 지 불과 몇 시간 안 되었다는 것이고, 냉동고는 전기고장으로 가동되지 않고 있었으며, 냉동고의 크기 상 충분한 산소가 있었다는 것입니다. 그러나 이 사람은 창고 벽에 점점 숨이 막혀온다! 몸이 점점 얼어붙어온다! 는 말을 써놓고는 불과 몇 시간 만에 죽었다고 합니다.

실제사인도 저체온증이라고 했습니다. 죽는다는 생각과 그와 관련된 확고한 믿음이 실제상황은 그렇지 않았음에도 불구하고 이 사람을 죽게 했다는 것입니다. **우리의 몸이 얼마나 우리의 생각을 따르는지도 알게 되는 경우라고 할 수 있겠습니다.**

교육계

교육계를 봐도 믿음에 관련하여 비슷한 효과가 있습니다. '피그말리온과 스티그마 효과' 입니다. **'플라시보와 노시보효과' 는 자기 스스로가 그렇게 믿는 것 이라면 이 부분은 상대를 향해서 그렇게 믿어주는 것이 다른 차이라고 할 수 있겠습니다.**

이와 같은 사례는 미국의 어느 대학교수가 불특정 아이들의 그룹을 둘로 나누고서는 한쪽 그룹을 향해서는 너희들은 모두 지능이 뛰어나다고 칭찬하면서 믿음과 기대를 계속 말해주었더니 탁월한 아이들이 배출되었고, 또 한 그룹을 향해서는 반대로 열등하다고 말하고 그렇게 계속 주입했더니 정말 열등한 아이들이 되더라는 이론입니다.

그래서 '피그말리온효과' 는 '칭찬효과' 라고도 해서 상대가 자신을 향해 계속적으로 기대와 관심과 사랑에 마음을 표현할 때 그에 부응하게 되는 것이고 '스티그마 효과' 는 일명 '낙인효과' 라고해서 타인이 자신을 향해 부정적인 편견과 선입관을 가지고 대한 경우 실제로 부정적이 되고 반항과 일탈행동을 하게 되는 것을 말합니다.

이와 같은 모든 효과들은 모두 믿음에 관련된 사례들입니다. **믿음의 과학적 근거를 사회과학이 입증해낸 일종의 이론들이라 할 수 있습니다. '플라시보'와 '노시보'가 스스로의 믿음이라면 '피그말리온'과 '스티그마'는 자신을 향한 타인의 믿음을 의미합니다.**

놀라운 힘

믿음은 정말 놀라운 힘입니다. 무신론자들에 의해서 그저 심리학적 용어의 하나로 치부 되는 믿음이 우리인생에 얼마나 놀랍고 지대한 영향을 미치는지 알게 해 주는 과학적 증명이라고 할 수 있습니다.

그러고 보면 **하나님은 우리를 구원시키는 영적인 일에 있어서만 믿음을 사용하지 않으시고 육적인 일반 세상을 운영하시는데 있어서도 믿음을 결정적으로 사용하고 계셨습니다. 우리를 죽이기도 하고 살리기도 하는 것은 결국 믿음이지 우리 앞에 놓인 상황이 아니었습니다.**

왜 하나님이 그렇게 우리에게 믿음을 요구하시며, 믿음이 있어야만 기뻐하신다고 하신 것인지 조금은 알 것도 같았습니다.

"믿음이 없이는 기쁘시게 못하나니 하나님께 나아가는 자는 반드시 그가 계신 것과 또한 그가 자기를 찾는 자들에게 상주시는 이심을 믿어야 할 찌니라!"(히 11:6).

"이는 우리가 믿음으로 행하고 보는 것으로 행하지 아니함이로다!"(고후 5:6).

첫 번째 이야기

크로노스 행위 카이로스 행위

_ *행위에 믿음담기*

유일한 사건

누가복음 8장 43절에서 48절을 보면 열두 해 동안 혈루병으로 고통 받던 여인이 예수님의 옷자락이라도 만지면 자신의 오랜 병이 나을 것이라는 믿음으로 예수님 뒤를 쫓아가서 예수님의 옷에 손을 댄 기록이 나옵니다. 본문은 여인이 손을 댄 즉시 나음을 입었다고 말씀했습니다. 여인이 놀랐습니다. 그런데 예수님은 더욱 놀라셨습니다.

예수님께 나아와서 병 나음을 입던지, 귀신이 쫓겨 가든지, 죽은 자가 살아나던지 간에 먼저는 주님과의 대면이 있었고 이어서 주님의 불쌍히 여기심이 있었습니다.

그런데 이 열두 해 혈루증 걸린 여인의 경우는 예수님과 얼굴 한번 마주치지 않았고 대화 한 마디 없었습니다. 즉 예수님의 의지와 뜻과는 상관없이 예수님에게서 능력을 나오게 했다는 것입니다. 예수님의 능력이 나타난 많은 사건 가운데 이 사건이 유일합니다.

의미 있는 손댐

예수님은 지금 회당장 야이로의 딸이 죽어간다는 말을 듣고는 회당장 집으로 가고 계시는 중 이셨습니다. 예수님 주위에는 많은 사람들이 몰려 있었으므로 제자들이 예수님의 가시는 길을 열어야 했습니다. 그날도 예수님은 제자들이 열어 놓은 길을 따라 부지런히 발길을 회당장 집으로 향하셨습니다. 그렇게 재촉하여 가시다가 갑자기 걸음을 멈추시면서 "누가 내게 손을 댔느냐?"고 그러시는 것입니다.

베드로는 답하기를 "지금 많은 사람들이 옹위하면서 밀치고 부딪치며 가는 중인데 누가 손을 댔다고 그러십니까!" 하니까 예수님은 "아니다 누가 내게 손을 댔다!"고 하셨습니다. 베드로의 말과 예수님의 말씀은 사실 둘 다 맞는 말입니다. 사람들이 많이 밀치고 가니까 그 중에는 옹위함으로 밀림으로 인하여 예수님께 손을 댄 이들도 적지 않았기 때문입니다. 그러나 예수님은 그와 같은 무의미한 손댐을 말씀하시는 것이 아니라 그 중에 단 하나의 의미 있는 손댐을 말씀하신 것이었습니다.

크로노스 행위, 카이로스 행위

이 세상에는 참으로 많은 의미 없는 행위들이 있습니다. 그러나 그 가운데에는 보잘 것 없는 행위이지만 의미 있는 행위가 있습니다. 우리가 흔히 무의미하게 흘러가는 시간을 크로노스의 시간이라 하고 의미를 남기는 시간을 카이로스 시간이라고 하는데 이와 마찬가지로 행위에 있어서도 크로노스 행위가 있고 카이로스 행위가 있더라는 것입니다. 베드로가 말한 '손댐' 은 크로노스의 의미 없는 '손댐' 이었고 예수님이 말씀하신 "손댐" 은 카이로스의 의미 있는 "손댐" 이었습니다.

우리의 행위가 의미 있는 카이로스의 행위가 될 때는 행위 안에 믿음이 담길 때입니다. 이 여인은 비록 예수님의 옷자락에 손을 대는 작은 행위를 하고 있지만 그 안에는 주님의 능력을 바라는 엄청난 믿음이 담

겨 있었습니다. 많은 경우 우리는 하나님 앞에 커다란 행위를 한다고 하면서도 정작 그 안에 믿음을 담지 못하는 경우가 있습니다.

예수님 뒤로 가서 예수님의 옷깃을 만지는 행위는 비록 여인이 할 수 있는 소심하고 연약한 행위에 불과하지만 그와 같은 작은 행위에 믿음이 담기니까 거꾸로 예수님이 놀라시는 일이 일어나더라는 것입니다. 예수님은 유명인사인 회당장 집으로 가고 있었습니다. 예수님은 당신에게 능력이 나간 것을 확인하시고 걸음을 멈추신 것입니다.

이런 생각도 해 봄직 합니다. 이 여인이 예수님 앞으로 당당히 나아가서 "예수님! 유명인사인 회당장 딸만 고치시는 것이 아니라 저 같은 이름 없는 여인도 좀 고쳐 주십시오!" 할 수 있었을 텐데 "예수님 뒤로 가서 옷깃이라도 만져야겠다!"는 발상을 했다는 것입니다. 이것은 참으로 소심한 발상입니다. 맨 날 소심하다고 야단만 맞았습니다.(?) 설교도 일 년 열두 달 '여호수아 같은 담대함' 그리고 '다윗과 같은 용기' 뭐 이런 주제만 들었습니다. 그러나 적어도 오늘은 소심해도 괜찮습니다.(?) 최소한 그 안에 믿음만 담겨있다면 그 생각과 행위가 소심해도 문제없습니다.

두 렙 돈

작은 행위지만 그 안에 커다란 믿음이 담긴 이와 비슷한 일이 마가복음 12장 4절에 기록되어 있습니다. 예수님께서 사람들이 연보궤에 헌금하는 것을 보시고 "오늘 제일 많이 헌금한 사람이 있다!"그러셨습니다. 제자들은 당연히 부자들이 많은 돈을 넣는 것을 보고는 그들을 칭찬하는 말인 줄 알았습니다. 그런데 그게 아니었습니다. 주님은 가난한 과부의 두 렙 돈을 칭찬하시면서 "저가 오늘 가장 많은 헌금을 했다!"고 칭찬하셨습니다. 두 렙 돈은 지금 돈으로 정확하게 500원짜리 동전 두 개입니다.

비록 작은 액수였지만 그것은 가난한 과부의 그날 저녁 생활비였습니다. 오늘 저녁 콩나물과 두부 한 모 값입니다. 너무도 작은 금액을 드렸지만 주님은 그 날 연보의 가장 큰 금액으로 환수해서 받으셨습니다. **작은 행위라고 해도 그 안에 믿음이 담기니까 그 담긴 믿음만큼 환수해서 받으시더라는 것입니다. 하나님은 믿음만큼 받으십니다. 행위에 담겨있는 믿음을 받으신다는 것입니다.**

예수님의 옷자락을 잡는 행위나, 두 렙 돈을 드리는 행위나, 소자에게 물 한 그릇 떠주는 행위는 참으로 작은 행위이지만 그 안에 주님을 향한 믿음을 담을 때 하나님이 기뻐하시는 행위가 되는 것입니다.

믿음을 받으시는 하나님

반대로 큰 행위를 하고 있으면서도 믿음이 없었던 사람의 대표 격은 바리새인이라고 하겠습니다. 그들은 기도할 때도 큰 소리로 사거리에 서서 기도했다고 했습니다. 이레에 두 번 금식하고 십일조 생활을 철저히 하고 살았습니다. 그러나 그들의 모든 행위는 하나님을 향한 믿음을 담아 드린 행위가 아니라 사람들에게 보이고 자기 의를 자랑하기 위한 위선적이고 외식적인 행위였습니다. 사람보기에는 대단한 행위들인 것 같지만 그 안에 믿음이 없는 고로 주님은 그들을 향하여 겉은 굉장해 보이지만 실상은 속이 썩어있는 회칠한 무덤이라고 하셨습니다.

믿음이 없이는 기쁘시게 못한다고 했습니다. 하나님께 나아가는 자는 반드시 그가 계신 것과 자기를 찾는 자들에게 상주시는 하나님으로 믿어야 한다고 했습니다. 우리가 예배를 드리고 예물을 드리고 기도하는 이와 같은 주님을 찾아가는 모든 일에 좋은 것을 주시고 선물을 주시며 상을 주시는 하나님이신 것을 믿고 나아가야 할 것입니다. 우리의 중심을 받으시고 진심을 받으시는 하나님은 결국 우리의 믿음을 받으신다고 하는 말씀입니다.

그래서 **믿음은 예수께 나아가 예수를 붙드는 것입니다.** 오늘의 여인과 같이 주님의 능력을 바라고 기적을 바라며 주님을 붙드는 것입니다. 머릿속으로만 붙들지 말고 작더라도 믿음의 행위를 또한 보이시기 바랍니다. 이 여인이 주님을 만나면 고침 받는다는 발상과 생각만 가지고 예수님을 찾아가는 행위가 없었다면 구원은 없었을 것입니다. 믿음에는 행위가 있어야합니다. 행위 없는 믿음은 죽은 믿음입니다.

보통 선한행위가 없을 때 죽은 믿음이라는 말을 쓰는데 선한 행위가 없는 믿음만 죽은 믿음인 것이 아니라 믿는다고 해놓고 예수님께 나아가 기도하지 않는 것도 죽은 믿음입니다. 예수님 옷자락에 손을 대 듯이 우리도 예수님 뒤에 가서 옷자락이라도 잡는 심정으로 그렇게 간절히 기도하고 부르짖는 자리에 나아가야 할 것입니다.

의심하고 먹는 자는

그런데 중요한 것은 우리가 믿음으로 행할 때에 우리의 믿음의 행위가 어떤 신앙적인 행위 몇 가지로 한정해서 이해해서는 안 된다는 것입니다. 예배를 드리는 행위와 기도하는 행위만이 믿음의 행위가 아닙니다. 이를테면 우리는 밥을 먹는 식사하는 행위를 할 때에도 이 밥을 먹고 하나님은 나의 육신을 강건하게 하실 것이라는 믿음을 가지고 밥을 먹어야 한다는 것입니다.

"이까짓 밥 먹는다고 건강해 지나 아무개처럼 보약을 먹어야지!" 하고 의심하면서 먹으면 안 된다는 것입니다. 식사 하는 일 만이 아니라 가정 일을 할 때도, 직장에 나갈 때에도, 자녀를 키울 때에도 무슨 일을 하든지 그 안에 하나님을 향한 믿음을 담아서 해야 한다는 것입니다.

하나님께서 나에게 맡기신 일과 자녀들에게 오늘도 함께하시고, 은혜 주시고, 하나님의 역사와 도우심이 있을 것이라는 믿음을 가지고 직장으로 향하고 일터로 나가며 자녀를 키워야 한다는 것입니다.

그래서 성경은 로마서 14장 23절에서 "의심하며 먹는 자는 정죄되었나니 믿음으로 행치 아니한 모든 것이 다 죄니라!"고 말씀하신 것입니다.

네 믿음이 너를 구원하였으니

행위 속에 믿음이 있어야 한다는 것입니다. 이 여인이 스스로 숨기지 못할 것을 알고 손 댄 연고를 주님께 고 했을 때 예수님은 그의 말을 다 들으시고는 네 행위가 너를 구원했다 하지 않으시고 **"딸아! 네 믿음이 너를 구원하였으니 평안히 가라!"**하셨습니다. 앞서서 예수님 앞에 향유를 부은 여인을 향하여서도 주님은 **"네 믿음이 너를 구원하였으니 평안히 가라!"**는 똑같은 말씀을 하셨습니다. 예수님의 발을 눈물로 씻기고, 머리털로 닦고, 입 맞추고, 향유를 붓는 많은 행위를 하고 있지만 주님은 네 많은 행위가 널 구원했다 하지 않으시고 "네 믿음이 널 구원했다!"하시는 것입니다.

우리를 구원하는 것은 행위가 아니라 믿음입니다. 사람들은 하나님을 믿는 믿음보다는 겉으로 나타난 행위에 집중합니다. 그래서 맨 날 "너 뭘 했냐!"고 물어 봅니다. 그래서 맨 날 하는 말이 내가 옛날에 40일 새벽기도하고, 금식기도 며칠 하고, 교사로 몇 년을 섬기고, 뭐하고 뭐하고 한 이야기만 합니다. 그러나 아무리 주를 위해서 대단한 일을 했다고 해도 그것이 믿음 없이 한 일이라면 그것은 하나님 앞에 별 다른 의미가 없다는 것입니다.

그러나 예수님 옷에 손만 대는 행위를 했을 뿐인데 그곳에 믿음이 담기니까 주님은 기뻐하시고 큰 능력을 체험하게 해 주셨습니다. 그러므로 우리는 항상 확인해야 할 것입니다. 내가 지금 하고 있는 일의 크고 작음을 떠나서 그 안에 정말 예수를 붙드는 믿음을 담아서 하고 있는지 우리는 늘 생각하고 확인해야 할 것입니다.

48절에 오늘 주님 마지막 말씀과 같이 우리의 믿음이 우리를 고치고, 우리를 살리며, 구원하는 것입니다. 그리고 나서야 평안이 있을 것입니다. 그러나 믿지 못하고 의심하며 행할 때에 그 모든 일에는 불안과 두려움과 절망이 있을 것입니다. 주님이 48절에서 하신 **"믿음이 너를 구원하였으니 평안히 가라!"** 하시는 말씀이 오늘 저와 여러분에게 하시는 말씀되기를 소원합니다.

첫 번째 이야기

예지와 예정

미리아심(예지)

우리가 믿는 하나님은 세상을 창조하신 전지전능하신 하나님이십니다. 전지하다는 것은 모든 것을 아신다는 의미이고 전능하다는 말은 모든 것을 할 수 있다는 말씀입니다. 우리 하나님의 '아심' 과 '하심' 에는 그 한계가 없습니다.

오늘은 특별히 하나님의 '전지하심' 에 대해서 묵상하고자 합니다. 우리를 향하신 하나님의 '아심' 은 세상이 있기 전부터 라고 성경은 말씀하고 있습니다. 그래서 하나님의 전지하심은 하나님의 예지(미리아심)로 또한 받을 수 있습니다.

"내 형질이 **이루어지기 전에** 주의 눈이 보셨으며 나를 위하여 정한 날이 **하루도 되기 전에** 주의 책에 다 기록이 되었나이다"(시 139:16). "곧 **창세전에** 그리스도 안에서 우리를 택하사"(엡 1:4). "그 기쁘신 뜻대로 우리를 **예정하사** 예수그리스도로 말미암아 자기의 아들들이 되게 하셨으니"(엡 1:5). "모든 일은 그 마음의 원대로 역사하시는 이의 뜻을 따라 우리가 **예정을 입어** 그 안에서 기업이 되었으니"(엡 1:11).

미리 정하심(예정)

흔히 사람들이 신앙생활을 시작하면서 갖게 되는 의문이 있습니다. 하나님의 예정이라고 하는 부분입니다. 하나님이 모든 것을 미리 다 아시고 구원받을 사람 지옥갈사람 미리 정했으면 우리내 인생은 모두가 꼭두각시로서의 인생이 아닌가 하는 부분입니다.

하나님께서 아담이 선악과 따먹을 것도 미리 다 아시고 가롯유다가 예수님 배신할 것도 미리 하나님이 정하신 각본대로 되는 것이라면 사람의 책임이라고 하는 부분은 사라지게 됩니다. 그러나 성경은 상선벌악에 따라 선을 행하는 자에게는 상급을 그리고 악을 행한 자에게는 형벌을 내리시는 하나님이신고로 하나님은 선악간 행위의 직접적인 책임자가 되지 않으십니다.

자유의지

하나님의 예정을 말할 때 항상 같이 등장하는 말이 있습니다. 그것은 인간의 '자유의지' 라고 하는 것입니다. 하나님께서는 사람들에게 '자유의지' 라고 하는 것을 주셨습니다. 이 '자유의지' 에 따라 우리는 선을 택할 수도 악을 택할 수도 있습니다. 이와 같이 양자택일의 상황에서 사람들이 선을 택하였을 때 비로소 하나님께 영광이 되는 것입니다.

작위적으로 처음부터 모든 것을 미리 정해버렸다면 그것으로는 하나님의 영광을 말할 수 없습니다. 그래서 하나님의 예지를 이야기할 때는 미리 정해놓은 예정보다는 '미리아심' (예지)을 말해야합니다. 하나님은 아담이 그리고 가롯유다가 그들의 자유의지로 악을 행할 것을 미리 아셨을 뿐입니다.

구원으로의 예정

그래서 하나님의 예지와 예정은 구분해서 이해해야합니다. 하나님의 예지가 미리 아심으로의 예지라면 예정은 구원으로서의 예정입니다. 하나님은 아브라함을 '갈대아 우르' 에서 택하여 믿음의 조상으로 세우실 때에 그와 그의 집안이 그곳에서 하나님을 잘 섬기고 있었기 때문이 아니었습니다. 그는 도리어 우상장사 하던 아버지 밑에서 우상장사에 관련된 일을 하던 사람이었습니다. 그런데 어느 날 갑자기 하나님이 나타나셔서 그를 부르신 것입니다.

하나님께서 말씀하시길 "내가 야곱은 사랑하였고 에서는 미워하였다!" 말씀하신 것도 그들이 무슨 행위를 하기 이전인 그들이 어머니 뱃속에 있었을 때부터의 일이라는 것입니다. 이 부분을 집중적으로 말씀하고 있는 부분이 로마서 9장입니다. 하나님은 아브라함과 야곱의 의로운 행위를 보시고 그들을 택한 것이 아니라는 사실입니다.

창세전에 벌써

에베소서에서는 하나님께서 창세전에 벌써 우리를 택하셨다고 말씀하고 있습니다. 오늘날의 구원받을 성도들을 이 세상이 있기 전부터 하나님은 미리 아시고 구원으로 택하셨다는 말씀입니다. 어떤 경우에는 '뭐 그런게 다 있냐!' 하겠지만 사실 이것은 성경이 한결같이 말하고 있는 부분입니다.

마태복음 25장의 '열처녀비유' 에서도 예수님은 기름(믿음)을 준비하지 않고 나중에 온 어리석은 여인들을 향하여 너희는 어리석게도 기름(믿음)을 준비하지 않았다 하지 않으시고 "내가 너희를 알지 못한다!" 고하셨습니다. 그러니까 주님은 미리 알던 사람들을 주님의 신부로 데려가신 것이었습니다.

마태복음 7장에서도 주님은 심판 날에 많은 사람이 나더러 '내가 주의 이름으로 귀신도 쫓아내고 하늘에서 불도내리고 선지자노릇을 하여 큰 권능을 행치 아니하였나이까!' 하는 자들을 향하여 "내가 너희를 도무지 알지 못하나니 불법을 행하는 자들아 내게서 떠나가라!"고 하셨습니다. 여기서도 주님은 "내가 너희를 알지 못한다!"는 말씀을 하셨습니다.

구원의 의미

그러니까 구원이라고 하는 말의 참된 의미는 하나님이 이 땅이 생기기 전부터 미리 알던 사람들을 천국으로 데려가시는 것이 곧 구원이었습니다. 이 세상이 있기 전부터 하나님이 아시고 택하셨던 사람들을 이 세상사는 날 동안에는 그들의 머리카락까지 다 세어 아심으로 돌보아 주셨다가 이 세상 마지막 날에 주님의 신부들이 되게 하시는 것으로 천국에 데려가시는 것이 바로 구원이었습니다.

뒤를 돌아보면서 역으로 해석하게 되면 이 하나님이 미리 아시던 사람들은 무엇을 하고 있냐하면 "예수 믿고 구원받는다!"는 하나님 말씀 앞에 '뭐 그런게 다 있냐!' 하면서 못 마땅한 소리를 내뱉지 않고 오직 믿음으로 반응하고 있더라는 것입니다. 믿음을 준비하고, 믿음으로 행하고, 믿음으로 견디며 오직 믿음으로 하나님의 기쁨이 되고 있더라는 것입니다.

하나님 말씀 앞에 오직 믿음으로 행하는 것을 통하여서 이 세상이 있기 전 부터 하나님이 미리 아시던 구원받은 하나님의 백성인 것을 증명하는 저와 성도여러분이 되시기를 소망합니다.

두 번째 이야기

예언과 성경

말씀 듣는 것의 소중함 | 검과 메스 | 더하기 빼기 | 문해와 영해
여호와의 불과 다른 불 | 성경해석 | 예언과 성경 | 기록된 말씀 살아있는 말씀
이미와 아직 1 | 이미와 아직 2 | 율법의 제한성과 계속성

두 번째 이야기

말씀 듣는 것의 소중함

●
●
●

귀 기울여 듣는 것

'변화산' 에서 예수님께서 모세와 엘리야를 만나실 때 영화로운 모습으로 변화되셨습니다. 그때 구름 속에서 제자들에게 하나님께서 말씀하시기를 "너희는 저의 말을 들으라!"는 말씀을 주셨습니다. 우리는 예수님 말씀을 들어야 사는 사람들입니다.

예수님을 사랑하는 사람의 증거는 그의 말을 듣는 것입니다. 사랑하면 듣게 됩니다. 아이의 옹알거리는 말을 누가 듣냐면 엄마가 듣습니다. 엄마는 아이를 사랑하기 때문입니다. 무슨 소리인지 모를 간난 아이의 옹알이를 그 엄마는 다 바르게 해석하는 것입니다. 배고프다는 것인지. 아프다는 것인지. 불편하다는 것인지. 역시 사랑하는 연인이라면 사랑하는 이의 말을 귀 기울여 듣는 것입니다. 그리고 그 마음속 세밀한 부분까지 읽어내는 것입니다.

듣는다는 의미를 조금 깊이 가져간다면 그것은 이해한다는 것이고 수용한다는 것이며 나의 것으로 삼는다는 뜻이기도 합니다. 엄밀히 보면 말하고 있는 곳에 소통이 있는 것이 아니라 서로가 듣고 있는 그 곳에 온전한 소통이 있다고 하겠습니다.

저는 한 때 말 못하는 장애보다 앞 못 보는 장애가 훨씬 큰 장애인 것으로 생각한 적이 있습니다. 그런데 얼마 전 듣지도 보지도 못했던 헬렌 켈러가 한 말에 깊이 공감하게 되었습니다. 그녀는 말하기를 앞 못 보는 것은 사물과 멀어지는 것이지만 들리지 않는 것은 사람과 멀어지는 것이기 때문에 들리지 않는 고통을 더욱 큰 장애로 여긴다고 했습니다.

마르다와 사울

신약을 보면 예수님을 사랑한 마리아는 예수님의 발치 앞에 앉아서 말씀을 들었습니다. 언니 마르다는 주님을 위해 일한다고 하는 명분으로 말씀은 뒷전으로 했습니다. 주님은 마리아가 좋은 것을 택했음으로 빼앗기지 않을 것이라고 하시며 칭찬하셨습니다.

구약의 사울 왕 또한 그가 하나님의 일 곧 제사 드리는 일을 한다는 명분으로 하나님 말씀을 듣지 않은 고로 왕위에서 폐위되었습니다. 하나님께 드릴 제물로 쓸 것이라 하면서 남긴 양과 소가 결국 그가 왕위에서 폐위되는 결정적 사건이 되었습니다.

그때 사무엘 선지자는 사무엘상 15장 22절에서 "여호와께서 번제와 다른 제사를 **그의 목소리를 청종하는 것을 좋아하심 같이 좋아하시겠나이까.** 순종이 제사보다 낫고 **듣는 것이 숫양의 기름보다 나으니**"라고 하는 말씀을 남겼습니다.

들어야 하는 것입니다.

지금도 주님의 몸 된 교회를 위해 일한다고 하는 명분으로 말씀 듣는 일을 소홀히 하는 경우가 있는 것은 안 될 일입니다. 즉 교회를 위해 봉사하고, 전도하고, 충성하는 일은 열심히 하면서 설교시간에 잠 잘 준비를 하고 있다면 이것은 매우 위험한 일이라는 것입니다.

하나님은 우리가 당신을 위해 일하기를 원하시는 것 보다 당신을 듣기를 원하십니다. 당신을 듣고 당신을 아는 것을 원하십니다. 들어야 알기 때문입니다. 그래서 호세아서 6장 6절에서는 번제보다 하나님 아는 것을 원한다는 말씀을 하신 것입니다. 우리가 아이들에게 "너는 참 말을 잘 듣는구나!"했을 때 그 말은 귀가 밝다는 것이 아니라 잘 알아 듣고 그대로 순종한다는 것입니다.

물론 하나님은 예배를 받으시기를 원하시는 하나님이십니다. 그러나 그보다 앞서서 하나님 당신의 말씀을 듣기를 원하시는 하나님이시라는 사실을 우리 모든 성도들은 밝히 알아야 할 것입니다.

두 번째 이야기

검과 메스

천국에서 할 수 없는 것

하나님을 믿는 성도로서 천국에서는 할 수 없는데 이 땅에서만 할 수 있는 일이 있습니다. 천국에 있는 성도는 아무리 하려고 해도 할 수 없는 것이 있습니다. 그것은 바로 지금 우리가 하고 있는 신앙생활이라고 하는 것입니다.

신앙생활은 주님이 눈에 보이지 않고 손끝에 와 닿는 것이 없는 가운데 주님을 섬기고, 바라며, 의지하는 생활입니다. 천국에서는 주님이 우리 앞에 보이기 때문에 신앙생활이아니라 그냥 천국생활입니다.

예수님이 우리 눈에 보이지 않기 때문에 우리의 신앙생활은 계속된 기복이 있고, 갈등이 있으며, 고뇌가 있습니다. 그와 같은 연단의 과정 가운데 마치 게가 허물을 벗고 더 크게 성장하듯 우리 신앙은 성숙을 이루며 주님이 원하시는 더 높은 신앙에 이르게 됩니다.

예수를 믿었음으로 우리 모두는 천국에 가게 될 것입니다. 그런데 나중에 천국 가서 "내가 세상에 살 때 좀 더 주님을 믿고 의지하지 못했을까?" 하면서 후회하는 일은 없어야겠습니다. "그래! 천국에서 할 수 없는 것이라면 여기서 제대로 주님을 한번 믿어보자!"하는 마음을 갖아야 하겠습니다. "보지 않고 믿는 자가 복되다!" 고하셨는데 한번 제대로 믿어서 주님의 기쁨이 되어보자는 결심을 세워야겠습니다.

좌우에 날선 검

신앙생활을 제대로 하기위해 제일로 필요한 것이 있습니다. 그것은 하나님의 말씀입니다. 믿음은 말씀을 먹고 자라기 때문입니다. 믿음이라고 하는 것은 그것을 지키지 않고는 잃어버리는 재물과도 같습니다. 방치해서는 안 되고 내가 지켜내야 합니다. 우리 대적 마귀가 우리에게서 결국 빼내려 하는 것은 우리의 믿음이기 때문입니다. 그래서 주님은 마귀의 궤계를 대적하기위해 하나님의 전신갑주를 입으라고 말씀해주신 것입니다.

먼저 하나님의 말씀은 신앙생활 하는 성도들에게 있어서 없어서는 안 되는 매우 중요한 두 가지 차원의 기능을 하게 되는 것을 봅니다. **하나는 마귀를 대적하는 검으로서의 기능을 담당하며 또 하나는 수술도구인 메스로서의 기능을 한다는 것입니다.**

히브리서 4장 12절에 보면 "하나님의 말씀은 살았고 운동력이 있어 좌우에 날선 어떤 검보다도 예리하여 혼과 영과 및 관절과 골수를 찔러 쪼개기까지 하며 또 마음의 생각과 뜻을 감찰하나니." 로 되어있는데 여기서 '좌우에 날선 검' 이라는 표현에서 양날의 칼인 것을 분명히 말씀해주고 있습니다.

검(sward)

먼저 하나님의 말씀은 마귀를 대적하는 **'검(sward)'** 입니다. 에베소서에서 "성령의 검 곧 하나님의 말씀을 가지라!"(엡 6:17)고 말씀하신대로 성도의 유일한 공격무기입니다. 마귀가 절망이라고 하는 검으로 우리에게 다가올 때, 환경이라고 하는 무기로 우리를 넘어뜨리려고 할 때 우리는 하나님 말씀의 검이라고 하는 무기를 들고 있어야 합니다.

"절망(사망)아 너의 이기는 것이 어디 있느냐! 환경(사망)아 너의 쏘는 것이 어디 있느냐! 높음이나 깊음이나 아무 피조물이라도 그리스도 안에서 날 향하신 하나님의 사랑에서 끊을 수 없느니라!"하고 외쳐야 합니다.

예수님도 마귀의 시험을 모두 하나님의 말씀의 검으로 물리치셨습니다. 육신적이고 현실적인 문제에 집중하라고 하며 돌로 떡 만들어 먹으라고 할 때 예수님은 "기록되었으되 사람이 떡으로만 살 것이 아니요 살아계신 하나님 입에서 나오는 말씀으로 살 것이니라!"고 물리치셨습니다.

성전꼭대기에서 뛰어내리라 할 때에도 주님은 "기록되었으되 주 너의 하나님을 시험치 말라!"고 물리치셨고, 내게 절하면 천하만국을 주겠다고 할 때에도 주님은 "기록되었으되 주 너의 하나님께 경배하고 다만 그를 섬기라하였느니라!"는 말씀의 검으로 사탄을 물리치셨습니다.

사단을 물리치기 위해서는 말씀의 검이 우리 허리춤에 많이 꽂혀 있어야 합니다. 우리가 말씀암송을 많이 해야 하는 이유가 여기에 있습니다. 사탄이 갖은 궤휼로 우리를 유혹할 때 우리도 그때그때 상황에 따라 대적하는 말씀을 뽑아들어야 하기 때문입니다.

검을 뽑는 것은 일단 예수님처럼 "기록되었으되"로 시작하면 됩니다. 그러고 나서 우리도 예수님같이 하면 됩니다. 사탄이 우리 마음에서 "세상이 얼마나 좋은데 적당히 죄짓고 세상을 즐기면서 살아봐!"라고 유혹하면 우리도 예수님처럼 "기록되었으되 세상을 사랑하는 것이 하나님과 원수가 된다고 하였느니라!" 하면서 물리쳐야 합니다.

메스 (mes)

다음으로 말씀은 검의 또 다른 한쪽의 날로서 우리의 영혼 깊은 곳을 들여다보시고 그곳의 상태를 점검하는 수술대위의 **'메스(mes)'** 같은 역할을 한다는 것입니다. 그래서 우리가 하나님의 말씀을 깊이 있게 깨닫고 그 말씀을 우리 인생에 적용하다 보면 그 말씀이 미치지 않는 부분이 없다는 것을 알게 됩니다. 말씀그대로 우리의 혼과 영과 골수를 쪼개는 것과 같은 느낌을 받는 것입니다.

하나님은 우리마음 깊은 곳을 이 말씀이라고 하는 메스로 샅샅이 다 들여다보십니다. 말씀의 검이 메스가 되어 우리 안 깊은 곳을 적나라하게 벌거벗은 것처럼 보여주시는 것입니다. 그래서 우리가 또한 은혜를 받을 때는 나도 모르고 있던 내 마음 깊은 곳을 드러나게 하셨을 때입니다. 아! 내 속에 이런 게 있었구나! 내가 하나님 앞에 이런 모습이었었구나! 하고는 놀라는 것입니다.

메스는 수술도구입니다 하나님께서 우리의 영을 찔러 쪼개기까지 하는 것은 우리를 치료하시기 위함입니다. 우리의 모습을 벌거벗기시고 드러내는 것은 우리를 치료하고 고치시기 위함입니다. 우리속이 죄로 인해 곪아있는데 아픈 것도 느끼지 못하는 경우가 있기 때문입니다. 암 같은 무서운 병은 아무런 증상도 통증도 없는 것과도 같습니다.

그래서 우리는 하나님의 말씀의 메스 앞에 나를 온전히 맡겨야합니다. 하나님의 말씀은 인자한 의사의 손처럼 우리의 영혼을 어루만지십니다. 그래서 말씀은 살았고 운동력이 있다고 하신 것입니다.

하나님이 말씀으로 우리를 만지시면 신비하고 놀라운 치유의역사가 일어납니다. 왜냐하면 하나님의 손은 우리를 만드셨던 손이기 때문입니다. 만드신 분이 어찌 수리를 못하시겠습니까! 그럼으로 우리는 항상 기억해야합니다. 우리는 하나님의 말씀 앞에서 수술대위에 놓여있는 환자와 같은 모습이어야 한다는 것입니다.

섬세한 말씀의 메스가 우리의 폐부와 영혼과 생각과 뜻을 다 드러내시고 그 가운데 붙어있는 죄악의 암 덩어리들을 다 떼어내시기까지 우리자신을 온전히 주님께 맡겨야합니다. 이렇군 저렇군 불편하면서 나보다 나를 더 잘 아시는 하나님 앞에 못 마땅한 소리를 뱉어서는 안 됩니다. 우리는 우리가 우리자신을 생각하는 것 보다 훨씬 더 심각한 상태라는 것을 알아야합니다. 우리는 겉으로 보아서는 모두 깨끗한 줄 알지만 하나님의 눈으로 CT를 찍고, MRI를 찍어보면 하나님이 메스를 대야하는 곳이 한두 군데가 아닙니다.

그래서 예레미야 17장 9절을 보게 되면 "만물보다 거짓되고 심히 부패한 것이 사람의 마음이라 누가 능히 이를 알리요 마는 나 여호와는 심장을 살피며 폐부를 시험하고 각각 그 행위대로 보응하신다!"고 하신 것입니다.

하나님의 말씀이 메스가 되어 우리를 치료할 때는 우리가 하나님의 말씀을 아멘으로 받을 때입니다. 아멘으로 하나님의 말씀을 받을 때에 그 말씀은 우리를 치료하는 말씀이 되고 회복시키고, 소성케 하시는 말씀으로 역사하실 것을 믿습니다.

이 세상에서 사는 동안 신앙생활을 잘하는 것으로 주님의 칭찬을 받기위해서는 하나님 말씀의 양날인 '기록되었으되.' 와 '아멘' 을 잘하는 성도가 되어야할 것입니다.

더하기 빼기 _ 이단 구별하기

무슨 역사가 일어난다고 해서

말세가 가까이 올수록 성경은 거짓 선지자들이 창궐하게 일어난다고 말씀하고 있습니다. 양떼를 이끄는 목자로서 순전한 하나님의 양떼들이 거짓 선지자에게 이끌려 독이든 젖을 먹고는 영적으로 방황하며 그의 삶 또한 피폐해지는 것을 보면 안타깝기가 이를 데 없습니다. 그래서 오늘은 이단을 간단히 구별하는 방법을 말씀드리려고 합니다.

먼저는 무슨 역사가 내 눈앞에서 일어난다고 해서 그것을 다 하나님의 역사라고 믿으면 안 된다는 것입니다. "너희가 영들을 다 믿지 말고 하나님께 로서 말미암았는지 시험하라(요일 4:1)" 하셨기 때문입니다.

사람들이 속는 것은 능력이 나타나기 때문입니다. 방언하고 예언하고 기적이 나타난다 해서 무조건 믿으면 안 되는 것은 예수님이 말씀하시길 "거짓선지자가 내 이름으로 귀신도 쫓아내고 하늘에서 불도 내릴 것이다!"고 하셨기 때문입니다.

성경을 두껍게

거짓선지자들은 한마디로 해서 성경을 두껍게 하거나 성경을 얇게 하는 자들입니다. 신명기 4장 2절을 보면 "이 모든 말을 지켜 행하고 그것에 **가감하지 말고**" 잠언 30장 6절에서도 "너는 그 말씀에 **더하지 말라.** 그가 너를 책망하시겠고" 요한계시록 22장에서도 "이 책에 예언에 말씀을 **더하는 자들은 책망을 받을 것이요 제하여 버리는 자도** 거룩한 성에 참여치 못하게 된다!"고 하셨습니다.

말씀위에 무엇을 더해서 **성경을 두껍게 하는 자들은 대부분 자신들의 행위를 믿음 위에 더 하는 자들 입니다.** 성경은 분명히 오직 믿음으로 구원받는다고 했는데도 불구하고 이들은 믿음만으로는 안 되고 방언해야 되고, 뭐 해야 되고, 자기들 하라는 것 해야 되고 하면서 성경을 두껍게 만듭니다. 진리를 희석시킵니다.

사도바울은 사실상 이 성경을 두껍게 하는 자들과 싸웠습니다. 유대주의자들이 교회 안에 들어와서는 구원 받으려면 믿음만으로는 안 되고 할례 받고, 구약의 율법을 행해야 한다는 주장에 대해 목숨 걸고 싸우며 "오직 믿음으로 구원 받는다!"고 외친 서신이 '로마서'와 '갈라디아서' 입니다.

또한 은사와 신비적 행위를 믿음보다 더 중요시하는 자들과 맞서서 "오직 믿음만이 구원이다!"라고 기록한 글이 고린도서신입니다. 당시에 고린도교회는 방언하고, 예언하고, 병 고침의 은사가 일어나는 등 신비적인 은사가 많이 일어난 교회였습니다.

사도바울은 그들에게 말씀하길 나는 하나님께서 너무도 많은 신비체험을 하게 하심으로 3층천 까지 올라갔다 오고, 방언도 여러 개를 하지만 이런 이야기를 너희가 시험들을 까봐 하지 않는다고 했습니다. 혹이라도 은사와 신비체험을 믿음보다 더 위에 올려놓을 것을 우려했기 때문입니다.

예수 없는 성령운동

한 가지 부언하자면 이와 같이 신비체험을 중시하는 은사주의자들의 또 하나의 특징은 예수 없는 성령운동을 펼친다는 것입니다. 예수의 영이 성령이기에 아무려면 어떠냐는 식인데 그렇지 않습니다. 성령을 말할 때는 반드시 예수기준으로 예수위에 서서 바라본 성령이어야 합니다.

그런데 성령운동 하는 사람들은 모든 것이 성령이 기준입니다. 예수도 성령위에서 바라 본 예수고, 하나님도 그렇고, 모든 것이 성령중심입니다. 한 때 '베니힌' 이라는 은사주의자가 쓴 '안녕하세요? 성령님' 이라는 책이 유행한 것으로 알고 있는데 그러나 이 부분은 위험합니다. **예수가 없고, 십자가가 없고, 회개가 없기 때문입니다. 한 번도 예수십자가 보혈로 인한 거듭남과 죄 사함의 경험이 없다는 것입니다.**

그래서 우리가 성령을 부를 때는 항상 '주의 성령' 이라고 해야 할 것입니다. 이단에 속한 00 기도원에 가보면 처음부터 끝까지 예수는 없고, 성령에만 미쳐 돌아가는 것을 보게 됩니다. 거기도 능력이 나타나지만 그 능력이 어디서 온 것인지 의심스럽습니다. 위에서 언급했던 "너희가 영들을 다 믿지 말고 하나님께 로서 말미암았는지 시험하라" (요일 4:1)라는 말씀을 다시금 되새기게 되는 부분입니다.

계시에 대하여서도

하나님께서 우리에게 드러내 보여주신 계시는 오직 성경뿐입니다. 성경 이외에 것을 가지고 하나님이 주신 계시라고 주장하게 되면 그것이 곧 이단인 것입니다. 자신은 직접 말씀을 받는다고 하면서 직통계시를 주장하고 성경에도 없는 방서를 쓰고 예언을 한다고 하며 황홀경과 엑스타시경험을 중요하게 여기는 것이 다 체험을 말씀위에 올리는 오류입니다. 특히 예언을 한다고 하는 사람들 중에 많은 경우 기독교 점쟁이들이 되어가지고 어린 영혼들을 미혹하는 경우가 많이 있는 것 같습니다.

족집게처럼 맞추는 게 중요한 것이 아니라 그 영이 어디서 왔는지를 먼저 알아야 한다는 것입니다. 비록 바른 말을 한다고 해도 그 말을 하는 자가 미혹의 영인지를 알아야 합니다. 많은 수의 이단이 가정사역과 순결운동 그리고 사회봉사활동을 통해 자신을 광명한 천사로 변장을 하고 있다는 것입니다.

마치 마태복음 23장 3절에서 예수님께서 제자들에게 하신 말씀 중에 바리새인들이 하는 말은 들어도 그들의 행동은 따라하지 말라하셨는데 그와 같다고 하겠습니다. 바른 말을 한다고 해서 그들을 따라가서는 안 된다 는 것입니다.

구약성경을 보면 모압의 박수무당인 발람은 이스라엘을 저주하려했으나 도리어 축복하였고 엔돌의 무당이 불러낸 죽은 사무엘의 혼은 참 사무엘이 아님에도 사울왕에 하나님의 저주가 임했음을 정확히 말해주었습니다. 가짜들이 진짜 같은 말을 하는 것입니다.

이것을 통해 알 수 있는 것은 예언의 말은 그것이 맞는 말이고 족집게라고 해도 지금 말하고 있는 그 영이 '미혹의 영' 이라고 하는 사실입니다.

예언적 축복

예언의 은사를 중시하는 사람들 중엔 "너희가 예언을 사모하라"(고전 14:39)라고의 말씀을 주장하고 있지만 그것은 당시엔 하나님의 계시인 성경이 아직 완성되지 않았기 때문에 교회의 권세를 세우기 위해 많은 예언과 은사가 나타나야 했다는 것을 간과한 것이라고 볼 수 있습니다.

지금은 분명한 성경이라고하는 객관적인 계시(예언)가 있음으로 여기저기 자기가 계시(예언)받았다고 나오는 많은 사람들의 주관적인 계시(예언)는 좀 전 계시록 마지막 부분에서 보았던 것처럼 "이 예언의 말씀에 더하거나."가 되는 것입니다.

완성된 계시(예언)인 성경이 있는데 자기 것(직통계시)으로 더 보완해야한다는 논리가 되니까요.

단지 "예언을 사모하라!"는 말씀을 지금의 의미로 받을 때에는 "예언적 축복"으로 이해하는 것이 바른 이해가 될 것입니다. 믿음으로 장차에 있을 일을 축복하면서 말하는 것이 곧 성경적인 예언의 의미라는 것입니다.

그와 같은 의미에서 우리가 지금 믿음으로 말하고, 기도하는 많은 것이 다 예언적 성격을 띠고 있는 것이라고 할 수 있습니다. 다시 말하면 예언은 족집게가 되는 것이 아니라 믿음으로 장래를 말하는 것이 곧 예언을 사모하는 신앙생활이 될 것입니다.

성경을 얇게

지금까지 살핀 경우가 성경을 두껍게 하는 이단이었다면 반대로 성경을 얇게 만드는 이단이 있습니다. 모든 성경을 하나님의 말씀으로 받지 않고, 자기들의 경험과 이성으로 받아드릴 수 있는 부분만 받아들이고 나머지는 다 잘라버리는 이단입니다. 이들은 예수님의 교훈만 들으려고 하지 예수님의 기적은 믿지 않습니다.

흔히 자유주의 신학자들이라고 부르는 사람들입니다. 이 사람들에게 있어서 예수님은 그저 훌륭한 도덕 선생님이실 뿐입니다. 주로 학교에 이런 사람들이 많이 있습니다.

자신들의 이성적 사유가 절대화 되다시피해서 하나님의 말씀을 인간의 문학작품 정도로 치부해버린 사람들입니다.

그러나 우리가 알 수 있는 것은 예수님 당시에도 지금의 대학교수라 할 수 있는 서기관이나, 바리새인, 레위인들은 주님을 만나지 못 했다는 것입니다.

성경에 나오는 모든 기적과 초자연적사건들은 무에서 유를 창조하시며 없는 것을 있는 것처럼 부르시는 창조주께서 일으키신 역사입니다. 무에서 유를 창조하시는 분이 우리 하나님 이신대 있는 것에서 조금 더 있게 하시는 것을 가지고 못 믿겠다고 하는 것은 지금의 나를 있게 하는 모든 것을 부인하는 것과도 같습니다.

적어도 구원론에 있어서 이단의 구별은 간단합니다. 행위(체험)가 믿음(예수)보다 위에 있으면 성경을 두껍게 하는 이단인 것이고, 지성(이성)이 믿음(예수)보다 위에 있으면 성경을 얇게 하는 이단 인 것입니다.

두 번째 이야기

문해와 영해 _ *문자적해석과 영적인해석*

: 성경해석에 있어서 이단구별하기

은혜 받을 때는 해석이 될 때

우리의 신앙은 하나님의 말씀인 성경을 어떻게 해석하고 이해하느냐에 따라서 참된 신앙이 될 수도 아니면 거짓 신앙으로 빠지게 될 수도 있습니다.

누구나 하나님 말씀인 성경을 가지고 있지만 그 하나님 말씀을 어떻게 해석하고 적용하느냐의 문제는 사람마다 다를 수 있기 때문입니다.

그래서 성경본문(Text)이 사람들의 삶(Context)속에서 적용 될 때는 반드시 그 가운데 이 '해석' 이라고 하는 부분을 지나게 됩니다. 이 해석이 아무것도 아닌 것 같아도 크나 큰 중요성을 지니고 있습니다. 우리가 소위 말씀의 은혜 받았다고 하는 것은 다름 아닌 성경이 해석되는 그 순간이기 때문입니다.

선전제(先前提)

성경을 읽으면 사람들이 다 대동소이한 해석으로 이해할 것이라 생각되지만 사실은 그렇지 않습니다 읽는 자의 '선전제' 가 성경을 읽을 때 제각기 다른 해석을 내리게 합니다. 이를테면 자유주의 신학자들인 경우에는 성경을 힘없는 민중들의 투쟁사로 이해합니다.

힘없는 애굽의 노예였던 이스라엘백성이 애굽의 압제에서 벗어나 자유를 찾게 되듯이, 예수님도 로마의 압제에서 민중을 구원하기 위해 오신 분으로 이해합니다. 그러나 예수님은 우리를 죄에서 구원하시기 위해 오신 분이지 정치적 자유를 주기 위해 오신 분이 아니시라는 것입니다. 그래서 여성 신학자들 같은 경우도 보면 성경에 하나님은 왜 남자로 기록 되었냐고 하면서 하나님 어머니라고 부를 것을 주장합니다. 실제 하나님을 어머니로 부르는 이단도 있습니다.

이와 같은 행위는 성경을 성경 그대로 보지 않고 자신들의 '선전제(先前提)' 를 가지고 들여다보기 때문입니다. 하나님은 성(性)이 없는데도 불구하고 인간의 한계인 성(性)에 하나님을 가두려고 하는 무지의 소치에서 나온 결과입니다. 성경에 하나님을 아버지로 표현 하신 것은 인간이 이해할 수 있는 가장 가까운 개념의 하나님 이해가 곧 아버지이기 때문입니다. 성경은 사람의 말이 아닌 하나님의 말씀인고로 인본주의 역사나 과학의 틀. 그리고 정치적 의도를 가지고 성경을 보기 전에 성경 그 자체로 성경을 보아야 합니다.

즉 말하자면 **성경 스스로가 자신을 말하도록 내버려두어야 한다는 의미입니다. 금광석으로야 금광석을 다룰 수 있듯이 성경 자신이 자신을 드러내도록 해야 한다는 것입니다. 이 말이 곧 성경은 성경으로 해석해야한다는 의미입니다.**

성경을 읽을 때에는 읽는 자의 '편견' 이나 '선전제(先前提)' 가 있어서는 안 되며 난해한 구절을 대하는 경우에는 성경전체의 큰 틀 속에서 어려운 부분을 조명해야 한다는 의미입니다.

두 가지 방법

성경을 해석하는 방법은 크게 두 가지로 나뉩니다. **그것은 '문자적인 해석' 과 '영적인 해석' 입니다. 문자적인 해석은 말 그대로 문맥 속에 겉으로 나타난 의미를 말하는 것이고, 영적인 해석은 숨겨진 또 다른 의미가 있는 것을 말 합니다.**

성경에서 문자적 해석을 해야 하는 부분이 있고, 영적인 해석을 해야 하는 부분이 있습니다. 이것이 섞여버리면 성경은 본말이 전도되는 현상이 나타납니다. 성경을 성경으로 해석한다고 할 때에도 우리가 알아야 것이 바로 문자적으로 해석했는지 아니면 영적인 의미로 해석했는지를 밝혀야 한다는 것입니다.

성경말씀가운데 이를테면 **비유의 말씀들은 속뜻이 감추어져 있음으로 영적인 해석을 해야 하는 부분입니다. 또한 예언의 말씀 같은 경우는 영적인 해석을 하면 안 되고 그것이 성취되는 것을 통해서 말씀을 풀어내야 합니다.** 이것이 뒤죽박죽 섞여버리면 성경저자의 본래의도와는 전혀 다른 소리가 될 수 있습니다. 소위 교회 밖에서 이단들이 행하는 성경공부 중에 이와 같은 경우가 비일비재 합니다.

영적인 해석

이단들의 특징은 성경을 영적으로만 풀어내는 형태를 취합니다. 거의 모든 성경을 영적으로, 비유로, 또는 풍유로, 소위 알레고리라는 형태로 풀어내는 데에 천부적인 기질을 보입니다.

이를테면 예수님 재림 시에 있을 '맷돌 갈던 두 사람' 을 해석하는 것을 보면 이렇습니다. 맷돌 위짝은 구약, 아래짝은 신약인데 맷돌에 들어가는 낟알곡식은 하나님 말씀이고 신구약맷돌에 갈려나오는 것이 설교라는 것입니다. 이 설교를 받는 자루가 교회라는 것이고 두 사람이 잡고 있는 맷돌 손잡이는 십자가라는 해석입니다. 그러면서 이상하게 틀어갑니다. 이와 같은 기가 찬 해석은 성경본문이 말하고자 하는 뜻하고는 전혀 관계없는 의미입니다.

이 본문은 종말의 긴박성을 말하고 있는 예언의 말씀인고로 이 말씀이 성취될 때의 그 긴장감을 말해야하는 것이지 설교와 말씀을 듣는 성도들에 관한 내용 하고는 아무관련이 없습니다.

그런데 또 이상한 것은 이런 식의 설교를 사람들이 좋아하고, 은혜받았다고 하는 데에 있습니다. 그러니 이단들에 그렇게 몰려드는 것이지요. 그러나 이와 같은 은혜는 사단의 미혹에 이끌린 거짓은혜에 지나지 않습니다.

문자적 해석

반대로 지나친 문자주의에 매달려 성경을 해석하는 일로 해서 어려움을 겪게 되는 경우도 있습니다. 이를테면 계시록 20장에 나오는 '천년왕국' 을 해석하는 것으로 인하여서 참으로 많은 종파와 교단이 나누어지게 된 것을 알게 됩니다.

우선 우리가 알아야 하는 것은 요한계시록은 상징으로 가득한 책이라는 것입니다. 단순히 문자적으로 풀기에는 무리가 있는 말씀들이 대부분입니다. 즉 비유와 상징이 가득한 고로 문자로 풀어서는 안 되고 영적으로 풀어야하는 성경 이라는 것을 먼저 염두 해 두어야 한다는 것입니다.

그렇지 않고 이 성경에 단 한번 기록된 '천년왕국' 이라는 단어를 풀어낼 때에 문자적 해석에 매이게 되면 천년왕국에 대한 문자적 의미를 알고자 천년왕국 전에 예수님이 재림하실지, 아니면 후에 하실지 또는 그 전에 있을 7년 대 환란은 어떻게 견뎌야하며, 666마귀의 숫자는 또 무엇이며, 휴거는 어느 때에 이루어지고, 하면서 문자 그 자체가 지닌 의미에 집착하게 됩니다.

그러면서 전천년주의자니, 후천년주의자니, 무천년주의자니 하면서 종파가 갈리게 됩니다. 그러나 우리가 기억할 것은 계시록은 문자적으로 풀기보다는 영적으로 풀어내야 한다는 것입니다.

천년왕국을 시간적 개념의 실제 천년으로 이해하기 보다는 이제 곧 예수님의 재림과 함께 도래할 하나님의 나라로 이해하고, 그 나라를 간절히 사모하며 마치 오늘 주님이 오실 것 같은 종말적 마음으로 살아가는 것이 천년왕국을 이해하는 참된 해석이 될 것입니다.

엉뚱한 해석은 엉터리 신앙으로

마치 예수님 당시에 성경인 토라(모세오경)는 참된 하나님의 말씀이지만 그것을 해석해 놓은 해석집인 '미드라쉬'나 '미쉬나' 같은 해석 집을 하나님 말씀인 냥 지키다가 예수님으로부터 **"너희가 사람의 유전으로 하나님말씀을 폐하는도다!"**라는 말씀을 들었던 것처럼 엉뚱한 해석을 하나님 말씀인 냥 믿고 사는 경우에는 우리의 신앙이 엉터리가 되고 맙니다.

유대인들은 하나님의 말씀을 지키고자 하는 마음은 있었지만 그 해석을 잘못하는 것으로 인해 예수님의 징계를 받았습니다.

이를테면 일하지 말고 "안식일을 거룩히 지키라!" 는 십계명의 한 계명을 지키기 위해서 그 밑에 39조 234장에 달하는 금칙을 조문으로 달아 놓았습니다. 어디까지가 일하는 것이고 어디까지가 일 안하는 것이냐의 구분이 있어야 했기 때문입니다.

그래서 마른 무화과나무열매 두 개보다 무거운 것을 들으면 그것은 일한 것이니까 죄진 것이고 그보다 가벼운 것을 들어야 죄 안 짓는 것임으로 일일이 달아보아야 했습니다.

안식일에 병자를 '들것'에 태워 옮길 수는 있어도 '빈 들것'을 들게 되면 그건 일한 것으로 하나님 말씀을 어긴 것이 되어 버립니다. 그래서 예수님이 안식일 날 베데스다 못가에서 38년 중풍병자 고쳐주셨을 때에도 서기관과 바리새인들이 고침 받은 중풍병자에게 말하기를 '누가 너에게 빈 들것을 들고 가라!' 했느냐 하면서 안식일 날 일하는 죄를 지었다고 정죄하고 있습니다. 예수님이 38년 병자를 불쌍히 여기시며 "네 들것을 들고 일어나 걸어라!" 하셨거든요.

예수님의 제자들이 안식일 날 배고파서 보리이삭 손으로 비벼먹을 때에도 시비를 거는데 그거 알곡을 타작한 것임으로 일한 것이라는 것입니다. 타작은 분명히 일하는 것이니까요.

예수님과 바리새인들과의 마찰은 항상 이와 같이 성경을 해석하는 부분에서 일어난 것이었습니다. 유대인들은 율법의 정신을 마음으로 지키지 않고 법조문에만 매달려서 말씀을 지킨 것으로 알았습니다.

쉬운 말로하면 모든 사람들의 일상생활에 있어서 금을 딱 그어놓고는 거기 넘는지 안 넘는지만 본 것이었습니다.

말씀을 행하기 위해

오늘날의 사람들도 이와 같은 누를 범 하곤 합니다. 하나님의 말씀을 엉터리로 해석하는 것으로 인해서 알맹이는 없고 포장만 있습니다. 아기는 어디다 버리고서는 포대기만 싸안고 있는 꼴입니다. 사단마귀는 우리로 하여금 마음으로 하나님의 말씀을 받지 않게 하고 습관과 타성에 매이게 합니다.

좀 이상한 말이 될 수 있겠지만 마귀는 성경을 떠나서 역사하지 않습니다. 마귀가 예수님에게 한 세 가지 시험은 모두가 성경 안에서 이루어진 것 이었습니다. 마귀가 바리새인을 통해 예수님과 부딪칠 때도 모두 예수님이 성경을 안 지켰다는 것 이었습니다. 그래서 우리는 성경을 더욱 바르고 깊이 있게 알아야합니다.

그러나 마귀는 성경을 이용할 뿐 성경을 믿거나 행하지 않습니다. 성경을 이용하는 사람들은 바리새인이 되는 것 입니다. 성경으로 돈 벌고, 성경으로 보신하고, 성경으로 자리 지키고.

지금도 보면 얼마나 많은 사람들이 예수로 돈벌려하고 신앙을 이용해서 자기사욕을 채우려 하는지 모릅니다. 그러나 성경은 이미 그들을 향해 경고하고 있습니다. "마음이 부패해지고 진리를 잃어버려 **경건을 이익의 재료로 생각하는 자들의 다툼이 일어났느니라**"(딤전 6:5).

성경은 이용하는 자의 것이 아니라 마음으로 믿고 행하는 자의 것입니다. 하나님의 말씀인 성경을 바르게 행하기 위해서는 그보다 앞서 바른 해석이 뒤따라야 하는 이유가 바로 거기에 있습니다.

두 번째 이야기

여호와의 불과 다른 불

이단들의 활개

하나님의 말씀인 성경은 기독교 2000년 역사 속에서 그것을 읽는 자들로 인하여 스스로 죄인임을 깨닫게 하고 회개시키며 하나님의 자녀로 거듭나게 하는 데에 지대한 영향을 미쳐왔습니다. 그러나 또한 역설적으로 성경은 성경을 해석하는 자들에 의해서 가장 많이 유린당하고 난도질을 당했다는 말이 있습니다. 교회 안에 독버섯과 같이 자리하고 있는 수많은 이단들이 그 만큼 자기 맘대로의 성경해석을 한 것입니다.

그래서 중세에는 성경을 사사로이 해석하지 못하게 하기 위해서 성직자 외에는 성경을 갖지 못하게 했습니다. 그러나 그렇다고 해서 성경이 성직자들의 전유물은 더더욱 아니었습니다. 구더기 무섭다고 장 안 담글 수 없는 것과 같습니다. 개혁자들은 성경을 들고 대중들에게 갔으나 각기 다른 성경해석으로 개신교는 갈가리 분열되게 되었고 그 사이를 비집고 이단들이 활개를 치게 된 것입니다.

잘못된 열심

모든 이단들은 소위 '열심' 이라는 것이 있습니다. 열심 없는 이단은 없다고 해도 과언은 아닙니다. 특별히 제가 오늘 열심을 말씀드릴 때에 그것을 불이 붙었다는 표현으로 말씀드리고 싶습니다. **신앙생활의 열심을 이해할 때 그 열심이 불붙게 된 발화점과 그 불이 어디를 향하여 타오르는 지를 말씀을 드리려고 하는 것입니다.**

먼저는 은사주의에 기반을 둔 열심입니다. 신앙생활이 방언하고 예언하고 신비체험 하는 것으로 불이 붙은 것입니다. 열심히 신앙생활 하는 이유가 방언 받기 위함이고 소위 영적인 능력을 소유하는 것으로 자신의 영적 파워를 나타내기 위함입니다. 기도원에 들어가서 몇 날이고 금식하며 뭐가 들리고 보일 때까지 열심을 냅니다.

다음으로는 율법주의에 근거한 열심입니다. 하나님의 말씀을 순종하는 것이 구원의 방편이기 때문에 목숨을 걸고 율법을 지킵니다. 율법을 지키지 않으면 저주받고 심판받기 때문에 열심을 내어 신앙생활을 하는 것입니다. 예배에 한번이라도 빠지게 되면 하나님께 큰 벌을 받을 것 같은 두려움에 사로잡힌다고 해야 하겠습니다.

마지막으로는 기복주의에서 불이 붙은 신앙생활입니다. 신앙생활의 근거가 다른 것은 일체 없고 오로지 우리남편 출세하고 우리자식 형통하기만을 바라보면서 열심히 신앙생활 하는 것입니다. 교회에서 예수 믿으면 구원받아 천국 간다 하는데 그건 안 가봐서 모르겠고(사실 별 관심 없고) 오직 이 땅에서 축복받고 기리기리 잘 되는 것으로 신앙생활의 열심을 내는 것입니다.

다른 불

하나님은 우리 신앙의 불이 어디서 붙여 온 불인지를 보시는 하나님이십니다. 우리 눈에는 다 같은 불로 보이지만 하나님이 붙이신 여호와의 불이 따로 있습니다. 그래서 하나님은 구약의 제사장으로 하여금 성소에서 분향할 때에 아무 불이나 붙여오면 안되고 하나님이 명하신 불을 가지고 분향할 것을 명하셨습니다. 이것을 대수롭지 않게 생각한 아론의 두 아들인 나답과 아비후가 여호와의 명하신 불이 아닌 다른 불로 분향한 것으로 그 자리에서 죽임을 당했습니다. "아론의 아들 나답과 아비후가 각기 향로를 가져다가 여호와께서 명령하시지 아니하신 다른 불을 담아 여호와 앞에 분향하였더니 불이 여호와 앞에서 나와 그들을 삼키매 그들이 여호와 앞에서 죽은지라!" (레 10:1-2).

말씀에서 붙여진 불

하나님이 성도들에게 붙이신 참다운 여호와의 불은 처음부터 끝까지 하나님의 말씀으로 우리 심령가운데 붙여진 불이라고 하겠습니다. 먼저는 말씀이 하나님의 불로 우리 심령가운데 붙여지면 우리 모두는 회개하게 됩니다. 요시야 왕이 하나님의 율법 책을 발견하고 그것을 사반이 읽을 때에 요시야왕은 옷을 찢으며 회개했습니다. "제사장 힐기야가 내게 책을 주더이다 하고 사반이 왕의 앞에서 읽으매 왕이 율법의 말씀을 듣자 곧 자기 옷을 찢더라"(대하 34:18). **즉 회개 없이 붙여진 불은 그것이 '여호와의 불' 이 아니라 '다른 불' 이라는 것입니다. 하나님의 말씀 앞에 자신의 더러운 죄를 발견하고 나 같은 죄인 구원하신 예수 십자가를 바라보게 하는 불이 아니라면 그 불의 출처가 의심스럽다는 것입니다.**

불은 말씀에서 붙어야합니다. 즉 우리의 신앙 열심은 성경 말씀에서 말미암은 것이라야 한다는 것입니다. 엠마오로 가는 두 제자에게 주님이 말씀을 해석 해 주실 때에 그들의 마음에 불이 붙어 뜨거워졌다고 했습니다. "그들이 서로 말하되 길에서 우리에게 말씀하시고 우리에게 성경을 풀어 주실 때에 우리 속에서 마음이 뜨겁지 아니하더냐!"(눅

24:32).

말씀에 불이 붙으면 그 말씀은 오직 예수그리스도에게 집중하게 하는 것입니다. "이에 모세와 모든 선지자의 글로 시작하여 **모든 성경에 쓴 바 자기에 관한 것**을 자세히 설명하시니라"(눅 24:27).

은사주의에서 붙은 불

은사주의에 불이 붙은 경우는 아무런 지식 없이 열광적 광신주의에 빠지게 되는 것입니다. 사도바울은 로마서에서 "너희의 열심이 지식을 따르지 않았다!"라는 말씀을 하셨습니다. "내가 증언하노니 그들이 **하나님께 열심이 있으나 올바른 지식을 따른 것이 아니니라.** 하나님의 의를 모르고 **자기 의를 세우려고** 힘써 하나님의 의에 복종하지 아니하였느니라!"(롬 10:2).

자신의 영적인 능력을 자신의 의와 공로로 삼고 사람들 앞에 소위 영적인 테크닉을 구사하는 것입니다. 이런 미혹에 넘어간 사람들은 지식 없는 열심만 있을 뿐입니다. 가짜 불이 붙은 것입니다. 집안 살림 다 내팽개치고 기도원에 들어가서 신비적인 카타르시와 엑스타시를 경험하는 것입니다. 그 맛에 한번 빠지면 중독이 됩니다. 성경도 말씀도 하나님의 뜻도 다 뒷전으로 밀리게 됩니다. 나중에는 이렇게 되는 것입니다. 신나게 재밌게 놀은 것 같은데 놀러온 곳이 어딘지를 모르는 것입니다. 장례식장에 가서 옆 사람 울 길래 같이 실컷 울고 나서 나중에 '저. 누가 돌아가셨죠?' 이러는 것과 같은 허망함입니다.

율법주의에서 붙은 불

율법주의에서 붙은 열심은 사도바울이 갈라디아서를 통해 그 폐해를 지적하고 있습니다. "그들이 너희에게 대하여 열심 내는 것은 좋은 뜻이 아니요 오직 너희를 이간시켜 너희로 그들에게 대하여 열심을 내게 하려 함이라!"(갈 4:17). '율법준수를 해야지만 구원을 얻는 것이다!' 라고 갈라디아 교회 내에 가만히 꾀이러 들어온 자들을 향해서 사도바울은 그들의 의도를 정확히 집어내고 있습니다.

그러니까 율법준수 해야 구원받는다는 거짓 교사들의 속내는 너희를 위하는 것도 아니고, 하나님을 위하는 것도 아니고, 너희들 사이에서 분쟁을 일으켜서 결국은 자기들에게 복종하게 하려고 즉 자기들을 열심히 섬기게 하려고 그렇게 한다는 것입니다. 그래서 모든 이단들이 취하는 행태는 같습니다.

성도들의 모든 열심을 그리스도가 아니라 자기를 향해서 열심을 내게 하는 것입니다. 자기를 잘 섬기면 복 받는다는 소리를 한다는 것입니다. 율법준수 해야 구원받는다는 말의 결국은 결국 자기가 하는 말을 들어야 구원받는다는 논리가 되는 것입니다. 교회를 위하고, 주님을 위하고, 하나님을 위한다고 하지만 그것은 위장일 뿐 결국 속내는 자기가 있습니다.

기복주의에서 붙은 불

다음은 기복주의입니다. 기복주의에 불이 붙으면 한 마디로 세상을 사랑하게 됩니다. 폐일언하고 세상을 사랑하게 하고, 돈을 사랑하게 하며, 세상적인 성공만을 사랑하게 만드는 교사들이 있다면 그들은 다 거짓 교사들입니다. 구약의 축복개념으로만 성경을 인용하고 "누구든지 나를 따르려거든 자기 십자가를 지고 나를 따르라!"는 말씀은 아예 보려고 들지도 않는 것입니다. 그래서 오늘날 한국교회는 예수교가 아니라 구약만 보는 모세교 같은 느낌도 받게 되는 것입니다. '예수 믿으면 하나님이 복 주신다는데 뭘 그렇게 기복주의라고 비판하냐!' 고 합니다. 그런데 사실은 예수가 누군지에 대해서는 별 관심 없고 오직 이생의 복에 모든 포커스가 맞추어져 있습니다.

"이 세상이나 **세상에 있는 것들을 사랑하지 말라.** 누구든지 세상을 사랑하면 아버지의 사랑이 그 안에 있지 아니하니 이는 세상에 있는 모든 것이 육신의 정욕과 안목의 정욕과 이생의 자랑이니 다 아버지께로부터 온 것이 아니요 세상으로부터 온 것이라 이 세상도, 그 정욕도 지나가되 오직 하나님의 뜻을 행하는 자는 영원히 거하느니라!"(요일 2:15).

여호와의 불

거짓불은 자기 의를 나타내게 되어있고, 자기를 섬기라하며, 또한 세상을 사랑하는 것으로 거꾸로 타오르는 것입니다. 오직 하나님이 받으시는 여호와의 불로 말미암은 열심은 예수 십자가에서 불붙은 것으로 주님의 십자가 고난에 동참하게 하며 위로 천국을 향하여 타오르게 하는 것입니다. 물론 우리의 신앙 안에는 분명히 은사적 요소가 있고, 기복적 부분이 있으며, 율법적인 면이 있다는 것을 부정하지 않습니다. 이 글을 쓰는 본인도 늘 하나님께 영적인 은혜를 달라고 기도하며, 자녀들에게 복주시기를 기도하며, 그리스도 안에서 율법을 준수해야 하는 자리에 있다는 것을 알고 있습니다.

그러나 우리의 믿음이 은사, 기복, 율법에 뿌리를 두게 되면 신앙은 왜곡되고 허세가 되며 부풀려지고 자랑하게 되는 것입니다. 이와 같은 거짓불이 극단에 이르게 될 때에는 말씀에 대한 기반이 전혀 없으므로 "사람의 원수가 자기 집안 식구니라!"(마 10:36)는 예수님의 말씀을 들이대며 가출, 재산몰수, 이혼, 가정파탄 사회물의를 일으키는 거짓교사들에게 꼼짝없이 이끌리게 되는 것입니다.

너무도 분명한 사실은 나뭇가지 끝에 달려있는 작은 가지가 뿌리가 될 수는 없다는 것입니다. 지엽적인 것이 전체인 냥 행세할 수는 없는 것입니다. 그래서 **우리의 신앙은 항상 결과보다는 과정이고, 눈에 보이는 겉모습이 아니라 진정으로 변화된 내면이며, 허세가 아니라 삶의 내용으로 나타는 것입니다.** 특별히 고난을 대하는 삶의 자세이기도 합니다. 말씀 안에서 내게 임한 고난을 받아들이고, 이해하고, 극복하는 능력입니다.

또한 어떤 자리에서든지 주님을 뜨겁게 사랑하고 주님과 동거하며 동행하는 것입니다. 성경에서 열심을 품으라하는 것은 철저히 어떤 개인을 향한 열심이나 조직을 향한 열심이 아니라 하나님을 향한 사랑열심을 말하는 것입니다. 그 하나님을 사랑하게 될 때 우리는 연약한 사람, 소외된 자, 낮은 자에게로 가게 되는 것입니다.

우리의 신앙열심이 세상사랑에서 붙은 것으로 세상을 향하여 거꾸로 타오르는 것이 아니라 말씀과 십자가에서 붙은 것으로 뜨겁게 주님을 사랑하고 도래할 주님의 나라를 사모하며 하늘을 향하여 타오르는 "여호와의 불"인 것을 증명하시기 바랍니다.

두 번째 이야기

성경해석

세 가지 깔데기

성경은 사람들이 살아가는 역사라고 하는 그라운드 속에서 그리고 신학이라고 하는 하나의 틀을 가지고 그리고 문학이라고 하는 배경 아래에서 쓰였습니다. 역사와 신학 그리고 문학 이 세 가지는 성경을 통해 하나님의 말씀을 듣게 되는 매우 중요한 도구가 됩니다. **이 세 가지 깔데기를 통해 걸러낸 종합적 성경해석을 한 마디로 통전적인 성경해석이라고 합니다.** 문자가 지니고 있는 단순한 표면적 이해를 넘어서서 문자 이면에 숨어있는 그리고 행간 속에 감추어있는 하나님의 마음을 좀 더 깊고 폭 넓게 헤아릴 수 있으려면 결국에 우리는 통전적인 성경해석으로 가야하는 것입니다.

역사

성경을 알려면 먼저 이스라엘의 역사와 시대적 배경을 먼저 알고 접근해야 합니다. 족장들이 살던 가나안 땅의 문화적 배경을 알아야하고 그 이후에 세워진 이스라엘 이라고 하는 나라와 그 시대 상황을 모르고서는 소경이 코끼리 다리 만지는 격이 될 수 있습니다. 신약으로 가면 또한 당시 이스라엘이 로마의 속국이었기 때문에 로마라는 나라를 알아야합니다. 이스라엘이 그 안에 있었기 때문입니다.

누가복음 2장을 보면 예수님이 태어나던 당시의 로마시대는 구레뇨라는 사람이 유대가 속한 수리아지방 총독으로 있었습니다. 이때에 로마의 가이사 아구스도 황제는 군대 징집의 효율성을 위해서 천하에 영을 내려 모든 남자는 호적을 하라는 영을 내렸습니다.

성경이 구레뇨가 유대지방이 첫 부임지였다는 것을 밝히는 것은 가이사 아구스도 황제에게 치적을 쌓기 위해 오버 충성을 하게 되는 부분을 말하기 위함입니다. 당시에 마리아는 만삭이었습니다. 요셉과 마리아는 임신부가 있는 가정은 뫼줄 줄 알았습니다. 그런데 어림도 없는 것입니다. 당시에 요셉과 마리아는 나사렛에서 살고 있었고 요셉의 호적은 베들레헴에 있었습니다. 나사렛에서 베들레헴까지 가자면 마차로 족히 며칠은 가야하는 거리입니다.

총독인 구레뇨의 폭정에 못 이겨 모든 사람들은 놓인 처지와 상황에 관계없이 자신의 호적지로 가야 했습니다. 그래서 마치 지금 명절 때 고향 가듯이 사람들의 이동으로 난리가 난 것입니다. 어쩔 수 없이 만삭인 마리아도 남편인 요셉과 함께 그 먼 길을 가게 된 것이고 힘들게 베들레헴에 도착해서는 노중에 예수님을 낳게 되는 것입니다. 당시에 여관에 자리가 없었다는 것은 지금처럼 성적으로 타락한 시대라서가 아니라 모든 사람이 호적을 하러 여행 중이었기 때문이었습니다.

한 마디로 예수님은 난세를 만나서 난리 통에 태어나신 것입니다. 아무리 그래도 그렇지 이제 막 출산하는 여인을 위해서 여관방 하나 내주는 사람이 없었나 싶을 정도로 인심도 사나웠습니다. 예수님은 성탄절에 장식한 그럴듯한 구유위에 계신 것이 아니라 냄새나고, 불결하고, 어두침침한 마구간으로 오신 것이었습니다. 지금으로 하면 여관 옆에 있는 주차장이 바로 마구간이었습니다. 사람들이 나귀나 말을 타고 오면 묶어두는 곳입니다.

사람들이 지나가면서 마구간 구유에 누우신 아기예수를 보고는 '험한 세상을 만나 마구간(주차장)에서 다 태어났구나!' 하고는 혀를 찼을 것입니다. 그 누구도 그분이 하나님의 아들인 메시야라는 것을 상상도 할 수 없게 그렇게 낮은 자리로 조용히 그리고 몰래 오셨습니다.

"베들레헴 에브라다야 너는 유다족속 중에 지극히 작을 지라도 네게서 이스라엘을 치리하는 홀이 나올 것이다!"(미 5:2)라고 하는 구약의 예언의 말씀을 수리아 총독 구레뇨가 미리 알고는 고향 나사렛에서 살고 있는 마리아를 이렇게 베들레헴에서 예수님을 낳도록 배려하고 있는 것이 아니라는 것입니다. 모든 것을 협력하여 선을 이루시는 하나님의 역사를 우리는 여기서도 보는 것입니다.

또한 저는 지금도 아기 예수님을 경배하러 온 동방의 세 박사들을 존경하는 것은 왕이 태어났다고 해서 가본 자리는 왕궁이 아니라 초라한 마구간이고 여관방이었다는 것입니다. 그렇지만 그들이 우리가 번지수 잘 못 찾았다 하지 않고 황금과 유황과 몰약을 바치며 경배하는 것을 보게 됩니다. 그때 과연 내가 동방박사라면 저 초라한 말 구유위에 뉘신 아기를 보고 세상을 구원하실 하나님의 아들이라고 경배할 수 있었겠나 하는 신앙성찰을 하게 된다는 것입니다.

이와 같이 성경의 시대적 배경 속으로 깊이 있게 들어가서 본문을 보게 되면 성경이해의 폭이 넓어진다는 것입니다.

신학

그리고 나서는 신학을 알아야 합니다. 어느 순간 자기가 은혜 받았다고 성경을 자기식대로 여기저기 가져다 붙이는 경우를 보게 되는 경우가 있습니다. 내가 깨달은 성경 말고 오랜 세월 성경전체의 흐름을 이해하는 조직(교리)신학적인 배경이 있어야합니다. 이것은 성경전체에서 말하는 사상을 아는 일입니다. 성경 66권은 약 1600년에 걸쳐서 저 마다의 다른 배경에 있던 46명의 저자가 기록하고 있지만 마치 한 사람이 쓴 것과 같은 통일성이 있기 때문입니다. 이와 같이 성경전체의 큰 흐름을 이해하고 하나님의 나라가 무엇인지, 하나님의 언약은 어떤 성격을 띠고 있는지, 그리고 성경전체에서 말하는 구원이 무엇인지를 아는 것입니다.

이를테면 성경은 구원의 확신에 관하여 로마서 8장38절에서 "내가 확신하노니 사망이나 생명이나 천사들이나 권세자들이나 현재 일이나 장래 일이나 능력이나 높음이나 깊음이나 다른 어떤 피조물이라도 우리를 우리 주 그리스도 예수 안에 있는 하나님의 사랑에서 끊을 수 없으리라!" 하셨지만 또 고린도전서 9장 27절 "내가 내 몸을 쳐 복종하게 함은 내가 남에게 전파한 후에 자신이 도리어 버림을 당할까 두려워함이로다!"의 상반되어 보이는 구절을 이해할 때에 **'이미' 와 '아직' 사이의 '긴장'** 이라고 하는 신학의 큰 들을 모르면 사도바울이 구원의 확신이 있다가도 없고 없다가도 있는 사람인 것으로 알게 되는 것입니다.

가장 위험하면서 바람직하지 못한 성경해석은 신학적인 배경이 없는 성경해석입니다. 그것은 원문이 전혀 의도하지 않는 부분임에도 불구하고 자기식대로 해석하는 것입니다. 앞뒤 문맥을 고려하지 않고 모자이크 식으로 한 구절을 따다가 자기가 붙이고 싶은 부분에 붙이는 일입니다. 우리 모든 성도들의 가게나 사업자에 걸려있는 "네 시작은 미약하였으나 네 나중은 창대하리라!"라는 말씀은 욥의 네 친구 중에 하나인 '수아사람 빌닷' 이 고난당하는 욥을 조롱하고 비난하면서 한 말이라는 것입니다. 신비한 것은 한결같이 하나님 편에서 바른말만 하고 있는데도 불구하고 하나님은 그를 정죄하시고 나중에 욥이 대신 속죄제를 올려주는 것으로 사함 받게 됩니다. 아무리 좋아보여도 의인인 욥을 욕하며 하나님께 정죄 받은 사람의 말을 따다가 무슨 대박을(?) 바라보고 걸어놓는 것은 아무래도 좀 아닌 것 같습니다.

신약으로 가면 빌립보서 4장 13절의 "내게 능력 주시는 자 안에서 내가 모든 것을 할 수 있다!"는 말씀입니다. 이 말씀은 사도바울의 적응력을 말하는 것입니다. "이거 내가 없어서 하는 소리 아닌데 내가 궁핍에 처할 줄도 알고 풍부에 처할 줄도 알고 일체의 비결을 배웠다!" 하시면서 "내게 능력주시는 자 안에서 내가 모든 것을 할 수 있다!" 하신 것입니다.

사도바울이 지금 로마감옥에 구금되어 있으면서 비전을 바라보고 자기긍정과 적극적인 사고방식을 얻기 위해서 한 말이 아니라 어떤 상황에서든지 그 상황을 받아들이고 그 환경에 처할 수 있는 적응력을 말씀하고 있는 부분이지 절망 중에 빠져있는 성도들이 자신감을 회복하기 위해서 적용할 수 있는 말은 아니라는 것입니다. 절망 중에 소망을 바라는 구절이라면 예수님의 말씀 중 "할 수 있거든 이 무슨 말이냐 믿는 자 에게는 능치 못할 것이 없느니라!"를 품어야 할 것입니다.

문학

마지막으로 성경은 사람의 문학으로 쓰여 졌습니다. 시편은 시가문학이며 복음서에 나타난 예수님의 비유도 비유문학이며 서신서는 편지글이라고 하는 서간 문학의 배경을 가지고 하나님의 말씀이 전해졌다는 것입니다. 문학적인 글을 이해하려면 기본적으로 문학적인 소양과 함께 문학을 이해하는 센스가 필요하다 하겠습니다.

이를테면 문학에는 반어법(아이러니)과 역설법(패러독스)이라는 것이 있습니다. 우리가 학교 다닐 때 배웠던 김소월의 시 중에 "나 보기가 역겨워 가실 때에는 죽어도 아니 눈물 흘리오리다." 뭐 이런 표현입니다. 이거는 안 울겠다는 것이 아니라 펑펑 울겠다는 반어법적 표현이거든요. 그러니까 문학은 운다고 해서 다 우는 것이 아니며 웃는다고 다 웃는 게 아닐 때가 있는 것이 바로 문학이라는 것입니다. 우리가 은연 중 자주 하는 말이 있습니다. '잘~한다!' 라는 말입니다. 이 말은 칭찬하는 말도 맞지만 반대로 비아냥거리고 나무랄 때하는 경우가 더 많다는 것입니다. 신약의 고린도후서 11장 같은 경우를 보면 이 경우가 나옵니다. 11장 4절과 11장 19절입니다.

사도바울이 개척한 고린도 교회의 성도들이 자신의 말은 잘 안 들으면서 이단사설에는 잘 넘어가는 것을 보고 안타까워하는 말씀 중에 "너희가 받지 아니한 다른복음을 받을 때는 **잘 용납하는구나!**"(11:4) 와 "너희는 지혜로운 자로서 어리석은 자들을 **기쁘게 용납하는구나!**" (11:19) 여기서 용납한다는 것은 칭찬이 아니라 사도바울의 상심한 마음을 나타내는 자조적 표현이라는 것입니다. 잘 한다는 칭찬이 아니라 비아냥거림이 섞인 탄식이라는 것입니다.

또한 구약의 여호수아서 마지막인 24장을 보면 여호수아가 죽음을 앞두고 이스라엘 백성을 다 모으고 "오늘날 너희들이 섬길 신을 택하라!" 했습니다. 그때 이스라엘이 24장 18절에서 "우리가 여호와를 섬기겠다!"고 했습니다. 그러자 여호수아가 19절에서 "너희가 여호와를 능히 섬기지 못할 것은 그는 거룩하신 하나님이요 질투하는 하나님이시니."하면서 하나님을 섬기겠다고 한 백성들에게 칭찬하지는 못할망정 도리어 섬기지 못할 것이라고 하고 있습니다. 이것은 반어법입니다. 여호수아는 누구보다도 이스라엘백성이 하나님을 잘 섬기기를 바랐습니다.

그러나 여호수아는 지금 백성들이 입바른 소리를 하고 있는 것을 안 것입니다. 성경에서 사람들이 바른 소리를 하는데 그것이 진심이 아닌 입바른 소리인지 아닌지 아는 일은 중요한 일입니다. 그래서 주님께서도 "이 백성이 입술로는 나를 존경하되 그 마음은 내게서 멀도다!" 하는 이사야의 글을 인용하셨던 것입니다. 그러니까 여호수아의 표현은 이스라엘백성이 진심으로 하나님을 섬기기를 바라는 마음에서 "너희들이 하나님을 잘 섬기나 어디보자!"라고 반대로 말한 것입니다. 마치 부모가 속 썩이는 자녀에게 "네가 거길 가나 보자!"하는 말이 자녀가 그곳을 가길 바라는 간절한 부모의 마음이 담겨있는 반어적인 표현인 것과 같습니다.

성경은 또한 역설이 많이 등장합니다. 주님은 부자가 천국 들어가느니 낙타가 바늘구멍에 들어가겠다. 하셨을 때의 그 표현은 역설이 담긴 문학적 표현입니다. 이 말씀은 부자는 다 천국에 못 간다는 뜻이 아니라 부자도 천국에 들어가길 바라는 주님의 마음이 담긴 역설적 표현이라는 것입니다. 그래서 이후에 사람으로는 할 수 없으되 하나님은 하신다고 하신 것입니다.

또한 가장 많은 부분에서 주님은 비유를 통해 천국의 비밀을 우리에게 말씀해 주셨습니다. 비유가 아니면 말씀을 안 하실 정도로 그렇게 많은 비유를 복음서에 담아두셨습니다. 비유는 다른 사물과 빗대어서 더욱 강한 메시지를 주시는 것입니다. 비유문학을 온전히 이해하지 못하는 것으로 수많은 비유 짝 맞추기 이단들이 판을 치게 된 것입니다. 어떤 경우는 비유를 현실과 구분을 못해서 또는 문학의 과장법을 이해하지 못하는 것으로 예수님의 말씀 중에 너희 손이 죄를 짓거든 찍어버리고 눈이 죄를 짓거든 뽑아버리라는 말씀을 그대로 이행한 경우도(?) 역사 속에 있었다는 것입니다. 남의 눈에 티를 보기 전에 너희 눈에 들보를 빼라는 주님의 말씀은 분명히 강조를 위한 예수님의 과장법입니다. 들보는 집 짓는데 기둥위에 얻는 것입니다.

장차 다가올 하나님 나라의 완전성을 비유적으로 노래한 마가복음 16장18절의 말씀도 마찬가지입니다. “믿는 자들에게는 이런 표적이 따르리니. 뱀을 집어 올리며 무슨 독을 마시든지 해를 받지 않는다!”고 하는 말씀을 현실에 직접 적용하는 것으로 실제 충청도의 어느 목사님은 성도들 앞에서 독이든 물을 먹고 죽었으며 미국의 어느 뱀 목사님은 독사를 집어 들고 설교를 하면서 결국은 뱀에 물려 죽게 되는 웃지 못할 일들이 여기저기서 일어나게 되었습니다.(?)

물론 주님의 말씀은 때로는 문학적 표현과 현실적 표현을 넘나드는 하나님의 아들로서의 말씀이 될 때가 있습니다. 이를테면 “바람과 바다야 잔잔하라!” 하는 것은 문학적 표현이 아닙니다. 바람과 바다가 귀가 있는 것이 아니지만 주님의 말씀에 그대로 순종합니다. 예수님이 예루살렘 성에 입성하실 때 환호하는 제자들을 향해 바리새인과 서기관이 “조용히 하라!”고 하자 “저들이 잠잠하면 돌들이 일어나 소리를 지리르라!” 하신 것도 문학적 표현이 아니라 실제 현실이 될 뻔 한 말씀이라는 것입니다. 까딱하면 예루살렘 초입이 입석(立石) 마을이 될 뻔(?) 했습니다.

또한 공관복음을 제외한 거의 대부분의 성경은 서간 문학입니다. 사도바울의 절절한 편지글 가운데 하나님의 감동과 영감을 담아놓으셨습니다. 놀라운 것은 교회를 바라보고 있는 사도바울이라고 하는 한 개인의 마음가운데 하나님의 말씀을 담아놓으셨다는 사실입니다.

고린도전, 후서에는 서로 파당을 만들어서 싸움질하고 있는 고린도 성도들을 향한 사도바울의 안타까운 마음이 절절히 드러나 있습니다. 그리고 빌립보 교인들을 향하여서는 자신이 어려울 때 쌈짓돈을 선교

헌금으로 보내준 이들을 향한 애틋한 사랑이 빌립보서 행간에 그대로 드러나 있는 것을 보게 됩니다. 이것이 '서간 문학' 입니다. 특별히 사도바울의 '서신서' 를 읽을 때는 이 분이 지금 편지를 쓰고 있다는 사실을 놓쳐서는 안 될 것입니다. 성경은 문학을 이해할 때 비로소 그 내용을 더 깊고 풍성하게 받을 수 있습니다.

결론

이와 같이 당시의 시대상황과 신학적인 지식 그리고 문학을 가지고 성경의 행간을 읽어내는 일은 성경을 통해서 하나님이 주신 말씀을 우리가 깊이 있게 이해하고 풍성하게 적용하는 데에 매우 중요한 기능을 수행한다 하겠습니다. **역사적 신학적 문학적인 배경이 없는 성경해석은 이단에 치우친 사람들이 빠지는 전형적인 패턴을 따릅니다. 결정적인 핵심을 놓치고 지엽적이고 부분적인 것에 치중하는 것으로 귀에 걸면 귀걸이 코에 걸면 코걸이식의 엉뚱한 해석으로 치우치게 되는 것입니다.**

장구한 역사와 신학의 통일성과 문학적인 이해를 통해 담아놓으신 하나님의 말씀 안으로 깊이 있게 들어가는 은혜가 성도들 모두에게 있기를 주의 이름으로 소망합니다.

두 번째 이야기

예언과 성경

예언을 하라!

성경에서 말씀하고 있는 방언과 예언에 대해서 공부하도록 하겠습니다. 공부라면 아무리 머리를 흔든다고 해도 이 공부는 꼭 해야 합니다. 제가 특별히 성도들 믿음의 기초를 놓는데 에 있어서 꼭 전하고 싶은 말씀이 기도합니다. 사실 방언과 예언에 관해서는 한국교회에 오순절 성령운동을 일으키는 데에 큰 부분을 차지한 것도 사실이지만 또한 그만큼 많은 혼란을 일으키고 교회를 어지럽게 한 부분이 없지 않았습니다.

그래서 예언과 방언의 그 성경적 의미를 정확히 이해하는 시간을 갖도록 하겠습니다. 사도바울은 고린도전서 14장 전체를 할애해서 방언과 예언이 무엇인지를 자세히 설명해주고 있습니다. 고린도전서 14장의 전체 맥락은 이것입니다. 방언은 개인적 유익의 차원이지만 예언은 교회공동체 전체의 유익이라는 말씀입니다. 방언을 한다면 반드시 통변을 해야 하고 통변 없는 방언은 예언만 못하다고 하시면서 계속해서 예언을 하라고 예언에 집중해서 말씀하고 있음을 알 수 있습니다.

1절 "신령한 것을 사모하되 특별히 예언을 하도록 해라", 5절 "너희가 특별히 예언하기를 원하노라", 23~25절 "방언을 하면 믿지 않는 자들이 와서 미쳤다하겠지만 예언을 하면 그들의 마음의 숨은 것이 드러나는 것을 통해 하나님께 엎드려 경배하게 된다!"

예언은 점치는 것이 아닙니다!

그렇다면 당시에 있었던 예언이 무엇인지를 알아야합니다. 많은 사람들이 예언을 이해 할 때에 점쟁이가 족집게처럼 사람의 마음속이나 앞으로의 일을 알아맞히는 차원에서 예언을 이해합니다. 그러나 **성경에서 말씀하고 있는 예언은 그런 것이 아니라 그냥 아주 단순하게 하나님의 말씀을 받아서 사람들에게 전하는 것이 예언이라는 것입니다.** 마치 구약의 선지자들이 하나님의 말씀을 받아서 그대로 백성들 앞에 가서 말하는 것이 예언인 것과 같습니다.

신구약 성경의 말씀들은 모두 하나님 말씀인 고로 예언의 말씀인 것입니다. 하나님이 하신 말씀이기 때문에 그 말은 반드시 이루어지고 성취되게 됩니다. 이것을 가지고 미래에 있을 일을 알아맞히겠다는 무슨 무당 점치는 식으로 예언을 이해하게 되면 기독교 점쟁이가 되는 것입니다. 예언이 임하는 것은 하나님의 말씀이 임하는 것이지 족집게처럼 집어내겠다는 것이 아닙니다. 참 미묘한 부분이지만 잘 구별해야 합니다.

혼란과 무질서

당시에 고린도 교회에서 무슨 일이 있었는지 잠깐 살피겠습니다. 고린도전서 14장 26절 이하를 보면 이렇게 되어있습니다 "그런즉 형제들아 어찌할까 너희가 모일 때에 각각 찬송시도 있으며 가르치는 말씀도 있으며 계시도 있으며 방언도 있으며 통역함도 있나니 모든 것을 덕을 세우기 위하여 하라 만일 누가 방언으로 말하거든 두 사람이나 많아야 세 사람이 차례를 따라 하고 한 사람이 통역할 것이요 만일 통역하는 자가 없으면 교회에서는 잠잠하고 자기와 하나님께 말할 것이요 예언하는 자는 둘이나 셋이나 말하고 다른 이들은 분별할 것이요 만일 곁에 앉아 있는 다른 이에게 계시가 있으면 먼저 하던 자는 잠잠할지니라. **너희는 다 모든 사람으로 배우게 하고 모든 사람으로 권면을 받게 하기 위하여 하나씩 하나씩 예언할 수 있느니라.** 예언하는 자들의 영은 예언하는 자들에게 제재를 받나니 하나님은 무질서의 하나님이 아니시요 오직 화평의 하나님이시니라."

26절의 '너희가 모일 때에'는 지금으로 하면 주일 예배드리러 모인 것입니다. 예배순서대로 찬송시도 부르고 말씀과 계시와 통변과 예언이 있었습니다. 예배를 드리는 것은 경배와 찬양을 하나님께 드림과 동시에 하나님께서 주시는 말씀을 받는 것입니다. 말씀을 받는다는 것이 곧 계시와 통변과 예언을 말씀하고 있는 것입니다. **예배를 드릴 때 오늘 우리에게 주시는 말씀을 듣는 일은 그때나 지금이나 매우 중요한 예배의 핵심이 되는 부분이라고 할 수 있습니다.**

그런데 당시에 어떤 일이 있었냐하면 예배드리러 성도들이 모여서 찬송 부르다가 갑자기 한 사람에게 계시가 임합니다. 그러다가 갑자기 또 한 쪽에서 방언하고 통변한다고 하는 것입니다. 통변도 아직 안 끝났는데 또 한쪽에서 예언한다고 하면서 일어난 것입니다. 하나님의 말씀을 받고자 하는 일이 너무 혼란스럽습니다. 그래서 사도바울은 하나님은 무질서의 하나님이 아니다 모든 것을 품위 있고 질서 있게 하라고 33절과 40절에서 말씀하신 것입니다.

아직 성경이 없던 시대

그러니까 당시에는 하나님의 말씀을 받을 때에 계시와 예언과 방언통

변의 형태로 받은 것입니다. 이와 같은 일이 있을 수밖에 없는 중요한 사실이 있습니다. 그것은 **당시에는 아직 신약성경이 완성되지 않았기 때문입니다.** 구약성경은 있었지만 신약성경은 없었습니다. 지금 사도 바울이 쓰고 있는 고린도 교회 교인을 향한 편지가 나중에 신약성경 중의 한 권이 되는 것입니다. 완성된 계시인 성경이 아직 없던 시대이기 때문에 예배를 드릴라 치면 여기저기서 계시 받는다고 하고 내가 받은 계시가 진짜다 아니다 저 옆 사람이 받은 예언이 진짜다 하면서 갈수록 혼란과 무질서가 심화된 것입니다.

그래서 이래서 안 되겠다 해서 초대교회 당시의 교부들이 모였습니다. 교부들은 누구냐면 예수님의 12제자들의 직계 제자들을 속 사도라 하고 그 밑에 다시 사도적 전승을 이어받은 분들을 말씀합니다. 이레니우스, 터툴리안, 아다나시우스 뭐 이런 교부들이 모여서 주후397년 카르타고 종교회의를 통해 이것만이 신약성경이다 해서 27권을 확정합니다.

정경으로 채택되는 근거는 3가지입니다. 반드시 예수님의 직계제자인 사도가 쓴 글이어야 했습니다. 세상없는 능력이 나타났다 해도 사도가 쓴 글이 아니면 그것은 성경이 되지 못했습니다. 이것이 성경채택에 가장 중요한 **사도성**입니다. 그리고 널리 많은 교회에서 회람되고 읽혀지는지에 대한 **대중성**이었고 마지막이 그 책을 읽고 많은 사람이 변화되고 심령에 깨어짐을 경험하는 것으로 죄를 회개하는지에 대한 **영감성**이었습니다.

그리고 그 이름을 캐논이라고 했습니다. 캐논은 일본 카메라회사가 아니라 측량자라는 말입니다. 그러니까 "이것만이 객관적인 하나님의 말씀이다!"하고 나머지는 이에 비추어서 진위를 구별하라는 것입니다. 이 성경은 완성된 계시로 더 이상의 계시와 예언은 없다는 것입니다.

혹 있다하더라도 그것은 개인적 차원이지 교회 공동체로 가지고 와서는 안 된다는 것입니다. 오직 27권의 정경만이 하나님의 말씀으로서 절대적 권위를 갖는다는 것입니다.

성경의 완전성과 충족성

그렇다면 왜 더 이상의 계시는 없어야합니까? 그것은 계시가 여기 있다 저기 있다 하면 뭐가 진짜인지 모르기 때문입니다. 서로 하나님의 말씀이라 하면서 여기저기서 다른 소리가 나오면 안 되는 것입니다. 마치 주님이 말세에는 그리스도가 여기 있다 저기 있다 한다고 하셨는데 그것과 같습니다. **그리스도를 여기 있다 저기 있다 할 수 없는 것처럼 계시를 여기 있다 저기 있다 할 수 없는 것입니다. 그리스도는 오직 예수만이 그리스도인 것처럼 계시는 오직 성경만이 계시인 것입니다. 객관적이고 절대적인 기준을 말하는 것입니다. 그래서 성경이 완성되었다는 것을 아는 일은 매우 중요합니다.**

절대기준은 오직 기록된 성경이고 예언은 기록된 성경으로 완성되었으며 계시 또한 기록된 성경으로 충족되었습니다. 여기서 기록되었다는 것이 또한 중요합니다. 이 부분을 사도바울은 앞선 고린도전서 4장 6절에서 이미 밝히셨습니다. "너희로 하여금 **기록된 말씀 밖으로 넘어가지 말라 한 것을** 우리에게서 배워 서로 대적하여 교만한 마음을 가지지 말게 함이라!"

사람들이 크게 착각하고 있는 것이 있습니다. 성경은 그냥 하나님의 일반적인 말씀이라면 내가 어제 꿈꾸고 환상보고 직통계시 받은 것이 특별한 진짜계시라는 것입니다. 이와 같은 발상은 크게 잘못된 성경관입니다. 오직 성경만이 특별계시고 완성계시며 모든 것을 충족하는 하나님의 계시가 되는 것입니다.

하나님의 말씀인 성경은 우리의 모든 삶의 부분을 다 커버하는 충족성을 지니고 있다는 것을 알아야합니다. 히브리서에서 "하나님의 말씀은 살았고 운동력이 있다했으며 좌우에 날선 검같이 혼과 영과 골수를 쪼갠다 했기 때문입니다", 이사야 34장에서 "하나님의 말씀은 빠진 것이 하나도 없고 제짝이 없는 것이 없나니 이는 여호와의 입이 명하셨고 그의 영이 이것을 모았음이라!" 우리 삶의 모든 부분에 적용되지 못하는 말씀이 하나도 없다는 뜻입니다.

왜 성도들이 교계신문 광고란에 있는 〈예언의 영, 계시의 영, 투시의 영, 불의 영이 임했습니다. 이리로 오십시오! 오셔서 문제해결 받으십시오!〉, 〈전화 예언기도를 해 드립니다. 한 통에 얼마…〉 왜 이런 사이비 기독교 점쟁이에 넘어가는 것입니까! 성경만으로는 완전한 충족이 없다하기 때문입니다.

일 만 마디 방언보다

이와 같이 성경만으로는 부족하다 하는 사람들이 있는 것은 하나님의 말씀인 성경을 온전히 드러내는 것으로 하나님의 마음과 뜻을 읽어내지 못하기 때문입니다. 사실 오늘 사도바울이 지금 예언할 것을 말씀하시지만 이것이 신비적인 부분에서 무슨 입신하는 것으로 환상을 보고 종교적 엑스터시 같은 것을 말씀하고 있는 것이 아니라 **철저하게 하나님의 말씀을 가르침 받는 차원에서 예언을 말씀하고 있는 것입니다.**

계시와 방언도 다 마찬가지입니다. 계시를 통해서 하나님의 말씀을 바로 깨닫자는 것이고 방언과 통변을 통해서도 하나님의 마음을 바로 헤아리자는 것입니다. 계시라는 말 자체가 어떤 신비적인 말이 아니라 감추었던 것을 열어서 보여준다는 것입니다. 즉 깨닫게 한다는 것입니다.

사도바울의 말씀가운데 14장 18~20절에서 이 부분을 말씀하고 있습니다. 고린도 전서 14장의 전체 내용이 농축되어있는 핵심요지가 되는 말씀이기도합니다. **"교회에서 네가 남을 가르치기 위하여 깨달은 마음으로 다섯 마디 말을 하는 것이 일만 마디 방언으로 말하는 것보다 나으니라!"**의 말씀입니다. 그래서 6절에서도 사도바울은 "내가 너희에게 나아가서 방언으로 말하고 계시나 지식이나 예언이나 **가르치는 것으로 하지 아니하면 너희에게 무엇이 유익하리요!**"라고 같은 맥락에서 말씀하신 것입니다. 사도바울이 특별히 예언을 강조하는 것은 당시에 예언이 곧 하나님의 말씀이고 가르침이기 때문이었습니다.

숨었던 것들이 드러난다는 것

계속해서 25절을 보면 이렇게 되어있습니다. "그 마음에 숨은 일들이 드러나게 됨으로 엎드리어 하나님께 경배하며" 방언을 하면 사람들이 미쳤다 하겠지만 예언을 하면 사람들의 마음에 숨었던 것들이 드러나게 되는 것으로 하나님께 경배하게 될 것이다. 라고 말씀합니다.

그런데 여기서 〈숨었던 것들이 드러난다는 것〉은 점쟁이처럼 무엇을 알아맞혔다는 뜻이 아니라 하나님의 말씀이 들릴 때에 곧 다시 말해서 깨달아 질 때에 사람들안에 숨은 죄가 드러나고, 숨은 허물과 추함이 드러나고, 숨어있던 영적인 무지함도 드러나고 하는 것으로 영의 문이 열린다는 의미에서의 〈드러남〉입니다. 그래서 하나님의 말씀이 들릴 때에 우리 마음에 부딪침이 있는 것이고 찔림이 있는 것이고 깨어짐이 있는 것입니다. 그것으로 회개하고 돌이키며 하나님께 경배한다는 의미에서 숨은 것이 드러나는 것입니다.

이 글이 주의 명령인 줄 알라!

특별히 뒤에 부분인 14장 33~35절에서 "여자들의 가르침을 허락지 않는다!"라는 말씀이 불쑥 나오는 것은 전체 말씀의 흐름상 당시에 교회 안에서 방언하고, 계시 받고, 예언 한다고 하는 드센 여인들이 교회를 혼란스럽게 했기 때문이라는 것입니다. 그것을 알 수 있게 하는 당시의 정황을 드러나게 하는 본문이라고 하겠습니다. 드세다는 것은 좋은 말로하면 열심이 있다는 것입니다. 그런데 그 열심의 방향이 잘못되면 교회의 질서와 덕을 세우는 것이 아니라 도리어 하나님의 교회를 훼방하는 일이 될 수 있다는 것입니다.

물론 당시에는 여성들의 교육수준이 부족했기 때문이기도 하지만 그보다는 스스로 신령하다 하면서 교회를 어지럽히는 여인들을 향해서 그들의 가르침을 금지한 것이라고 보는 것이 더 정확한 이해라고 하겠습니다. 이것은 앞선 11장에서부터 이어져온 내용이기도한 여성은 교회에서 전면에 나서지 말라는 말씀에서 더욱 그 근거를 찾아볼 수 있다고 하겠습니다.

그리고 이제 가장 결정적인 부분에 있어서 기록된 성경만이 하나님의 말씀으로서의 최종권위를 갖는다는 말씀이 나오는 것이 바로 14장 36~38절입니다. **"하나님의 말씀이 너희로부터 난 것이냐 또는 너희에게만 임한 것이냐 만일 누구든지 자기를 선지자나 혹은 신령한 자로 생각하거든 내가 너희에게 편지하는 이 글이 주의 명령인 줄 알라!"** 오직 성경만이 유일하고 신령한 예언인 것을 증명하는 스모킹 건(?)에 해당하는 구절이 되겠습니다.

사도바울은 (35절)에서 "교회에서 여인들이 말하는 것은 부끄러운 것이라!" 하시면서 바로 이어서 이 말씀을 하시는 것입니다. 그러니까 내 말에 동조하지 않는 여인들이 있다면(36절) "하나님의 말씀이 너희로부터 말미암은 것이고 너희에게만 임한 것이더냐!"(37절). "만일 스스로가 혹 선지자나 신령한 자로 느껴지거든 내가 지금 편지하는 이글이 곧 하나님의 명령이요, 하나님의 계시요, 하나님의 예언인 줄로 알라!"고 하시는 것입니다.

모든 이단들이 이단 되는 것은 성경 말고 자기들의 교주격 되는 사람이 따로 계시를 받았다고 하는 경전을 하나씩 옆에 두고 있기 때문입니다. 성경만 가지고는 안 되고 그것을 알아야 한다고 사람들을 미혹하는 것입니다. 오직 성경만이 특별하고 완전하며 충족된 계시며 예언이라는 것을 알지 못한다면 여기에 쉽게 이끌릴 수밖에 없습니다.

오늘 이 시간 우리 모든 하나님 나라의 성도들은 오직 유일한 하나님의 계시는 성경뿐이고, 오직 하나님의 예언 또한 성경만이며, 오직 우리에게 주시는 하나님 말씀의 가르침은 기록된 성경 66권 밖에는 없다는 것을 밝히 알게 되시기를 우리 주님 예수 그리스도의 이름으로 간절히 소망합니다.

두 번째 이야기

기록된 말씀(성경)
살아있는 말씀(예수)

성육신으로의 말씀

구약시대에는 하나님께서 선지자들을 통해서 말씀하셨습니다. 뜻을 전하시고 계획을 전하시고 마음을 전하셨습니다. 하나님이 하신 말씀을 선지자들이 받아서 기록한 책이 구약성경입니다. 선포된 말씀이면서 동시에 기록된 말씀입니다. 하나님은 선지자들을 통해 계속해서 말씀하셨지만 백성들은 말씀에 귀 기울이지 않았습니다. 하나님은 다른 방법을 택하셨습니다. 말씀이 그대로 육신이 되신 것입니다. 친히 사람의 몸을 입고 직접 사람들이 사는 땅에 오셨습니다. 말씀이 육신을 입으셨다는 것은 육화된 몸 즉 성육신을 말합니다. 그 분이 바로 하나님의 아들 예수그리스도입니다. 예수님으로 인해 신약시대가 시작되었고 살아있는 말씀의 시대가 되었습니다.

인격으로의 말씀

기록된 말씀(성경)이 살아있는 말씀(예수)이 되기까지의 어려움이 있습니다. 구약성경에서 신약성경으로 넘어오는 어려움입니다. 예수그리스도를 하나님의 말씀으로 알고 하나님의 아들로 믿는 일입니다.

뿐만 아니라 기록된 하나님의 말씀(성경)이 문자와 책 안에 갇혀있는 화석화 된 글이 아니라 성경 밖으로 뛰어나와서 가기도 하고, 오기도하며, 붙잡기도 하고, 이끌기도 하며 살아있는 말씀(예수)이 될 때 그 말씀의 다른 이름이 곧 예수그리스도입니다.

성경을 머릿속의 지식으로만 알면 남을 정죄하는 일에 사용하게 됩니다. 성경처럼 죄를 지적하기에 좋은 책이 없습니다. 그러나 성경이 단순한 지식이 아니라 살아있는 말씀으로의 하나님 말씀이 될 때에 그 말씀은 나를 움직이게 하고, 나를 변화시키며, 오늘 나의 삶에 결단하게 하는 능력이고 인격이신 예수그리스도가 되는 것입니다.

성경에 쓴 바 자기에 관한 것

우리의 육신이 처음 눈을 뜨는 시간이 있듯이 우리의 영이 눈을 뜨는 시간이 있습니다. 그것은 기록된 하나님의 말씀이 살아있는 말씀이 되는 시간입니다. 오늘 말씀으로 하면 성경이 예수가 되는 시간입니다. 누가복음 24장 27절 이하를 보면 엠마오로 가는 두 제자에게 주님은 성경에서 자신을 이야기 할 때 그들의 눈이 열렸다고 하고 있습니다. "이에 모세와 모든 선지자의 글로 시작하여 **모든 성경에 쓴 바 자기에 관한 것을 자세히 설명하시니라. 그들의 눈이 밝아져 그인 줄 알아 보더니** 예수는 그들에게 보이지 아니하시는지라. 그들이 서로 말하되 길에서 우리에게 말씀하시고 우리에게 성경을 풀어 주실 때에 우리 속에서 마음이 뜨겁지 아니하더냐!"

성경을 통해서 예수를 알 때 제대로 성경을 본 것입니다. 성경을 통해서 세상성공이나 행복 출세방법은 알았다고는 하는데 예수는 제대로 못 보았다면 이는 주객이 전도 된 것입니다. 기록된 말씀(성경)이 살아있는 말씀(예수)이 되지 못 한 것입니다.

출생과 성장

우리가 다 똑같은 모습을 하고 사는 것 같으나 영에 대해서 완전히 눈 감고 마음 문 닫고 그 귀가 어두워진 사람이 있습니다. 아무리 하나님을 말해줘도 그저 눈만 껌벅이는 경우가 그런 경우라 하겠습니다. 그러나 하나님이 그를 불쌍히 여기심으로 어느 순간 '에바다'(열리라!)하셨습니다. 그 순간 그 귀가 열리고 하나님의 말씀이 들리게 하셨습니다. 아이가 어머니의 음성을 듣고 양은 그 목자의 음성을 듣는 것처럼 성도는 하나님의 말씀이 들리는 것으로 영적 출생의 시간을 갖게 됩니다. 이것이 거듭남의 의미가 되겠습니다. "믿음은 들음에서 나며 들음은 그리스도의 말씀으로 말미암았느니라!"(롬 10:17)했기 때문입니다.

출생한 이후에는 이번에도 마찬가지로 하나님의 말씀을 받아먹는 것으로 그 영이 성장하게 됩니다. "사람이 떡으로만 살지 아니하고 하나님의 입에서 나오는 모든 말씀으로 살 것이니라!"(마 4:4)하셨기 때문입니다. 어린아이가 음식을 골고루 먹는 것으로 육신이 자라듯이 그 영 또한 하나님의 말씀을 골고루 먹는 것으로 건강히 자라야합니다. 건강한 육신이 외부의 병균을 이기듯이 건강한 영이 악한 영들을 분별하며 대적하는 것입니다.

살아서 움직이는 말씀

다음으로는 성숙입니다. 출생과 성장이후에는 자연스레 우리 모두는 성숙의 단계를 밟습니다. 성숙의 과정에도 여지없이 하나님의 말씀이 임하는 것으로 우리는 깊은 믿음을 소유하게 됩니다. 아버지의 편애를 받던 철없는 요셉이 성숙의 과정을 거치면서 성경은 이렇게 말씀하고 있습니다. "그의 발은 차꼬를 차고 그의 몸은 쇠사슬에 매였으니 곧 여호와의 말씀이 응할 때까지라 그의 **말씀이 그를 단련하였도다!**"(시

105:18) 여기서도 말씀이 그를 단련한 것입니다. 말씀이 응답할 때까지 입니다.

시편 107편 20절에서는 "그가 그의 **말씀을 보내어 그들을 고치시고** 위험한 지경에서 건지시는 도다!" 하시는 것으로 하나님의 말씀이 우리들의 삶 가운데 보냄을 받기도 하고, 고치기도 하며, 건지기도 합니다. 말씀이 마치 살아있는 생물 같습니다. 신약성경으로 가면 말씀이 더욱 리얼하게 살아있는 생명체가 됩니다. "하나님의 **말씀은 살았고 운동력이 있어** 좌우에 날선 어떤 검보다도 예리하여 혼과 영과 및 관절과 골수를 찔러 쪼개기까지 하며 또 마음의 생각과 뜻을 감찰하나니"(히 4:12).

말씀이 영적으로 눈 감은 나를 눈 뜨게 하고 회개하게 합니다. 말씀이 우리를 깨닫게 하는 것으로 우리의 믿음을 성장시키며 우리를 단련하는 것으로 성숙하게 합니다. 더 나아가서 말씀이 우리를 위로하고, 치유하고, 회복시킵니다. 또한 말씀이 우리를 인도하고 건지며 살려낼 때에 그 말씀은 다름 아닌 우리주님 예수그리스도의 변장한 모습이라는 것입니다.

기록된 말씀인 성경 안에서 또한 살아있는 말씀인 예수그리스도를 발견하며 그 분이 나의 삶속에서 하시는 일을 깊이 있게 보시고 그분과 함께 같이 사는 은혜가 모든 성도에게 있기를 축복합니다.

"말씀이 육신이 되어 우리 가운데 거하시니 우리가 그 영광을 보니 아버지의 독생자의 영광이요 은혜와 진리가 충만하더라!"(요 1:14).

두 번째 이야기

이미와 아직 1

성취된 구원과 완성되어 가는 구원

우리의 구원은 두 가지 차원의 구원이 있습니다. 먼저는 영혼의 구원이 있습니다. 예수 믿고 구원받는다 했을 때의 구원을 말합니다. "우리가 그 은혜를 인하여 믿음으로 말미암아 구원을 받았으니(얻었으니)"(엡 2:8)입니다. 이미 예수 그리스도 안에서 이루어진 과거형의 구원입니다. **의롭다함을 받는다고 하는 '칭의'와 거듭남의 뜻인 '중생'의 의미가 이 안에 들어 있습니다.** 이것을 근거로 우리는 오늘도 구원의 확신을 가지고 담대히 하나님 은혜의 보좌 앞으로 나아가게 됩니다!

그런데 미래형의 구원이 있습니다. 아직 이루어지지 않은 구원을 말합니다. "두려움과 떨림으로 너희 구원을 이루라(완성하라)"(빌 2:12), "갓난아기들 같이 순전하고 신령한 젖을 사모하라 이는 그로 말미암아 너희로 구원에 이르도록(완성되도록) 자라게 하려 함이라"(벧전 2:2)라고 하는 말씀입니다. **여기서의 구원은 영혼구원으로서의 구원이 아니라 성화되는(거룩하게 되는) 차원에서의 구원을 말합니다.** 우리는 믿음으로 이미 구원을 얻었지만 여전히 죄악세상을 살아가면서 죄를 짓고 불순종할 때가 있다는 것입니다.

그때마다 우리는 회개하며 다시금 우리 자신을 죄로부터 성결케 하는 과정을 겪게 됩니다. 예수님이 제자들의 발을 씻기시며 이미 목욕한 자는 발만 씻으면 된다고 하신 말씀이라고 하겠습니다. 구원으로의 회개는 한번이라 할지라도 성화로서의 회개는 우리의 삶 가운데 계속되어져야합니다. 그럼으로 한번 구원받으면 다시 회개 할 일이 없다고 하는 구원파의 경우는 구원으로서의 회개와 성화로서의 회개도 구별하지 못하는 경우라고 하겠습니다.

예수님은 십자가로 우리의 구원을 성취(fulfillment)하셨습니다. 그리고 이제 장차 재림 시에는 우리의 구원을 온전한 모습으로 완성(consummation)하십니다. 우리는 지금 십자가와 재림사이를 살고 있습니다. 즉 이미 십자가로 성취된 구원과 아직 성화로 인하여 완성되어가는 구원사이에 있다는 말씀입니다.

통일성 있는 구원의 강물

예수십자가로 인하여 구원을 성취한 사람은 언제나 나 자신을 돌아보며 그의 행위에 있어서 온전한 모습을 갖추기 위해 힘쓰게 됩니다. 구원은 예수 믿고 이미 받는 것이라면 그 구원이 완전한 모습으로 완성되기까지는 우리의 행위와 노력이 뒤따라야 한다는 말씀입니다.

그런데 자칫 잘못하면 구원의 완성을 위해 강조해야 할 우리의 행위를 마치 구원의 성취를 위해 필요한 것으로 해석한다면 이것은 크게 진리를 왜곡시키는 일이라고 하겠습니다.

믿음으로 구원을 얻는 줄 알았는데 행위가 없으면 구원 못 받는 것처럼 말씀하는 성경구절을 들이대며 행위 없이는 구원 못 받는다고 한다면 이것은 성화로서의 행위를 영혼구원으로서의 행위로 바꾸는 것이며 십자가로 우리의 구원을 성취하신 예수님의 능력을 한없이 끌어내린 결과라고 하겠습니다.

주로 마태복음 7장의 "주여 주여 하는 자마다 천국 가는 것이 아니요 내 아버지의 뜻대로 행하는 자라야 들어가리라!" 그리고 마태복음 25장의 "양과 염소의 비유"와 야고보서 2장의 '행위 없는 믿음은 죽은 믿음'을 언급하면서 마치 행위로 구원 얻는 것처럼 말하는 것입니다.

또한 구약의 성도들은 행위로 구원받았다고 할 때에 대표적으로 노아가 창세기 6장 22절에서 하나님 말씀을 그대로 준행하였음으로 7장 1절에서 하나님 앞에 의인되었다는 것입니다. 아브라함이 하나님 말씀에 그대로 준행하여 독자이삭을 받치는 행위로 의인되었음으로 행위가 구원의 근거가 된다는 논리입니다.

그러나 겉으로 나타난 것은 행위이지만 그 행위를 있게 한 것은 바로 그 분들의 믿음입니다. 노아는 하나님의 홍수 심판의 말씀을 믿고 무려 120년 동안 방주를 짓는 행위를 한 것이고 아브라함은 다시 살리실 것을 믿고서 이삭을 받치는 행위를 한 것입니다. 이와같이 구약시대에 하나님을 섬겼던 인물들이 행위가 아니라 믿음으로 섬겼다는 것을 밝히는 곳이 우리가 흔히 믿음장이라고 하는 '히브리서 11장'이라 하겠습니다.

"**믿음으로 아벨은** 가인보다 더 나은 제사를 하나님께 드림으로 의로운 자라 하시는 증거를 얻었으니. 그 믿음으로써 지금도 말하느니라. **믿음으로 에녹은** 죽음을 보지 않고 옮겨졌으니. 믿음이 없이는 하나님을 기쁘시게 하지 못하나니. **믿음으로 노아**는 아직 보이지 않는 일에 경고하심을 받아 경외함으로 방주를 준비하여. **믿음으로 아브라함은** 부르심을 받았을 때에 순종하여 장래의 유업으로 받을 땅에 나아갈새 갈 바를 알지 못하고 나아갔으며. **믿음으로 사라 자신도** 나이가 많아 단산하였으나 잉태할 수 있는 힘을 얻었으니. **이 사람들은 다 믿음을**

따라 죽었으며"(히 11:4-15).

교회 역사적으로 보면 세대주의자들(dispensationalism)이라고 하는 사람들은 아담시대는 언약준수로 구원받고, 모세 이후 왕정시대는 율법 준수로 구원받고, 신약시대는 은혜시대이기 때문에 믿음으로 구원받고 하면서 시대별로 구원의 조건을 다르게 말하는 것으로 성경을 왜곡합니다. 주로 행위구원에 집착하는 것입니다.

그러나 성경은 **창세기부터 요한계시록까지 '오직 믿음', '오직 은혜' 라고 하는 하나의 통일성 있는 구원의 강물이 흐르고 있는 것입니다.** 구약 시대에는 장차 오실 메시야(대속의 십자가)를 바라보면서 피 흘림의 제사를 드렸다면 신약시대에는 이미 오신 메시야(대속의 십자가)를 뒤돌아보면서 흘리신 보혈을 의지하여 예배를 드리는 것입니다.

종이 한 장 차이 같으나

사람들은 겉모습이 주로 보이지만 하나님은 저 사람이 정말 믿고 있는지 아니면 믿는 척만 하고 있는지 속내를 보십니다. 믿는다고 하면서도 행위를 하지 않고 있다면 그는 믿는 척만 하고 있는 것입니다. 주님이 말씀하신 입으로만 "주여! 주여!" 하는 자라고 하겠습니다.

그러므로 믿는 자라면 반드시 하나님의 뜻대로 살게 되며 믿는 자 라면 결코 죄가 있는 곳으로 가지 않습니다. 작은 소자에게 물을 떠주는 그와 같은 선한행위를 하게 되는 것입니다. 왜 그러냐면 어디서든지 하나님이 항상 지켜보시는 것을 믿기 때문입니다.

믿음과 행위는 결코 나눌 수 있는 것이 아닙니다. 믿음 따로 행위 따로 있지 않습니다. 믿었으니까 그대로 행동하는 것입니다. 불났다고 믿는다면 뛰쳐나가는 행위를 하는 것입니다. 하나님이 홍수심판 하신다는 말씀을 믿으면 방주를 준비하는 것이고 또한 하나님이 장차 불 심판을 하신다는 것을 믿는다면 방주되신 예수께 나아가는 것입니다.

그러니까 '믿음만 가지고는 구원 못 받고 행위가 있어야합니다!' 라는 말은 잘못된 말입니다. 믿었는데 행위를 안 했다는 것은 거짓말로 믿는 척 했다는 것입니다. 즉 처음부터 그 믿음이 가짜믿음이라는 것입니다.

행위 구원을 강조하는 사람들이 또한 자주하는 말이 있습니다. 그것은 "당신 **그렇게 하면(죄를 지으면)** 지옥 가!"라는 말입니다. 물론 그렇게 말하는 이들의 마음은 이해합니다. 믿는다고 하면서도 죄짓는 사람을 보면 안타깝기 때문입니다.

그러나 참된 성경적인 표현은 "참으로 믿는 자라면 결코 **그렇게 하지(죄 짓지)** 않는다!"라고 말해야 한다는 것입니다. 종이 한 장 차이 같으나 이 말은 기독교의 진리를 나타내는 매우 중요한 핵심가치라고 말씀드릴 수 있습니다. 전자는 행위가 중심이 된 말이라면 후자는 믿음이 중심이 된 말입니다. 믿음에서 행위를 바라본 것이 아니라 행위 위에서 믿음을 판단한 것입니다.

한 가지 너무도 분명한 사실은 행위로 자신의 구원을 말할 수 있는 사람이라면 그는 이미 자기 자신을 볼 줄 모르는 바리새인이며 이 땅에 행위로 인해 구원받을 육체는 하나도 없다고 말씀하는 성경을 모르는 사람이라고 해야 할 것입니다.

참된 믿음은 행위를 움직이는 힘

성경을 행위라고 하는 관점을 가지고 들여다보면 쉽게 행위구원을 말하는 것과 같은 본문을 찾을 수 있습니다. 그러나 성경은 행위라고 하는 관점을 가지고 보는 책이 아니라 오직 은혜, 오직 믿음, 오직 하나님의 긍휼이라고 하는 관점에서 보아야 한다는 것입니다.

참으로 예수 십자가(믿음)로 구원을 성취한 사람이라면 그의 삶(행위)을 통해 구원을 완성해 나아갈 것입니다. 교회에만 다닌다고 해서 모두가 다 믿는 사람이 아닌 것처럼 참으로 믿는 사람이라면 그 믿음은 그로 하여금 올바른 행위가 있는 곳으로 움직이게 할 것입니다.

믿음은 우리를 움직이게 하는 힘이기 때문입니다. 믿음이 그냥 우리 안에서 가만히 움직이지 않고 있다면 그것은 결코 믿음이 아닙니다. 믿음은 반드시 그의 마음을 정직한 곳으로 움직이며, 그의 입술을 감사하는 입술 되게 움직이며, 그의 손과 발을 통하여 행위가 따르는 곳으로 움직이게 한다는 것입니다.

성령의 인도하심으로 이제 예수 재림하실 때에 점도 없고 흠도 없는 성결한 예수의 신부가 되게 하기 위해서 우리의 구원(성화)을 이루어(완성) 가신다는 것 입니다.

물론 믿음이 약해 질 수는 있습니다. 그러나 믿음이 약한 것과 믿는 척 하는 것과는 다른 것입니다. 그와 같은 관점에서 우리 삶에 임한 고난과 환란은 우리의 믿음을 더욱 견고한 반석위에 세우기 위한 하나님의 연단과 훈련의 시간이라고 해석해야 할 것입니다. 믿음이 약해져서 말씀 순종하지 않으면 물고기 뱃속에 들어갔던 요나처럼 고난이 있다는 것입니다. 하나님께서 말씀 순종하라(행위를 보이라!) 하신 것은 우리의 구원을 위해서가 아니라 우리에게 복을 주시기 위함이고, 우리가 성화되게 하기 위함이며, 정결한 신부되게 하심이라는 것입니다.

행위를 구원의 조건으로 내어걸며 성도들을 미혹하는 일은 이단에 속한 무리들이 성도들을 꾀이는 데 쓰는 전형적인 방법이며 이는 성경의 진리를 심각하게 회손 하는 것이라고 하겠습니다.

들어가는 천국 만들어가는 천국

성취에서 완성을 향하여 나아가는 이와 같은 성경의 구도는 우리의 구원뿐만 아니라 우리가 들어가는 천국의 관점에서도 찾아볼 수 있습니다. 여기서도 '이미'와 '아직' 사이의 긴장이 있습니다. 천국은 우리가 예수 믿고 나서 미래에 들어가게 되는 실제 하는 나라임과 동시에 이미 우리가운에 도래한 천국이 있다는 것입니다. 예수님이 말씀하시길 "너희 중에 귀신이 쫓겨 가는 것을 보았다면 이미 하나님나라가 너희 가운에 임하였다!" 하셨기 때문입니다.

그러니까 천국 또한 이미 우리 가운데 임하여 있는 천국을 살아감과 동시에 앞으로 들어갈 천국이 있다는 것입니다. 이미 천국이 우리 앞에 왔고 아직 가야 할 천국 사이를 우리는 살고 있습니다. 우리는 예수 안에서 천국의 법도와 윤리를 가지고 이 땅을 살아가는 것이고 이제 장차 참된 천국으로 입성하게 되는 것입니다. 그럼으로 천국은 우리가 지금 이 땅에서 미리 '맛 배기'로(?) 누리는 것이고 최종적으로 저 천국에서 확인하는 것이라고 하겠습니다.

천국에 갔더니 모든 것이 생소하기만 하지는 않을 것입니다. 우리가 성도로서 이 땅에서 사랑한 모습으로 감싸고 용서하는 모습이 완전한 형태로 그곳에서 확인할 수 있을 것입니다.

'이미'(already)와 '아직'(not yet) 사이의 '긴장'(tension)

사실 '이미'(already)와 '아직'(not yet) 사이의 '긴장'(tension)은 신학자들의 용어이기도 합니다. 마치 마라톤 선수가 승리의 테이프를 끊고서 결승점을 통과한 시간이 예수님의 십자가 시점(already)이라면 그 선수가 승리의 메달을 받는 시간(not yet)이 예수님 재림의 시간이라고 할 수 있다는 것입니다. 2차 세계대전에서 노르망디 상륙작전으로 승리한 날이 디데이(D-day) 즉 십자가 시점이라면 승리의 조인식을 치루는 날이 브이데이(V-day) 즉 재림의 시점이라는 것입니다.

이미 우리의 대장되신 예수께서 십자가에서 마귀의 정수리를 내리치심으로 승리했습니다. 원시복음인 창세기 3장 15절의 말씀이 성취되었습니다. 그러나 아직 승리의 개선행진을 치루지 않았습니다. 그 승리의 찬가를 부르는 날이 곧 예수님이 다시 오시는 날이 되는 것입니다. 우리는 그 사이의 '긴장'(tension)에서 살아가고 있습니다. 예수님이 사탄과의 전쟁에서 승리하셨지만 예수님이 다시 오시기 까지 마귀는 마지막 발악을 할 것입니다. 마치 2차 대전에서 승리의 조인식을 치루는 날 이후로도 국지전은 있었던 것과도 같다고 하겠습니다.

우리가 세상을 살면서 근신하고 깨어 우리의 신앙을 긴장 속에 지켜야하는 것은 바로 이와 같은 관점에서의 긴장이라고 하겠습니다. 최후 승리는 이미 우리의 것이 되었고 이제 새 예루살렘 성으로의 영광스런 개선행진만이 우리 앞에 남아 있습니다.

두 번째 이야기

이미와 아직 2

긴장이 없는 나태한 신앙

"이미 이루어졌는데 아직은 아니다!"라고 하는 말은 어떻게 보면 참 모호한 말이기도 하지만 성경을 깊이 연구하는 학자들에게는 이미 전문용어가 된 말이기도 합니다. 성경 전체가 이와 같은 '이미'와 '아직' 사이의 구도 속에서 전개되고 있기 때문입니다.

우리의 구원은 이미 이루어진 것이기도 하면서 아직 이루어야 할 부분이 있다고 하는 의미에서 믿음은 긴장입니다. 사도바울도 "그리스도의 남은 고난을 자신의 몸에 채운다!" 했고 베드로 사도 또한 "깨어라 근신하라 우는 사자가 삼킬 자를 찾는다!" 말씀하신 것은 우리로 하여금 긴장시키기 위함입니다.

또한 사도바울이 고린도전서 9장 27절 "내가 내 몸을 쳐 복종하게 함은 내가 남에게 전파한 후에 자신이 도리어 버림을 당할까 두려워함이로다!"의 말씀을 하신 것은 사도바울이 구원의 확신이 없어서 이런 말을 한 것이 아니라 깨어있기 위함입니다. **긴장이 없는 나태한 신앙은 잠들어 있는 신앙이며 온전한 신앙이 될 수 없습니다.** 마치 내일 주님이 오신다고 하는 마음으로 오늘을 사는 것이 참된 믿음의 사람의 모습이 될 것입니다.

히브리서 11장 1절

믿음을 대표하는 구절은 히브리서 11장 1절입니다. "믿음은 바라는 것들의 실상이요 보지 못하는 것들의 증거라!" 하는 말씀인데 여기서도 '이미'와 '아직' 사이의 '긴장'을 말씀하고 있습니다. 믿는다는 것은 보지 못한 것을 믿는다는 것입니다. 눈앞에 뻔히 보이는 것을 가지고 '믿는다!' 라고 하는 경우는 없습니다. 믿음이라고 하는 것은 미래에 속한 부분이고 아직 눈앞에 드러나지 않은 것입니다. 그런데 그것을 어떻게 지금 보고 있는 것처럼 실상으로 경험 할 수 있냐는 것입니다.

믿음은 바라는 것들의 실상이라 했을 때 바라는 것은 미래의 일입니다. 미래의 일을 어떻게 실재하는 현재의 일로 받을 수가 있냐는 것입니다. 손끝에 와 닿는 것이 아무것도 없는데 어떻게 이미 움켜잡고 있는 것처럼 행할 수 있냐는 것입니다.

아이를 잃어버린 엄마의 마음

여기에 아주 좋은 비유가 있습니다. 어린아이를 잃어버린 엄마가 있다고 합시다. 그 엄마의 마음이 하루 온 종일 얼마나 노심초사 안절부절 애가 타들어 가겠습니까! 그렇게 애를 태우고 있는데 경찰서에서 전화가 온 것입니다. 아이를 찾았다는 것입니다. 인상착의를 들어보고 하니 내 아이가 맞습니다. 바로 이때 엄마의 마음은 "이젠 됐다!" 입니다. 이젠 안심이고 마음이 놓이는 것입니다. 잃어버린 아들 아직 얼굴을 보지는 못했지만 아직 만나지는 못했지만 만난 것과 다름없는 마음상태가 된다는 것입니다.

하나님을 향한 우리의 믿음이 이와 같다고 하겠습니다. 우리의 인생

가운데 어떤 문제가 생겼습니다. 그래서 위에서처럼 아이를 잃어버린 엄마같이 노심초사 걱정근심에 놓이게 되었습니다. 그런데 성경을 통해서 "두려워 말라 놀라지 말라 나는 네 하나님이 됨이니라 내가 참으로 너를 도와주리라 나의 의로운 오른손으로 너를 건지리라!"하시는 말씀을 들은 것입니다. 이 말씀을 듣고는 위에서 아이를 찾았다고 전화 받은 아이 엄마의 마음을 품는 것입니다. **"이젠 됐다!"**, **"이젠 안심이다!"**, **"이젠 마음 놓인다!"**가 되는 것입니다.

바라는 것의 실상

아이를 잃어버린 엄마는 경찰서 전화 받은 것으로 마음 놓았다면 우리 성도들은 하나님이 주신 말씀으로 인하여서 오늘도 우리의 삶속에서 일어나는 많은 문제들 가운데 마음 놓고 살아가는 하나님의 자녀들인 것입니다. 아직 우리 눈앞에 달라진 것은 없다고 할지라도 우리의 문제 가운데 하나님이 계시고, 하나님이 함께하시며, 하나님이 맡아서 도와주시고 계시니 **"이젠 됐다!"**라고 말 할 수 있는 성도가 참으로 히브리서 11장 1절의 말씀대로 살아가는 믿음의 성도라고 할 것입니다.

우리가 세상을 살아가면서 세상은 우리로 하여금 믿음을 잃어버리게 하지 결코 믿음을 얻게 하지 않습니다. 그때마다 우리는 자꾸만 이 자리로 돌아와야 합니다. 그것은 바라는 것을 실상으로 품는 자리입니다. 아직 보지 못했지만 증거를 확보한 자리입니다.

에녹과 노아

이 세상 사람들은 모두가 다 하나님이 자신들의 눈에 보이지 않고, 손끝으로 경험되지 않으니 하나님이 없다 하고, 죄 짓고, 하나님의 이름을 조롱하며 하나님을 믿는 사람들을 비웃습니다.

그리고 때로는 하나님의 성도들조차도 "정말로 하나님은 계시는가?" 하는 의문을 품는 것을 보게 됩니다.

그래서 성경은 히브리서 11장 6절에서 "믿음이 없이는 기쁘시게 못하나니 하나님께 나아가는 자는 반드시 그가 계신 것과 자기를 찾는 자들에게 상주시는 이심을 믿어야 할지니라!" 말씀하신 것입니다.

또한 이와 같이 믿음으로 하나님께 나아갔던 선진들을 말씀하시면서 앞 구절인 5절에서는 300년 동안 하나님과 동행한 에녹을 말씀하고 있으며 뒤 구절인 7절에서는 120년 동안 방주를 지은 노아가 언급되고 있습니다. 에녹의 증손자가 노아입니다. 이 집안사람들은 다른 사람들이 안하는 것을 하고 살았는데 그것은 하나님과 동행하는 일 이었습니다.

우리의 앞서간 믿음의 선진들은 모두 보이지 않는 하나님을 곁에 모시고 마치 보이는 것처럼 행함으로 인하여서 하나님의 기쁨이 되었던 분들이라는 사실을 잊지 마시기 바랍니다.

두 번째 이야기

율법의 제한성과 계속성

성에가 낀 창문

성경을 읽으면 하나님께서 사람들에게 주시는 말씀 가운데 무엇인가 일관성이 없어 보이는 부분이 있는 것을 발견하고는 고개를 갸우뚱거리며 의아해 하는 성도가 있습니다. 이를테면 음식을 먹는 문제로 구약성경 창세기에서 아담과 하와에게 땅에서 나는 채소만으로 제한시켰다가 그것이 노아홍수 이후에는 육식을 허락하셨습니다. 그것이 레위기 11장의 모세에게 주신 율법을 통해서는 육식도 되새김질과 발굽 갈라진 것만 먹을 수 있으며 물고기도 비늘 있는 것만으로 한정해 놓으셨습니다. 그것이 다시 사도행전 11장으로 가서는 베드로에게 보이신 환상을 통하여 모든 육식을 다 먹어도 되는 것으로 바뀌게 되었습니다.

하나님이 사람들에게 주시는 계시로서의 말씀은 그것이 처음에는 원시적인 형태의 모습을 하고 있습니다. 그러다가 시간이 지나면서 점점 계시가 밝히 드러나는 것을 통해 실체의 모습을 보게 해 놓으셨습니다. 마치 김이 서리고 성에가 낀 창문밖에 있는 사물이 처음에는 확실치 않은 어른거리는 형체였다가 이후에 해가 뜨고 성에가 걷어진 후에는 그 실체가 분명히 드러나는 것과 같습니다.

성경에서 말씀하고 있는 실체는 예수그리스도입니다. 예수그리스도가 사람들 앞에 분명한 실체의 모습으로 나타나기까지 원시복음이라고 할 수 있는 창세기 3장 16절에서는 "여자의 후손"이라는 말로 희뿌연 형태를 띠고 있습니다, 그러다가 "아브라함의 씨"를 통해 올 것이다 하시면서 형체가 조금 더 분명해집니다. 그것이 왕국시대로 와서는 "다윗의 후손"이 되고 있다는 것입니다. 그리고 이윽고 주님은 "내가 여기 있다!"하고 오셨습니다.

그림자와 실체

성경을 이해하는데 있어서 구약을 그림자와 예표와 모형으로 이해하고 신약을 실체와 원형으로 받는 사고의 구조를 갖는 것은 성경을 바로 이해하는 데에 있어서 매우 중요한 틀이라고 할 수 있습니다. 또한 모든 구약의 율법과 절기와 제사법을 바라볼 때에도 그것들이 다 앞으로 장차오실 하나님의 독생자이신 예수그리스도를 예표한 그림자로 하나님께서 두셨다는 사실을 발견하는 것은 크고 놀라운 하나님의 구속사를 이해하는 단초가 됩니다.

구약의 이스라엘 백성이 지켰던 유월절이니 초실절이니 초막절이니 하는 절기들과 번제 소제 속건죄 속죄제하는 제사법들 그리고 성막과 성전에 관련된 모든 법규들 또한 모두가 예수그리스도의 십자가로 완성되고 성취되었다고 하는 것을 깨닫는 일은 우리로 하여금 성경 전체의 그림을 보게 하는 힘과 능력이 됩니다. 예수님께서 십자가에서 "내가 다 이루었다!"(요 19:30) 하시고 로마서에서도 "그리스도는 율법의 마침"(롬 10:4)이라 하셨기 때문입니다.

우리가 유월절을 지키지 않아도 되는 것은 유월절의 핵심이 문설주와 문 좌우 인방에 발라진 어린양의 피인데 그것은 바로 예수그리스도의 십자가 보혈을 그림자로서 보여준 것이었습니다. 그러므로 이것을 모르면 유월절을 지켜야 구원받는다고 하는 헛된 이단사설과 그 가르침에 미혹되는 것입니다.

제사법도 그렇습니다. 우리가 하나님께 예배드리러 올 때에 양이나 염소 한 마리씩 끌고 오지 않는 것은 우리의 영원한 대제사장이시며 속죄의 제물 되신 예수그리스도의 피가 우리 안에 흐르고 있기 때문입니다. 주님이 "단번에 이루신 제사"(히 7:27)인 고로 구약의 제사처럼 반복적으로 계속해서 치룰 필요가 없는 것입니다.

안식일도 같은 맥락입니다. 주님은 안식일의 주인은 나라고 하셨고 사람이 안식일을 위해 있는 것이 아니고 안식일이 사람을 위해 있는 것이라고 하셨습니다. 안식일이 주일이 된 것이 아닙니다. 그리스도인들은 안식 후 첫날 모였습니다(행 20:7). 이날 주님이 부활하셨기 때문이며 오순절 성령이 오신 날이기도 했기 때문입니다. 안식일은 곧 주님입니다. 히브리서 4장에서는 "그의 안식", "저 안식"에 들어가는 것으로 안식일이 날(시간)을 넘어서서 그리스도 안(장소)이라고 하는 말씀을 주시는 것입니다. 그러므로 주님을 믿는 자는 이미 안식에 들어가 있는 것입니다.

안식일의 성경적 의미를 바로 깨닫지 못한 안식교에 속한 사람들은 안식일을 준수해야 구원받는다는 것으로 이단이 되었습니다. 거의 모든 이단의 속한 무리들은 예수님이 십자가로 이루신 완전한 속죄를 인정하지 않습니다. 나름대로 구약의 행위 율법을 들고 나와서 할례니 유월절이니 안식일과 같은 구약의 의식법을 지켜야 구원받는다는 주장을 앞세웁니다. 그러므로 구약은 신약이 비취는 빛의 조명을 통해서 보아야합니다. 구약성경을 그 자체만 가지고 본다면 모세를 믿는 사람이 되는 것입니다. 즉 유대인이 되는 것입니다 그러나 우리는 예수 그리스도를 통해서 하나님의 백성이 되었기에 모든 구약의 법규나 사건이나 인물을 통해서 그 안에서 장차오실 실체이신 예수그리스도를 볼 수 있어야 하는 것입니다.

율법의 제한성과 계속성

구약의 모든 절기나 **제사법으로의 율법은 예수님의 십자가로 폐기되었으나 그러나 도덕법으로서의 율법의 정신은 지금도 유효합니다.** 이를 가리켜서 즉 율법의 제한성과 계속성이라고 합니다. 율법이 하나님의 백성을 옥죄는 법으로서의 기능(롬 3:20)은 예수님의 십자가와 함께 상실되었습니다. 우리 모두는 "율법 아래 있지 않고 은혜 아래(롬 6:14)" 있기 때문입니다. 담배피지 않는 사람이 담배에 관한 법령과 무관한 것과 같습니다. 이 부분이 율법의 제한성입니다.

그러나 도덕법으로서의 율법의 정신과 그 기능은 여전히 유효하다고 하는 것이 바로 율법의 계속성입니다. 즉 구약의 율법이 그리스도의 법으로 사랑의 법으로 지금도 계속 이어간다고 해야 할 것입니다. 이 부분은 사도바울이 즐겨 사용했던 '그리스도의 법' 으로 말씀드릴 수 있습니다. "율법 없는 자에게는 내가 하나님께는 율법 없는 자가 아니요 도리어 **그리스도의 율법** 아래에 있는 자이나 율법 없는 자와 같이 된 것은 율법 없는 자들을 얻고자 함이라!"(고전 9:21) 또한 갈라디아서 6장 2절을 보면 "너희가 짐을 서로 지라 그리하여 **그리스도의 법**을 성취하라 하신 것입니다!"

예수님은 사람들에게 하나님의 말씀을 설명하시면서 내가 율법을 폐하러 온 것이 아니요 오히려 율법을 완전케 하기 위해서 왔다고 하셨습니다. 그리고 주님은 요한복음 15장 10절에서 "내가 아버지의 계명(모세의 율법)을 지키는 것으로 그의 사랑 안에 거하는 것 같이 너희도 내

계명(그리스도의 법)을 지키면 내 사랑 안에 거하리라" 하셨고 "하나님을 사랑하고 네 이웃을 사랑하라!"는 말씀으로 모든 율법의 강령을 신약시대의 성도들도 지켜야하는 의무가 있음을 명백히 하셨습니다.

똑같은 법인데 그리스도 안에 있는 사람들에게는 "사랑의 법"(롬 8:2)으로 작용하지만 그리스도 밖에 있는 자들에게는 "정죄의 법"(롬 3:19)이 되는 것입니다. 믿지 않는 자들에게는 심판과 저주와 형벌의 기능을 하지만 말씀을 준행한 사람들에게는 복과 상으로서 주시는 계명이 된다는 것입니다. 그럼으로 **예수 믿고 구원받은 성도에게 있어서 말씀의 준수는 구원으로서의 말씀 준수가 아니라 약속된 복과 상으로서 말씀 준수**가 되는 것입니다.

그런데 이런 경우가 있을 수 있습니다. 구약의 율법을 그리스도가 다 완성하셨기 때문에 율법은 폐기된 것으로 알고 구약의 율법을 쓸모없는 것으로 여기는 일입니다. 이것을 가리켜 '율법 폐기론자' 들이나 '율법 무용론자' 들의 주장이라고 합니다. 그러나 이들은 요한계시록의 대표적이 이단인 '니골라 당' 이 되는 것입니다. 주님은 '니골라 당' 을 받아들였느냐 내쳤느냐에 따라서 소아시야 일곱 교회의 칭찬과 책망을 나누셨습니다. 그 정도로 주님이 악하게 보시는 사람들이 바로 율법은 폐기되었다고 외치는 사람들입니다. 현대판 '니골라 당' 이 있습니다. 바로 우리가 다 아는 세월호 사건을 일으킨 주범인 구원파 의 가르침도 이와 같습니다. 한번 구원받으면 그 이후로 율법을 안 지키고 죄짓고 맘대로 살아도 구원받는다는 헛된 가르침을 내세웠습니다.

기이하고 높은 지식

어떻게 보면 모순처럼 보일 수 있습니다. 주님의 십자가 보혈은 인류가 지은 모든 죄와 오고 오는 모든 세대의 죄를 다 속하고도 남음이 있다는 것이 분명한 성경의 가르침입니다. 그러나 그렇다고 해서 앞으로 지을 죄도 주님이 다 속하실 것이니까 내 맘대로 살아도 된다고 하는 가르침은 거짓된 사탄의 미혹이라는 것을 주님이 니골라 당을 정죄한 것을 통해서 분명히 말씀하셨습니다.

혹자의 사람들은 이 방패는 모든 창을 막을 수 있고 이 창은 모든 방패를 뚫을 수 있다고 하는 말 그대로의 모순이라고 말할 수 있습니다. 그러나 이것은 마치 하나님께서 모든 것의 창조주가 되심으로 악도 하나님으로부터 말미암았다는 논리를 펴는 사람들의 주장과도 같다고 하겠습니다. 그러나 성경은 구약의 욥기 31장 11절에서도 “진실로 하나님은 악을 행하지 아니하시며 전능자는 공의를 굽히지 아니하시느니라!” 말씀하시며 신약의 야보고서 1장13절에서 “사람이 시험을 받을 때에 내가 하나님께 시험(유혹)을 받는다 하지 말지니 친히 아무도 시험하지 아니하시느니라” 말씀 하시고 이어서 “하나님은 변함도 없으시고 회전하는 그림자도 없다”고 말씀하고 있습니다.

우리는 시간과 공간이라고 하는 제약과 그 한계 아래 살아가고 있는 유한한 존재입니다. 우리의 지식이 완전치 못하고 우리의 이해력이 온전치 못하지만 진리는 여기 있습니다. **우리가 예수보혈로 속죄함 받은 하나님의 자녀가 되었다고 하는 것과 구원받은 이후에 다시금 죄악에 노출되지 않기 위해서 끊임없이 노력하고 힘쓰는 성도가 되어야 한다는 것입니다.** “이 지식이 내게 너무 기이하니 높아서 내가 능히 미치지 못하나이다. 내 형질이 이루어지기 전에 주의 눈이 보셨으며 나를 위하여 정한 날이 하루도 되기 전에 주의 책에 다 기록이 되었나이다!”(시 139:6,16). “그런즉 우리가 무슨 말을 하리요. 은혜를 더하게 하려고 죄에 거하겠느냐 그럴 수 없느니라. 죄에 대하여 죽은 우리가 어찌 그 가운데 더 살리요!”(롬 6:1).

세 번째 이야기

성공과 승리

세 번째 이야기

성공과 승리

데드라!

사람들은 땅에 살고 있는 고로 세상의 일에 관심이 많습니다. 세상관심에 대표적인 것 두 가지가 있습니다. 그것은 돈과 권력입니다. 누가 뭐 해서 돈 벌었데드라, 누가 어떻게 어떻게 해서 출세하고 성공 했데드라, 이러한 '데드라' 의 이야기가 우리 내 이야기의 상당부분을 차지합니다.

어찌 보면 당연한 이야기입니다. 이 땅을 살아가는 모든 사람들은 세상에서의 출세나 성공에 집착합니다. 예수를 믿는다고 해도 그것은 그다지 다르지 않아서 예수 믿고 복 받았다 하는 것을 세상에서의 출세나 성공에 비중을 두고서 판단하는 것을 쉽게 보게 됩니다.

그런데 어떤 경우에는 지나치다 싶을 정도로 세속적인 경우를 보게 됩니다. 예수 믿는 것을 무슨 대박 맞는 것으로 알고, 예수 믿고 '로또' 맞는 것으로 생각하는 사람이 가끔 있습니다.

대박을 터트려줄 메시야?

그러나 우리의 믿음이 '천국복음' 중심이 아니라 '세상가치' 에 중심을 두게 되면 우리의 믿음은 거짓 믿음이 되어버립니다. 세상이 말세가 될수록 거짓 선지자들이 많이 일어나서 천국을 전하기보다 세상의 복과 가치를 더 강조하게 됩니다.

마귀는 우리로 하여금 땅에만 관심을 갖게 합니다. 천국은 가리 웁니다. 예수님은 우리로 하여금 천국을 말씀해 주시고자 하셨습니다. 예수님은 한 번도 이 땅에서의 '출세론' 이나 '성공률' 을 강의 한 적이 없습니다.

예수님은 "회개하라 천국이 가까이 왔느니라!"(마 3:2)로 공생애를 시작하셨고 그의 가르침도 "가난한 자는 복이 있나니 천국이 저희 것이라!"(마 5:3)로 가르침을 베푸셨으며 "가는 곳마다 천국복음을 전파하시고 모든 병과 약한 것을 고치셨다"(마 9:35)는 말씀을 통해 병 고치는 사역 또한 사람들이 천국복음을 받도록 하기 위해서 였음을 성경은 말씀하고 있습니다.

많은 사람들에게 있어서 예수를 따르는 목적이 예수가 자신에게 대박을 터트려 줄 것으로 기대하는 것입니다. 그 기대가 꺾이면 믿음도 같이 꺾이어서 떨어지게 됩니다. 마치 세례요한이 기대한 '메시야' 가 정치적 대박을 터트려줄 '메시야' 인줄 알았는데 그게 아니었을 때 실족하게 된 것과 다름없습니다. 세례요한이 이해한 '메시야' 는 로마의 압제로부터 우리에게 옛 다윗왕국의 영화를 다시 찾아줄 '메시야' 였습니다.

그러나 그 기대가 무너지게 되니까 제자들을 보내서 '오실이가 당신이 맞습니까?' 라고 했습니다. 이 말을 우리시대 버전으로 바꾸면 '주님이 그리스도가 맞습니까?' 라는 말입니다. 내내 '주는 그리스도시요 살아계신 하나님 아들이십니다!' 라고 고백했으면서 세상에서 자신의 뜻대로 뭐가 잘 안 되니까 주님의 하나님 되심을 의심하고 있는 것입니다.

천국관점

이 세상을 살다보면 이해되지 않는 부분이 있을 수 있습니다. 그러나 이 모든 것을 천국관점에서 바라다보면 이해할 수 있습니다. 이 세상에서 우리가 겪는 고난과 역경도 천국이라는 관점에서 보게 되면 역시 모든 것을 이해하고 받아들일 수 있습니다.

그래서 믿음이 커진다는 것은 천국이라는 영원에 시간을 바라볼 줄 안다는 것입니다. 믿음이 적을수록 땅이라고 하는 짧은 시간에 매이고 집착하게 됩니다. 그 안에서만 모든 것을 생각하고 판단하고 결론내립니다.

이를테면 9. 11 테러가 났을 때 업무 차 그곳에 가야 하는데 하나님께서 도중에 자동차 펑크 나게 하셔서 나를 살리셨다 하면서 간증을 하게 되면 많은 사람이 큰 은혜를 받습니다. 물론 한 개인을 향하신 하나님의 특별하신 사랑입니다. 그러나 그 건물 안에는 그 보다 더 하나님을 신실하게 섬기고 사랑하는 하나님의 사람이 있을 수 있다는 것입니다. 이 부분을 무시하고 전자만 띄우게 되면 교회 안에는 큰 상처가 남게 됩니다.

예수증거하다가 돌에 맞아 죽은 스데반이나 목 베임 당한 야보고의 가족을 앞에 두고 기적적으로 감옥에서 풀려난 베드로만 띄우고 있는 형국이 된다면 이는 성경적이지 않다는 것입니다.

그럼으로 이 세상에서 벌어지는 모든 사건은 그것이 천국관점에서 받을 때에야 비로소 우리 모두가 아멘으로 받을 수 있는 것이 됩니다.

한국교회의 은혜는 대부분 상대적 복을 가지고서만 하나님의 복을 말합니다. 아무개 28평 사는데 나는 30평 산다. 그럼으로 감사한다. 얼마를 받쳤더니 따 더블로 주셨더라!(?) 뭐 이런 간증만 넘쳐납니다. 예수 믿고 돈 벌고 출세한 사람이 있지만 예수 모르고도 돈 벌고 출세한 사람은 그보다 훨씬 많은데도 불구하고 이건희 집에 법당 있는 것은 모르고 예수 믿는 조그만 사업체 사장에게 복 주신 것을 마치 이건희 돈 번 것처럼 확대합니다.

부자와 나사로

하나님께서 당신의 자녀로 하여금 천국관점으로 살게 하시는 이유는 이 땅에서의 삶이 잠깐이기 때문입니다. 하나님은 너희 인생이 아침 이슬 같고 밤의 한 경점 같다고 말씀하십니다. 이 땅을 사는 동안 우리가 하나님께 복을 빌고 건강과 출세를 구하며 살겠지만 그것이 다 사실은 '밤의 한 경점' 이라는 잠깐의 시간을 위해 구하는 것입니다.

우리가 세상에서 성공하는 것이 그렇습니다. 사람들이 세상에서 바라는 성공과 출세가 하나님께서 천국에서 바라보시는 성공과 출세가 전혀 다를 수 있습니다. 세상 사람들이 모두가 저 사람 성공했다고 해도 하나님 앞에는 실패한 인생이 있고 비록 세상 사람들 앞에는 변변치 못했다 해도 하나님 앞에서는 크게 성공한 인생이 있다는 것입니다.

요한계시록 3장 17절에 보면 주님은 라오디게아교회를 책망하시면서 **"네가 말하기를 나는 부자라 부요하여 부족한 것이 없다 하나 네 곤고한 것과 가련한 것과 눈먼 것과 벌거벗은 것을 알지 못하는 도다"** 하고 말씀하십니다. 자기는 세상 적으로 돈 많이 벌고 명성을 얻고 성공한 인생인 줄 알았는데 예수님 눈에는 곤고하고 가련한 벌거숭이 인생일 뿐 이었습니다.

또 있습니다. 부자와 나사로입니다. 이 땅에서 살며 모든 권세와 부를 누렸던 부자는 하나님 앞에 철저히 실패한 인생이지만 그 집 앞에서 살던 거지 나사로는 하나님 앞에 성공한 인생이라는 사실입니다.

우리는 사람 앞에 성공한 인생이기 전에 먼저 하나님 앞에 성공한 인생이 되어야 합니다. 그러기 위해서 우리는 성공을 바라보는 시각을 천국중심으로 교정 받아야 합니다. 세상과 땅의 관점에만 익숙한 우리의 관점을 하나님중심으로 영적인 관점 중심으로 바꿔야 합니다.

참된 성공

미국 복음주의 교계에 큰 영향을 미치시는 전직 '풀러 신학교' 총장이신 '리처드 마워' 교수님에게 어떤 기자가 물었습니다. 2009년 작년 한 해 동안 기독교적으로 있었던 가장 큰 일은 무엇입니까? 기자는 기대하길 아무개 대형교회 목사님이 초대형 예배당을 지은 일이나 세계교회협의회에서 아무개 목사님이 총장으로 선출된 이야기가 나올 줄 알았는데 그는 대답하길 "시카고 어느 조그만 교회 예배당에서 이름 모를 15세 소녀가 자기인생을 하나님께 드리겠다고 헌신하며 고백한 사건이 작년에 가장 큰 일 이었다!"고 한 것입니다.

하나님이 인정하시는 성공은 이렇게 비밀스럽고, 신비롭고, 은밀합니다. 이거는 그 소녀와 하나님만이 아는 일입니다. 하나님이 정말 위대하게 보시는 일은 이렇듯이 사람의 생각하고는 너무나 다릅니다. 그는 또한 성공에 대해 정의하길 **'하나님이 허락하신 자리에서 하나님이 허락하신 일을 하는 것이 성공이라고 했습니다.'** 세상적인 출세와 입신양명을 성공으로 아는 우리 내 일반적 생각과는 너무도 많은 차이가 있습니다.

그러나 이 말은 참으로 **'성경적인 성공론'** 입니다. 성공은 장관이나, 대통령이나, 빌 게이츠가 되는 것이 아니라 하루하루 하나님이 맡기신 그 일을 성실하고 충실히 행하는 것 이었습니다. 세상의 성공은 결과에 있지만 하나님의 성공은 과정에 있음을 알게 하는 부분이기도 합니다.

이와 같은 **'성경적인 성공론' 이 우리에게 꼭 필요한 이유는 하나님 중심의 성공론을 가지고 우리가 이 세상을 살게 되면 우리의 인생은 지금보다 훨씬 풍요롭고 부요한 인생을 살 수 있기 때문입니다.** 높은 자리에 앉지 못하고 돈을 많이 벌지 못한 것으로도 얼마든지 만족할 수 있습니다.

예수 믿는 우리는 이와 같이 천국의 기쁨을 세상으로 가지고 와서 사는 사람들입니다. 천국의 소망을 품고 세상 사람들이 결코 알지 못하는 하나님과 동행하는 신비한 행복을 맛보며 이 세상을 살아가는 사람들입니다.

세 번째 이야기

함께하심 그리고 그 증거

임마누엘

신약성경이 처음 시작되는 마태복음 1장 23절을 보면 "**보라!** 처녀가 잉태하여 아들을 낳을 것이요 그 이름은 임마누엘이라 하라 이를 번역한즉 하나님이 우리와 함께 계신다 함이라!"의 말씀으로 성경을 열고 있으며 마태복음이 끝나는 28장 20절을 보면 주님께서 부활승천하시면서 마지막으로 남기신 말씀이 "**볼지어다!** 내가 세상 끝 날까지 항상 너희와 함께 있으리라!"는 말씀으로 끝맺음을 하고 있습니다. 즉 성경은 처음부터 끝까지 무엇을 보라고하는 부분에 포커스를 맞추어 놓은 책이라고 할 수 있습니다.

믿음생활은 주님을 보는 생활입니다. 우리는 성경을 통해서 육신을 입고 이 땅에 오신 주님의 공생애 사역과 십자가와 부활을 보았습니다. 이제는 육신의 눈이 아니라 영의 눈을 뜨고 우리에게 보내신 보혜사 성령의 함께 하심을 보아야하는 시대를 살고 있습니다.

그런데 사람들은 하나님이 나와 함께 하시는 증거를 볼 때에 주로 나에게 무엇을 주셨는지에 주된 관심을 갖습니다. 나의 소원을 들어주시거나 나의 하는 일이 형통하거나 성공하게 될 때에는 함께하시는 것이고 그렇지 않으면 함께 하지 않는 것으로 아는 것입니다.

요셉

성경에 하나님이 함께하셨다는 대표적인 인물은 요셉입니다. 창세기 39장에서 무려 세 번에 걸쳐서 하나님이 요셉과 함께 하신다고 하고 그 뒤를 이어서 요셉이 하는 모든 일에 형통을 주셨다고 말씀하고 있습니다.

하나님이 함께하시는 요셉은 보디발의 집에 가정총무가 되고 감옥에서도 간수장이 되는 것으로 형통하기는 했는데 우리 모두가 정말 바라는 대로의 성공과 형통은 아니었습니다. 당시에 요셉이 바라는 형통과 성공은 당장에 노예 신세를 벗어나거나 누명을 벗어나거나 감옥을 벗어나는 것이었습니다.

성공은 오히려 보디발이 하고 있습니다. 하나님이 요셉을 위하여 보디발의 집과 밭에 복을 주셨다고 하셨기 때문입니다. 그러나 요셉은 여전히 노예 신세이며 누명까지 쓰고 감옥에 가는 지경이 됩니다. 문제는 뭐냐면 우리 모두는 하나님이 함께 하시는 요셉보다는 성공한 보디발이 되고 싶어 한다는 것입니다.

하나님이 함께하는 요셉은 노예로 팔려가고 있으며, 하나님의 말씀을 준행한 것으로 도리어 누명을 쓰고 있으며, 결정적인 순간에는 술맡은 관원장이 요셉을 잊어버렸습니다.

우리가 흔히 아는 바로하면 하나님이 함께 하시는 사람은 노예로 팔려가서는 안 되고, 누명쓰는 일도 없어야 하며, 혹 위기에 처했을 때는 드라마틱하게 하나님의 도우심을 경험해야합니다. 노예로 팔려가더라도 탈출에 성공해야하며 누명을 썼을 때는 그것을 벗어나야 합니다. 그러나 요셉은 억울하게도 그냥 누명을 쓰고 있고 그대로 감옥엘 가고 있습니다.

이때의 요셉의 모습을 시편 105편 18절에서 말씀해 주고 있습니다. "그의 발은 족쇄에 차이고 몸(영혼)은 쇠사슬에 매였으니 곧 여호와의 말씀이 응할 때 까지라 여호와의 말씀이 저를 단련하였도다."

우리가 바라는 것은 언제나 요셉이 소원하는 것과 같은 것입니다. 그것은 혹독한 지금의 이 처지와 상황을 벗어나는 것입니다. 그러나 신비한 것은 삶에 작은 부분에서는 하나님의 세심한 돌보심을 경험하면서도 우리가 생각하기에 "정말 지금이다!" 싶은 시간에는 도리어 하나님이 침묵하실 때가 있다는 것입니다.

커다란 틀

그러니까 **성경은 사람이 바라는 방향으로의 형통이 아니라 하나님이 택한 사람으로 하여금 하나님이 이루고자 하시는 길로 나아가게 하실 때 그것을 형통이라 하시는 것이었습니다.** 하나님이 요셉의 어린 시절 보이신 꿈 또한 요셉의 개인적인 비전과 야망을 이루라고 주신 것이 아니라 하나님이 요셉을 통해서 이루고자 하시는 일을 보이기 위해서 주신 비전이라는 것입니다.

요셉의 전 인생이라고 하는 삶을 통해서 하나님은 그의 인생을 만드시는 것입니다. 큰 틀에서 내가 지금 바라는 대로 되지 않는다고 해서 하나님이 함께 하지 않는 것이 아닙니다. 내가 바라는 큰 틀과 계획이 있기 이전에 하나님이 나를 향하여 가지고 계신 큰 틀과 경륜이 앞서서 있다는 것입니다.

그것을 먼저 캐치하고 나를 만들어 가시는 하나님을 볼 수 있어야 합니다. 그 때에 우리는 요셉과 같이 당장에 원하는 길이 열리지 않는다 하더라도 순간순간 시마다 때마다 우리의 인생 세세한 부분에서의 도우심(가정의 총무가 되게 하심)과 함께하심(간수장 되게 하심)을 체험하게 될 것입니다.

빛 한 점 들지 않는 절망의 지하 감옥에 있었던 요셉과도 하나님은 함께 하셨습니다. 요셉과 함께하셨던 하나님은 결국에는 요셉을 불러내시고, 건져내시고, 벗어나게 하셨습니다. 이 모든 고난의 시간을 벗어나게 하시는 하나님이 허락하신 때와 시기가 오늘날의 요셉인 우리 성도에게도 반드시 있다는 것을 믿고 하나님의 살아계심과 선하심과 의로우심 그리고 함께하심을 의심해서는 안 될 것입니다.

세 번째 이야기

살진 송아지와 염소새끼

두 아들

언제나 우리와 함께하시는 하나님을 경험하는 일에 있어서 말씀드리고 싶은 부분이 누가복음 15장에도 기록되어있습니다. 그곳을 보면 예수님의 비유 중에 탕자의 비유가 나오는데 주님은 한 아버지에게 두 아들이 있었다 하면서 두 아들을 주목해서 보라고 말씀하셨습니다.

우리가 다 아는 탕자는 둘째 아들입니다. 아버지 재산 미리 달라고 해서 허랑방탕하다가 돼지우리에서 쥐엄나무 열매먹는 신세가 되었습니다. "아버지의 품꾼은 풍족하여 주리는 일이 없는데 나는 아들임에도 주려죽는구나!"하면서 한탄하다가 아버지에게 나아가서 품꾼 중에 하나로 여겨달라고 하는 마음을 먹고 집에 돌아가게 됩니다.

탕자 둘째 아들이 집으로 돌아온 것을 본 아버지는 옷을 갈아입히고, 반지를 끼우고, 살진 송아지를 잡고 내 아들이 죽었다 살았고 잃었다 얻었다 하면서 기뻐하며 동네사람 다 불러다 놓고 잔치를 열게 됩니다.

여기까지는 우리가 익히 아는 탕자를 용서한 사랑 많은 아버지 스토리입니다. 그런데 그 비유의 뒷부분에서 주님은 또 다른 한 아들의 이야기를 말씀하고 계십니다. 어찌 보면 여기가 주님 말씀의 포인트가 있는 부분이라고 하겠습니다. 바로 첫째 아들이야기입니다.

첫째아들 이야기

첫째가 들에서 일하고 있는데 멀리 집에서 시끌벅적한 잔치 소리가 들리는 것입니다. 어찌된 일인지 궁금하던 차에 종들이 와서 말하기를 당신의 탕자 동생이 집에 돌아왔는데 아버지가 그를 혼내기는커녕 살진 송아지를 잡으라하고 동네사람 불러 잔치를 열었다고 했습니다.

이 말을 전해 듣고는 첫째가 무슨 일을 벌이냐면 집에를 안 들어가는 것입니다. 얼굴이 빨개졌다 파래졌다 하면서 아버지를 향하여 하는 말이 이제 의미심장합니다. 자신을 위로하러 온 아버지에게 하는 말이 이렇습니다.

"이제까지 아버지 말씀 한 번도 어긴 일이 없고 아버지를 위해 일한 나를 위해서는 염소새끼 한 마리 잡아준 일 없으면서 저 아버지의 재산을 창기와 함께 삼켜버린 나쁜 놈을 위해서는 어떻게 살진 송아지를 잡아주실 수 있습니까!!!"

여기서 '염소새끼' 와 '살진 송아지' 가 절묘하게 대비되고 있습니다. 이 두 단어에 첫째아들의 아버지를 향한 섭섭함이 그대로 담겨있다 해도 과언이 아닐 것입니다. 가축이 나은 새끼 중에 가장 작고 가치가 떨어지는 것이 염소새끼입니다. 그에 비해 살진 송아지는 명절이나 잔칫날이나 되어야 먹는 고깁니다.

이 말을 지금 우리의 말로 살짝 바꾸면 이렇게 됩니다.

"아무개는 예수 믿은 지 얼마 되지도 않았고 저 사람 옛날에 죄도 많이 졌는데 하나님은 저런 사람에게는 잘 되고 성공하게 하시고 이제까지 하나님을 섬기고 교회를 섬긴 내게는 어떻게 이것밖에 안주십니까!" 하는 것과도 같다고 하겠습니다.

누가복음 15장 32절을 보면 집에 들어가지 않으려는 첫째에게 아버지가 이렇게 말씀하시는 것으로 비유를 마치고 계십니다.

"얘야! **너는 항상 나와 함께 있으니** 내 것이 다 네 것이로되 네 동생을 죽었다 살았고 잃었다 얻은 고로 우리가 즐거워하는 것이 마땅하지 않겠냐!"

주님의 말씀 중에 특별히 비유는 미괄식으로 되어있는 경우가 대부분입니다. 제일 마지막 말씀에 비유의 핵심이 되는 메시지가 담겨있다는 의미입니다. 사실 둘째 탕자의 모습은 겉으로 드러난 모습이기 때문에 금방 알 수가 있습니다. 실지로 성도 중에는 세상에서 방탕하다가 회개하고 돌아온 탕자가 적지 않은 것이 사실입니다.

그러나 우리 중 참으로 많은 성도들의 마음가운데는 첫째 아들의 마음을 품고 살아가는 것을 보게 됩니다. **아버지가 항상 나와 함께 거하는 것으로는 그다지 만족을 얻지 못하고 아버지가 무엇을 내게 주었느냐로만 아버지를 평가하려는 믿음입니다.**

본문의 말씀으로 하면 염소새끼 타령하면서 원망 불평하는 것입니다. 저녁에 집에 들어오시는 아버지 자체보다는 아버지의 손에 들려있는 것만 관심 있는 철없는 아이의 마음이라고도 할 수 있겠습니다.

첫째 아들 증후군

둘째가 집나간 탕자라면 첫째는 집에 안 들어가는 탕자라는 것입니다. 집나간 것이나 집에 안 들어가는 것은 살짝 말만 바꾼 것이기 때문입니다. 그런데 우리가 집나간 탕자는 금방 구별하는데 반해서 집에 안 들어가는 탕자는 잘 모른 다는 것입니다.

우리 안에 교묘하게 자리 잡고 있는 이와 같은 첫째 아들 탕자의 마음을 품고서는 우리가 결코 온전한 믿음이 될 수 없음을 지적하시는 비유라고 하겠습니다. 주님은 탕자의 비유를 통해 집 나온 탕자보다도 오히려 집에 안 들어가는 탕자에 더욱 비중을 두고 말씀하시는 것 이었습니다.

첫째아들 증후군은 돌아온 탕자동생을 용서한 아버지를 받아들이지 않는 마음입니다. 더 나아가서 나처럼 반듯하게 살아온 착한 아들을 향한 대접이 고작 이것이었냐고 반항하는 꼬부라진 마음이기도합니다.

사람들은 문제를 일으키는 둘째 탕자에만 관심을 갖습니다. 그러나 사실 더 큰 문제는 첫째 아들에게 있습니다. 매사에 완벽하고 모든 부분에서 모자람이 없었던 도덕주의자 첫째는 동생을 용서한 아버지를 불합리하고 불의한 아버지로 치부했습니다. 그리고 그 아버지를 더 이상 가까이 하려 하지 않았다는 것입니다.

천국과 지옥의 이혼

대표적인 기독교 변증가인 C. S. Lewis가 쓴 판타지 소설 중에 "천국과 지옥의 이혼"이라는 책을 보면 여기에도 첫째아들 부류의 사람이 등장합니다. 세상을 살 때 부자 사장이었던 유령이 지옥에서 고통 받다가 잠시 천국 주변을 여행하는 부분이 나오는데 거기서 그만 자기친구를 죽인 종업원 잭이 천국에 있는 것을 보고 깜짝 놀라게 됩니다.

잭은 사장에게 말하기를 하나님은 나 같은 죄인에게도 자비를 베푸셨으니 당신이 지금이라도 하나님께 나아가서 자비를 구한다면 나와는 비교도 안 되는 더 많은 은혜를 주실 것이라고 했습니다.

그러자 사장은 말하기를 평생을 의롭게 산내가 왜 너 보다 못한 대우를 받고 지옥에서 고생해야 하는지에 대해서 버럭 화를 내고는 너 같은 나쁜 놈을 받아주고 나 같은 의인을 지옥 보낸 하나님이라면 나는 그 하나님이 있는 천국이 싫다며 지옥으로 다시 돌아갔다는 것입니다.

그러면서 지옥을 경험하는 3가지를 교훈하고 있습니다. 먼저는 철저히 내가 받고 누려야할 권리만을 주장 할 것, 그리고 내 기준에서만 의와 불의를 논할 것, 마지막으로 나보기에 악한 자는 절대 용서하지 말 것이었습니다.

염소새끼 타령

사실 이 첫째 아들의 가치관과 사고방식은 세상을 살아가는 우리 모두가 가지고 있는 생각입니다. 그러나 성경의 관점은 분명히 세상을 사는 우리 내 방식하고는 많이 다르다는 것입니다. 우리는 첫째아들의 모습을 마태복은 20장의 포도원 품꾼의 비유에서도 똑같이 찾을 수 있습니다.

주님께서 오전10시에 부름 받은 품꾼이나 오후 5시에 부름 받음 품꾼이나 똑같은 한 데나리온을 지급하자 오전 10시에 온 품꾼이 주님에게 따집니다. 어떻게 오후 5시에 부름 받은 품꾼과 나를 똑같이 대우할 수 있냐는 것입니다. 첫째 아들의 마음과 같이 주님을 부당하고 불의하다하며 잘못됐다고 하는 것입니다. 그때 주님은 "네 것이나 가지고 가라!" 하셨습니다.

사람들은 하나님이 하시는 일이 잘못됐다 하며 자신이 받아야 할 몫이 정당하게 지급되지 못했다 하며 계속해서 자신이 받을 권리를 주장하는 것입니다. 그러면서 불쑥불쑥 염소새끼 타령을 하는 것입니다. 하나님은 의로운 나를 몰라주고 푸대접 하시고는 저렇게 나쁜 놈에게는 은혜를 베푸시는 불의한 하나님이라고 하면서 하나님을 왜곡하는 것입니다.

우리 모두는 첫째아들 증후군에서 벗어나야합니다. 그러기 위해서는 지금 내 곁에서 나와 함께 계시는 주님을 볼 수 있어야 합니다. 주님의 위로와 소망주심 그리고 부드럽게 터치하시는 말씀의 손길을 경험하는 것입니다.

우리 모든 성도는 하나님이 첫째에게 주신 말씀인 **"너는 항상 나와 함께 있으니** 내 것이 다 네 것이 아니었냐!" 라고 토닥이시는 말씀으로 충분히 만족할 수 있어야 할 것입니다. **주님이 내게 무엇을 주셨냐가 아니라 주님이 내 곁에 계시고 함께 거하는 것으로 세상을 다 가진 자의 마음이 된다면 정말로 주님이 기뻐하시는 성도가 될 것입니다.**

주님이 가지신 그 이름의 권세와 그 무한하신 능력과 크신 사랑이 그리스도 안에서 하나님 아버지를 모시고 사는 우리 성도들의 것임을 믿습니다.

세 번째 이야기

세상을 작게.. 천국을 크게..

휘둘리지 않기를

우리는 세상에 살고 있기 때문에 세상에서 난 것을 기준으로해서 기쁨과 슬픔을 경험 합니다. 세상에 있는 것을 얻으면 좋아하고, 행복해하고, 만족해합니다. 굳이 심리학자의 말을 빌릴 것도 없이 사람이 하는 걱정의 대부분은 잃을 것에 대한 두려움이라는 말이 맞는 것 같습니다. 우리는 이 땅에서 얻은 재물과 명예와 인기. 행복과 건강. 등을 잃어버릴까봐 노심초사합니다.

사람마다 많고 적음의 차이는 있겠지만 이것이 우리 맘속에서 차지하는 비중은 똑같습니다. 옛말에 '천석 꾼 천 가지 걱정, 만석꾼 만 가지 걱정' 이라는 말이 그 말입니다. 극단적인 경우 혹여 조금 잃어버리게 된 것으로도 깊은 절망감에 싸여 과감히 생을 포기하는 경우도 있습니다. 세상을 살아가는 사람들의 전형적인 모습니다.

그러나 **예수 믿는 사람은 세상에서 난 것으로 너무 내 마음이 휘둘리지 않습니다.** 우리가 세상에서 살아가지만 우리는 세상에 속한 자가 아니라 도리어 하나님의 택함을 받은 사람들이기 때문입니다. 물론 우리는 발을 땅에 딛고 살고 있는 한 현실적인 문제들에 부딪힙니다.

그러나 주님은 "이런 걱정은 다 이방인들이 하는 것이지 너희들이 하는 것이 아니다!"라고 하셨습니다. 너희에게 무엇이 있어야할지 하나님이 더 잘 아신다고 했습니다.

공중에 새를 먹이시고, 들에 꽃을 입히시는 하나님이 그들보다 귀한 너희들을 먹이고 입힐 거라 하셨습니다. 너희들이 할 것은 하나님 나라와 그 의를 구하는 것이라 했습니다.

천국 문 앞에서

예수 믿는 사람은 하나님 나라를 바라보고 사는 사람들입니다. 천국을 기준으로 사는 사람들입니다. 천국에서 누릴 것을 예수 안에서 지금 누리고 사는 사람들입니다. 세상에 모순이 많고 불완전한 것을 보면서 이제 주님오시면 멸망 받아 없어질 세상인 것을 알기에 이상하게 생각하지 않습니다.

그래서 믿는 자들은 천국 문 앞에서 하나님의 평가를 바라보고 오늘을 살게 됩니다. 결코 세상에서 하는 사람들의 말이나 인기에 집착하지 않습니다. **오직 하나님의 말씀과 판단만이 중요합니다. 평안과 두려움, 행과 불행, 성공과 실패, 기쁨과 슬픔을 말할 때도 지나치게 세상기준에 좌지우지 되서 말하지 않습니다.**

천국과 하나님의 의를 기준으로 해서 행과 불행, 성공과 실패, 기쁨과 슬픔을 경험하는 사람이 하나님을 섬기는 사람들입니다.

하나님의 의를 구한다고 하는 것도 그 의가 내가 말하는 의가 아닙니다. 하나님이 옳다고 인정하시고 하나님이 참되고 바르다고 말씀하신 것에 집중합니다. 그래서 우리의 믿음은 천국 문 앞에 있을 때 비로소 진실해질 수 있습니다.

거기에는 개인적인 사심이나 이기심이 없으니까요. **우리의 믿음은**

천국 문 앞에서 심겨지고 거기서 자라나야 합니다! 그래야 그 믿음이 건강하고 바르게 자랄 수 있습니다.

세상에 심기어지고 세상에 뿌리를 둔 세속적인 믿음은 위험합니다. 세상 것이 없어지면서 믿음도 같이 없어지기 때문입니다.

우리가 이 세상의 모든 고난을 이길 수 있는 힘은 우리의 믿음이 천국에서 발아된 것이기 때문입니다.

섞일 수 없는 나라

내가 하나님의 말씀을 순종하는 것으로 도리어 세상의 것을 잃어버린다 해도 그것으로 오히려 기뻐할 줄 아는 사람이 크리스천입니다. 세상 기준보다 더 높은 기준인 천국기준으로 살기 때문입니다. 반대로 세상 것을 얻고 있지만 천국을 잃어버리고 있음으로 슬퍼할 줄 아는 사람들이 역시 크리스천입니다. 세상에 것을 얻을 때 기쁨이 있고 또는 잃을 때 슬픔이 있을 수 있습니다.

그러나 그 강도를 느끼는데 있어서 세상 사람과 같지 않습니다. 왜냐하면 세상 것이 전부가 아니기 때문입니다. 그의 기도하는 내용을 드려다 봐도 금방 알 수 있습니다. 세상 것만 얻으려고 집착하지 않습니다. 천국의 것을 달라고 합니다. 하나님 아는 지식을 달라고 합니다. 믿음을 달라고 기도합니다.

천국이 크게 경험 될수록 세상은 작아지는 것입니다. 반대로 세상이 크면 천국이 작습니다. 이 두 개의 나라는 결코 섞이거나 같이 갈 수 없는 나라입니다.

사도행전 7장으로 가면 스데반 집사님 앞에 천국이 열리고 있습니다. 하나님우편에 인자가 서 계신 것을 보게 됩니다. 그러니까 사람들이 지금 자신을 향해 돌을 던지는 것조차 아무렇지 않게 느껴졌습니다.

사도바울역시 천국이 닫혔을 때는 스데반을 돌로 치는 자리에 동참했습니다. 그러나 9장에서 그에게도 천국이 열립니다. 예수 믿는 자를 잡으러가던 '핍박자 사울'이 다메섹도상에서 천국이 열렸을 때 '전도자 바울로 다시 태어나게 됩니다. 천국이 열리면서 그는 평생을 천국복음전하는 전도자로 살다가 그 역시 순교하게 됩니다.

저는 세상이 힘들 때마다 '아직도 내게는 천국이 작구나!' 하고 느낍니다. 그리고 '하나님 저에게도 천국을 활짝 열어주세요!' 하고 기도합니다. 천국이 스데반처럼, 바울처럼, 커다랗게 열려 있으면 이 세상은 아무것도 아닌 게 되어 버립니다. **믿음이 작은 건 천국이 작은 것이었습니다.**

세 번째 이야기

긍정과 예수

긍정적

'긍정' 이라고 하는 단어는 많은 사람들의 입에서 그리고 책에서 미디어에서 다루고 있는 주제입니다. 긍정적 사고, 긍정적 마음, 긍정적 믿음, 긍정 뒤에 어떤 말을 붙여도 낯설지가 않습니다. 그 만큼 긍정이라고 하는 말은 우리 삶 가운데 자연스럽게 회자되는 말이 되었습니다.

물론 예수 믿는 우리들도 '긍정' 과는 불과분의 관계를 갖습니다.

긍정적으로 생각하고, 긍적적으로 믿고, 긍정적으로 살아가고자 하는 마음은 우리 성도들 모두가 바라는 마음입니다. 그런데 우리는 여기서 한 가지를 기억하여야합니다. 내가 예수 믿고 긍정적이 된 것이지 긍정적인 사람이 되고자 예수 믿은 것은 아니라는 것입니다. 그것이 그것 같고 아무것도 아닌 것 같은 부분이지만 매우 중요한 대목입니다. 이런 신앙의 기초적인 부분을 분명히 다져두지 않으면 그 신앙은 엉뚱한 곳으로 가게 됩니다. 마치 태백산 정상의 빗물이 살짝 비켜가는 것으로 동해로 흐를 수도 있고 내륙으로 흐를 수도 있는 것과 같습니다.

'믿어야 긍정적이 돼!'

이를 테면 예수를 모르는 세상사람 같으면 고난의 시간을 겪으면서 얼굴이 다크라인에 죽상을 하고 다니겠지만 예수 믿는 사람은 하나님이 함께 하시기 때문에 고난 가운데서도 웃을 수 있는 것입니다. 그것을 믿지 않는 사람이 보았을 때는 '어떻게 저렇게 고난을 겪으면서도 웃을 수 있나!' '저 사람은 참 긍정적이다!' 라고 말하는 것입니다. 긍정이 믿음에서 나온 것 인줄 모르기 때문에 그들이 보기에는 '긍정적이다!' 라는 표현밖에는 모르는 것입니다.

엄밀히 말씀드리면 예수 믿는 사람은 부정적일 수가 없습니다. 그저 불신앙만 있을 뿐입니다. 믿음이란 말 자체가 긍정이기 때문입니다. 믿는다고 하면서 죽상을 하고 다닌다면 그것은 안 믿고 있다는 것 밖에는 안 됩니다. 어찌 보면 긍정적인 믿음이라는 말은 사실상 없는 것입니다. 믿음이라는 말 속에는 부정이 없으니까요. 그러니까 '긍정적으로 믿어봐!' 이 말은 예수 믿는 사람에게는 이미 틀린 말입니다. 맞는 말은 '믿어야 긍정적이 돼!' 입니다.

긍정도 예수의 터 위에

예수 믿는 우리에게 '긍정' 이라는 말은 '자기최면' 이 아니라 예수라고 하는 '절대가치' 입니다. 오직 예수로 인해서 내가 긍정적 사람의 모습이 나타난 것이지 내가 도를 닦고 인격수양하고 자기계발 해서 얻는 것이 아니라는 것입니다.

예수 믿음이 없는 긍정은 공허한 자기최면입니다. 우리가 아무리 긍정하려 해도 마귀사탄은 우리를 긍정 속에 있게 내버려 두지 않을 것입니다. 없는 걱정거리 만들어내고 눈덩이처럼 이리저리 굴려서 그 밑에 눌리게 할 것입니다. 그래서 우리 믿는 자의 긍정은 언제나 예수에게서 나온 믿음이어야 합니다. 긍정은 예수 믿음의 터 위에 세워져야 하는 것입니다. 긍정의 힘은 믿음의 힘이고 예수에게서 나온 능력입니다. 예수를 잘 믿는 것으로 긍정적인 사람이 되는 것이지 삶의 목표자체를 긍정적인 사람에 두지 말라는 것입니다.

우주의 기운??

내가 평소에 좀 부정적인데 교회 다니면서 긍정적인 사람이 되어야겠다고 하는 것입니다. 이런 경우라면 모든 신앙생활의 중심에 '예수' 가 있는 게 아니라 '긍정' 이 있습니다. 삶의 목표를 '예수' 가 아니라 '긍정' 에 둔 대표적 사람이 있습니다. 조엘 오스틴 이라는 사람입니다. 미국의 가장 큰 교회 중 하나를 맡고 있고 이 사람의 영향을 받은 한국 교회도 꽤 많이 있습니다. 이 사람이 쓴 '긍정의 힘' 이라는 책은 큰 인기를 끌었습니다. 한 마디로 이 사람 매우 위험합니다. 이 사람에게 있어서 예수는 자신의 긍정을 도와주는 하나의 방편이고 수단이기 때문입니다.

이 사람은 '긍정교' 에 '교주' 격 된다고 보면 되겠습니다. 잘 되고 잘 되고 또 잘 될 것이라는 자기암시를 끊임없이 반복하고 주문처럼 외우게 합니다. 지금 이 사람은 모든 것을 긍정해야 되기 때문에(?) 지옥도 부인하고 있는 것으로 압니다.

예수는 없고 긍정적인 삶을 사는 것으로만 말한다면 이는 성경적이 아닙니다. 요는 긍정자체에 어떤 우주의 힘이 녹아있는 것처럼 말하면 안 된다는 것입니다. 긍정을 넘어서서 적극적이고 창조적인 삶을 살아가면 우주가 기운을 모아 나를 도와줄 것이라는 뉴에이지적 발상에서 우리는 벗어나야합니다.

오직 예수를 믿는 우리의 믿음이 '긍정' 이고 '힘' 이고 '능력' 인 것을 믿습니다!!

세 번째 이야기

원씽하라!

●
●
●

'멀티테스킹'의 시대

누가복음 10장 38절을 이하를 보면 예수님의 발치 앞에서 말씀을 듣고 있던 동생 마리아와 집안 일로 분주하던 언니 마르다에 관한 기사가 나옵니다. 언니 마르다는 예수님께 청하여 동생 마리아가 자신의 일을 좀 돕도록 할 것을 부탁했습니다. 그때 예수님이 마르다에게 하신 말씀이 있습니다.

"주께서 대답하여 이르시되 마르다야 마르다야 네가 많은 일로 염려하고 근심하나 몇 가지만 하든지 혹은 **한 가지만이라도 족하니라.** 마리아는 이 좋은 편을 택하였으니 빼앗기지 아니하리라!"

우리 모두는 이 시대의 마르다처럼 참으로 많은 일에 분주하고 바쁜 인생을 살고 있습니다. 가정에서 아이들 돌보고 키우는 일에서부터 일터에서는 언제나 산더미 같은 일들이 쌓여있습니다. 그리고 이 많은 일로 우리는 걱정하고 근심합니다.

현대는 '멀티 테스킹'(동시에 여러 가지일을 처리함)이 지배하는 세상이어서 다방면의 일처리를 잘하는 만능인을 요구하고 있습니다. 그래서 우리 모두는 이 모든 일들을 잘 해 내기위해서 새벽부터 밤늦게까지 애쓰고 있습니다.

그래서 어떤 욕심 많은 엄마처럼 남보란 듯이 아이들도 키워내야 하고. 돈 잘 버는 캐리어우먼도 되어야 하겠고 요리도 잘하고 영어도 잘하고 그러면서 이 많은 것들을 다 잘해 낼 때 그 안에 행복이 있고 성공이 있을 거라고 생각합니다. 우리는 이와 같이 여러 가지를 다 잘 해내는 것이 행복이고 성공이라고 생각하는 사람들 속에 살고 있습니다.

그러나 우리가 기억해야하는 것은 세상이 복잡해지고 다변화될수록 그 안에서 행복하게 사는 비결은 바쁘게 여러 가지 일에 쫓기고 많은 것을 머릿속에 두고서 사는 것이 아니라 한 가지에 몰두하고 그것에 집중할 때 훨씬 더 행복하고 더 많이 성공한다는 것입니다. 그것이 "원씽(one thing)하라!"는 말이 되었습니다.

복잡한 세상을 이겨내는 힘

우리는 어느 자기계발 강사의 말처럼 오직 하나인 그것이 있는지를 물어야 합니다! 내 인생의 '단 하나의 가치!', '단 하나의 소원!', '단 하나의 사람!', '단 하나의 힘!' 어찌 보면 우리 주위에는 너무 많은 사람이 있는 것으로 진짜 친구 한 명 없는 경우가 있을 수 있고, 너무 많은 소원이 있음으로 해서 그것이 다 탐욕과 욕심에 치우친 것이 되었으며 너무 많은 가치를 쫓다보니 참다운 가치가 묻혀버리고 너무 많은 힘에 노출되어있다 보니 가장 커다란 진짜 힘이 무엇인지 모르더라는 것입니다.

우리가 사는 세상은 분명히 단순한 세상은 아닙니다. 그러나 그 복잡한 세상을 이겨내는 힘은 단순함에 있고 세상에서 우리가 성공하고 행복하게 사는 비결 또한 단 하나의 그 것을 붙들 때라는 것입니다. 세상이 복잡하다면 복잡을 쫓아 가면 실패하는 것이고 도리어 단순을 쫓을 때 그곳이 '블루오션' 이더라는 것입니다. 그러니 그 많은 사람들이 주

말이면 단순한 룰에 움직이는 스포츠에 그렇게 몰두하는 것이 아니겠습니까!

전체로서의 하나

세상을 변화시키고 사람을 행복하게 하는 것은 여러 가지의 가치나 아이디어가 아니라 단 하나의 가치가 온 세상을 바꾸며 단 하나의 아이디어가 많은 사람을 행복하게 한다는 것은 기업을 보아도 마찬가지입니다. 기업의 주력상품 하나가 그 기업을 먹여 살리는 것이고 세상을 바꾸는 번쩍이는 아이디어도 머릿속에 떠오른 단 하나의 아이디어였다는 것입니다. 그러니까 하나가 곧 전체를 의미합니다. 하나로서의 전체이며 전체로서의 하나입니다.

누가복음을 몇 장 건너가서 18장을 보면 어떤 부자 관리가 예수님께 나와서 자신은 어려서부터 계명을 다 지켰는데 어떻게 하면 영생을 얻을 수 있을지를 여쭈었습니다. 그때 예수님께서 그 관리에게 너에게 **"한 가지 부족한 것이 있으니."** 너의 재물을 팔아 가난한자에게 나누어 주고 나를 따르라고 하셨습니다.

주님이 여기서 말씀하신 한 가지는 전체로서의 한 가지입니다. 부자는 많은 재물로 인하여서 교만하게 되었고 재물이 하나님 노릇을 하고 있었기에 주님은 그것을 내려놓으라고 하신 것이었습니다. 부자에게 있어서 재물은 결코 한 가지 일 수 없는 전체였습니다. 즉 주님의 한 가지 부족하다는 말씀은 절대적인 한가지라는 의미에서의 한 가지 그것입니다. 주님이 마리아에게는 **"한 가지면 족하다"** 하셨을 때의 그 한 가지도 마찬가지로 그것 하나면 충분하다는 의미에서의 한가지였습니다. 한 가지면 충분한 그것이 오늘 날 우리 성도들에게도 있어야 한다는 것입니다.

고개를 들고 주님을 바라보아야합니다.

성도들의 머릿속에 너무 많은 생각이 있지 않기를 바랍니다. 생각이 많으면 걱정이 많습니다. 그냥 그날 해야 하는 일만 머릿속에 있기를 소망합니다. 내일 걱정. 먹고 살 걱정. 애들 걱정. 건강걱정. 이런 걱정이 우리로 하여금 하나님을 바라보지 못하게 하는 것입니다. 심심하면 우리 모두가 잘하는 것이 바로 이것입니다. 걱정거리 만들어 내는 일입니다. 이렇게 굴리고 저렇게 키워서는 거기 눌리는것입니다.(?)

누가복음 21장 34절에 보면 "생활의 염려로 마음이 둔하여지고 뜻밖에 그 날이 덫과 같이 너희에게 임하리라" 여기서 마음이 둔하여졌다는 것은 무거운 짐에 짓눌려 져서 고개를 푹 숙이고는 땅을 향하여 한숨만 쉬는 것을 말합니다. 주님오실 날을 대비하고 기도하며 깨어있어야겠는데 세상살이 걱정으로 인하여 하나님이 가려졌다는 것입니다.

고개를 들고 오직 주님 한 분만을 바라보아야 합니다. "이런 일이 되기를 시작하거든 일어나 머리를 들라 너희 속량이 가까웠느니라 하시더라!"(눅 21:28).

이것저것 기웃거리며 다 믿지 말고 오직 한 분이신 하나님을 믿을 때 행복할 것입니다. 이것저것 힘을 의지하는 것이 아니라 이 모든 힘의 원천이신 하나님만을 의지하고 살 때 또한 그 안에 참된 인생의 성공이 있을 것입니다.

사랑합니다.^^

세 번째 이야기

하나님의 손 사람의 손

내일 일

전도서 9장을 보면 두 개의 손이 나옵니다 1절에는 하나님의 손이 나오고 10절에는 사람의 손이 나옵니다. 1절에선 "모든 것은 하나님의 손에 달려있다."는 말씀이 나오고 10절은 "네 손이 일을 당하는 대로 힘을 다하여 할지니라!"입니다 성경에서 손은 일하는 데 사용되는 상징적인 단어입니다.

1절에서 나온 하나님의 손은 인간의 생사화복과 창조하신 모든 만물을 돌아보시는 일을 하십니다. 또한 하나님의 손은 내일을 주장하십니다. 미래에 일어날 일을 당신의 뜻대로 주관하십니다. 내일 일은 하나님의 영역입니다. 하나님만의 자리입니다. 여기를 사람이 침범하는 것을 하나님은 싫어하십니다. 성경에는 사람이 '복술'(점치는 행위)을 하고 '초혼'(귀신을 부르는 행위)하고 길흉을 알아내는 행위를 우상숭배의 죄와 똑같이 여기고 계십니다.

사람들은 '내일 일'을 알고 싶어 합니다. 그러나 **성경은 '내일 일'을 알지 말고 믿으라고 합니다. '내일 일'이 걱정 되서 점을 보는 행위는 내일을 믿지 못 하겠다는 것입니다. 이 말을 달리하면 '내일 일'을 주**

장하시는 하나님을 믿을 수 없다는 말이 되기도 합니다. 선하신 하나님의 손이 우리의 내일을 주장하시고, 인도하실 것을 믿는 믿음이 참된 믿음입니다.

미래 지향적인 사람

사도행전을 보면 사람들이 예수님 승천하실 때 언제 다시 재림 하실 지를 물었습니다. 주님은 말씀하시길 "장래일은 하나님 소관이니 알려하지 말고 너희는 복음을 전하라!"고 하셨습니다. 또한 복음서에는 "내일 일은 내일이 걱정하게 두고 너희는 걱정에서 놓이라!" 말씀하시면서 내일 일이 하나님의 소관인 것을 우회적으로 말씀해주셨습니다.

하나님의 것이 장래의 일과 내일을 주장하시는 것이라면, 사람의 일은 현재의 삶에 충실 하는 것입니다. 이것이 9장 10절에서 말씀하시는 '사람의 손' 이 해야 할 일입니다. 하루를 단위로 매일 매일의 그 일을 하나님이 맡기신 일인 줄 알고 힘을 다하여 감당하는 것이 우리의 손이 해야 할 일입니다. 현재의 일에 성실한 사람은 곧 미래를 준비하는 사람입니다. 예수 믿는 사람들은 현재의 일에 성실함으로 미래를 놓치지 않습니다.

왜냐하면 **'가장 미래 지향적인 사람은 현실에 충실한 사람이다!' 라는 말을 알기 때문입니다. '미래 지향적이다' 라는 말이 뜬 구름 속에서 살아가고 현실을 무시하며 헛된 망상과 헛된 꿈속에서 사는 것이 아닌 것을 알기 때문이기도 합니다. 미래는 오늘을 성실히 살아가는 사람에게 주시는 하나님의 선물입니다.**

11절을 보면 모든 사람에게 닥치는 장래 일을 사람이 알지 못 한다고 말씀하십니다. 그리고 '시기' 와 '우연' 이 모든 사람에게 임한다고 합니다. 영어성경에는 '타임' 과 '찬스' 로 번역되어있습니다. 현실을 아무렇게나 사는 사람에게는 찬스가 오지 않을 것입니다.

그러나 아무리 하찮은 일이라도 매사에 모든 일을 하나님 앞에서 성실히 감당하는 사람에게는 '기회' 가 올 것입니다. 오늘을 성실히 행함으로 복된 내일이 보장된 삶을 사시길 축복합니다!

충(忠)과 성(誠)

마음의 한 복판

충성은 한 임금을 섬기는 마음입니다. 충성의 한자 뜻풀이를 보면 충(忠)은 가운데 중(中)에 마음 심(心) 성(誠)은 말씀 언(言)변에 이룰 성(成)입니다. 즉 가운데 마음을 가지고 임금이 내린 말씀을 이루는 것이 충성입니다.

모든 나라는 그 나라의 충신들에 의해 세워집니다. 간신배들이 많은 나라일수록 그 나라의 미래는 없습니다. 충신들은 항상 그 마음의 한복판에 군주를 모십니다. 나머지 모든 다른 마음들은 마음 한 복판에 있는 임금을 향하여 있습니다. 그리고 군주가 내리는 명령을 역시 마음으로 받고 행합니다.

하나님의 나라 역시 마찬가지입니다 하나님은 당신의 교회를 세우고, 당신의 나라를 확장하는 일을 감당하는 데에 있어서 충신들을 사용하십니다. 하나님 손에 들려 쓰임 받은 종들은 그런 의미에서 모두가 충신들이었습니다. 나라에 충성하는 것을 구시대 군사정권의 유물로 받는 사람들이 있는데 이것은 매우 잘못된 발상입니다. 부모를 향한 효의 의미가 시대가 바뀐다고 해서 줄어들 수 없는 것처럼 나라를 향한 충성 또한 시대에 따라 퇴색할 수 없는 인륜에 기본이 되는 가치입니다.

우리 모든 성도는 하나님나라에 속한 백성입니다. 하나님이 왕으로서 그 백성인 성도들을 돌봐주셔야 한다면 백성은 왕께 충성을 드려야 합니다. 그 가운데 하나님의 나라가 온전히 세워지게 됩니다.

쇠락하는 가치

충성은 오직 한분 임금을 섬기겠다는 다짐입니다. 충성은 한 임금을 향한 지조와, 절개와, 기개를 말합니다. 지금은 왕조시대가 아닌 민주시대이지만 나라가 세워지는데 있어서 가신들의 충성은 왕조시대와 다르지 않게 가히 절대적으로 필요합니다.

가끔 보면 정권에 충성한다는 말을 비꼬는 말로 사용하는 사람들이 있습니다. 그러나 이는 온당치 못한 말입니다. 민주적 절차에 따라 정권을 세웠으면 그 밑에 있던 가신들은 주군을 향해 충성해야 합니다. 그래야 나라가 일사분란하게 돌아가고 세워지게 됩니다.

물론 지나친 '무사안일' 만을 쫓아 정권에 아부하는 사람들을 가리켜 하는 말이기는 하겠지만 여하튼 권력이 있다면 그 아래에는 충성이 있어야 합니다. 정권에 아부하고 일신의 영달과 안락만을 쫓아 다니는 간신배들을 찾으려면 굳이 왕조시대라고 없지 않았으니까요.

시대가 갈수록 쇠락하는 가치가 몇 개 있는데 그 가운데 하나가 주군을 향한 지조와 절개를 지키는 충성이 아닌가 싶습니다. 그래서 더욱 아름답게 느껴지는 말이 또한 충성이 아닌가 싶습니다.

고려 말 이방원의 꼬임에도 포은 정몽주는 임 향한 일편단심으로 오직 한 임금만을 섬기겠다고 하다가 죽음을 당했습니다. 조선조 계유정란 때에도 하늘에 해가 두 개 있을 수 없다 해서 '사육신' 들은 '멸문지화' 를 당하고 죽어갔습니다. 그러나 이들의 충성은 시대와 왕조를 넘어서서 충성이라는 말을 되새기게 하는 귀감이 되고 있습니다.

꼭 한 개여야 하는 것

주님도 말씀하시길 네가 두 왕을 같이 섬길 수 없다 하셨습니다. 하나님과 재물을 겸하여 섬길 수 없다 하셨고, 세상임금과 하늘임금을 같이 섬길 수 없다 하셨습니다. 내 몸과 마음의 임금은 오직 한분 이셔야 합니다. 군주는 두 명이 될 수가 없습니다.

꼭 한 개여야 하는 것이 있습니다. 이를테면 하늘의 해가 그렇고, 날 낳으신 아버지가 그렇습니다. 남편과 아내가 또한 그렇습니다. 하늘에 해가 여기저기 있을 수 없듯이, 아버지와 남편이 이곳저곳에 몇 명씩 있을 수 없듯이, 하나님은 오직 홀로 한분이신 임금이십니다.

요한계시록에 나오는 '서머나 교회' 의 목회자였던 '폴리갑' 은 로마의 시저를 신이라고하며 황제숭배를 강요하자 이에 불응하여 화형을 당하기 직전에 서머나 총독으로부터 회유를 당합니다. '시저의 이름으로 저주하고 한번만 그리스도를 욕하면 살려주겠다!' 고 했지만 80평생 날 배신한 일이 없으신 나의 왕을 내가 어찌 배신할 수 있겠습니까!하고 순교 했습니다.

한국초대교회의 목회자였던 '주기철' 목사님도 공산당이 총 뿌리를 들고 예배당에 들어와서는 십자가를 떼어놓고 '십자가에 침을 뱉고 나가든지 나무판자에 못을 박아놓은 길을 가든지 하라!' 했을 때 '주기철' 목사님이 찬송502장 저 높은 곳을 향하여~ 를 부르며 못 박힌 길을 걸어가신 이야기는 우리 모든 크리스천이 기억해야 할 귀한 역사가 되었습니다.

충성 서약식

하나님은 지금도 당신의 백성들을 향하여서 "죽도록 충성하라!"고 하십니다. 그리고 "맡은 자들에게 구할 것도 역시 충성"이라고 하십니다. 우리가 천국 갈 때도 주님은 "착하고 충성된 종아 네가 적은 일에 충성하였음으로 많은 것으로 네게 맡기리니 네 주인의 즐거움에 참여할 지어다!"라고 말씀 하십니다.

어찌 보면 우리의 모든 예배는 하나님을 향한 '충성 서약식'의 의미를 가지고 있습니다! 충성된 하나님나라의 일꾼으로 끝까지 하나님 한 분만을 향한 지조와 절개를 지키는 성도가 되시기를 축복합니다!

"네가 죽도록 충성하라 그리하면 내가 생명의 면류관을 네게 주리라"(계 2:18).

세 번째 이야기

작은 일과 큰일

성숙한 믿음

교회의 성도들은 하나님 아버지의 신실한 자녀이기도 하지만 하나님 나라의 거룩한 백성이기도 합니다. 하나님 아버지의 자녀로서는 그분의 지키심과 돌보심을 받고 살아간다면, 하나님나라의 백성으로서는 군주를 향한 충성스런 일꾼이 되어야 합니다.

우리는 내가 누구인지에 대한 정체성을 발견할 때 부모님 아래 있는 내 모습만으로는 부족합니다. 그 보다 크게 한 나라에 속한 내 모습을 볼 수 있어야 합니다. 올바른 국가관을 갖게 되었을 때에야 그는 세상을 보는 가치관과 세계관이 온전히 정립될 수 있습니다.

예수 믿은 지는 오래 됐는데 아직도 성인아이가 되어서 마마보이처럼 달라고만 하는 믿음에 머물러 있다면 아직도 그 믿음이 어린아이 믿음이지만 하나님 나라의 백성으로 책임과 의무를 생각하게 되었다면 그 믿음이 성숙한 믿음이 되었다고 할 수 있습니다.

많은 교회에서 하고 있는 제자훈련에 태동이 이와 같은 배경에서 일어났다고 보면 됩니다. 하나님 나라의 백성으로 주님을 왕으로 섬기며 세상을 살아가는 동안 모두가 '작은 예수' 가 되어서 주님의 말씀을 가르쳐 지키게 하는 데에 초점을 맞춘 평신도사역 프로그램이 '제자훈련 사역' 입니다.

이와 같은 '제자훈련 사역' 에 한 가운데 있는 것이 바로 충성입니다. 주님은 당신의 백성들을 향해 "죽도록 충성하라!"고 하셨습니다.

"맡은 자 들에게 구할 것도 역시 충성이라!"고 하시고, 주님이 다시 오셔서 그의 백성들에게 하시는 말씀도 작은 일에 충성했다고 하시면서 칭찬하시고 계십니다. 하나님나라 백성을 향해서는 충성의 흐름이 처음부터 끝까지 이어집니다.

"죽도록 충성하라!"에 부담을?

충성하기는 해도 '죽도록 충성하라!' 는 주님의 말씀에는 부담을 느끼는 성도들이 있는 것 같습니다. 그러나 죽도록 충성하는 분들 즉 순교하는 분들은 십만 명, 백만 명의 한 두 분 일 뿐입니다. 대부분의 성도들에게는 해당되지 않습니다.

순교자는 되고 싶다고 되는 것이 아닙니다. 요한계시록 6장 9절을 보니까 천국에 순교자들이 계시는 곳이 따로 있습니다. 순교자의 반열이라고 합니다. 떡 줄 사람은 생각도 않는데 괜히 김칫국 마시면서(?) 두려워하고 있을 필요가 없습니다.

마치 '나라를 위해 충성하라!' 고 하는 것이 모든 백성으로 하여금 이봉창, 윤봉길 의사처럼 꼭 도시락 폭탄 하나씩 들고 적진으로 뛰어들라고 할 수 없는 것과 같습니다. 그거는 'IS' 나 '탈레반' 같은 '테러리스트' 들이 하는 말입니다.

물론 국가를 위해서 순국한 순국열사가 있습니다. 그 나라의 후손들은 그 이름을 높이고 나라를 사랑한 그 분들의 충정을 기려야합니다 윤봉길, 이봉창, 안중근 의사들입니다.

마찬가지로 교회와 하나님나라를 위해 순교한 스데반, 안티바, 주기철, 손양원 목사님 같은 순교자들과 그들을 배출한 순교자 교회가 있습니다. 하나님나라의 후손들이라면 마치 대한민국 국민으로 안중근 윤봉길의사의 이름을 알아야하는 것처럼 그 순교자들의 이름을 알고 그들의 하나님 나라를 향한 충정을 기억해야 합니다.

충성의 참된 의미

그러나 이와 같은 순교자들의 수는 극소수에 불과 합니다. 대부분의 사람들은 다 보통 사람일뿐입니다. **나라를 위해 충성한다는 말의 참된 의미는 각자 맡은 일에 성실히 행하는 것이 곧 나라를 위하는 길이고 애국하는 길이라는 것입니다.**

장사하는 사람 부지런히 장사하고, 직장생활 하는 분은 성실히 회사를 위해 일하고, 가정주부는 충실히 아이들을 키워내는 일이 곧 크게는 나라를 위해 충성하는 것입니다.

주님의 나라도 마찬가지입니다. **대부분의 하나님 나라 성도들은 각자 삶의 자리에서 주님이 맡겨주신 지금 내 앞에 놓여있는 일을 성실히 감당하는 것이 곧 하나님 나라에 충성하는 길입니다. 꼭 목사가 되고 꼭 선교사가 되어 해외 오지로 나가는 것만이 하나님 나라를 위해 충성하는 것이 아닙니다.**

"죽도록 충성하라!"고 말씀하신 이유는 주님의 성품이 티미한 것을 싫어하시기 때문입니다. 술에 물탄 듯 물에 술탄 듯 하는 것을 싫어하십니다. 그래서 "너희가 차든지 덮든지 하라! 그러지 않으면 내 입에서 토해내겠다!"고 하신 겁니다. 주님을 섬기는 사람으로서 주님의 성품을 알아야 합니다.

우리는 주의 말씀대로 죽도록 충성할 각오와 결단을 하되 우리 앞에

있는 일들은 언제나 작은 일이라는 것을 기억해야합니다. 이 시대를 살아가는 거의 모든 하나님 나라 백성들 앞에는 권총하나 숨겨놓고 '하얼빈 역'에서 '이토우 히로부미'를 기다려야하는 큰 일(?)이 놓여있지 않습니다. 베드로같이 3000명을 앞에 놓고 회개시켜야 하는 큰 일(?)도 있지 않을 겁니다. 혹시 모르는 일 아니냐구요?

마음이 빗뚫어진 이유

달란트비유에서 주인이 세 사람에게 달란트를 각기 다르게 맡겨놓고 타국으로 여행을 떠났습니다. 여기서 1달란트 땅에 묻어 두고서 야단맞은 사람 말고, 착하고 충성된 종이라고 칭찬받은 두 사람은 받은 달란트에서 차등이 있었고, 그들이 남긴 것도 차등이 있었습니다. 한 사람은 2달란트 받고서 4달란트를 남겼으며 또 한 사람은 5달란트 받고서 10달란트를 남겼습니다.

그러나 주님이 다시 오셔서 주시는 말씀은 똑같습니다. 모두에게 "착하고 충성된 종"이라고 하시면서 "네가 작은 일에 충성했다!" 하십니다. 주님 앞에 칭찬받는 사람이라면 모두가 다 그가 한 일은 작은 일입니다. 아무리 큰 사업을 일구고, 아무리 큰 교회를 세워놓았다고 해도 하나님이 그들에게 칭찬을 하신다면 작은 일에 충성했다고 하시는 것입니다.

5달란트 받은 사람이 묻기를 '내가 한 일은 이 중에 가장 큰 일인데 왜 작은 일이라고 하십니까!' 하고 반문 할 수 없습니다. 2달란트 받은 사람 또한 '왜 저 사람은 5달란트씩이나 주고 나는 어떻게 보고 2달란트밖에 안 주냐!' 고 할 수도 없습니다.

만약에 그랬다면 1달란트 받은 사람 짝이 됐을 것입니다. **1달란트 받은 사람의 마음이 빗뚫어진 이유가 바로 여기에 있었습니다. 주인이 자**

신을 무시한다고 생각하고 주인을 향해 앙심을 품은 겁니다. 그리고는 묻어둔 것입니다. 이 세상 모든 사람들이 비교하는 마음을 가지고 자신보다 많이 가진 사람을 향해서 1달란트 가진 사람처럼 불평하고 주신 이에 대한 앙심을 품고 있다면 그 나라는 세워지지 않을 것입니다.

사람보기에는 크고 작은 일이 있을지 모르지만은 하나님 보시기에는 이 모든 사람이 하는 일은 다 작은 일입니다. 그 작은 일들이 다시 하나로 모여져서 하나님의 나라를 아름답게 이루는 것입니다.

작은 자와 큰 자

성경은 '작은 일'과 '소자'에 집중해서 말씀하고 있는데 반하여 사람들은 '큰 것'과 '큰 사람'만 찾아다니는 형국이라고 하겠습니다. 주님은 마태복음 10장에서 천국에서 누가 더 큰 지를 묻는 제자들의 질문에 "자기를 낮추는 자가 천국에서 큰 자!"라고 하시며 "너희들이 작다고 생각하는 그것이 곧 큰 것이다!" 라고 하셨습니다.

그리고 "이 소자 중에 하나라도 업신여기지 말라 저희 천사들이 하나님의 얼굴을 항상 뵈옵는다!"(마 18:10)하시는 것으로 소자를 무시하지 말라하셨으며 "작은 소자에게 물 한 그릇 떠 준 것을 기억한다!"(마 10:42) 하시는 것으로 우리가 소자의 지경을 세심하게 돌아볼 것을 말씀하셨으며 또한 "소자를 실족하게 하느니 차라리 연자 맷돌을 매고 바다에 빠지는 것이 낫다!"(막 9:42)하시면서 말 한마디를 하더라도 소자의 마음에 상처를 주어서는 안 된다는 말씀을 주신 것입니다. 어떻게 보면 지나치게 소심하다 할 정도로 소자의 마음을 아주 주의 깊게 살피고 계신다는 것입니다.

작은 일이 귀한 일

소자를 대하는 일 그리고 작은 일의 특징이 있습니다. 사람들이 잘 알아주지 않는 일이라는 것입니다. 그러나 그곳에 하나님이 계십니다. 그래서 작은 일이 귀한 일입니다. 사람들은 눈에 보이는 큰 일 에만 집중합니다. 사람들이 알아주고, 사람들에게 높임 받는 큰 일 만을 의식합니다. 그러나 하나님이 오늘 저와 성도들 앞에 놓으신 일 들은 작은 일입니다. 하나님께서 내 인생 앞에 놓으시고 결국 그 일로 인해서 나를 칭찬하실 '작은 일' 들이 많이 보이는 은혜가 있기를 소망합니다. 아울러 내 인생 앞을 지나가게 하시는 '소자들' 을 통해서 주님을 뵈올 수 있는 은혜가 성도들에게 가득하기를 기도합니다.

"지극히 작은 일에 충성된 자는 큰 것에도 충성되고 지극히 작은 일에 불의한자는 큰 것에도 불의 하니라"(눅 16:10).

세 번째 이야기

사명(司命)

맡은 일을 다 했기 때문에

우리는 이 세상에 왔음으로 또한 갈 것입니다. 이 세상의 사람들은 세상을 떠날 때 명(命)이 다했다는 말을 합니다. 목숨이 다 했다는 뜻입니다. 그런데 하나님의 사람들은 목숨 명(命)자 앞에 하나가 더 붙습니다. 맡을 사(司)입니다 그래서 사명(司命)입니다.

하나님의 사람들은 이 세상을 떠날 때 단순히 목숨이 다 했기 때문에 세상 떠나는 것이 아니라, 맡은 일을 다 했기 때문에 세상을 떠납니다. 이것이 예수 믿는 자와 믿지 않는 자의 또 다른 구별 법 입니다.

하나님은 우리를 구원으로 부르심과 동시에 또한 세상에서 하나님의 일을 맡기시기 위해 부르셨습니다. 하나님이 우릴 부르실 때는 우리를 향한 믿음이 있으셨습니다. 우리만 하나님을 믿은 것이 아니라 하나님도 우리를 믿고 계십니다. 끝까지 충성할 것이라는 믿음이 있으셨기에 그 많은 사람들 가운데에서 우릴 택하시고 부르셨으며 일을 맡기셨습니다. 하나님은 나를 믿고 하나님의 자녀를 키우도록 맡기셨으며 역시 나를 믿으시고 직장생활의 일을 맡기셨습니다.

이 모든 일이 내 일이 아니라 주님의 일이고 주님이 맡기신 일 인고로, 이 일 가운데 하나님의 돌보심과, 지키심과, 인도하심이 있을 것이라는 견고한 믿음은 바로 우리가 갖게 된 사명감에서 비롯됩니다.

사명으로 하기

모든 일은 사명으로 해야 합니다 사명으로 하면 하찮은 일은 아무것도 없습니다. 사명감이 우리를 일하게 하는 동기에 1번이 될 때 우리는 일하다가 일이 어려워지고, 지겨워지고, 힘들어진다고 해서 결코 포기하는 일이 일어나지 않을 것입니다. 사명은 내 감정과 기분 위에 있는 것이기 때문입니다. 맡기신 이의 뜻과 섭리가 우선입니다.

일을 맡기실 때 주님은 그 일을 감당할 수 있는 능력도 함께 주십니다. 주님은 마태복음 10장 1절에서 12제자를 부르시고 모든 귀신을 쫓아내며 모든 약한 것과 모든 병을 고치는 권능을 주셨다고 했습니다.

세상에서 해야 할 일이 있음과 동시에 믿음 안에서 해야 할 일이 있습니다. 하나님은 당신의 자녀들인 성도들에게 믿음을 주셨으며 그 믿음을 가지고 기도하는 일, 그리고 주일마다 하늘양식을 공급받는 일, 예배하는 일, 찬송하는 일 등등의 신앙생활이라고 하는 일을 주셨습니다. 이 일을 통해서 하늘의 신령한 능력을 공급받으며 세상을 살게 하셨습니다.

지극히 높은 일

또한 주님이 가장 높은 곳에 두신 일이 있습니다. 지극히 높이 있다 해서 주님의 지상사명(至上司命)이라고도 합니다. 그것은 하나님의 나라와 그 뜻이 이 땅에서 이루어지게 하는 일입니다. 주님의 지상 명령은 예수를 믿지 않는 사람에게는 하나도 중요하지 않습니다.

그러나 주님을 섬기는 사람들에겐 목숨과도 같은 것이 됩니다. 그래서 지금도 사도바울처럼 세상에서 얻은 것은 다 초개와 같이 버리고 오직 주의 나라와 복음전파를 위해 헌신하는 분들이 여기저기서 나오는 것을 보게 됩니다.

'나' 라고 하는 작은 한 사람의 인생을 통해서 하나님의 거룩한 나라를 세우시고 확장해 가시는 아름답고 복된 일에 동참하는 성도가 되시기를 주의 이름으로 축복 합니다!

세 번째 이야기

자기의 일, 그리스도의 일

자기의 일, 그리스도의 일

빌립보서 2장 21절을 보면 사도바울이 제자인 디모데를 칭찬하면서 하신 말씀이 있습니다. “저희가 다 자기 일을 구하고 그리스도 예수의 일을 구하지 아니하되 디모데의 연단을 너희가 아나니 자식이 아비에게 함같이 나와함께 복음을 위하여 수고하였느니라”라는 말씀입니다.

믿음이 연약한 성도들이 ‘자기의 일’에만 관심을 갖고 ‘그리스도의 일’에는 소홀히 여기는데 반해 디모데는 그리스도의 일을 위해 헌신했음을 격려하는 말씀이었습니다.

오늘은 우리가 흔히 일반적으로 알고 있는 ‘자기의 일’과 ‘그리스도의 일’을 구분하는 법을 말씀드리려고 합니다. 우리 모두의 머릿속에는 영적인 일과 육적인 일의 구분이 이원론적으로 되어있습니다. 그래서 교회의 일인 예배를 드리고 기도하고 전도하는 일들은 영적인 ‘그리스도의 일’이고 가정에서 아이들 키우고 밖에서 일하며 직장생활 하는 세상일은 육적인 ‘자기 일’이다. 라는 공식이 머리에 자동적으로 떠오르게 됩니다.

영육이원론?

물론 이와 같은 이해가 일반론적인 부분에서는 틀리지 않습니다. 교회에서 기도하고 예배드리며 주의 일을 위해 헌신하는 것이 영적인 '그리스도의 일' 이며 사적인 이익을 구하며 사는 것이 육적인 '자기의 일' 인 것이 맞습니다. 그러나 이 모든 것을 이원화시켜서 무조건 교회의 일은 '그리스도의 일' 이고 사적인 일은 '자기일' 이라고 규정해 버리는 일은 안 될 일입니다.

영적인 것은 선하고 육적인 것은 악하다는 영육이원론에 치우친 가르침은 이단 사이비 모임에서 거짓교사들이 사람들을 호도하기위해 줄곧 사용하는 가르침입니다. 성경에서 이원론을 말하고 있기는 하지만 이는 제한적 의미의 이원론일 뿐입니다 모든 것은 예수 그리스도 안에서 하나로 만나게 됩니다.

그래서 극단적인 이단사이비모임의 특징은 가정생활과 직장생활은 육에 속한 세상에 일임으로 이를 못하게 하며 집단생활을 통해 노동력을 착취하고 교주에게 충성할 것을 강요합니다.

누구의 명령으로?

'자기의 일' 과 '그리스도의 일' 을 구분하는 기준을 말할 때 그 기준이 영육이원론에 근거한 것이 되어서는 안 됩니다. 그 기준은 하나님의 말씀에 있어야합니다.

즉 다시 말해서 누구의 명령으로 그 일을 하고 있느냐가 곧 '자기의 일' 과 '그리스도의 일' 을 나누는 기준이 되는 것입니다. 무슨 일을 하든 그 일의 동기와 뿌리가 어디로부터 말미암았는지가 구분점이 되는 것입니다. 이를테면 부모인 우리가 우리의 자녀에게 무슨 일을 하도록 명령하고 시켰다고 하면 그 일은 자녀의 일이기 전에 부모의 일인 것과 마찬가지입니다.

부부생활 = 그리스도의 일

우리의 가정생활에 있어서 남편이 아내를 사랑하는 것이 '이 여자가 나 하나 믿고 시집왔는데 내가 잘 해 주지 않으면 누가 잘 해주겠나. 그리고 그동안 살면서 고생도 많이 했는데 내가 사랑해줘야지.' 하고 사랑하면 이건 '자기의 일' 이 됩니다. 그러나 하나님말씀에 '주님이 당신의 신부인 성도를 위해 십자가를 진 것처럼 남편은 아내를 위해 목숨을 내놓을 각오하고 사랑하라!' 는 말씀에 근거해서 사랑한 것이면 이와 같은 아내 사랑은 '그리스도의 일' 이 되는 것입니다.

반대로 아내가 남편에게 순종하는 것도 자신의 교양과 인격을 주위 사람들 앞에 드러내기 위해서 그래서 남편에게 순종하고 따르는 것이라면 이것은 '자기의 일' 이지만 하나님말씀에 '사라가 아브라함을 주라고 칭한 것처럼 남편을 섬기고 순종하라!' 는 말씀에 근거해서 남편에게 순종한 것이라면 이것은 '그리스도의 일' 이 되는 것이라는 사실입니다.

자녀양육 = 그리스도의 일

아이를 키우는 것도 마찬가지입니다. 내가 못 다한 꿈이 있는데 내 아이로 인하여서 내 못 이룬 꿈을 이루게 하기 위해 자녀를 양육하는 것이라면 이 일은 '자기의 일' 이 되겠지만 하나님말씀에 주의 교훈과 훈계로 양육하라는 말씀에 근거해서 자녀를 키우는 것이라면 이것은 '그리스도의 일' 이 되는 것입니다. 주님은 우리 세대뿐만 아니라 다음세대에도 저들을 통해서 영광을 받아야하시기 때문입니다. 그런고로 자녀를 말씀으로 양육하는 일은 '그리스도의 일' 이 되는 것입니다.

사회생활 = 그리스의 일

직장에 나가 일을 하는 것도 그렇습니다. 대분의 성도들은 직장 일을 세상일이라고 생각하고 일하고 있는 것이 사실입니다. 그러나 하나님은 세상을 지으시고 "너희는 생육하고 번성하여 땅에 충만하라 땅을 정복하고 다스리라!"는 일을 주셨습니다. 또한 주님은 "내 아버지께서 일하시니 나도 일한다!"고 하셨고 사도바울도 "일하지 않는 자는 먹지도 말라!"고 성경을 통해 말씀하셨습니다. 이와 같이 "일 하라!"고하는 주님의 말씀에 순종해서 일하는 것이라면 그것은 '그리스도의 일'이 됩니다. 그러나 일하는 것이 자기실현과 돈벌이만 목적이 되어서 '내가 평생 돈 없이 가난하게 살았는데 돈 한번 원 없이 벌어서 돈 방석에 앉아보자!' 라는 마음으로 일하는 것이라면 이것은 '자기의 일'이 되는 것입니다.

쉼 = 그리스도의 일

우리의 모든 일이 '자기의 일'이 아니라 '그리스도의 일'이 되기 위해서는 그 모든 일에 근거를 말씀에서 찾은 것이어야 한다는 의미입니다. 하다못해 우리가 일주일에 하루 쉬는 것도 말씀에 근거한 쉼이라면 그것은 그리스도의 일이 됩니다. 단순히 내일의 힘을 충전하고 비축하기 위해서 쉬는 것이 아니라 하나님 말씀에 근거해서 "너희가 엿새 동안은 힘써 일할 것이지만 일곱 째 날은 하나님이 거룩하게 구별하신 날인고로 안식하라!"는 말씀에 따라 쉬는 것이라면 그 쉬는 일은 '그리스도의 일'이 된다는 말씀입니다.

겉으로는 모르는 일

아무리 허드렛일을 하고 있다 하더라도 그 일이 하나님 말씀에 근거한 일이라면 그것은 '그리스도의 일'이 되지만 반대로 그것이 가정 성스럽게 보이는 일이라고 할지라도 말씀에 근거한 것이 아니라면 그것은 '자기의 일'이 되는 것입니다.

비록 쓰레기를 치우는 일을 한다 해도 예수님이 성전을 청결히 하시듯이 하나님의 집을 치우는 마음으로 그 일을 하면 그것은 성스런 '그리스도의 일'이 되지만 설령 우리가 교회를 세우고 돌보는 일인 목회를 한다고 해도 '내가 세상에서 이것저것해도 안되는데 목회를 이렇게 보니까 블루오션 같은데(?) 내가 목회를 해서 여기서 내 이름을 한번 떨쳐봐야겠다!' 하고 시작한 목회라면 그것은 '그리스도의 일'이 아니라 '자기의 일'이 되는 것이라는 사실입니다.

그러므로 우리의 일은 겉으로는 모르는 것입니다. 속으로 들어가 봐야 아는 것입니다. 그 일의 동기와 근거가 어디서부터 말미암은 것인지를 확인해야 한다는 것입니다.

명령이기 때문에

우리의 일이 '자기의 일'이 아니라 '그리스도의 일'이 되면 우리의 가정은 조건에 따라 남편이 아내를 사랑하고 아내가 남편을 존경하는 일은 없어집니다. 왜냐면 아내를 사랑할 만 해서 사랑하는 것이 아니라 하나님의 명령이기 때문입니다. 남편을 존경하는 것이 돈 많이 벌어다 줬기 때문이 아니라 하나님의 말씀이기 때문입니다. 이때에 비로소 부부관계가 바로 서게 됩니다. 자녀를 양육하는 일 또한 자녀가 사랑스럽기 이전에 다음세대에 하나님이 우리의 자녀로 하여금 영광을 받아야 하게 때문입니다. 여기에 근거해서 자녀에게 필요한 지혜와 앞길의 인도하심을 구할 때에 이것이 하나님이 받으시는 기도가 되는 것입니다.

모든 일이 다 그리스도의 일이 되기를

우리는 사도바울의 말씀처럼 '자기의 일'을 구하는 자가 되어서는 안 되고 '그리스도의 일'을 구하는 성도가 되어야합니다. 바라기는 우리의 모든 일이 다 그리스도의 일이 되기를 소망합니다. 예수님에게 명령을 받고 하는 직장생활, 가정생활, 자녀양육이라면 그 일은 거룩한 그리스도의 일이 될 것입니다. 그러나 오직 나 자신만의 이기적인 욕심과 탐심에 이끌린 일이라면 그 일이 겉으로는 아무리 거룩하게 보이는 일이라고 할지라도 그 일은 '자기의 일'이 될 것입니다.

우리 모두의 일이 그리스도께서 성경을 통해서 하라고 명령하신 그리스도의 일이 되기를 예수님의 이름으로 축원합니다.

세 번째 이야기

상급과 영광

진짜와 가짜 구별법

예수를 믿는 자와 믿지 않는 자의 쉬운 구별이 있습니다. 이것은 또한 참 믿음과 엉터리 믿음을 구별하는 방법이기도 합니다.

예수 믿는 사람은 무슨 말을 하든지 무슨 행동을 하든지 '나' 라고 하는 자아를 통해서, 그리고 나의 인격과 삶을 통해서 주님의 영광을 나타냅니다. 최소한 이 부분을 항상 마음에 염두 해 두고서 살아갑니다.

반대로 믿지 않는 사람이나 엉터리로 믿는 사람은 무슨 행동을 하든지, 말을 하든지 결국은 '자기 의' 를 사람 앞에 나타내는 것을 통해 '자기영광' 을 받고자 합니다. 자기의 실력, 자기의 배경, 자기의 위대함, 좀 더 고급한 것으로는 자기의 겸손, 자기의 노력, 자기의 선행, 자기의 믿음. 결국은 자신의 영광입니다.

사도행전에 보면 재산을 하나님께 드리는 것으로 사람들 앞에 '자기 의' 를 드러내고 '자기영광' 을 삼으려했던 '아나니아와 삽비라' 는 결국 죽음을 당했지만, 성전미문의 앉은뱅이를 고친 기적을 일으킨 베드로는 사람들의 이목이 자신에게 집중되려하자 '우리 개인의 권능과 경건으로 이 사람을 걷게 한 것처럼 왜 우리를 주목하느냐!' (행 3:12) 하고는 십자가 뒤로 숨어버렸습니다 이와 같이 참 제자는 주님의 영광을 가로채지 않습니다.

상(賞)

우리가 주님께 영광을 돌리고 살면 그 영광을 받으신 주님은 우리에게 당신의 것으로 우리에게 또 다른 영광을 주십니다. 그것을 성경은 '상(賞)'으로 표현해서 말씀하고 있습니다. 마6장을 보면 계속해서 사람들에게 상을 주시겠다고 하는 맥락으로 말씀을 전개시키는 주님의 마음을 읽을 수 있습니다.

"너희를 사랑하는 자를 사랑하면 **무슨 상이 있으리요.** 너희 의를 사람에게 보이려 하면 하나님께 **상을 얻지 못 할 것이다.** 구제할 때 온 동네 나팔 불면 **자기상 이미 받았느니라.** 은밀하게 구제하면 하나님이 갚으시리라(상주시리라)[영어성경에는 다 reward로 되어있음].기도할 때 사거리에서 두 손 들고 하면 **자기상 받았느니라.**"

한 마디로 하면 "자기 의를 사람들 앞에 나타내고 자기영광 삼아버리면 상이 없지만, 자기 의를 자기의 의로움으로 삼지 않고 하나님께 영광을 돌리며 산 사람은 상이 있다"는 내용입니다.

성경제일 마지막 부분인 요한계시록 22장 12절을 보면 여기에도 상을 주고 싶어 하시는 주님의 마음이 기록되어 있습니다. "보라. 내가 속히 오리니 **내가 줄 상이 내게 있어** 각 사람에게 일한 대로 갚아 주리라(상주리라)." **주님이 속히 오시는 이유가 상주시기 위함입니다.** 어찌 보면 상 받는 것은 우리 믿음의 내용이기도 합니다.

우리가 익히 잘 아는 히브리서 11장 26절을 보면 "믿음이 없이는 기쁘시게 못하나니 하나님께 나아가는 자는 반드시 그가 계신 것과 그가 자기를 찾는 자들에게 **상주시는 이심을** 믿어야 할 찌니라!"에서 믿음이 있어야 하나님을 기쁘시게 할 수 있는데, 그 믿음의 내용이 뭐냐면 **'상 주심'** 입니다.

영광의 선순환

우리가 미처 다 알지 못하는 것이 우릴 위해 준비되어 있는 것이 틀림없습니다. 굉장한 그 어떤 것으로 예비 되어 있음이 분명합니다. 그러니 이렇게까지 '상' 이야기를 계속하시는 것이지요. 물론 결정적인 시상은 천국에서 있을 것입니다. 주님을 위해 고되고 힘겨운 인생을 살다가 온 성도들에게 주님이 보상할 것입니다. 그러나 이 땅에서도 주님은 성도들을 위해 상을 준비하심을 믿습니다.

상은 다른 말로하면 영광이기도 합니다. 조금 전에 영광 주님께 다 돌리고 산다했는데 무슨 남은 영광이 있나 하시겠지만, 이 영광은 내가 믿음으로 이 모든 것을 오직 하나님주신 은혜로 여기며 모든 영광을 하나님께 돌리고 살 때 그 영광을 받으신 하나님이 내게 주시는 나의 영광입니다.

"만일 하나님이 저로 인하여 영광을 얻으셨으면 하나님도 자기로 인하여 저에게 영광을 주시리니 곧 주시리라!"(요 13:32).

그러면 우리는 그 영광을 가지고 날 높이는 것이 아니라 베드로처럼 다시 하나님을 높이고 십자가 뒤로 숨는 것입니다. 이 과정의 반복이 성도의 영광스런 삶인 것입니다. 가만히 보면 내 영광을 내가 세우고 내가 높이고 사는 사람이 있고, 하나님 주시는 영광으로 내 영광을 삼고 존귀한자가 되는 사람이 있습니다. 그러나 **내가 세운 영광은 금방 허물어져 버리는 모래성이 될 것이지만 하나님이 주신 영광은 견고한 성이 될 것입니다.**

상을 걸어놓고

하나님은 아브라함에게 창세기 15장에서 "나는 너의 지극히 큰 상급이라!"하셨습니다. 하나님은 아브라함의 영적인 후손인 저와 성도 분들에게도 동일한 은혜를 주십니다. 이 세상을 살아가면서 내 앞에 놓이게 된 모든 것을 하나님이 내게 주신 상급으로 이해하고 사시는 성도라면 신앙생활을 아주 잘 하고 있는 것입니다. 상을 걸어놓고 부끄러워하는 사람은 없습니다. 그것은 자랑스러움이지요.

우리가 우리 앞에 있는 자녀를 바라볼 때도 하나님께서 우리에게 주신 상으로 여겨야합니다. 태의 열매는 그에게 주신 상급이라(시 127:3) 하셨기 때문입니다. 내가 아침 마다 출근하는 직장과 사업터도 주님이 내게 주신 상으로 아는 것입니다. 물론 어떤 경우는 속 썩이는 자녀를 바라보면서 또한 직장에서 일터에서 힘에 겨운 일상의 삶을 살아내면서 내게 주신 상 같이 느껴지지 않을 때가 있을 수도 있습니다.

그러나 이것을 기억해야 할 것입니다. 세상은 나의 가족과 나의 일을 내가 평생 짊어져하는 짐으로 보이게 할 겁니다. 그러나 성령은 날 사랑하셔서 하나님이 내 앞에 두신 복과 상(賞)으로 보이게 할 것입니다. 가만히 보아야합니다. 그러면 정말 그것을 알 수 있습니다.

그런데 "하나님은 날 사랑하셔서 내 아내를 나의 상(賞)으로 주셨다!"라고 말하기는 어렵지 않습니다. 그러나 반대로 "하나님은 내 아내를 사랑하셔서 나를 내 아내의 상(賞)으로 주셨다!"로 간다면 왠지 여기는 좀 자신이 없습니다. 그러나 여기까지 보여야합니다. 후자를 알고 사는 사람이 성경을 아는 사람입니다.

오늘 집에 가셔서 "하나님이 당신에게 주신 상(賞)이 곧 나야!", "하나님이 엄마에게 주신 상(賞)이 곧 너다!", "아빠는 하나님이 주신 저의 상(賞)이예요!" 이렇게 자신있게 말할 수 있는 우리 모두가 되길 소망해봅니다. 내 옆에 있는 남편과 아내, 부모님, 그리고 형제들 ..모든 사람이 서로가 서로를 영광스럽게 하는 하나님 내리신 '상'(賞)이 되게 하시기를 축복합니다.

세 번째 이야기

은혜 위의 은혜

최상의 선물

구약의 아브라함을 통해주신 말씀 중에 창세기 15장 1절을 보면 '나는 너의 지극히 큰 상급이다!' 라는 말씀이 있습니다. 하나님이 상이라고 해서 처음에는 이해하기가 좀 어려운 말씀이었는데 묵상할수록 새록새록 신비로운 은혜가 솟구칩니다.

저의 집 아이의 생일날이 되어 아이가 가장 좋아하고 꼭 필요한 선물이 무엇일까 고민하다가 문득 이렇게 저렇게 저를 위해서 지극정성 마음을 쓰고 있는 아버지인 제가 옆에 있는 것이 제 아들에게는 최상의 선물이란 생각이 들었습니다.

그래서 하나님! 저의 아이에게 복을 주실 때 저 아이가 장성하기까지 옆에 아버지인 제가 있게 해 주세요! 하고 기도 했던 기억이 있습니다. 이 세상에 그 누가 아버지만큼 저를 위해 신경 쓰고, 마음을 다해 도우며 헌신하겠습니까!

어린아이에게 있어서 그 부모가 옆에 있는 것 보다 더 큰 복이 없듯이 성도에게 있어서 가장 큰 상(賞)은 하나님 아버지 상(賞)이라고 성경은 말씀합니다. 상(賞)은 복(福)과 같은 의미입니다. 하나님께서 성도에게 내린 상(賞) 중에 하나님 아버지 상(賞) 그 이상의 상(賞)은 없다는 말씀입니다.

하나님 아버지께서 선물을 주신다고 해서 펴보았더니 거기 하나님 아버지가 계신 겁니다. 하나님이 복(福)입니다. 하나님을 아는 것이 성도의 복(福)이며, 하나님을 내 아버지로 둔 것이 상(賞)입니다. 성도에게는 가장 큰 상(賞)인 하나님 상(賞)이 먼저 있고 그리고 그 하나님 손에서 나는 자잘한 상(賞)을 또한 받으며 살아갑니다.

존재가 존재되어질 때

이 말씀은 신약의 요한복음 1장 16절에 나오는 '우리가 다 그의 충만한 데서 받으니 은혜위의 은혜더라!' 는 말씀과도 일맥상통합니다. 은혜위의 은혜라는 말에서 우리가 알아야 하는 것은 앞에 은혜는 하나님이라는 것입니다. 먼저 하나님이 우리에게 큰 복이 되셨습니다. 그리고 이어서 뒤에 나오는 은혜는 앞에 나오는 은혜를 더욱 아름답게 하고 복되게 하시는 데 필요한 은혜입니다.

이를테면 하나님께서 우리에게 육신을 주셨습니다. 하나님은 그 위에 은혜를 주심으로 건강을 주십니다. 앞에 은혜가 육신이라면 뒤에 나오는 은혜는 건강입니다. 육신이 육신 되려면 건강이 있어야하기 때문입니다.

잠언 3장 1절의 말씀에도 하나님은 '성도로 장수하게 하실 때 또한 그 위에 평강을 주신다.' 고 하셨습니다. 고령사회가 온다고 하지만 고통스럽게 오래 사는 것은 의미가 없기 때문입니다.

우리에게 또한 집을 주셨음으로 그 안에 화목과 행복을 주실 것입니다. 침대를 주셨다면 단잠을 주실 것입니다. 자동차를 주셨다면 안전을 주실 것입니다. 이 모든 것이 다 은혜위의 은혜라는 말입니다.

우리주위에는 육신은 있는데 건강은 없고, 가정은 있으나 화목은 없고, 재물이 있으나 그 재물이 그 인생에 복이 되지 못하는 경우를 종종 보게 됩니다.

이처럼 **존재가 존재 되어질 때에 거기에는 은혜위의 은혜가 있습니다. 앞에 은혜를 향한 견고한 믿음이 뒤에 은혜를 더욱 은혜 되게 합니다.** 사람들이 뒤에 있는 은혜만 집착하다가 정작 앞에 것을 잃습니다. 행복을 바라고 평안과 안전을 바라면서 그 앞에 있는 진짜 은혜인 하나님을 놓칩니다.

먼저 은혜는 하나님입니다. 하나님이 흔들림 없이 산성과도 같이 항상 내 앞에 계실 때 그 하나님이 불어넣으신 생명의 기운으로 모든 존재가 비로소 참된 존재로서의 의미를 지니게 되는 것입니다. 그래서 우리 모두는 기도할 때 마다 은혜위의 은혜를 구해야합니다.

복에 복을 더하사

야베스의 기도로 널리 알려진 구약성경 역대상 4장 10절을 보면 야베스가 은혜위의 은혜를 달라고 기도하고 있습니다. "원컨대 주께서 내게 복에 복을 더 하사 나의 지경을 넓히시고 주의 손으로 나를 도우사 환란을 벗어나 근심이 없게 하옵소서 하였더니 하나님이 그 구하는 것을 허락하셨더라!" 라고 되어 있습니다.

야베스가 하나님께 구한 '복 위의 복'이 구약적 의미의 '은혜 위의 은혜' 라는 말입니다. 이제 우리가 보아야 하는 것은 야베스의 이름입니다. 야베스라는 이름은 아이러니하게도 '고통'이라는 뜻입니다. 자녀를 낳았는데 자기 자녀의 이름을 고통이라고 지어주는 부모는 세상에 없습니다. 어떤 곡절이 있는지 알 수는 없지만 틀림없이 야베스의 집은 고통이 있던 집안이었던 것만은 분명합니다.

모든 것을 불평할 수도 있는 상황이지만 야베스는 이미 자신에게 임한 모든 것을 복으로 인정했습니다. 그리고 **그 복위에 복이 임하여 참으로 복이 복이 될 수 있도록 역사해 달라고 간절히 기도하고 있습니다.**

응답의 비결

하나님께서 예쁘게 보시는 기도는 바로 이런 기도입니다. 하나님 보시기에 얼마나 예쁘셨으면 기도 끝나자마자 응답하고 계십니다. '하옵소서 하였더니 그 구하는 것을 허락하셨다' 고 나와 있습니다.

먼저는 야베스처럼 내 삶에 임한 이 모든 것이 복이라고 인정할 수 있는 믿음이 있어야합니다. 은혜라고 보이는 것이 없고, 복이라고 할 만한 것이 없는데 어디 그 위에 복을 달라고 하고 그 위에 은혜를 달라고 하겠습니까! 은혜는 은혜위에 내리는 것이고 복 또한 복위에 내리는 것입니다.

하나님께서 하나님백성을 통해 듣기를 원하시는 기도는 먼저 이 모든 것을 은혜로 받아들이고 있는 자의 기도입니다. **우리가 구하는 기도는 결핍에 의한 불평과 없는 것에 대한 불만족함으로 구하는 기도가 아니라 이미 주신 은혜를 더욱 은혜 되게 해 달라는 기도입니다. 야베스의 기도가 즉시 응답받은 비결은 고통과 고난마저도 감사와 복으로 알았던 야베스의 믿음에 있었습니다.** 그의 기도 제일 앞에 나오는 "원컨대 주께서 내게 복에 복을 더 하사."에 있습니다.

이 부분을 개정역은 "내게 복을 주시려거든."으로 했지만 원문에 좀 더 가까운 의미는 새번역성경과 개역성경이 택한 "복에 복을 더하사."가 더 원문에 부합한 번역이라고 하겠습니다.

여기서 우리의 신앙이 무속신앙과 근본적인 차이가 있는 것입니다.

물론 우리도 우리의 삶에 복을 구하는 기도를 드리지만 무속신앙과 뿌리를 달리하는 것은 바로 우리는 고난 속에서라도 그 속에 담아놓으신 하나님의 뜻과 계획을 찾는 것입니다. 하나님만 바라보게 하시는 하나님의 뜻과 나를 만들어 가시는 하나님의 섭리를 보는 것입니다. 그리고 그 가운데에서도 나를 향하신 하나님의 깊은 사랑을 발견하는 것입니다. 무속신앙처럼 길흉화복을 알겠다는 것이 아니라 하나님과의 관계속으로 이끌어 들이시는 그 자상한 손길에 인도함을 받는 것입니다. 전능하신 하나님의 실제를 항상 인식하고 나의 삶의 내용과 자세를 그분의 말씀 앞에 똑바로 세우는 것입니다.

오늘도 우리 모두가 좋아하는 야베스의 기도를 드릴 때에 우리의 삶의 지경들을 넓히시고, 주의 손으로 날 도우시고, 환란을 벗어나 근심이 없게 해 달라는 기도를 드릴 것입니다. 그러나 그에 앞서서 **야베스와 같이 내 앞에 놓여있는 이 모든 것이 먼저 은혜로 보이고, 복으로 받아들일 수 있는 믿음이 있어야 할 것입니다.**

세 번째 이야기

내 안에 계신 주님, 주님 안에 있는 나

내 안에 계신 주님

예수를 믿는 사람들은 예수그리스도를 마음으로 영접한 이후에 그의 삶에서 벌어지는 모든 일들 속에서 그 분과 인격적인 관계를 맺고 사는 사람들입니다.

예수님이 예수 믿는 사람들 마음 안에 계시며 성도들의 몸을 성전삼고 거하십니다. 주님이 말씀하시기를 "볼지어다 내가 문밖에 서서 두드리노니 누구든지 내 음성을 듣고 문을 열면 내가 그에게로 들어가 그로 더불어 먹고 그는 나로 더불어 먹으리라!"(계 3:20) 하셨기 때문입니다. 신앙생활을 바로하기 위해서는 내 안에 계신 주님을 항상 의식하며 살아야합니다.

예수님이 직접 들어가겠다. 하셨기 때문에 주님이 우리 안에 계시는 것으로 그렇게 알면 됩니다. 문제는 우리 안에서 주님이 왕좌에 앉아 계시든지 뒷방에 홀로 계시든 지의 차이에서 오는 '딜레마' 입니다.

참으로 그 마음의 왕좌에 주님을 모신 성도라고하면 우리 안에서 동고동락 하시면서 우리의 도움이 되시고, 위로가 되시며, 우리의 능력이 되시는 주님으로 경험하며 살게 됩니다. 약한 나로 강하게 하시며,

가난한 날 부하게 하시며, 병든 나로 소성케 하시며, 절망한 나로 소망을 얻게 하십니다. 우리 각 사람의 모양과 기질을 통하여서 하나님의 영광을 나타내시고 능력주시는 자 안에서 무엇이든지 할 수 있게 하십니다.

주님 안에 있는 나

또한 반대의 차원이 있습니다. 우리가 예수님 안에 거해야 하는 부분입니다. 주님은 "내 안에 거하라. 나도 너희 안에 거하리라!"(요 15:4)고 말씀하셨습니다. 예수님 안에 거한 나는 나의 모든 것이 그 안에서 없어지고 예수와 함께 하나 되는 차원을 경험하게 됩니다.

우리는 각자가 자라 온 환경이 다르고, 교육받은 학식의 정도가 다르며, 성품과 체질도 모두가 다르지만 예수 안으로 들어가서 온전히 예수와 함께 십자가에서 죽게 될 때 우리는 그 곳에서 참된 하나 됨을 이룰 수 있습니다.

예수님을 우리 안에 모시는 것만으로는 부족합니다. 우리가 예수님 안으로 더 깊이 들어가야 합니다. 그래서 내가 없어지고 예수라고 하는 이름 아래 온전한 하나를 이루어서 주님의 뜻을 이루며, 주의 나라를 세우며, 주님 앞에 쓰임 받는 도구가 되어야 합니다.

그런데 우리의 신앙에서 이 부분이 좀 많이 약한 것을 부인할 수 없습니다. **사람들은 나를 통해 주님을 나타내는 부분보다 주님을 통해 내가 나타나는 부분을 좋아하기 때문입니다.**

신앙생활은 치우치는 생활이 아닙니다. 주님은 "내가 너희 안에 거할 것이다!"라고만 하지 않으셨습니다. "너희도 내 안에 거하라!"고 하셨습니다. "그는 나와 더불어 먹고 그는 나로 더불어 먹으리라!"하셨습니다. 신앙은 끊임없이 주님이 내안에 오시고 내가 주님 안에 들어가는 소통이 이루어질 때 온전해 지는 것입니다.

물론 내 안에 계신 주님이 먼저입니다. 그리고 나서 우리 모두는 주님 안에 있는 나의 자리로까지 올라서야하는 과정을 겪게 됩니다.

우리의 구원도

우리의 구원도 그렇습니다. 예수님의 이 땅에 오심은 사람들의 요청에 의해 되어진 일이 아니었습니다. 우리도 알지 못하는 때에 어느 순간 우리에게 찾아오셔서 우리의 구원을 이루셨습니다. 우리는 우리의 구원을 위해 하나님께 부탁한 일이 없습니다. "우리가 아직 죄인 되었을 때에 우릴 위하여 십자가에 죽으심으로"(롬 5:8). 우리 안에 오신 주님이십니다.

그러나 우리 안에 오신 주님은 또한 우리가 모두 당신의 뜻 안으로 들어오기를 원하십니다. 우리가 우리 자신의 결단과 의지로 말씀에 순종하고, 거룩하고, 성결한 삶을 살기를 바라시며 권고하십니다. 우리의 의지와는 상관없이 강권적인 주님의 권능으로 우리의 구원을 이루셨지만 또한 우리 모두가 우리 자신의 의지로 주님 앞에 나와 회개하며 은혜받기를 바라고 계신다는 의미입니다.

우리는 예수님이 부활하신 후에 '엠마오' 로 가는 '두 제자' 에게 나타나셨던 모습에서 또한 이와 같은 모습을 볼 수 있습니다. 예수님은 엠마오로 행하는 두 제자의 행선 길에 제자들의 의사를 묻고 그 가운데 끼어들은 것이 아니었습니다. 강권적으로 간섭하셔서 그 가운데 동행하시고 말씀을 가르치셨습니다. 말씀을 풀어 깨닫게 하신 주님은 도착지에 이르러 길을 더 가시려고 하시니까 이번에는 제자들이 예수님을 강권하여 자신의 집으로 초대하고 있습니다.

참된 신앙은 이와 같이 주님이 강권하여 우리 안에 오시고 우리가 강

권하여 주님 안으로 들어가는 과정의 반복이 되어질 때 이루어지게 됩니다. 이 부분이 한쪽으로 치우치게 되면 그 신앙에는 많은 어려움이 생기게 됩니다. 참으로 바람직한 우리의 신앙생활은 내안에 계신 주님과 주님 안에 있는 나의 모습을 계속해서 발견하며 그 가운데 살아가는 삶의 과정을 말하는 것이라 할 수 있을 것입니다.

세 번째 이야기

하나님이 날 위하여

온 세상의 중심에 나를

하나님은 온 세상의 중심에 나를 두셨습니다. 하나님이 하시는 일의 한 가운데 나의 인생이 있습니다. 그 한 가운데 인생들이 모여서 하나님의 거룩한 나라를 이루시며 하나님의 선하신 뜻을 성취해 가시는 것이 곧 하나님의 일입니다.

우리 주위에서 일어나게 하시는 모든 일과 사건 속에 하나님은 나를 그 중심에다 두시고 이 모든 세상을 돌아가게 하신다는 믿음이 우리에게 필요합니다.

혹자는 생각하기에 모든 일을 자기중심적으로 판단하는 이러한 발상은 이기적이고 미성숙한 사람이 갖는 전형적인 모습이라고 생각할 수 있습니다. 뭐든 세상이 다 자기중심으로 돌아가는 줄 아는 것이니까요. 세상이치와 상식으로는 하루빨리 고쳐야하고 버려야할 생각임에 틀림없습니다.

그런데 때론 황당하고 거만하게도 들릴 수 있는 이 말이 우리의 신앙생활 속에 적용했을 때에는 아이러니컬하게도 우리의 믿음에 큰 도움이 된다는 사실입니다.

하나님을 대입했을 때

하나님을 대입했을 때와 그렇지 않을 때의 차이입니다. **하나님을 대입하지 않고 그냥 '내가 세상의 중심이다.' 하면 이건 아닙니다. 모든 것을 나에게 맞추라는 유아기의 모습입니다. 그런데 '하나님이 나를 세상 중심에 두셨다.' 하면이건 바람직한 모습입니다.**

이 신앙이 우리의 믿음을 견고하게 하고 깊어지게 합니다. 하나님과의 더욱 친밀한 관계 속으로 들어가도록 도와주며 그 안에서 세심한 하나님의 손길과 사랑을 경험하게 합니다. 이를 테면 모든 일에 하나님을 대입해서 사는 사람의 인생해석은 이렇습니다.

"하나님은 날 이 세상에 보내시기 위해 우리 어머니 아버지를 만나게 하시고 서로 사랑하게 하셨습니다. 역시 하나님은 날 키우게 하기 위해서 아버지는 밖에서 부지런히 일하게 하시고 어머니는 안에서 헌신하게 하셨습니다.

내가 자라서 학교에 들어갈 나이가 되자 하나님은 나에게 학교를 지어주셨습니다. 학년을 올라갈 때 마다 선생님과 친구들을 예비하셨습니다. 선생님을 통해 인생의 가르침을 받게 하시려고 우리 선생님을 사범대학에 가게 하시고, 임용고시 거쳐서 많은 연수도 받게 하셨다가 새학기가 되면서 짠하고 나에게 보여 주셨습니다. 또한 또래 간에 마음을 나눌 수 있는 선한 친구들을 골랐다가 항상 옆에 앉혀주셨습니다.

학교를 졸업하고 나서는 잠시 방황하는 시간을 갖으면서 좀 더 진지하게 인생을 배울 수 있는 시간도 허락 하셨습니다. 하나님은 내가 엉뚱한 길로 가려 할 때 날 위하여 때로는 회초리도 허락 하셨습니다.

그리고 그 방황의 시간이 끝날 즈음 역시 그 시간에 절묘하게 맞추어서 지금의 사장님으로 미리 회사(일터)를 세우게 하셨고 나를 뽑아가게 하셨습니다. 직장에서 내 자리가 참으로 미미한 자리이지만, 그 자리는 하나님이 마련하신 자린고로 사장님도 마음대로 못 할 것입니다.

하나님은 내가 외로워하는 것을 보시고 날 깊이 잠들게 하시더니 내 갈비뼈로 평생을 같이할 인생의 동반자를 빚어주셨으며 그와 함께할 에덴이라는 보금자리를 보여 주셨습니다. 그 때의 감동은 지금도 잊지를 못 합니다.

하나님이 날 위하여 시마다 때마다 도울 사람들을 옆에 있게 하셨으며 바라보며 휴식할 수 있는 산과 들을 주셨습니다. 때로 내가 몹시 힘든 인생길을 가고 있을 때면 날 들쳐 업고 가신 적도 있었습니다.

이렇게 하나님이 날 위하여. 하나님이 날 위하여. 일 하시다가 내가 나그네 인생길을 다 산 후에 기력이 다하여 내 영혼이 육신을 떠날 때 '내가 너를 영접하여 나 있는 곳에 너도 있게 할 것이다!' 라는 말씀을 미리 주심으로 안심하게 하셨습니다.

오늘 아침도 하나님은 날 위하여 나의 가는 인생길을 비춰주시기 위해 저 동녘 하늘에서 태양을 떠오르게 하십니다……."

필연 속에

세상 사람의 해석으로는 우리 부모님이 부부로 만난 것은 결코 날 낳기 위한 것이 아닙니다. 어쩌다 저쩌다 만난 것입니다. 학교도 근거리 배정을 위해 교육청에서 지은 것이며, 선생님도 결코 그 시절의 날 위해 사범대학을 간 것은 아닙니다.

학교를 졸업하고 직장에 들어간 것도 내가 공부를 열심히 한 결과로 들어간 결과이며, 시대를 잘 만나고 재수가 좋은 것이지 거기에 특별한 의미가 있는 것은 아닙니다. 아침에 뜨는 태양이 어찌 나를 위한 것이겠습니까! 이 모든 것은 그저 우연의 일치일 뿐입니다.

그러나 **하나님의 사람들에게 우연은 없습니다. 모든 일이 필연입니**

다. **그 필연 속에 "하나님이 날 위하여"가 있습니다!** "또한 하나님의 영광이 있습니다."

하나님께서 내 인생을 통하여 그 선하신 뜻을 이루어가시며 기뻐하시고 영광을 받으시고자 하나님 일에 한가운데에 나를 두신 것 이었습니다. 그렇게 하나님의 한 가운데 있는 우리 모두의 인생이 다시 헤쳐 모여 커다란 하나님의 역사가 이루어지는 것 이었습니다.

내 모습은?

'하나님이 날 위하여 세상의 중심에 나를 두셨는데 왜 내 모습은 이렇게 초라합니까!' 라고 하면 안 됩니다. 세상 기준해서 초라할지는 모르겠지만 하나님 시각으로는 결코 초라하지 않습니다.

하나님 시각으로 존귀한 사람은 부자 집 대문에 있던 나사로였지 그 집 주인 부자가 아니었습니다.

예수 믿는 자는 내 지금 위치가 어떠하든지 하나님의 중심에 있습니다. 그런고로 높은 자존감을 가지고 하나님과 동행하는 인생을 살아야 할 것입니다.

사랑합니다.^^

세 번째 이야기

이름 짓기

이끌어 오시는 하나님

창세기 2장 19절을 보면 하나님께서 각종 공중의 새와 들짐승들을 지으시고 아담이 그것들을 무엇이라고 부르나 보시려고 아담에게로 **이끌어 오셨다**는 표현이 기록되어 있습니다. 그리고 세절 건너가서 22절에서는 짝이 없어 외로워하는 아담에게 하나님은 그를 깊이 잠들게 하시고 갈빗대를 취하심으로 하와를 지으시고는 역시 아담 앞으로 **이끌어 오셨다**고 말씀하고 있습니다. 영어성경에는 둘 다 brought A to B로 되어있는 'A를 B에게로 데리고 가다' 라는 뜻입니다.

데리고 오시고 이끌어 오시는 이유는 반응을 보고자함입니다. 아담은 자기 앞으로 오는 동물들의 이름을 지으면서 모두 짝이 있는데 자신은 짝이 없음을 알았습니다. 또한 자기 앞에 이끌려오는 하와를 보고서는 기뻐서 춤을 추었습니다.

'이끌고 오셨다' (brought)는 말씀의 의미는 갑자기 '나타났다' (appear)는 의미와는 확연히 다릅니다. 아담이 자다가 일어났는데 갑자기 눈에 동물들이 나타난 것이 아니라 벌써 저기서부터 이끌려 오는 동물을 보고 관찰하면서 이름을 짓는 시간적 과정이 있었다는 것입니다. 아내인 하와를 지으시고 나서도 "아담아! 눈 감아봐. 짠~~네 아내 여기 있다 하고는 갑자기 보이신 것이 아니라 저기서부터 하나님 손에 이끌려오는 하와를 보고는 아담으로 하여금 강한 매력에 빠져들게 하셨다는 것입니다.

무엇이라 부르는지 보시려고

하나님은 지금도 무엇을 사람 앞으로 데리고 오시는 하나님이십니다. 아담 앞으로 동물들을 이끌어 오시고 아내인 하와를 이끌어 오시듯이 오늘날의 하나님 사람들에게도 무엇인가를 이끌어 오시는 하나님이시라는 것입니다.

동물들과 아내만을 이끌어 오시는 하나님이 아니라 우리 앞에서 일어나는 모든 일들을 적당한 시간을 두고서 이끌고 오시는 하나님이신 것을 보게 됩니다. 우리 앞에서 벌어지고 있는 모든 일들. 그리고 우리 앞을 지나가는 모든 사람들. 우리 눈앞에서 되어지는 모든 상황들을 우리가 바라보면서 그것을 무엇이라고 부르는지 보시는 하나님이십니다. 그것을 본 우리가 어떻게 말하는지를 들으시려고 우리 앞으로 이끌고 오셨다는 것입니다.

마치 사랑하는 자녀에게 장난감을 사주고는 그것을 어떻게 가지고 노는지 그리고 그것을 가지고 놀며 뭐라 그러는지 가만히 지켜보는 아버지의 마음이라고 할 수 있습니다. 사람은 기껏해야 자녀 앞에 장난감을 놓아주는 일 밖에는 못하지만 하나님은 이 모든 상황들을 만들어서 영적인 자녀들인 우리 성도 앞으로 보내실 수 있는 전능하신 하나님이시라는 것입니다. 그리고 우리 앞을 지나가게 하신 현실이라는 상황들을 보면서 우리가 그 것을 가리키며 뭐라고 부르며 이름을 짓는지 우리 머리위에서 지켜보시는 일을 기뻐하신다는 것입니다.

부르는 것이 이름

하나님은 우리로 하여금 이름을 짓게 하시는 하나님이십니다. 이 모든 만물의 조성자가 하나님 이신고로 이름도 하나님이 지으시고 "이것이 토끼다! 저것이 사자다!" 하시면서 하나씩 아담에게 이끌어 오심으로 가르치실 수가 있었지만 하나님은 그렇게 하지 않으시고 모든 이름을 짓는 일을 직접 아담에게 위임하셨습니다.

신비로운 것은 동물들을 향하여 아담이 뭐라고 부르면 그것이 그냥 그의 이름이 되었다는 것입니다. 아내인 하와의 이름도 자신이 직접 "남자에게 취하였은즉 여자라 칭하리라(부르리라)하니라!"(창 2:23)와 같이 그가 부른 대로 이름이 되었습니다.

이름을 짓는다는 것은 '속성을 부여한다!' 는 말과도 같습니다. 즉 **다시 말하면 그렇게 생겨서 그와 같이 이름 지어진 것 이라기보다는 이름을 부여받은 고로 그렇게 되는 것을 의미입니다.** 이름을 짓는다는 또 다른 의미는 내가 지은 이름을 부여받고 있는 너는 '나에게 종속되어 있고 다스림을 받는다!' 라고 하는 의미가 있습니다.

내가 그것을 향하여 뭐라고 부르면 그 부르는 이름 안에 그것이 갇히는 것입니다. 동물들이 아무리 힘이 세다 해도 사람의 지배와 다스림을 받는 것이고 여자들이 아무리 똑똑하고 잘 났다고 해도 결국은 남자 안에서 발견되더라는 것입니다.

감사와 찬송으로 이름 짓기

우리 앞에는 아담 앞으로 많은 동물들이 이끌려오듯 참으로 많은 상황들이 이끌려오고 있습니다. 이를테면 오늘이라는 시간 또한 하나님이 우리 앞에 이끌어 오신 시간입니다. 우리는 그것을 '기쁨이라!' 부르면 그 이름을 부여받은 오늘은 정말로 기쁨이 되는 것입니다. 자녀를 내 앞에 놓으셨다면 '너희는 나의 면류관이다!' 라고 계속해서 부르면 그 것이 이름지어진대로 되어지는 것입니다. 조금 어려운 일이 있다면 우리는 그 일을 향해서 '극복' 이라고 이름 붙여야 할 것입니다.

우리는 우리 앞에 되어지는 일들을 바라보면서 감사와 찬송으로 이름을 짓기 보다는 불평과 원망으로 이름 짓는 일에 익숙한 사람들입니다. 이름을 지었다는 것은 우리가 계속해서 그렇게 불렀다는 것입니다.

하나님은 우리가 감사로 이름 짓는지 아니면 불평으로 이름 짓는지를 보실 것입니다. 우리가 감사로 이름을 지으면 그것은 우리가 이름 지은대로 감사한 일이 될 것입니다. 그러나 불평으로 이름 지으면 그 일은 정말 불평이 될 것입니다. 언제나 기억할 것은 아담이 부르는 대로 그대로 그 이름이 되게 하셨다는 것입니다.

신약성경인 디모데전서 4장 4절을 보면 **"하나님이 지으신 모든 것이 선하매 감사함으로 받으면 버릴 것이 없나니 하나님의 말씀과 기도로 거룩하여짐이라!"** 고 말씀하고 있습니다.

이 땅을 사는 동안 이름 잘 짓는 것으로 하나님의 복을 누리는 성도들이 되시기를 간절히 축복합니다.

세 번째 이야기

인생드라마

모두가 주연?

다 아시는 이야기겠지만 한편의 감동적인 드라마나 영화가 만들어지기까지의 과정은 이렇습니다. 먼저는 재력 있는 제작자가 감독을 선임합니다. 그리고 나면 감독은 주연과 조연에 해당하는 인물들을 캐스팅하며, 스텝진들은 장비와 세트를 총 동원해서 추구하는 바의 한 작품을 연출하게 됩니다.

사람이 만든 드라마와 영화가 있다면 하나님이 제작과 감독을 겸하신 드라마가 있습니다. 바로 우리 모든 인생 드라마들입니다. 세트장은 하나님이 지은 신 땅입니다. 재밌는 것은 하나님이 만드신 드라마에는 조연이 없다는 것입니다. 엑스트라가 없습니다.

모두가 주연입니다. 모든 때의 벌어지는 일들이 '나' 라고 하는 한 개인의 역사를 중심으로 해서 전개되는 단편 드라마들입니다. 그 때 그 때 단편의 모노드라마들이 모여서 '나' 라고 하는 전 인생의 드라마가 되는 것입니다.

주연이면서 조연

모든 사람이 다 주인공이 되는 드라마를 사람들은 만들지 못합니다. 그러나 전능하신 하나님은 만드실 수 있습니다. 내 곁에 있는 사람들은 모두 하나님께서 나를 주인공으로 하는 인생 드라마를 만들기 위해 붙이신 조연들입니다. 우리 모두는 주연이면서 또한 동시에 옆에 있는 사람을 위한 조연입니다.

이것이 가능한 것은 전지전능하신 하나님의 개입이 우리 모든 사람의 개인사속에 깊이 들어와 있기 때문입니다. 주님의 말씀 중에 너희들의 머리터럭까지 다 세신바 되었다고 하신 말씀에서 그것을 알 수 있습니다. 사람들의 만남과 그들 사이에서 벌어지는 일들 속에는 유기적이고 효과적인 하나님의 간섭이 있습니다.

세팅 하시는 하나님

내가 주인공이 된 드라마임으로 처음부터 끝까지 나를 중심으로 조명이 비춰지고, 카메라가 돌아가고, 모든 스텝이 움직입니다. 카메라는 하나님의 눈입니다. 하나님의 눈이 눈동자와 같이 나와 함께 한다고 성경은 기록하고 있습니다. 그리고 내 주위에 있는 모든 사람들을 내 인생드라마의 조연들로 붙이십니다.

내 가족들. 그리고 직장 동료들. 친구들 다 여기에 속합니다. 내 인생드라마 무대에 하나님 허락 없이 등장하는 인물은 없을 것입니다. 역시 하나님 결재사인 없이 벌어지는 사건도 없을 뿐더러 들여놓은 세트도 없을 것입니다. 내가 사는 집과 하다못해 오늘 내가 입을 옷가지까지 하나님의 연출이고 디자인입니다.

요셉이 형들에 미움으로 죽을 순간에 하나님은 미디안상인을 등장시키셨습니다. 아브라함의 믿음을 보시고 하나님은 수풀에 걸린 수양을 등장시키셨습니다. 룻이 들어간 밭이 하필이면 기업 무를 친족 보아스의 밭 이었습니다. 하나님이 룻 앞에 세팅 해 놓으신 밭 이었습니다. 하나님은 오늘도 당신의 자녀들의 인생드라마를 멋있게 하기위해 세팅하고 계시는 하나님이십니다.

연출자의 의도

드라마는 연출자가 추구하는 작품주제가 있습니다. 완성도 높은 드라마는 감독이 원하는 바를 배우가 충실히 이해하고 그것을 작품 속에 나타냅니다. 하나님께서 인생드라마를 만드실 때 배우인 사람들이 하나님의 뜻을 이해하길 바라십니다.

"이런 일이 이루어진 것은 겸손을 배우게 하심이다! 이런 사람이 등장한 것은 하나님의 사랑을 깨닫게 하기 위함이다!" 하시는 연출자의 의도를 깨달아야 합니다. 내 인생에 등장하는 인물들을 보며. 벌어지는 사건들을 보며. 세팅 되는 무대를 보며. 하나님의 돌보심과 인도하심과 준비하심 그리고 사랑을 깨달을 수 있어야합니다.

감동의 드라마

그러나 내 인생 어딜 봐도 나는 주인공과는 거리가 먼 것 같습니다. 그것은 우리에겐 잘못된 고정관념이 있기 때문입니다. 주인공하면 늘 잘생기고 늘씬한 연예인이나 멋있는 영화배우를 떠 올립니다. 그러나 그건 재미없는 드라마입니다. 생각해 보십시오! 한 영화주인공의 이야기가 '유복한 집안에 예쁘게 태어나서 인생에 아무 갈등도 기복도 없이 살다가 편안히 죽었더라.' 하면 세상에 이것처럼 재미없는 드라마는 없습니다.

아무도 이런 드라마는 만들려하지 않고 보러가지도 않습니다. **인생**

이 드라마가 되는 것은 기복이 있기 때문입니다. 끊임없는 갈등과 애통. 그리고 그것을 이겨내고 극복해내는 역전과 반전의 감동이 있기 때문입니다.

해피엔딩

하나님의 연출은 끝이 '해피엔딩' 입니다. 성경적인 용어를 빌리면 최후승리가 보장되어 있습니다. 끝이 아름다울 것입니다. 요셉처럼. 욥처럼. 룻처럼. 각고의 환란과 고난을 이겨내고 아름다운 결말이 우리 인생드라마 앞에 펼쳐질 것입니다.

우리의 육신뿐만 아니라 우리 인생 또한 하나님 손으로 만들어진 아름다운 작품이 될 것입니다.

세 번째 이야기

악인도 악한 날에

씌움에 적당하게

잠언 16장 4절을 보면 "여호와께서 온갖 것을 그 씌움에 적당하게 지으셨나니 악인도 악한 날에 적당하게 하셨느니라."라는 말씀이 있습니다. 오늘은 이 말씀을 묵상하겠습니다.

드라마나 영화 속에 보면 악역이 있습니다. 극의 긴장감을 더욱 살려주는 역할을 합니다. 인생 속에는 악한 역할이라기보다는 악한 사람이 있습니다. 차이점은 극중에 악한사람은 자신이 악한 역할을 하고 있는 것을 아는데 반하여, 인생 속에 악한사람은 자기가 악한지를 모른다는 것입니다.

최선을 다하여 자기 일을 한다고 하는 것이 악한 일입니다. 예수님이 십자가에 달리시려면 누군가가 예수를 팔아야합니다. 악역이 있어야 합니다. 가야바 같은 대제사장도 있어야하고, 가롯유다 같은 배신자도 있어야합니다.

배역을 정하신 하나님

하나님은 예수를 팔아야하는 배역을 정하셨습니다. 사람을 정한 것이 아니라 배역을 정하신 것입니다. 그래서 예수님은 말씀하시길 "인자는 경에 기록된 대로 팔릴 것이지만 인자를 판 그 자는 화가 임할 것이다!"라고 하셨습니다. 누구든지 그 배역을 맡을 수 있습니다.

그런데 마귀에게 이끌림을 받게 되면 예수님이 "나와 함께 떡 그릇에 손을 넣는 자가 나를 팔 것이다!"라고 이야기해줘도 모릅니다. 도리어 성질을 내고 문을 박차고 나가버립니다. 예수님은 가룟유다에게 "너의 할 일을 어서 가서 하라!"고 하셨습니다.

그럼으로 배역을 잘 맡아야 합니다. 배역은 처음부터 정해지는 것이 아니라 내가 가서 선택하는 것이기 때문입니다. 엄밀히 말하면 누군가가 나를 사로잡고 이끌고 가는 것입니다. 마귀는 가룟유다를 마음껏 부리고는 결국 자살하는 것으로 그의 인생을 마치게 했습니다.

그것까지도 이용하신 하나님

어떤 궤변철학자는 '흑이 있어서 백이 더욱 하얀 것이고, 어둠이 짙을수록 빛이 환하게 빛나는 것처럼 악이 있음으로 선이 더욱 빛을 발하는 것이다!' 라고 말하면서 도리어 가룟유다를 희생양인 것처럼 옹호하는 경우가 있는데 철학적이고 현학적인 궤변일 뿐입니다.

마태복음 27장을 보면 예수를 못 박는 일에 수장이었던 대제사장과 그의 무리들은 예수가 죽은 이후로도 예수가 살았을 때 사흘 만에 부활한다 했는데 혹 그의 제자들이 시신을 훔쳐가고 나서는 '예수가 부활했다!' 할 수 있음으로 파수꾼으로 예수의 무덤주위를 2중3중으로 지키게 했습니다.

그러나 이러한 악한 무리들의 행위가 도리어 예수부활의 증거를 더욱 확실히 하는데 일조를 하고 있더라는 것입니다. 그들이 예수의 무덤을 파수꾼으로 지키지 않았다면 예수의 부활 사건이 제자들이 꾸민 조작설에 휘말릴 수 도 있었습니다.

악한 자들은 자신들의 악한 일을 열심히 하고 있는데 하나님께서는 그것까지도 이용하여서 당신의 뜻을 이루셨습니다. 신약의 말씀으로 하면 모든 것을 협력하여 선을 이루신다는 의미입니다.

주님 다시 오시는 날까지 하나님의 선한 일에 선한 배역을 맡아 선하게 쓰임 받는 성도가 되어야 할 것입니다.

세 번째 이야기

자기표현의 고급함

자기표현

사람은 누구나 자신을 표현하고 살아갑니다. 표현 방식에 있어서 차이가 있을 뿐입니다. 아이들은 우는 것으로 배고픈 것, 아픈 것 등등을 표현 합니다.

조금 자라게 되면서 말을 하게 되면서 부터는 말로서 의사를 표현 합니다. 그러나 아직 자기표현에 서툰 경우에는 좋은 감정도 때리고 폭력을 가하는 것으로 표현하게 되기도 합니다. 이제 막 학교에 들어간 아이가 짝꿍을 때린다면 그 속엔 좋아하는 감정도 담겨 있습니다.

사람이 더 높은 단계의 교육을 받을수록 좀 더 자신을 고급한 것으로 표현할 줄 알게 됩니다. 그림을 그리는 것으로. 음악을 연주하는 것으로. 글을 쓰는 것으로. 이 모든 예술작품은 결국 자기표현의 기치입니다.

일반인들의 자기표현은 대략 이런 것 같습니다. 여자분 들은 옷 입는 것으로 자기를 표현합니다. 자신의 교양 세련됨 지성미 이런 것들을 옷을 통해 표현하려 합니다. 남자들은 주로 사회적 지위나 자동차.등등에 것으로 자신의 능력을 표현하려 하는 것 같습니다.

자기를 표현할 수 있는 것 중에 가장 저급한 것이 돈으로 자신을 표현 하려는 것이라 할 수 있겠습니다. 자기과시나 우월감의 표시로서 돈을 사용합니다. 불쾌함이 오래 남습니다.

누가복음 16장 13절 이하를 보면 주님께서 돈과 하나님을 겸하여 같이 섬길 수 없다는 말씀을 하시자 그 말씀을 들은 바리새인들이 돈을 좋아하는 자들인 고로 예수님을 비웃었다 했습니다. 그때 주님께서는 그들에게 15절의 말씀을 하셨습니다. "예수께서 이르시되 너희는 사람 앞에서 스스로 옳다 하는 자들이나 너희 마음을 하나님께서 아시나니 **사람 중에 높임을 받는 그것은 하나님 앞에 미움을 받는 것이니라!"**

하나님은 사람들의 마음속을 다 들여다보고 계십니다. 사람들이 돈을 좋아하는 것은 그것으로 사람들 앞에 높임을 받고, 행세를 하고, 자랑을 하기 위함 이라는 것입니다. 돈으로 자신을 나타내는 것입니다. 그러나 그와 같은 행위는 하나님 앞에 죄가 된다는 말씀입니다.

그러나 참다운 그리스도인이라면 돈을 사랑함으로 자신의 위신을 삼는 세상의 허탄한 풍조를 쫓아서 사는 사람이 아닙니다. 돈을 사랑함이 일 만 악의 뿌리가 된다고 말씀하셨기 때문입니다.

예수 옷

가장 고급한 자기표현은 신앙입니다. 그래서 사도바울은 이 세상에서 가장 고상한 것이 예수 그리스도를 아는 지식이라고 말씀한 것입니다.

예수가 그 안에 있는 사람은 예수로 나를 표현할 줄 알게 됩니다. 예수 믿은 것은 예수로 나를 나타내는 것입니다. 예수로 나의 기쁨과 슬픔을 나타내며 예수로 나의 멋을 삼고, 자랑을 삼으며, 능력을 삼습니다. 예수로 나를 나타내고 표현할 줄 안다면 정말 예수를 잘 믿고 있는 것입니다. 사도바울의 다른 말씀으로 하면 "예수 그리스도로 옷 입는

다!"라는 말씀과도 같습니다.

예수로 옷 입고 사는 우리의 모습이 세상에 있는 그 어떤 것으로 장식한 것보다 하나님 앞에 가장 아름답고 고상한 이유는 그것이 자신이 쌓은 의와 공로를 나타내지 않고 오직 예수십자가 의를 자기 것으로 삼는 겸손한 모습으로서의 삶이기 때문인 것을 믿습니다.

세 번째 이야기

세속화와 하나님 주권(主權)

성공 메뉴얼이 된 성경

사람들 사이에서 요즘 교회가 많이 세속화 되었다는 이야기를 들을 때가 있습니다. 세속화가 되었다는 것은 교회가 세상을 따라 간다는 의미입니다. 교회가 말씀으로 세상을 변화시켜야 하겠는데, 거꾸로 세상이 물질로 교회를 변화시키는 현상입니다.

목사님들도 설교시간에 순수한 하나님의 말씀을 전하기보다는 세상에 출세론과 행복론. 성공론을 더 많이 이야기하고 앞에 앉은 성도들 역시 이런 설교를 더 좋아합니다.

또한 세상의 마케팅기법이 교회 안에 들어와서는 회사를 키우듯이 오로지 실적위주로 교회를 성장시키려합니다. 심한 경우에는 하나님의 말씀인 성경도 세상의 성공과 행복을 얻기 위한 일종의 매뉴얼이나 안내책자 같은 것이 되어버린 느낌마저 있습니다.

수많은 방법론

이때 나타는 현상이 수 없이 대두되는 방법론들입니다. '이렇게 했더니 됐다더라!' '저렇게 하니까 안 됐다더라!' 교계 시중에 수 없이 만연한 각종 부흥 세미나와 교회 성장 프로그램들이 모두 여기에 속해 있습니다.

전도의 대 명제는 너무도 귀한 가치이지만 그것을 행하는 방법에 있어서 너무도 세상가치에 휘둘린다는 느낌입니다. 그 대표적인 예가 총동원전도주일이라고 번호표 나눠 주고 추첨해서 상품 나눠주는 예라 하겠습니다. 오직 하나님의 은혜를 말하는 사람들이 크리스천인데 그 은혜위에 인간의 방법이 올라가 있는 것을 보게 됩니다.

행위와 자랑

입으로는 은혜를 이야기하지만 결국은 사람들의 행위와 방법이 찬양을 받는 시대가 세속주의 시대의 전형이라 할 수 있을 것입니다. 그렇게 믿음과 은혜를 강조하고 말하면서도 끝에 가서는 결국 행위와 자랑으로 치우칩니다.

하나님의 은혜라는 것을 알았다면 그 이후로 절대 할 수 없는 것이 있습니다. 그것은 자랑입니다. 그런데 많은 사람들이 자신들의 방법을 자랑합니다. 자신의 노력, 자신의 지혜와 공로를 자랑하고 선전합니다.

그러면서 하는 말이 '왜 성도가 성공을 못하냐! 첫째 이거(자신의 것) 안 해서 그렇다. 둘째.저거 해서 그렇다!' 마찬가지로 교회를 가리켜서도 똑같은 말을 합니다.

'교회가 왜 성장을 못하냐! 첫째. 둘째, 셋째' 하고는 설교 합니다. 자기는 이미 이루었다는 자기 과시와 자랑으로 가득합니다.

희생하는 것으로.. 잃어버리는 것으로..

물론 교회는 성장해야하고 부흥해야합니다. 그러나 그것이 마치 회사가 성장하는 것 같은 느낌을 주어서는 안 됩니다.

세상은 서로 경쟁하고, 암투하고, 빼앗아가는 것으로 성장합니다. 교회는 그와는 거꾸로 희생하는 것으로, 잃어버리는 것으로, 내 것을 내어주는 것으로 도리어 성장하는 곳입니다.

사람들이 교회를 생각할 때 **'세상하고는 뭔가 확실히 다르다!'** 는 느낌을 주어야합니다. 그러기위해서는 교회에서 세상의 냄새가 나서는 안 됩니다. '모 아니면 도다!' 라는 식의 세상 흑백논리가 교회에 만연케 되면 정작 교회의 주인이 되어야 할 세상에서 소외된 이들은 교회 안에서 설자리를 잃게 됩니다.

세상적 성공을 이룬 사람은 축복받은 사람이고, 세상에서 낙오한 사람은 버림받은 사람이라는 식의 논리입니다. 교회를 생각할 때도 '큰 교회는 하나님이 역사하신 교회고, 작은 교회는 하나님 역사가 없는 교회다!' 라는 식의 단편적인 발상입니다.

이런 신앙생활에 젖어든 사람이 잘하는 것이 있습니다. 함부로 판단하는 것입니다. 갑자기 고난을 당한다거나 병에 걸린 성도의 집에 찾아가서 한다는 말이 '무슨 죄를 지었길래 이런 일을 당했느냐!' 는 식에 말을 한다는 것입니다. 참 어리석은 사람입니다.

물론 죄를 지어서이기도 합니다. 그러나 그렇지 않을 수 도 있습니다. 내가 다 알 수 없고, 능히 쫒을 수 없는 하나님의 신비로운 섭리가 그 안에 있습니다.

내가 미처 다 알지 못하는 것

번영신학자들과 성공주의자들이 말하는 그들의 논리가 틀렸다는 것이 아닙니다. 노력 안 했고, 공부 안 했으며, 기도 안 했기 때문입니다. 그러나 그것이 전부가 아닙니다. 하나님의 특별하신 계획이 또한 그 위에 자리하고 있습니다.

나의 경험을 절대화할 수 없습니다. 맞는 말이라고 다하는 것이 아닙니다. 칼자루를 쥐었다고 마음대로 휘둘러 대서도 안 될 일입니다. 그것이 지혜로운 사람의 모습입니다.

욥의 친구들이 욥이 고난 중에 있을 때 찾아와서는 하나님 편에서 말했습니다. 하나님의 대변자라도 된 냥. '하나님은 결단코 의로운 자를 벌하는 일이 없다!' 고 하면서 욥을 몰아 세워 갔습니다. 위로하러 왔다고 하는 자 들이 도리어 욥의 염장을 질러놨습니다.

그러나 욥기 마지막인 42장 7절을 보면 하나님께서 욥의 친구들에게 이르시기를 "너희가 내 편에서 바른말을 했다"가 아니라 "내가 너와 두 친구에게 노하나니 너희가 나를 가리켜 말한 것이 내 종 욥과 같이 정당하지 못하다!"고 하시며 진노 하셨습니다. 결국 그들은 욥이 대신해서 속죄의 제사를 드려주는 것으로 해서 그들의 죄가 사함 받게 되었습니다.

지혜 있는 자는 세상을 살아가면서 눈앞에 펼쳐진 모든 것을 생각하고 판단할 때 세상의 가치와 논리로가 아니라, 오직 이 모든 세상의 주인이 되신 하나님의 주권과 은혜를 가지고 생각하고 살아가는 사람들인 것을 믿습니다.

세 번째 이야기

웃음과 조소

약속이 이루어지기까지

창세기 21장 6절을 보면 아브라함과 사라가 그렇게 기다리던 아들 '이삭'을 품에 안고는 활짝 웃고 있습니다. "하나님이 나로 웃게 하시니 듣는 자가 다 나와 함께 웃으리로다." 하며 기뻐하고 있습니다.

그런데 성경을 보니까 처음부터 활짝 웃는 웃음은 아니었습니다. 처음에는 이상한 웃음이었습니다. 어처구니없다는 듯 한 웃음이었습니다. 하나님이 아들 준다고 하시니까 아브라함은 나이 100살에 무슨 아들이냐고 엎드려서 웃었습니다. 사라는 속으로 생각하길 '내가 경수 끊긴지 오래된 늙고 노쇠한 할머닌데 무슨 말씀이냐!' 면서 민망하다는 듯이 속으로 웃었습니다. 웃어 놓고 안 웃었다고 발뺌하기 까지 했습니다. 이때 하나님께서 기분이 많이 언짢으셨습니다.

약속이 이루어지기 까지 무려 25년을 기다려서 얻은 아들입니다. 오래 동안 하나님에 응답이 없자 자기들 마음대로 '이스마엘'을 낳기도 했습니다. 아브라함 나이 75세에 하나님 약속을 받고 100세에 얻은 아들입니다.

두 개의 웃음사이

하나님 약속의 응답인 이삭을 보기까지 아브라함과 사라는 두 웃음사이를 오고 갔습니다. 먼저는 역기능적인 웃음인 비웃는 웃음 이었습니다. 하나님이 말씀하시는데 그 말씀이 도무지 믿겨지지가 않아서 어이없다는 듯 쓴 웃음을 지었습니다. 아브라함과 사라는 웃음의 순기능인 활짝 웃는 기쁨의 웃음을 웃기까지 왜곡된 웃음인 쓴 웃음을 짓는 시간이 있었습니다. 그러나 이 두 웃음을 걸치면서 아브라함은 뭘 하나 배우게 되었습니다.

하나님은 자신의 왜곡된 웃음을 참된 기쁨의 웃음으로 바꿔주시는 분으로 경험했습니다. 그리고 하나님께서 왜 아들의 이름을 '웃음'이라는 뜻인 '이삭'으로 지으라고 하셨는지도 깨닫게 되었습니다. 이름은 한 사람의 존귀함을 나타내며 평생 불리워지는 것인데 이삭이란 이름은 잘못하면 말 그대로 웃음거리가 될 수 있는 이름이기 때문입니다.

그러나 아브라함은 이삭을 부르면서 자신을 기쁘게 하시는 하나님을 보았습니다. 하나님 약속이 반드시 이루어지는 것을 하루에도 수차례 아들의 이름을 부르면서 재확인했습니다.

응답은 이삭

그래서 사실상 지금 이 시대도 하나님나라의 성도들이 기도의 응답을 받고는 기뻐서 춤추고 있으면 그 응답은 비록 내용은 사람마다 다르다 할지라도 그 응답의 이름은 '이삭' 입니다. 성경대로 하면 응답은 곧 이삭입니다. 웃음입니다. 기쁨입니다. 행복입니다.

오랜 시간 기다림으로 혹 아브라함과 사라처럼 쓴 웃음이 나올 때가 있을지는 모르겠지만, 반드시 하나님은 그 왜곡된 웃음을 참된 웃음으로 바꾸어 주실 것입니다.

참된 웃음인 이삭을 주실 것입니다.

간절한 기도의 응답인 이삭을 얻고 아브라함 부부처럼 활짝 웃으며 기뻐하는 성도들이 되시기를 소망합니다.

네 번째 이야기

가한 것과 유익한 것

가한 것과 유익한 것 | 여호와의 법궤와 여호와의 이름
성전건축과 교회건축 | 안식일과 주일 | 제사와 예배
죄짓는 분노와 거룩한 분노 | 덮음과 견딤 | 시험과 유혹 | 남편과 아내
다음 세대 다른 세대 | 들어가며 나오며 | 여기와 거기 | 악취와 향기

네 번째 이야기

가한 것과 유익한 것

"모든 것이 내게 가하나 다 유익한 것이 아니요 모든 것이 내게 가하나 내가 무엇에든지 얽매이지 아니하리라"(6:12). "모든 것이 가하나 모든 것이 유익한 것은 아니요 모든 것이 가하나 모든 것이 덕을 세우는 것은 아니니"(10:23).

모든 것이 가하나

고린도전서는 교회 내에서 성도들 간 싸움이 일어난 것으로 사도바울이 이를 중재하기 위해 기록된 성경입니다. 처음에 싸움이 일어나게 된 발단은 누구에게 세례를 받았는지에 대한 문제로 '바울파'냐 '아볼로파'냐 '게바(베드로)파'냐 하면서 파당을 나누어 분쟁이 일어났습니다.

그런데 사람들이 파당을 나누어서 싸움을 하다보니까 평상시에는 아무것도 아닌 무슨 음식 먹는 문제로도 감정싸움이 일어나고 나중에는 세상법정으로까지 가지고 가서 판결해 달라고 하는 모순을 범하게 된 것입니다. 예수 믿는 사람들은 세상법보다 높은 법인 마음속을 다 들여다보시는 하나님의 법을 가지고 산다고 하는 사람들인데 하위법인 세상 법으로 내려가서 판결해 달라고 하는 것은 스스로가 신앙인인 것을 포기하는 것과 매한가지가 된 것입니다.

그래서 사도바울은 6장 12절에서 "모든 것이 가하나 모든 것이 유익하지 않다!"는 말씀을 하신 것입니다. **"세상법정에 소송 거는 것이 각 사람의 자유이지만 그것이 결코 유익한 것이 되지 못한다!"라는 취지의 말씀은 사실 고린도전서 전체에서 사도바울이 말씀하고자 하는 요지가 된다고 할 수 있을 것입니다.** "내가 모든 것을 할 수 있지만 그것에 얽매이지 않는다!"는 말씀 또한 그 가운데 분명히 해서는 안 되는 것이 있다는 말씀이라고 하겠습니다.

유익을 위하여

사도바울은 지금 내가 너희들의 유익을 위해서 이 글을 쓰고 있다는 말씀을 계속해서 하시는 것입니다. 고린도전서7장으로 가서는 부부간 음행을 막기 위하여서 지켜야 할 규범을 아내와 남편에게 주시는 것도 7장 35절의 말씀과 같이 "내가 이것을 말함은 너희의 유익을 위함이요 너희에게 올무를 놓으려 함이 아니니 오직 너희로 하여금 이치에 합당하게 하여 흐트러짐이 없이 주를 섬기게 하려 함이라!" 모든 것이 가하다 했을 때 결혼을 할 수도 있고 안 할 수도 있지만 하나님 앞에 무엇이 유익한지를 생각하라는 말씀이라고 하겠습니다.

그리고 8장으로 가서 우상의 음식을 먹는 문제에 있어서도 내가 이 모든 음식을 먹을 수 있지만 내가 혹시라도 개고기(보신탕) 먹는 것으로 시험 드는 사람 앞에서는 그것 먹으면 안 되는 것이고 또한 의도적으로 함정을 파놓고서 무슨 고사지낸 음식 먹으라고 하면 그것 역시 먹으면 안 된다는 것입니다. 예수 믿는 사람도 별 수 없구나! 라는 말을 들을 테니까요

그것이 바로 고린도전서 8장 9절에 기록된 말씀이라고 하겠습니다.

"그런즉 너희의 자유가 믿음이 약한 자들에게 걸려 넘어지게 하는 것이 되지 않도록 조심하라."

이어서 사도바울은 10장 23절에 가서도 다시 한 번 "모든 것이 가하나 모든 것이 유익한 것이 아니요 모든 것이 가하나 모든 것이 덕을 세우는 것이 아니다"라는 말씀과 함께 33절에서 "나의 유익을 구하지 않고 많은 사람의 유익을 구하여 저들로 구원에 얻게 하라"는 말씀을 주신 것입니다.

하나는 알고 둘은 모르는 것

고린도전서 11장으로 가면 사도바울은 2절에서 "남자의 머리는 그리스도요 여자의 머리는 남자요 그리스도의 머리는 하나님이라!"라는 말씀과 함께 여자는 수건을 머리에 쓰라는 말씀을 주시는 것도 "모든 것이 가하나 모든 것이 유익하고 덕을 세우는 것이 아니다!" 라는 말씀의 맥락에서 이해할 수 있습니다.

고린도 교회는 은사가 많아서 방언과 신비체험 하는 사람들이 많이 있었습니다. 특별히 여자 성도들 중에 이와 같은 은사체험이 일어나게 되는 경우에 문제가 된 것입니다. 내가 지금 하나님께 직통하는 것으로 응답받았다 함으로 남편도 무시하고 목회자도 무시하고 교회의 권위도 무시하고 모두가 다 자기 말 들어야 한다고 하는 은사 받은 여 성도들이 교회 분란을 더욱 부추기게 되었던 것입니다. 그래서 12장으로 가서는 사도바울이 은사는 이런 것이라 하면서 은사의 참된 의미에 대해서 자세히 설명해 주고 계시는 것입니다.

이런 분들이 지금도 많이 있습니다. 방언기도 금식기도하면서 자신이 계시 받고 응답받았으니 자기 말 들어야 한다는 극성스런 여성도들입니다. 이런 분들은 열심은 좋은데 그 열심의 방향이 잘못되어 극성스

렵고, 기가 세고, 억센 것으로 교회를 들었다 놨다하는 일이 있더라는 것입니다. 신앙생활을 무슨 성질 값 하는 것처럼 하는 것입니다.

이런 분들이 하는 말은 내가 지금 하나님과 직통하고 지금이 만인 제사장인데 무슨 남편을 나의 머리로 삼느냐고 하겠지만 그것은 하나는 알고 둘은 모르는 이야기라는 것입니다. 물론 우리 모두는 만인 제사장으로 하나님께 직접 나아가는 것이지만 그것은 개인적인 경우일 때이고 가정 공동체와 교회 공동체로 가면 아내의 머리는 남편인 것이고, 남편의 머리는 그리스도이며, 그리스도의 머리는 하나님인 것입니다.

여기서 알아야 하는 중요한 사실은 하나님은 기가 세고 드센 사람에게 응답하시는 무질서의 하나님이 아니라 네 머리가 누군지 누구의 권세아래서 그것을 묻고 있는지를 살피시는 질서의 하나님이라는 사실입니다.

수건을 쓰라는 것은 한 마디로 하면 "기를 꺾으라!"는 것입니다. 기는 꺾지 않고 수건만 쓰고 있으면 본질을 호도하는 것이라 하겠습니다.

내가 개인적으로는 하나님께 직통하고 얼마든지 하나님께 나아갈 수 있지만 즉 모든 것이 가하지만 공동체로 가면 하나님은 네 머리가 누군지를 물으시는 하나님을 알 때에 모든 것이 유익하거나 덕을 세우는 것이 아니라고 하는 것입니다.

은사에 있어서도

12장의 '은사장' 으로 가서도 마찬가지입니다. 방언의 은사를 받은 사람은 언제든 내 맘대로 방언기도 할 수 있습니다. 그러나 이제 믿은지 얼마 되지 않은 초신자들 앞에서 방언기도하게 되면 너를 미쳤다고 할 터이니까 그들 앞에서는 방언기도 하지 말라는 것입니다. "그러므로 온 교회가 함께 모여 다 방언으로 말하면 알지 못하는 자들이나 믿지 아니하는 자들이 들어와서 너희를 미쳤다 하지 아니하겠느냐!"(14:23). 여기서도 모든 것이 가하나 모든 것이 유익하지 않은 것입니다.

그래서 12장 7절에서 "각 사람에게 성령을 나타내심은 유익하게 하려 함이라"고 하신 것입니다. 그리고 이어서 강조하는 말씀은 은사가 다르고 직분이 다르고 사역이 다르다 할지라도 한 성령 한 주님 한 하나님이 주셨다는 것입니다. 사공이 많으면 배가 산으로 올라간다고 하는데 사공이 하나고 머리가 하나며 컨트롤 타워가 하나라는 것입니다.

교회의 머리 되시는 주님은 당신의 몸에 붙어있는 모든 기관을 연결하여 몸을 유익하게 하시는 것입니다. 몸의 각 지체가 분쟁이 없을 때에 모든 지체는 질서와 조화와 균형과 하모니를 이루는 것입니다. 비로소 몸은 건강을 유지하고 생명체로서의 순기능을 감당하게 되는 것입니다.

유익하게 하지 않은 것이 바로 하모니를 깨는 것입니다. 하모니를 깨는 것은 자기자리에서 있지 않고 튀어나오는 것입니다. 교회는 주님의 몸이며 생명체입니다. 자기가 더 큰 직분과 은사를 받았다고 아무데서나 자랑삼아 자기를 높이고 다른 사람이 받은 은사를 업신여긴다면 그것은 마치 몸으로 하자면 눈이 손더러 손이 발더러 너는 우리하고 노는 동네가 다르다면서 조롱하는 것과 다르지 않다는 것입니다.

자기자리를 아는 일은 곧 겸손을 말하는 부분이기도 합니다. 가만히 보면 누군가를 가르치는 일에 있어서도 아무에게나 나서서 가르치려 드는 사람들이 있습니다. 부모님도 아니고 스승님도 아니고 목사님도 아닌데도 불구하고 선은 이렇고 후는 이렇고 하면서 가르치려드는 사람입니다. 배울 마음도 없고 자세도 갖추지 않았지만 매사에 참견하면서 이건 이렇고 저건 저렇고 하면서 자신이 스승인 냥 신령한자인 냥 행세하는 것입니다. 학식과 나이나 많으면 또 모르겠는데 그것도 아닌데도 불구하고 연배 앞에서 똑똑한 척 가르치려 든다면 이것은 자기를 높이고자 하는 교만한 마음입니다 질서를 모르고 자신의 위치를 모르는 어리석은 행위라고 할 것입니다.

그래서 사도바울은 고린도 전서의 결론부인 14장 33절에서 "하나님은 무질서(어지러움)의 하나님이 아니요 화평의 하나님이라" 하신 것이고 14장 40절에서도 "모든 일을 품위 있게 하고 질서 있게 하라!"는 말씀을 하신 것입니다. 여기서도 모든 것이 가하지만 모든 것이 유익한 것이 아닌 것을 알게 되는 것입니다.

사랑에 있어서도

사도바울은 고린도 교회의 질서를 잡으면서 성도의 유익함을 이루기를 바랐던 것입니다. 고린도전서의 핵심 장인 13장의 '사랑 장' 에서도 사도바울이 말하고자 하는 바는 유익함입니다. 사랑하지 않고 하는 것들은 그것이 다 울리는 꽹과리 소리 외엔 아무것도 아니라는 것입니다. 심지어 내 몸을 불살라 내어준다고 해도 사랑 없이 한 것이면 그것이 아무 유익이 되지 못한다는 말씀을 하는 것입니다. 무익하다는 것입니다. 헛되다는 것입니다.

인생을 헛되고 무익하게 살면 안 되고 유익하게 살아야 할 때 가장 잘 남기는 것이 바로 사랑하는 것입니다. 부모가 자녀에게 하는 말 중에 "이거 다 너 잘 되라고 하는 소리다!"라는 말이 있는데 바로 그 부모의 마음이 담긴 말씀이라고 하겠습니다. 부모가 자녀에게 너 잘 되라는 소리가 오늘 사도바울의 말을 빌리면 "유익을 남기라!"는 소리입니다.

뭘 좀 남긴다고 하면서 인생을 살았는데 하나님 보시기에 아무것도 남아있는 것이 없다면 구약 전도서 솔로몬의 표현대로 "해 아래 헛되고 헛되며 모든 것이 헛되도다!"의 인생이 된 것입니다.

특별히 사도바울의 표현 중에 "내 몸을 불사른다고 해도 사랑 없이는 아무 유익이 없다!" 했을 때의 이 말씀을 가지고 우리는 역시 같은 성경인 고린도전서 3장으로 가야합니다. 그곳에 보면 사도바울은 우리의 신앙생활을 가리켜서 집을 짓는 것으로 비유해서 말씀하고 있습니다. 불이 한번 지나가는 것으로 우리의 신앙생활의 공적이 남는 게 있고 타서 없어지는 게 있다는 말씀을 하십니다. 집을 지을 때는 금이나 은이나 보석이나 그리고 나무나 짚이나 풀로 짓게 되는데 불이 한번 지나가는 것으로 남는 것과 타서 없어지는 것을 보시겠다는 것입니다.

우리의 신앙생활이 나무나 짚이나 풀로만 세운 집이 되어서 주님의 심판의 불이 지날 때에 다 타버리고 남은 것 하나도 없다면 이것이야말로 마태복음 7장에 기록된 하늘에서 불을 내리는 능력을 행하는 선지자 노릇을 했음에도 불구하고 "내가 너를 도무지 알지 못하노라!"라는 말씀을 듣게 되는 것과 다를 것이 없다는 것입니다.

사랑해서 한 것만이 끝까지 영롱한 보석으로 남아 하나님 앞에서 빛나게 될 것을 믿습니다.

우리의 모든 인생가운데 사랑을 이루고자 하시는 하나님 아버지의 마음을 헤아릴 때에 특별히 고린도 교회성도들을 통해 하나님이 담아 놓으신 말씀의 요지는 무익한 인생이 아니라 유익한 인생으로 하나님 앞에 서게 하시는 것 이었습니다.

"만일 누구든지 금이나 은이나 보석이나 나무나 풀이나 짚으로 이 터 위에 세우면 각 사람의 공적이 나타날 터인데 그 날이 공적을 밝히리니 이는 불로 나타내고 그 불이 각 사람의 공적이 어떠한 것을 시험할 것임이라 만일 누구든지 그 위에 세운 공적이 그대로 있으면 상을 받고 누구든지 그 공적이 불타면 해를 받으리니 그러나 자신은 구원을 받되 불 가운데서 받은 것 같으리라!"(3:13-15).

네 번째 이야기

여호와의 법궤와 여호와의 이름

패전의 원인

사무엘상 4장을 보면 이스라엘과 블레셋의 전투장면이 기록되어있습니다. 첫 번째 전투에서 4천 명 가량의 이스라엘군이 전사하고 패전하게 됩니다. 이스라엘의 장로들이 모여서 패전의 원인을 찾습니다. 사무엘상 4장 3절을 보면 "우리로 어찌하여 블레셋 앞에서 패하게 하셨는고?"하면서 내린 결론이 "여호와의 언약궤를 가져다가 우리 앞에 있게 하여 우리 원수의 손에서 구원하게 하자."고 결론을 내립니다.

장로들의 원탁회의 결론은 신앙적인 부분에서 찾아냈다고 하는 점에 있어서 전혀 엉뚱한 답을 찾았다고 볼 수는 없습니다. 우리에 창과 화살이 모자랐다거나 병사들의 사기가 부족했다 할 수 있었지만 그것보다는 문제의 원인을 영적인 것에서 그리고 신앙적인 부분에서 찾았으니까요. 그런데 방향은 맞았는데 정확히 번지수를 찾아들어가는 못했습니다.

하나님과 함께함으로 승리를 얻는다고 하는 개념이 하나님의 임재를 상징하는 언약궤만 있으면 승리한다는 생각을 한 것입니다. 다시 말씀드리면 언약궤 그 자체가 그냥 하나님이 되어버린 것입니다.

초보적인 신앙의 단계

신앙의 초보적인 단계에서 있을 수 있는 일입니다. 이를테면 성경책만 옆에 있으면 하나님이 옆에 계신 것 같고, 성경책을 베고 자면 불면증도 없어지질 것 같고, 십자가 목걸이하고 다니면 왠지 주님이 지켜주실 것 같은 미신적인 마음이 그때 사람이나 지금사람이나 동일하게 자리하고 있습니다.

초보적인 단계에서는 자꾸 눈에 겉으로 나타난 형상을 보고서 그것을 의지하려 하고 그 형상의 도움을 입으려하는 경향이 있습니다. 이스라엘 백성이 광야에서 송아지 하나 만들어 놓고는 '저 금송아지가 우릴 애굽에서 이끌어낸 하나님이다!' 라고 한 것과 같습니다.

그러나 하나님은 형상으로 계시는 분이 아니라 이름으로 계시고 말씀으로 존재하시는 하나님이십니다. 그래서 신앙의 고급한 단계에 올라서게 되면 하나님의 이름이 의미하는 바를 이해하고 그 이름을 높이며 그 이름을 의지하며 사는 참된 신앙인의 길을 가게 됩니다.

이름으로 계신 하나님

하나님의 존재가 이름으로 알려진다는 점은 하나님이 우리에게 주신 십계명을 통해 명료하게 드러나게 됩니다. 십계명의 시작인 '일 계명' 에서 '삼 계명' 까지가 하나님에 대한 말씀이 기록되어 있습니다.

'제 일은 나 외에 다른 신을 네 앞에 두지 말라!' 는 계명은 '하나님만이 유일하신 신이다!' 라는 말씀이고 '제 이는 너를 위해 우상을 만들지도 세기지도 절하지도 말라!' 는 말씀은 '하나님은 형상으로 계시는 분이 아니다!' 라는 말씀이며 '제 삼은 네 여호와 하나님의 이름을 망령되이 일컫지 말라!' 는 말씀은 '하나님은 이름으로 존재하시는 분이시다!' 라는 뜻이 내포되어있는 계명이라는 것입니다.

즉 이것을 연결하면 하나님은 유일하신 하나님이시며 형상으로가 아니라 이름으로 계신다는 의미가 십계명 중의 제일 위의 세 가지 계명을 통해 나타내신 것입니다.

다윗과 골리앗

성경을 보면 하나님의 이름과 그 이름의 의미를 바로알고 신앙의 고급한 단계에 올라서서 하나님의 도우심을 체험한 인물이 나옵니다. 그 이름도 유명한 다윗입니다. 다윗이 블레셋의 장수인 골리앗과 싸울 때에 무엇을 들고 나갔는지를 보면 알 수 있습니다. 물론 다윗이 들고 갔던 것은 무기는 초라하기 짝이 없는 물맷돌입니다. 지금으로 하면 '기관총' 과 '새총' 의 대결 정도가 될 것입니다. 그러나 눈에 보이는 것으로는 가히 무기라고 할 수도 없는 것이었지만 사실 다윗이 들고 나갔던 진짜 무기는 물맷돌이 아니라 다른 것 이었습니다. 그것이 사무엘상 17장 45절을 보면 기록되어있습니다.

"다윗이 블레셋 사람에게 이르되 너는 칼과 창과 단창으로 내게 오거니와 **나는 만군의 여호와의 이름 곧 네가 모욕하는 이스라엘 군대의 하나님의 이름으로 네게 가노라!**"(삼상 17:45). 사실 골리앗을 대하여 다윗이 들고 나갔던 진짜 무기는 '하나님의 이름' 이었습니다.

하나님의 이름을 들고 나아가는 것이 곧 하나님과 함께 나아간다고 하는 것을 다윗은 알았기 때문입니다. 이 부분이 우리가 이해하기 좀 어려우면서도 꼭 가져야 할 믿음이 될 것입니다.

다윗은 제사장에게 부탁해서 법궤뚜껑을 들고나간 것도 아니고 그릅 하나를 뽑아 달라고 해서 나간 것도 아니었습니다. 그냥 하나님의 이름으로 나아갔습니다.

"하나님!" 하고 부르면

"하나님의 이름을 들고 나아간다!"는 뜻은 하나님이 비록 눈에 보이지 않지만 그분을 인격으로 만나고, 영으로 뵈오며, 그분의 말씀으로 함께 한다는 것을 의미합니다. **내가 하나님 주신 말씀에 의지해서 "하나님!" 하고 부르면 하나님은 내가 부른 거룩한 이름으로 내 앞에 계시는 것입니다.** 그분의 거룩한 이름, 존귀한 이름, 영광스런 이름을 높이며 오직 하나님만 섬기고, 하나님만 바라고, 하나님만 기다리고, 하나님만 의지하고, 하나님께만 집중하는 것이 곧 하나님의 이름을 들고 나아가는 것이 됩니다.

이스라엘은 이와 같은 참된 신앙이 아니라 눈에 보이는 형상하나님에서 벗어나지 못했습니다. 그래서 이방신과 모양만 좀 다를 뿐이지 언약궤가 그냥 하나님이 되었습니다. 그러니까 언약궤 우상이라고 보면 되겠습니다.

언약궤 우상

4절에 보면 언약궤 곁에 서있는 '엘리'의 '두 아들'들이 나오는데 이 사람들은 당대의 대표적인 '패륜아'들이었습니다. 하나님말씀을 이해하는 것은 전혀 없고, 죄는 죄대로 짓고, 제사 드리는 일마저 멸시한 자들이 이제 어려움을 겪게 되니까 언약궤를 무슨 부적이라도 되는 냥 전쟁터로 들고나갔다는 것입니다.

우리에게 있는 성경이나 십자가는 부적이 아닙니다. 성경을 통해 하나님의 마음을 읽고 십자가를 통해 하나님의 사랑을 아는 부분에서는 관심도 없으면서 그저 인생의 위기를 만났을 때 잠시 도움을 주는 도구로 하나님을 알았다면 그것이 곧 하나님을 멸시하는 일이 되는 것이라는 사실입니다.

5절 이하를 보면 언약궤를 들고나간 이스라엘은 사기충전해서 땅이 울릴 정도로 소리를 질러댔습니다. 건너편에 진 치고 있던 블레셋이 이스라엘 진중으로 자기들이 섬기는 신이 들어왔다는 말을 듣고는 모두가 겁에 질려 버들버들 떨게 됩니다. '저 신은 애굽의 강력한 신들을 친 신이며 저 백성을 광야에서 인도한 능한 신이다!' 라고 하면서 블레셋은 사기가 꺾이게 됩니다. 그래서 붙었는데 결과는 정반대가 되었습니다. 사기충천했던 이스라엘의 대 패전이었습니다. 엘리의 두 아들이었던 '홉니' 와 '비느하스' 가 죽고 '법궤' 마저 빼앗기게 되었습니다.

여호와의 법궤와 여호와의 이름의 차이

여호와의 법궤를 들고 나아갔던 이스라엘백성은 패배했습니다. 그렇지만 여호와의 이름을 들고 나아갔던 다윗은 골리앗 앞에서도 승리했습니다. 여호와의 법궤와 여호와의 이름의 차이가 이렇게 정반대의 다른 결과를 가져왔습니다. 이것은 오늘날의 신앙생활에도 그대로 적용되는 말씀이 될 것입니다. 무엇을 들고 영적인 전투에 임하는 것을 아는 일은 그가 갖고 있는 신앙의 수준을 가름하는 열쇠가 됩니다.

이스라엘이 여호와의 법궤를 들고 나아가듯이 성경을 부적처럼 들고나가는 자는 패배할 것이지만 다윗이 여호와의 이름을 들고 나간 것처럼 우리의 영적인 대적들 앞에 나아간다면 하나님은 우리 앞에 있는 영적인 골리앗 앞에서도 이기게 하실 것을 믿습니다.

하나님의 법궤는 하나님의 임재를 상징하는 것이지 그 자체가 하나님은 아니었습니다. 그 안에 들어있는 '십계명 돌판' 과 '만나' 와 '아론의 싹 난 지팡이' 가 뜻하는 것은 곧 하나님의 인도하심과 함께하심을 나타내는 대표적인 증거물들이었습니다.

즉 언약궤는 '하나님이 어떤 형상이냐?' 를 나타내고자 하는 것이 아

니라 '하나님이 어떤 하나님이시냐?' 를 가르치시는 증거물이라는 것입니다.

그래서 실제로 재밌는 부분은 이스라엘 진중에 자기들이 섬기는 신이 들어왔다고 하는데 블레셋이 보기로는 이상합니다. 신은 무슨 형상을 지니고 있어야하는데 무슨 궤짝 같은 것이 신이라고 하는 것입니다. 참 이상했을 것으로 상상이 됩니다. 말 그대로 블레셋이 보기에는 '박스' 일 뿐이니까요.

내 곁에 계신 주님

하나님이 어떤 하나님이신지를 이해했을 때에 그 하나님이 바로 내 곁에 계시는 하나님이 되시는 것입니다. 내 앞에 형상으로 있는 하나님이 나를 도와주는 일은 없을 것입니다. 형상으로 하나님을 곁에 두고 있다면 그것들은 다 미신이고 부적일 뿐입니다.

하나님은 이름으로 계시고 마음을 다하여서 주님을 믿고 나아가는 자들에게 승리를 주시는 하나님이신 것을 알 때에 거룩하신 이름, 능하신 이름, 높으신 하나님의 이름을 들고 다윗처럼 우리의 영적인 대적들 앞에 나아가서 큰 승리를 거두는 모든 성도님들이 되시기를 소망합니다.

네 번째 이야기

성전건축과 교회건축

거룩한 전

성도들이 '교회'를 가리켜서 '성전'이라고 부를 때가 있습니다. 교회에 갈 때에도 성전에 가서 예배드린다고 하고 교회를 짓는 일도 성전건축이라는 말을 자연스럽게 하는 것이 일반이 되었습니다. 성전이라는 말이 아무래도 교회라는 말보다는 왠지 더 거룩해 보이고 무게감이 실리는 것 같아서 그런 것 같습니다. 조금 더 나아간 경우라면 교회 내부의 모습도 구약시대 성전처럼 꾸미는 것이라 하겠습니다. 단순히 하나님을 만나는 거룩한 전이라는 뜻에서의 성전이라면 무리가 없겠지만 구약 성경에 기록된 성전을 빗대어서 교회를 이해한다면 이는 성경적이지 않은 표현이 됩니다. 왜냐하면 구약의 성전이 신약의 교회가 된 것은 아니기 때문입니다.

성막

구약성경에 기록된 성전을 좀 이해할 필요가 있습니다. 성전이 있기 전에 먼저 있었던 것은 성막입니다. 이스라엘이 출애굽해서 나올 때에 하나님은 모세를 통해 성막을 지으라고 하셨습니다. 성막은 일종의 텐트입니다. 이스라엘이 40년 광야 생활하면서 치고 걷기 용이한 텐트의 형식을 취하고 있습니다. 성막은 그 안에 성소와 지성소로 나뉘어져 있고 성소에는 분향단과 촛대 그리고 이스라엘12지파를 상징하는 전설병이 있었습니다. 그리고 성소 가장 안쪽 지성소에는 법궤가 있어서 그 안에 십계명 두 돌 판과 아론의 싹 난 지팡이와 만나가 들어있었습니다. 하나님은 그 뚜껑 바로 윗부분인 시은소(속죄소)위에서 모세에게 말씀하셨습니다.

40년 광야생활이 끝나고 사사시대에 들어와서는 '실로' 라고 하는 곳에 성막이 오래 있었습니다. 한나가 하나님께 아들을 달라고 간절히 기도한 그곳이며 또한 그의 아들 사무엘이 자라난 곳이기도 합니다. 그렇게 성막이 '실로' 에 있다가 그만 이스라엘이 블레셋과 전쟁을 치르게 될 때 이스라엘이 황당하게도 법궤를 들고 나가면 이길 줄로 알았다가 도리어 전쟁에서 패하고 법궤를 빼앗기게 되었습니다.

성막에 가장 중요한 법궤가 없어졌으니 성막은 더 이상 성막이라 할 수 없게 된 것입니다. 그 이후로 법궤는 블레셋의 다곤 신전에서 다곤 신을 부서뜨리고, 돌고 돌아 벳세메스로 가서는 구경났다고 뚜껑을 열어 본 사람들이 다 죽게 되는 무서운 일이 있었습니다. 나중에는 다윗이 우여곡절 끝에 오르난의 타작마당에 법궤를 모셨다가 자신의 왕궁을 건설한 후에는 자신의 왕궁 옆에 회막을 치고 이 법궤를 보관하게 됩니다. 다윗의 장막이라고도 부르는 곳입니다.

솔로몬 성전

그런데 다윗이 이렇게 보니까 자기는 백향목 왕궁에 거하는데 하나님의 법궤는 초라한 장막 안에 있으니까 마음이 찜찜한 것입니다. 그래서 제가 하나님을 위해서 멋진 성전을 지어드리겠습니다. 하니까 하나님이 나단 선지자를 통해 말씀하시길 하늘은 나의 보좌고 땅은 나의 발등상인데 네가 무슨 날 위해 성전을 짓겠다 하느냐 하시면서 다윗의 마음만 받으셨습니다.

그러다가 그의 아들인 솔로몬 때에 가서 짓게 하셨습니다. 사실상 설계도와 자재 그리고 기술자를 비롯해서 모든 준비는 아버지 다윗이 완벽하게 세팅해 놓았다고 할 수 있습니다. 이것이 성막 이후에 처음으로 지어진 성전입니다. 솔로몬 성전이라고도 불렀던 성전입니다. 텐트 형태가 아닌 정식으로 지어진 건축물로서의 첫 성전이었습니다.

안타까운 것은 이 솔로몬 성전이 지금 이스라엘에 있는 것이 아니라 주전586년에 바벨론이 쳐들어와서 유대나라가 멸망 할 때에 다 무너지고 은과 금의 성전집기들은 다 강탈당하고 성전이 파괴됩니다. 이 때 다니엘을 비롯해서 이스라엘의 인재들이 바벨론 포로로 끌려가는 수모를 겪습니다. 사실상 이때 이스라엘의 법궤는 사라지게 됩니다. 예레미야 3장 16절입니다. "여호와의 말씀이니라. 너희가 이 땅에서 번성하여 많아질 때에는 사람들이 여호와의 언약궤를 다시는 말하지 아니할 것이요 생각하지 아니할 것이요 기억하지 아니할 것이요 찾지 아니할 것이요 **다시는 만들지 아니할 것이며.**"

스룹바벨 성전

이후로 약 70년간의 바벨론 포로생활을 끝내고 돌아와서 이번에는 스룹바벨 이라는 사람을 중심으로 다시금 성전을 짓게 됩니다. 오랜 포로생활을 끝내고 고토로 돌아온 백성들의 민심을 모으고 다시금 민족 공동체를 하나 되게 하는 일에 있어서 꼭 해야 하는 일이었습니다. 이것이 역사상 있었던 두 번째 성전인 스룹바벨 성전이었습니다. 가장 열악한 상황에서 지어진 성전이었음으로 형식만 갖춘 초라한 성전이었습니다.

헤롯 성전

그렇게 약 500년을 이어서 내려오다가 유대지역이 이번에는 대국 로마의 속국이 되었습니다. 당시에 로마에서 파송한 헤롯이 분봉 왕으로 유대를 다스리고 있던 때에 헤롯은 자신이 다스리는 유대와 지역민들의 환심을 사기위해 성전을 지어주게 됩니다.

헤롯이 믿음이 있고 신앙심이 있어서 한 일이 아니라 철저히 지역민과 황제에게 잘 보이기 위해 한 일이었습니다. 지금까지 지어진 성전 가운데 가장 크고 화려하게 지어진 성전이었습니다. 짓는 데만 46년이 걸렸습니다. 이것이 역사상 있었던 세 번째 성전인 헤롯성전입니다. 마가복음 13장에서 제자들이 이 성전을 보고 그 위용앞에 탄복하자 예수님은 이 성전이 돌 위에 돌 하나도 남지 않고 파괴될 것이라고 하셨습니다.

예수님의 말씀대로 주후70년경에 유대지역 사람들이 대국 로마제국으로부터의 독립운동을 일으키려하자 당시의 황제인 티토스황제가 군대를 이끌고 와서는 이 지역을 완전히 초토화 시키게 됩니다. 예수님의 말씀대로 돌 하나도 돌 위에 있지 않게 되었습니다. 이 때 이후로 유대인은 흩어진 유대인 즉 디아스포라 유대인이 되어서 방랑하다가 2000년 뒤인 1948년 나라를 다시 찾게 되었습니다.

성전을 짓지 못하는 유대인

나라를 다시 찾은 유대인들이 제일 먼저 하려는 것은 두 말 할 것도 없이 성전을 다시 건축하는 일이라고 할 수 있습니다. 유대인의 모토인 시오니즘의 중심에는 당연히 성전건축이 있습니다. 그런데 성전이 있었던 곳을 이렇게 보니까 지금 그곳에는 이슬람 사원인 황금의 돔이 서 있는 것입니다. 이스라엘이라고 하는 나라는 일반적인 나라와는 많이 다릅니다. 자기 나라인데 자기 국민 맘대로 할 수가 없습니다. 이 천년 만에 나라를 찾다보니까 자기 나라 안에 섬처럼 다른 나라가 있는 것입니다. 요단강 서안지구와 가자 지구는 섬처럼 팔레스타인 지역입니다. 수도인 예루살렘만 보더라도 4구역으로 나뉘어져 있어서 유대인지역, 이슬람지역, 동방정교지역, 기독교지역으로 나뉘어있습니다.

성전이 있던 자리는 이슬람구역입니다. 이곳에 이슬람사원을 없애고 성전을 짓겠다고 하면 이스라엘은 이슬람세계와 3차 대전을 치르게 생긴 것입니다. 돈으로 하든지 열심으로 하든지 유대인들은 얼마든지 성전을 지을 능력이 있습니다. 그러나 그렇게 할 수 없는 상황에 놓여 있는 것 입니다. 기껏해야 성전이 있던 곳 서쪽 벽만 바라보며 그곳에서 기도하다가 오는 것으로 만족해야하는 지경이 된 것입니다. 그곳이 그 유명한 '통곡의 벽' 이라고 하는 곳입니다.

성전을 짓지 못하게 하시는 이유

성전은 역사상 세 번 지어졌고 세 번 다 처참히 파괴되었습니다. 하나님이 성전을 짓지 못하게 하신 이유가 있습니다. 그것은 성전의 실체인 예수님이 오신고로 그 모형이었던 성전은 사라져야 하겠기 때문이었습니다. 아파트를 분양받기 위해서 사람들은 모델하우스를 통해 장차 살게 될 곳을 미리 경험하게 됩니다. 모형으로 미리 보여주는 것입니다. 그러나 아파트가 다 지어지면 모델하우스는 허무는 것입니다. 아파트 다 짓고 모델하우스 그대로 남겨두는 경우는 없습니다. 마찬가지로 성전은 예수를 보여주는 모델하우스입니다.

이것을 알려면 하나님께서 모세를 통해 이스라엘에게 주신 율법(제사법)의 핵심이 무엇인 줄을 알아야합니다. 제사법의 핵심에 있는 것이 바로 이스라엘의 성전제도입니다. 이스라엘은 율법에 의해 어떤 경우라도 일 년에 세 번(유월절, 칠칠절, 초막절)은 성전에 나아가야했습니다. 그렇다면 그 성전제도의 가장 깊은 중심으로 가면 거기에는 또 무엇이 있냐고 할 때에 그곳에는 일 년에 한 번 있는 '대 속죄일' 날 '대제사장' 이 '어린양의 피' 를 들고 지성소로 들어가는 '피뿌림의 의식' 이 있다는 것입니다.

예수가 성전인 것은 지성소에서 흘리신 보혈의 피 때문입니다. 이스라엘은 그들의 가장 큰 명절인 초막절 마지막 날을 대 속죄일이라고 부르는데 그날 온 백성이 모여 있는 가운데 대제사장이 온 백성의 죄를 사하기 위해 어린양의 피를 들고 성전 가장 깊숙한 곳인 지성소로 들어가서 시은소위에 피를 뿌리게 됩니다.

우리의 영원한 대제사장이 되신 예수님은 친히 자신의 피를 들고 하늘의 지성소에 들어가심으로 단번에 대속의 속죄를 이루셨던 것입니다. 예수님의 십자가 사건이 있은 후에 지성소의 휘장이 찢어졌다는 것은 이제 후로는 이 성전은 의미가 없다는 것을 보이신 시그널이었습니다. 십자가에서 흘리신 예수님의 피는 '하나님의 아들로서의 피' 이기 때문에 한 번에 끝나는 것입니다. 계속해서 짐승의 피를 성전에 뿌릴 이유가 없어진 것입니다.

요한복음 2장 19절에서 예수님은 자신의 몸을 가리켜서 "너희가 이 성전을 헐라 내가 삼일 만에 다시 세우리라!" 하셨고 사람들은 "46년간 지은 성전을 어찌 삼일에 지으리요!" 하면서 혀를 찼습니다. 예수님은 분명히 자신의 몸을 성전이라 하셨다는 것입니다.

건물로서의 성전은 이제 더 이상 없는 것입니다. 이것을 보이신 것이 성경입니다. 건물로서의 성전을 인정하고 구약의 성전을 다시 짓겠다고 하면 오신 메시야이신 예수그리스도를 인정하지 않겠다는 결과를 낫는 것입니다. 유대인들은 예수를 믿지 않는 고로 성전을 다시 지으려

하는 것입니다.

“여호와의 말씀이니라 너희가 이 땅에서 번성하여 많아질 때에는 사람들이 여호와의 언약궤를 다시는 말하지 아니할 것이요 생각하지 아니할 것이요 기억하지 아니할 것이요 찾지 아니할 것이요 다시는 만들지 아니할 것이며”(렘 3:16).

교회건축

사실 구약의 성전 짓는 일을 오늘날의 교회를 짓는 부분에 적용하는 시각은 바른 성경해석이라 볼 수 없습니다. 그러나 많은 경우 이렇게 될 수 밖에 없는 상황에 처하게 된 것은 신약에 교회를 짓는 내용이 전혀 없기 때문입니다. 사도행전이나 서신서에서 교회가 부흥하게 된 것으로 교회를 증축하거나 건축하는 것에 관련된 기사가 없다보니 무리하게 구약에 가서 본문을 잡게 된 것입니다. 성전을 짓는 일에 관해서 구약의 본문은 무궁무진합니다.

학개서 같은 구약성경은 시작하자 마자 “너희는 판벽한 집(잘 꾸민 집)에 거하면서 어찌하여 하나님의 성전은 저렇게 초라한 성전으로 놔두는 것이냐 너희는 어서 빨리 산에 가서 나무를 가져다가 하나님의 전을 건축하라!”는 내용으로 시작됩니다. 그러나 이때의 상황은 바벨론 포로생활에서 돌아온 이스라엘의 국민성을 하나로 모으고 다시금 신앙공동체로서의 구심점을 삼기위해 꼭 해야 하는 일 이었지 지금처럼 목회자의 치적이나 몇 사람들의 자기 과시를 위해 그 본문을 무리하게 적용할 수 없다는 것입니다. 그럼으로 교회의 건축은 성전건축의 의미가 아니라 예배드리는 성도들의 편의를 위한 예배당 건축이 되는 것입니다.

참된 성전건축

신비로운 부분은 건물로서의 성전을 폐하신 하나님께서 몸으로의 성전은 오늘날도 계속 지어갈 것을 말씀하신다는 것입니다. 고린도전서 3장 16절에서 너희가 하나님의 성전인 것과 하나님의 성령이 너희 안에 거하는 것을 알지 못하냐. 누구든지 하나님의 성전을 더럽히면 하나님이 벌하신다는 말씀을 주시는 것은 우리가 거룩한 몸으로의 성전을 짓고 성결하게 관리해야 함을 말씀하신다는 부분입니다.

하나님이 정말로 원하시는 성전 건축은 외적으로 들어난 화려한 건물이나 시설물이 아니라 성도 한 사람 한 사람이 말씀 안에 바로 세움받고 세상과 구별된 성결한 삶을 살아가는 것이 참으로 성경적인 성전 건축이 된다는 말씀입니다.

교회를 이해할 때도 마찬가지입니다. 너무도 많은 성도들이 교회를 생각할 때에 건물로서의 교회와 시설물로서의 교회에 메여있습니다. 그러나 진정한 의미의 교회는 교회가 지닌 '에클레시아' 라는 말처럼 '부름받은 자들의 모임' 입니다. 유기체로서의 공동체를 말하는 것이지 어떤 구조물이나 건물이 아닙니다. 그리스도를 머리로 삼은 몸으로서의 교회가 진정한 의미의 교회입니다. 몸이 각 기관을 이루고 자기 역할과 기능을 수행하는 것으로 유기적인 하나의 몸을 이루는 것처럼 성도들 하나하나는 주님의 몸을 이루는 지체요 기관입니다. 따라서 하나님이 주신 은사대로 머리되신 그리스도를 섬기고 그분의 몸 된 교회를 이룰 때에 교회는 비로소 벽돌로서의 교회가 아니라 살아있는 생명체로의 교회가 되는 것입니다.

주님이 참으로 바라시는 영적인 성전건축을 우리 삶 가운데 이루게 되기를 간절히 소망합니다.

네 번째 이야기

안식일과 주일

구약은 신약의 조명아래에서

출애굽기 20장을 보면 하나님께서 구약의 이스라엘 백성에게 십계명을 주시면서 그 가운데 안식일 준수의 계명을 4번째의 계명으로 주고 계십니다. 안식일 계명을 이해하는데 있어서 우리가 먼저 알아야하는 것 두 가지가 있습니다.

모든 구약의 법규들은 그것이 사회법이든지 제사법이든지 아니면 유월절 초실절 등등의 절기를 지키는 법이든지 그것을 그 자체로 받으면 안 되고 반드시 신약의 빛 아래에서 보아야 한다는 것입니다. 모든 구약은 신약의 빛과 예수그리스도의 조명으로 보지 않는다면 무슨 일이 벌어지냐면 우리 모두는 예수를 믿는 사람이 아니라 모세를 믿는 모세종교를 따르는 사람이 된다는 것입니다.

다시 말하면 구약의 안식일 준수가 오늘날 예수 믿는 내게 어떤 날인지 모르고 안식일을 지킨다면 이단사설을 가르치는 거짓교사들의 꾐에 넘어가는 것입니다.

구약은 신약의 조명아래 보아야 하고 신약은 또한 구약에서 말미암았음으로 구약을 깊은 뿌리로 하고 이해해야 한다는 말씀입니다. 신약

의 조명이 없는 구약은 유대교이며 모세종교일 뿐입니다.

구원의 조건이 아닙니다.

다음으로 안식일 준수를 명령하시는 하나님의 마음을 알게 될 때에 이 안식일 준수가 구원의 조건으로 주시는 계명이 아니라는 사실입니다. 안식일 준수 뿐 만 아니라 십계명의 다른 계명들도 모두 마찬가집니다. 이것을 다 너희가 지켜야지만 구원을 받는다는 행위구원을 말하는 것이 아닙니다. 모든 이단들은 행위구원을 말합니다. 안식일 지켜야 구원받고 유월절 지켜야 구원받는 다고 합니다. 이는 성경에서 말하는 그 날의 진짜 의미를 모르기 때문입니다.

이 부분을 이해하려면 먼저 안식일 준수가 주어진 시점을 좀 보아야 합니다. 안식일 준수는 오늘 출애굽기 20장에 십계명을 주시면서 법제화 되고 있지만 법이 있기도 전에 벌써 출16장에서 하나님은 이스라엘 백성들에게 만나를 내려주시면서 엿새 동안은 하루치를 거두지만 안식일 전 날은 안식일 것까지 해서 이틀 치를 거두어 오게 하셨습니다. **하나님은 이스라엘로 하여금 법을 주시기 전에 먼저 생활 속에서 미리 안식일을 지키도록 하신 것입니다.**

이스라엘의 출애굽 여정을 잠깐 정리하면 이렇습니다. 출애굽기 13장에서 요지부동 강퍅했던 바로왕은 마지막인 10번째 재앙인 장자의 죽음으로 인하여서 드디어 이스라엘을 내어주게 됩니다. 이스라엘이 애굽을 나온다는 것은 신약적인 의미로 하면 그것이 곧 구원입니다. 이스라엘이 애굽을 나오게 될 때에 즉 구원받게 될 때에 하나님은 이스라엘 백성에게 문설주와 인방에 어린양의 피를 바를 것을 명령하셨습니다. 이것이 바로 넘어간다는 뜻의 유월절의 효시가 된 것입니다. 또한 고린도전서 10장 2을 보면 “우리가 다 모세에게 속하여 바다의 세례를 받았다고 합니다." 어린양의 피로 구원받고 홍해에서 세례 받은 백성이 지금 광야에 있는 이스라엘이라는 것입니다.

이스라엘이 구원받은 것은 어린양의 피로 구원받은 것입니다. 십계명 준수해서 구원받은 것이 아닙니다. 어린양의 피는 우리 모두의 대속의 재물이 되시는 예수그리스도의 보혈을 구약에서 예표한 것입니다. 그러므로 오직 은혜로 구원을 받은 것은 구약이나 신약이나 일반입니다. 십계명을 주심은 구원받은 하나님의 성도들은 이와 같은 10가지 계명아래에서 세상을 살아가야 한다는 바운더리를 주신 것입니다.

안식일은 그리스도의 모형

그렇다면 신약을 빛으로 하고 그리스도를 조명으로 해서 안식일은 도대체 무엇이냐는 것입니다. 한마디로 하면 안식일은 예수그리스도의 모형이고 그림자라는 것입니다. 마치 구약의 성전이 장차오실 예수그리스도의 모형이고 그림자였던 것과도 같이 안식일도 마찬가지라는 것입니다. **구약의 성전이 장소적(공간적)인 개념에 있어서 주님의 모형이었다면 안식일은 시간적 개념에 있어서 주님의 모형이라는 것입니다.**

예수그리스도에게로 나아가면 곧 하나님을 만나는 성전에 있는 것이고 예수그리스도를 바라보는 시간은 곧 안식일에 시간 가운데 있는 것입니다. 이것이 바로 오늘의 신약시대를 살아가는 우리에게 있어서의 안식일의 의미가 됩니다. 성전이 예수라 하면 그래도 이해가 좀 되는데 안식이라고 하는 시간이 예수라 하니까 어려운 것입니다. 히브리서 4장에서 이것을 이해시키기 위해 시간을 공간화 시켰습니다. "이미 그의 안식에 들어간 자는 하나님이 자기의 일을 쉬심과 같이 그도 자기의 일을 쉬느니라!" 즉 예수그리스도 안에 있는 것이 안식일 안에 있는 것이고 그 안에서 참된 쉼을 얻는다는 말씀입니다.

그러니까 구약의 모든 성전에 관련된 제도나 안식일과 절기에 연관된 법규들 속에는 그 안에 예수그리스도가 상징처럼 녹아있는 것입니다. 예수님은 자신의 몸을 가리켜서 “너희가 이 성전을 헐라 내가 삼일만에 다시 일으키리라!”하시면서 자신을 성전이라 명하셨습니다. 하나님이 이스라엘 백성으로 하여금 성전으로 나아가서 속죄의 제물을 드리는 것으로 피 뿌림의 제사의식을 반복하게하신 것은 앞으로 오실 우리 모두의 속죄제물이 되시는 예수그리스도를 바라보게 하심 이었습니다.

안식일 또한 그것을 법제화해서 계명으로 주시기 전에 미리 만나를 거둘 때에 안식일 전 날에는 이틀 치를 거두는 것을 통해 생활 속에서 반복하여 지키게 하는 것으로 이제 계명으로 주실 안식일을 바라보게 하신 것과 같다고 하겠습니다.

안식일의 주인이신 그리스도

주님은 “내가 안식일의 주인이다!”하셨습니다. 이 말씀은 내가 안식일을 제정했고 내가 안식일 준수를 명령했으며 안식일을 주셨다는 것입니다. 그렇다면 안식을 왜 주셨을까요? 그것은 너희가 엿새 동안은 힘써 세상에서 살아가겠지만 일주일에 한 번은 특별히 구별해서 이 날 만큼은 “날 바라보라!”는 말씀입니다. 천국의 쉼과 천국의 평안과 안식을 미리 맛보라고 주시는 일종의 맛 배기 천국시간이 안식일이라는 것입니다.

‘아브라함 죠슈아’ 라는 히브리 신학자는 말하기를 안식일은 단순한 휴일이나 막간의 시간이 아니라 ‘시간속의 지성소’ 라고 했습니다. 이 날이 있음으로 해서 다른 날들에 생명이 부여된다는 것입니다. 마치 육일동안의 창조세계는 영혼이 없는 몸과도 같은 세상이었다면 비로소 영혼이 불어넣어진 날이 바로 안식일이라는 것입니다 "제 칠 일에 나 여호와가 쉬어 평안하였다(바인나파쉬)"(출 31:17). 평안하였다는 원어는 '바인'과 '네페쉬'의 합성어로 영이 들어간다는 뜻을 담고 있는 것입니다.

성경에서 하나님이 숨을 불어넣으시는 장면이 두 군데 나옵니다. 하나님께서 흙으로 아담을 지으시고 흙덩이였던 아담에 코에 생기를 불어 넣으므로 생영이 되었다고 하는 창세기 2장 7절의 부분과 신약 요한복음 20장 22절에서 예수님이 안식 후 첫날(주일날)부활하신 이후에 제자들이 모인 곳에서 주님이 숨을 내어 쉬시며 성령을 받으라고 하신 것입니다.

이 모든 것이 하나님의 숨이 들어가야 비로소 살아있는 생명이 되듯이 시간에 속한 날들 또한 하나님이 불어 넣으신 숨으로 생명이 들어간 날이 곧 안식일이라는 것입니다.

이와 같이 안식일이라고 하는 날이 가지고 있는 의미는 영적인 의미는 깊고 심오합니다. 그러나 날이 지니고 있는 참된 의미는 모른 체 그 날 자체만 조문으로 지키는 것은 의미가 없습니다. 안식일을 왜 주셨는지 아는 것은 그 날을 지키는 일보다 더 앞선 것이며 중요합니다.

이를테면 우리가 어릴 적 부모님이 심부름을 시키실 때 이런 말씀을 자주 하셨습니다. "너 한 눈 팔지 말고 갔다 와라!"입니다. 여기서 그곳을 다녀오라고 하시는 심부름의 내용을 알고 가는 것 없이 한 눈만 안 팔았다고 해서 심부름을 잘 한 것이 아니라는 말입니다. 마찬가지로 잘못하면 우리는 하나님 앞에 한 눈 안 팔은 것만 가지고 하나님 앞에 순종한 것 같은 착각을 하고 명령을 바로 수행한 행세를 할 수 있다는 것입니다.

안식일과 주일

예수를 만나는 것 없이는 하나님의 안식은 없습니다. 우리가 하나님과 누리는 평안과 쉼과 안식은 오직 독생자이신 예수그리스도를 통해서 누리는 것이기 때문입니다. 구약시대 이스라엘로 하여금 성전을 통해 하나님을 만나게 하시고 안식일을 통해 하나님의 평안을 경험하게 하신 것은 이것이 둘 다 그 자체로의 의미가 있는 것이 아니라 실체이신 예수그리스도에게 나아가게 하려고 주신 모형이라는 것입니다. 구약의 절기들과 제사법 안에서 예수그리스도를 발견하지 못하면 그 사람은 유대교인이요 모세종교에 있는 사람입니다.

중요한 것은 실체가 나타나면 모형은 사라지는 것입니다. 그림자는 몸을 가늠하게 하는 형상이요 껍데기에 지나지 않습니다. 안식일뿐만 아니라 구약의 모든 법규들 속에 담겨있는 의미와 메시지와 내용이 바로 예수그리스도를 향하고 바라보고 지향하고 있다는 사실을 모른 채 그 조문에만 매달려 있으면 위의 표현대로 하면 한 눈만 안 팔고 있는 것입니다. 한 눈 안파는 게 중요한 게 아니라 명령하신 내용을 바로 이행하는 것이 중요합니다.

이것들은 장래 일의 그림자이나 몸은 그리스도의 것

교회 역사적으로 볼 때에 초대교회 시절에는 안식일과 주일에 예수 믿는 성도들이 모였습니다. 사도행전에 보면 사도바울이 안식일 날에 회당에서 말씀을 강론한 부분이 있고(행 18:4) 또한 안식 후 첫 날(그 주의 첫날) 이라고 기록된 지금 우리가 지키는 주일날 성도들이 모인 기록이 있습니다(행 20:7). 갈수록 사람들이 예수 믿는 기독교인들을 바라볼 때 저 사람들은 누구냐 하게 될 때 안식일에 모이니까 유대교의 아류내

지는 분파 종파로 사람들이 아는 것입니다. 그래서 "우리는 모세를 믿는 유대교가 아니라 예수를 믿는 기독교다!"라고 해야 했습니다.

그러기 위해서는 모이는 날을 정해야 했습니다. 그날은 자연스럽게 정해지게 되었습니다. 주님이 부활하신 안식 후 첫날이었습니다. 부활하신 주님을 만나게 된 이 날의 경험은 당시에 성도들에게는 너무나도 강렬한 임팩트의 날이었습니다. 뿐만 아니라 주님의 성령이 마가의 다락방에서 기도하던 120문도들에게 임할 때도 주일날 임하신 것입니다. 이 또한 초대교인들에게는 잊지 못할 감격의 날 이었습니다. 그래서 그 이후로 초대교회 성도들은 누가 뭐라 할 것도 없이 주일날 모인 것입니다. 그리고 주님이 이 날(주의 날) "우리의 신랑이 되어 저 하늘에서 구름타고 오실 것이다!"는 믿음으로 지금까지 신앙을 키워온 것입니다.

날 그 자체로서의 안식일은 의미가 없습니다. 안식일은 예수님의 십자가로 이미 완성되고 성취되었습니다. 만일 날에 목숨 거는 사람이 있다면 마치 십자가의 의미는 전혀 모른 채 십자가를 부적처럼 지니고 있는 사람의 모습이라고 할 것입니다. 그것이 형상으로의 십자가 우상이라면 날은 형상으로서의 날 우상이 되는 것입니다.

여기서 결정적인 말씀이 골로새서 2장 16~17절에 기록되어있습니다. 당시에 초대교회 성도들 사이에도 이견이 있었습니다. "그래도 안식일 날 모여야 한다! 아니다 무슨 말이냐 우리는 유대교가 아니다! 예수님이 이 날 부활하시고 성령을 주셨다!" 하면서 분쟁이 일려고 할 때에 사도바울은 역설했습니다.

"그러므로 먹고 마시는 것과 절기나 초하루나 안식일을 이유로 누구든지 너희를 비판하지 못하게 하라 **이것들은 장래 일의 그림자이나 몸은 그리스도의 것**이니라!" 안식일은 그리스도의 그림자니 안식일 그 날 자체에 목매이지 말라는 말씀입니다.

주님은 십자가상에서 “내가 율법을 다 이루었다!” 하셨습니다. 그 안에는 안식일 율법도 들어있습니다. 그래서 오늘날 우리 예수 믿는 성도들은 구약의 성전에 모이지 않는 것과 같이 또한 안식일에 모이는 것이 아니라 주일에 모여 하나님을 예배합니다.

안식일의 정신

그렇다면 여기서 우리는 또한 중요한 부분을 집고 넘어가야합니다. 신약시대를 살아가는 우리들에게 구약의 율법은 예수 그리스도로 인해 완성되고 성취되었다고 한다면 구약의 율법이 그 기능을 다하고 완전 폐기되었냐는 것입니다. 여기에 대해서는 단호히 “아니다!”라고 말해야 합니다. 구약 율법의 폐기는 법조문으로의 폐기를 말합니다. 껍데기로서의 버림입니다. 에베소서 2장 15절을 보면 이렇게 되어있습니다. “법조문으로 된 계명의 율법을 폐하셨으니.”그래서 지금 우리 신약의 성도들은 조문으로서의 구약의 율법들을 지키지 않습니다. 그러나 놓쳐서는 안 되는 것이 있습니다. 그 율법 안에 담겨있는 율법의 정신은 그보다 더 철저히 지켜야 한다는 것입니다.

겉으로 나타난 조문으로의 율법의 폐기를 결코 그 안에 담긴 율법 정신까지의 훼손으로 연결시켜서는 안 된다는 것입니다. 여기서 예수님의 말씀인 “내가 율법을 폐하러 온 것이 아니요 완전케 하려고 왔다!”는 의미를 알게 됩니다. 로마서 3장 31절에서 말씀하시는 사도바울의 말씀도 이해할 수 있게 됩니다. “그런즉 우리가 믿음으로 말미암아 율법을 폐하느뇨 그럴 수 없느니라 도리어 율법을 굳게 세우느니라!” 이것이 바로 율법의 정신을 찾아가는 작업이면서 동시에 율법을 주신 하나님의 마음을 읽어내는 과정이기도 합니다.

신약의 우리 성도들은 구약시대처럼 성전으로 가지 않고 교회에 옵니다. 그리고 안식일 날이 아니라 주일날 모입니다. 그러나 그 마음만큼은 간절한 마음으로 하나님을 뵈러 성전을 올랐던 구약의 성도들의 마음을 품고 예배당에 나와야합니다. 또한 **그들이 장차오실 메사야인 그리스도를 바라보며 안식일을 준수하였듯이 우리는 다시 오실 왕 우리의 영원한 신랑이 되시는 주님을 바라보며 주일을 지켜야합니다.**

주일성수의 메시지

주일성수를 통해서 나의 이웃에게 메시지를 보내는 것입니다. 여기서 이웃은 나의 아내가 될 수도 있고 나의 자녀가 될 수도 있습니다. "저 사람들은(혹은 우리아빠 우리남편은) 이 날 만큼은 뭔가가 좀 다르더라!"는 것을 보이는 것입니다. "이 날 만큼은 뭔가 좀 절제하려하고 뭔가 좀 참으려고 하고. 좀 더 가정적이고, 좀 더 온화하고 친절하려 하고. 무엇보다 예배드리는 일 만큼은 세상없어도 지키더라!" 하는 것을 통해서 이 날을 다른 날과는 구별하더라는 거예요. 그것을 통해서 그 분이 섬기는 주님에 대한 메시지를 받는 것입니다.

"하나님은 정말 살아계시는구나! 하나님은 정말 역사하시는구나! 그러지 않고서야 어떻게 저렇게 철두철미 할 수 있겠어!" 하는 메시지를 건네는 것입니다. 그런데 그 반대가 있습니다. 주일날 더 화내고, 더 잘 싸우고, 날씨 맑으면 놀러가고, 비오면 교회오고 늦잠자면 안 나오고, 어쩌다 일찍 일어나면 나오고, 이렇게 주일을 지키면 이것도 메시지를 보내는 겁니다. 메시지는 문자로만 핸 폰으로 보내는 것이 아니라 삶을 통해 전해지는 것입니다.

중요한 것은 무엇이냐면 나를 아는 사람들이 "그냥 저 사람 믿음이 별로다!" 라고 생각하는 것에 그치는 것이 아니라 저 사람이 섬기는 "하나님이 별거 아니다!"라는 메시지로 받는다는 것입니다. 그들이 하나님에 대한 메시지를 받을 때 별거 아닌 하나님으로. 얼레 설레 하나님으로. 술에 물 타고 물에 술 탄 하나님. 차지도 덮지도 않은 하나님으로. 그렇게 세상에 메시지를 전하고 사는 우리의 나태한 신앙이 아니기를 간절히 소망합니다.

철두철미하게 약속을 이행하시는 하나님. 우리의 헌신과 충성을 헛것으로 돌리지 않으시는 하나님. 우리의 기도에 응답하시는 하나님으로 메시지를 전하는 것으로 주일을 성수하는 모든 성도들이 되시기를 예수 그리스도의 이름으로 축복합니다.

네 번째 이야기

제사와 예배

생각의 간극

오늘은 구약의 마지막 성경인 말라기서를 통해서 구약의 제사와 신약의 예배가 지니고 있는 영적 의미를 살펴보도록 하겠습니다. 말라기서는 하나님과 이스라엘 백성 간의 생각의 간극을 메우고 그 틈을 채우는 책이라고 하겠습니다.

1장 2절에 책이 시작되자마자 "하나님은 너희를 사랑한다 하였으나 너희는 이르기를 하나님이 뭘 우리를 사랑했습니까?"로 책이 열리고 있습니다. 이와 같은 어긋남의 구도는 처음부터 끝가지 이어집니다. "하나님은 너희가 내 이름을 멸시했다 하시니까 우리가 언제 하나님 이름을 멸시했습니까!"(1:6-7), "하나님이 너희 봉헌물 안 받겠다 하시니까 이는 어찌됨이니이까!"(2:14), "하나님이 내게로 돌아오라 하시니까 어떻게 해야 돌아가리이까!(언제 우리가 주를 떠났습니까)"(3:7). 성경은 문학적으로 쓰여 졌기 때문에 문자를 그대로 보면 안 되고 어떤 의미에 대화가 오가는지를 파악해야합니다.

'우리를 뭘 사랑한 겁니까!'

하나님과 이스라엘 간에 핀트가 계속 안 맞고 있습니다. 하나님은 당신의 백성을 향해 섭섭해 하시는 것이고 이 백성은 하나님을 향해 토라져 있는 것입니다. 그렇게 된 이유는 사실 이렇습니다.

이 시대는 주전 약450경으로 이스라엘이 바벨론 포로생활하고 돌아와서 학개 선지자의 독려 하에 힘들게 무너진 성전을 지었습니다. 얼마나 힘들게 지었는지 짓다가 무려 15년간 중단되기도 합니다. 이어서는 느헤미야 선지자의 지도아래 이번엔 힘들게 예루살렘 성벽을 재건하게 됩니다. 숱한 반대세력을 물리치고 각고의 노력 끝에 이루게 된 일입니다. 이스라엘은 생각하기를 이런 일을 다 끝내면 이제 하나님이 우리에게 뭔가 좀 좋은 것을 주시겠거니 했는데 그런게 없는 겁니다.

그래서 말라기 3장 14절에 "하나님을 섬기는 것이 헛되고 그 명령을 따르는 것이 무슨 유익이 있느냐!"이렇게 된 것입니다. 하나님은 말라기 선지자를 통해 "내가 너희를 사랑한다!" 하니까 대번에 반항조로 **"우리를 뭘 사랑한 겁니까!"**로 도리어 따지고 있는 것입니다. 그때 하나님은 1장 2절에서 '야곱과 에서' 이야기를 하시면서 에서는 야곱의 형이지만 뱃속에 있을 때부터 그들이 무슨 선악간 행위를 하기 이전에 내가 야곱을 사랑하였고 에서는 미워했다는 말씀을 주셨습니다.

내가 너를 사랑하는 것이 뭘 좀 주면 사랑하는 것이고, 좀 안 주면 안 사랑하는 그런 조건적인 사랑의 관계가 아니었다는 것을 밝히셨습니다. 이 말씀은 신약의 사도바울이 하나님 백성을 택하는 일에 있어서 사람의 행위가 아니라 무조건적으로 선택하시는 하나님의 절대주권을 설명하면서 인용한 구절입니다.

깨끗한 제물

이와 같은 이스라엘의 토라짐은 바로 제사(예배)의 소홀, 제사(예배)의 부실, 제사(예배)의 타락을 가져오게 했습니다. 성전에 제사 드리러 갈 때에 병든 것, 저는 것, 눈먼 것을 가지고 간 것입니다. 구약의 이스라엘이 하나님을 제사하러 갈 때는 반드시 흠 없는 제물을 이끌고 가야했습니다. 제사법을 상세히 기록하고 있는 레위기서를 보면 제물하면 반드시 그 앞에 따라붙는 말이 흠 없는 제물이라는 말입니다. 왜 흠 없는 제물이어야 했냐하면 이 제물은 희생제물이기 때문입니다. 이 제물을 이끌고 온 사람의 죄를 사해야 하는 제물인데 자기도 흠이 있으면서 누구 죄를 없이 할 수 있냐는 것입니다.

죄 하나 없으신 하나님의 아들 예수그리스도께서 흠 없는 제물 깨끗한 제물로 당신의 몸을 십자가에 사르시는 것으로 죄인들의 모든 죄를 사하시는 것과 같이 구약의 모든 제물은 흠없고 깨끗한 제물이어야 했습니다. **결국 구약의 모든 제물들이 바라보고 지향하고 나타내고자 했던 실체도 바로 장차 오실 예수그리스도였던 것입니다.**

그래서 말라기 1장 11절을 보면 "너희는 이렇게 더러운 제물로 제사하고 있지만 장차 해 뜨는 곳에서 해지는 곳까지 내 이름이 이방 민족 중에서 크게 될 것과 각처에서 깨끗한 제물로 예물을 드리게 될 것이다!" 라는 예언이 이루어진 것으로 깨끗한 제물이 예수그리스도 되심과 이방민족이 바로 우리라는 것을 알게 하신 것입니다.

이스라엘 백성은 자신이 드리는 제물이 내 죄를 대신해서 죽어야하는 희생제물이라는 생각은 없이 어차피 이제 곧 죽을 텐데 병든 것 눈먼 것 저는 것이면 어떠냐는 식으로 지금 이끌고 왔다는 것입니다.

'거 되~게 까다롭게 구네!'

처음부터 이러지는 않았습니다. 당시에 성전 문 앞에는 제물을 검사하는 검시관 제사장들이 있어서 양과 소의 눈도 뒤집어보고, 입도 벌려보고, 걸을 때 절뚝이는지를 보고는 제물로 드릴 수 있는 합격 여부를 판정했습니다.

그러니까 이 은혜 없는 백성들이 무슨 소리를 하게 되냐면 '뭘 그렇게 번거롭게 구냐! 어차피 이제 곧 죽을 텐데. 하면서 아예 다음부터 제물을 안 가져오거나 절기가 되어도 성전에 안 오는 것입니다. 1장 13절을 보면 이와 같은 하나님의 말씀이 나옵니다. "만군의 여호와가 이르노라 너희가 또 말하기를 **이 일이 얼마나 번거로운고 하며 코웃음치고** 훔친 물건과 병든 것 저는 것을 가져 왔느니라!"

검시관이 이건 병들어서 불합격이라 하면 코웃음을 치면서 '거 되~게 까다롭게 구네!' 했던 겁니다. 당시에 제사장들은 받은 산업과 기업이 없는 고로 백성이 드리는 제물로 먹고사는 사람들이었는데 백성들이 그것마저 안 가져 오고 아예 오질 않으니까 목구멍이 포도청이 된 것입니다. '병든 것도 괜찮아! 눈먼 것도 괜찮아! 저는 것도 괜찮아! 와 주기만 해~'

'내 이름을 멸시하는 제사장(놈)들아!'

그래서 하나님은 3장 1절에서 "내 이름을 멸시하는 제사장(놈)들아!" 하고 진노하시는 것입니다. 지금으로 하면 '예배시간 안 지켜도 괜찮아! 와서 잠자도 괜찮아! 애들 예배시간에 맘대로 뛰어다녀도 괜찮아! 헌금만 가지고 와 줘!' 이렇게 된 것입니다. 설교말씀도 사람들 기분을 달래는 말, 재밌는 이야기, 행복이야기, 세상 돌아가는 이야기. 예수 믿으면 세상에서 축복받고 성공하고 출세한다는 샤머니즘만 전하는 것입니다. 하나님의 아들이신 예수께서 내 죄를 위해 십자가에서 죽으신 것 하고는 아무 관련 없는 이야기만 한다면 대번에 "내 이름을 멸시하는 목회자(놈)들아!"이렇게 되는 것입니다.

예배의식 또한 하나의 잘 짜여진 이벤트가 되었습니다. 예배를 드린다고 하는데 기획사 파견 직원이 나와서 예배 리허설을 합니다. 예배가 사람을 기쁘게 하기 위한 쇼와 공연이 되었습니다. 누구를 위한 예배인지를 깊이 생각하지 않을 수가 없습니다.

하나님은 얼마나 답답하셨는지 1장 10절을 보면 "너희가 내 제단위에 헛되이 불사르지 못하게 하기위하여 너희 중에 성전 문을 닫을 자가 있었으면 좋겠도다!"라고 까지 말씀하셨습니다. "누가 저 뒤에 가서 성전 문 좀 닫아라!" 이렇게 된 것입니다. 좀 더 센 표현으로 하면 2장 3절에서 "너희 절기의 희생제물의 똥을 너희 얼굴에 바를 것이라!" 이런 본문을 대하면서 우리는 하나님이 지금 얼마나 크게 진노하고 계신지 그 하나님의 탄식 소리가 그대로 전해지고 느껴져야 할 것입니다.

예수 보혈의 강

구약이나 신약이나 하나님을 예배할 때는 먼저 피 뿌림의 속죄의식이 있는 것입니다. **신약의 우리가 지금 제물을 이끌고 오지 않는 것은 이 가운데 예수 보혈의 강이 흐르고 있기 때문입니다.** 예배는 하나님이 우리에게 주신 예수보혈로 예배하는 것입니다. 예수보혈이 아니라 내 공로로 예배하게 되면 우린 언제나 '내가 이렇게 했는데 왜 내게 안 주냐!' 이렇게 가게 되는 것입니다. 사람들은 하나님이 주신 의로움인 예수의 보혈로 하나님을 만나려 하기 보다는 자기의 의인 자기 정성이나 치성, 노력, 헌신 이런 것을 근거로 하나님께 나아가려 하는 것입니다.

한국교회의 대부분의 성도들은 인본주의에 속한 율법주의 행위주의 공로주의에 빠져 있습니다. 그리고는 내가 새벽기도를 했고, 십일조, 봉사, 헌신했고, 했고 또 했는데. 왜 내가 원하는 것 안 들어 주십니까! 하고 나옵니다. 하나님을 만나는 근거가 내 행위이지 예수보혈이 아닙니다. 은혜가 아닙니다. 구약의 말라기 시대 백성들도 똑같습니다. 내가 성전 짓고 성벽 짓고 하라는 것 다 했는데 왜 내 삶은 나아진 것 없이 아직도 이 모양입니까! 그러면서 눈먼 것 병든 것 저는 것 가져오면서 번거롭게 말고 까다롭게 말라고 하는 것입니다.

'나 같은 죄인 어찌 감히 주를 뵈옵겠습니까!'

우리의 신앙이 은혜주의 보혈주의 말씀주의가 아니라 율법주의 공로주의 행위주의에 빠지게 되면 그 믿음은 반드시 타락한다는 것입니다. 행위주의자들의 대표는 우리가 잘 아는 바리새인입니다. 그들은 이레에 이틀 금식하고, 구제하고, 사거리기도하고 토색 불의 간음 안하고, 끝없는 '하고' 와 '안하고' 가 있습니다.

그러나 하나님은 오직 하나님의 의인 예수보혈로 나오는 자들을 만나주십니다. 목사 장로가 되어 평생을 하나님을 섬기고 교회를 봉사했으면 당연히 하나님이 나를 만나 주시는 것으로 아는 것 이것이 바로 함정입니다. 목사 할아버지가 오셔도 **"나 같은 죄인 어찌 감히 주를 뵈옵겠습니까!"**의 마음이 바로 예수보혈로 하나님께 나오는 자들의 마음가짐이라는 것입니다.

상한 마음 (broken heart)

우리가 잘 아는 구약의 다윗은 평생을 하나님을 섬기면서 상번제(매일 제사)를 드린 사람입니다. 지금으로 하면 새벽기도 같은 것입니다. 그런 그가 시편 51편에서 제사를 한 마디로 규정했습니다. **제사는 곧 '드**

리는 이의 상한 심령' 이더라는 것입니다. "주께서 제사를 기뻐하지 아니하시고. 주께서 구하시는 제사는 상한 심령이라. 상하고 통회하는 심령을 주께서 멸시치 아니하시리라!" 밧세바를 범하고 죄지은 다윗을 찾아온 나단 선지자의 말에 다윗은 완전히 부서지고 깨지고 가루가 되는 경험을 하는 것입니다. 그리고 이 진리를 깨달은 것입니다. 하나님이 받으시는 것은 번제와 수양의 기름이 아니라 바로 "나 같은 죄인 불쌍히 여기소서!" 하는 마음이라는 것입니다.

신약에도 이와 동일한 예배가 기록되어 있습니다. 누가복음 18장을 보면 성전에 올라가 기도하는 바리새인과 세리의 예배(기도)가 기록되어있습니다. 바리새인은 하나님 앞에서 자기 행위 자랑만 늘어놓는데 반하여 세리는 짧습니다. 13절 한 절입니다. **"감히 눈을 들어 하늘을 보지 못하고 하나님이여 나를 불쌍히 여기소서!"** 입니다.

'네 마음을 주의 얼굴 앞에 물 쏟듯 할지어다!'

부서진 마음 상한 심령은 물론 하나님 앞에 통회 자복하는 회개하는 마음이기도 하지만 사실상 우리가 인생을 살아가면서 겪게 되는 모든 상한 마음이 여기에 포함됩니다.

'하나님! 인생이 너무 힘듭니다! 어찌하면 좋습니까!', '하나님! 아무개 인간이 저를 너무 너무 힘들게 합니다. 어떻게 견뎌야합니까!' 한나가 대표적입니다. '하나님 브닌나가 저 보고 애 못 낳는다고 충동질을 해 대는 데 어찌하면 좋습니까!' 구약의 시편에 나오는 하나님 백성들의 외침이 거의 다 이 내용입니다. 상한 마음을 하나님 앞에 쏟아 놓은 겁니다. 시편은 숱한 하나님 백성들의 눈물이고, 탄식이고, 무너진 마음입니다. 성전에 올라 눈물 펑펑 흘리며 '아무개 인간이~ 엉엉엉!!!', '저 악한 인간은 어찌 길가다가 한번 넘어지지도 않고 감기 한번 안 걸리는 겁니까~ 흑흑흑!!!' 하면서 상한 마음을 하나님 앞에 쏟는 것이 곧 하나님께 드리는 제사라는 것입니다. "초저녁에 일어나 부르짖을지어다. **네 마음을 주의 얼굴 앞에 물 쏟듯 할지어다!**"(애 2:19).

결론

그러므로 하나님은 구약의 하나님 백성에게는 장차오실 그리스도를 바라보게 하기 위해서 그 모형이 되는 흠 없는 제물로 하나님을 예배하게 하였다면 신약의 하나님 백성은 이미 흠 없는 제물로 우리위해 십자가에 죽으신 보혈을 가지고 하나님께 나아가서 예배하는 것이라 하겠습니다. **결국 신구약의 모든 제사와 예배는 자기 공로나 행위나 율법이 아니라 하나님이 우리에게 주신 예수보혈로 드리는 것이며 드리는 자의 마음가짐은 언제나 상한 심령이어야 한다는 것을 하나님의 백성들은 잊어서는 안 될 것입니다.**

네 번째 이야기

죄짓는 분노와 거룩한 분노

'하나님이 하시는 일이 의롭다!'

말을 가지고 장난하는 것을 별로 안 좋아하는데 오늘은 어쩔 수 없이 의미를 파악하는데 필요하겠기에 앞 뒤 말을 바꾸는 것으로 말씀을 시작해야 할 것 같습니다. 이런 말이 있을 수 있습니다. '하나님은 의로우신 일을 하십니다!' 와 '하나님이 하시는 일은 의롭다!' 입니다. 겉으로 나타난 이 두 말의 차이점은 단순히 목적어와 서술어가 바뀐 것입니다. 그다지 별 차이점이 없는 말인 것 같으나 참으로 큰 차이점이 이 가운데에 있습니다. 그리고 이 차이점이 지닌 참된 의미를 아는 것은 성경의 진리를 이해하는 데에 매우 중요한 뿌리라고 하겠습니다.

'하나님은 의로운 일을 하신다!' 는 말은 틀린 말은 아니지만 그 말은 마치 악한일도 하실 수 있다는 개연성을 살짝 살려 둔 말이 됩니다. 그러나 '하나님이 하시는 일이 의롭다!' 는 것은 '하나님이 무슨 일을 해도 그것은 다 의롭다!' 라고 하는 절대적 개념의 의가 되는 것입니다. 후자를 믿는 사람이 하나님의 사람입니다. 성경에서 하나님이 무슨 명령을 내리든지 그리고 무슨 일을 하시든지 그것은 다 선하고 의로우며 거룩한 일이 되는 것은 **하나님은 옳은 일을 하시는 하나님이 아니라 하**

나님이 하시는 일이 옳은 일이기 때문입니다.

헤렘사상(진멸)

성경을 보면 하나님은 뭐 이런 일에 이렇게 까지 끔찍한 명령을 내릴 수 있나 싶을 때가 있습니다. 특별히 '헤렘사상' 이라고 해서 이거는 진멸을 말하는 것입니다. 생명이 있는 것은 그야말로 풀 한 포기 남김없이 모두 없애버리는 것을 말합니다. 이 명령을 온전히 준행하지 않은 것으로 이스라엘의 초대왕인 사울왕은 내침을 받게 됩니다. 그래서 성경을 처음 읽게 되면 사랑의 하나님이 어찌 이런 명령을 내리실 수 있나 하는 의구심을 품을 수 있습니다. 그러나 하나님의 진노와 그로 인한 진멸(헤렘)의 명령은 철저히 그것이 악을 제거하는 일에 기인합니다. 하나님이 어떤 지역과 민족을 진멸하라 하셨다면 그 만큼 그곳에는 죄악이 관영한 곳이라고 보면 틀리지 않습니다.

하나님의 본래 성품은 진노를 급하게 내시는 하나님이 아니십니다. 시내산에서 하나님은 처음으로 전 이스라엘을 모으시고 당신을 계시하실 때 이렇게 말씀하셨습니다.

"여호와께서 그의 앞으로 지나시며 선포하시되 여호와라 여호와라 자비롭고 은혜롭고 노하기를 더디하고 인자와 진실이 많은 하나님이라!"(출 34:6). '노하기를 더디하신다' 는 말은 이후로 여호와하나님 앞에 붙은 관용어가 되어버립니다.

레위언약

말라기 2장을 보면 하나님은 이스라엘을 향하여 진노하고 계십니다. 이 진노 역시 오래 참으셨다가 내시는 진노입니다. 이스라엘이 죄악에 노출되어있고 하나님의 말씀을 떠나 있는 것으로 하나님은 너희가 내가 세운 레위언약을 깨뜨렸다! 고 말씀하고 있습니다. "너희는 옳은 길에서 떠나 많은 사람을 율법에 거스르게 하는도다 나 만군의 여호와가 이르노니 너희가 **레위의 언약을 깨뜨렸느니라!**"(말 2:8).

레위언약을 보기 전에 먼저 성경에서 말씀하는 언약이 무엇인지를 조금 살피겠습니다. 성경에서 말하는 언약은 그것이 다 '내 언약' 이라는 형태로 되어 있습니다. 하나님이 일방적으로 사람들과 맺으신 언약입니다. 약속은 쌍방이 조건을 내어 걸고 하는 것인데 성경의 언약은 하나님의 일방언약입니다. 창세기 15장에서 아브라함과 언약을 맺으시고는 아브라함은 잠들게 하시고 쪼갠 짐승사이를 횃불이신 하나님만 지나가십니다. 하나님만 혼자 지나가신 것은 사람의 연약함과 부족함으로 이 언약이 파기되거나 깨지지 않는다는 것을 보이시기 위함이었습니다. 출2장 24절에도 이스라엘 백성이 애굽에 종살이 하면서 부르짖는 고통소리를 들으시고 아브라함과 이삭과 야곱에게 세운 그의 언약을 기억하시고 그들을 구원하셨다고 기록하고 있습니다. 하나님이 이스라엘을 구원하시는데 있어서 중요한 것은 이스라엘의 간절한 기도보다도 바로 하나님이 친히 맺으신 '내 언약' 을 근거로 구원하시는 것입니다.

'내 언약' 은 하나님이 자신이 지키고 성취하고 이루신다고 하는 강력한 하나님 당신의 의지의 표현입니다. 그럼 왜 말라기 2장 8절에서는 또 너희가 내 언약을 깨뜨렸다고 하시는 겁니까? 이것은 이스라엘의 죄악으로 인해 언약이 약간의 훼손을 입은 의미로 받는 것이 2장 전체문맥상 매끄럽습니다. 2장 3절을 보면 하나님은 성경전체에서 가장 심한 어조로 꾸짖으시는 장면이 나옵니다. 성경에 어찌 이런 표현이 다 있나 싶습니다. 그리고 2장의 핵심구절이라 할 수 있는 그 다음 구절인 4절에서 **"내가 이 명령을 너희에게 내린 것은 레위와 세운 나의 언약**

이 항상 있게 하려 함인 줄을 너희가 알리라!"는 말씀을 통해 내가 너희를 이렇게 심하게 꾸짖고 징계하는 것은 너희로 하여금 죄악에서 돌이키게 함이라는 말씀을 주시는 것입니다.

사람의 혈기와 분노

그러면 레위가 누군지를 좀 알아야겠습니다. 레위지파는 우리가 다 아는 것처럼 야곱의 3째 아들인 레위의 후손으로서 이스라엘 12지파 중에 특별히 백성의 제사제도와 말씀을 맡아 주관하는 사람들이었습니다. 그런데 야곱의 3째 아들로서의 레위의 모습은 그다지 볼 것이 없습니다. 둘째인 시므온과 함께 여동생을 성폭행한 세겜 족속을 다 처단하는 것으로 혈기를 부린 장본인으로서 나중에 야곱이 임종직전에 12아들 축복할 때 축복은커녕 저주를 받았던 사람입니다.

창세기 49장 8절 이하를 보면 "시므온과 레위는 형제요 그들의 칼은 폭력의 도구로다. 내 혼아 그들의 모임에 참여하지 말지어다. 그 노여움이 혹독하니 저주를 받을 것이라. 내가 그들을 이스라엘 중에서 흩으리라!" 그래도 아들들인데 죽기 전에 축복한다고 모아 놓고 어떻게 이런 저주를 할 수가 있나 싶습니다. 이스라엘 중에 흩어버린다고 했던 아버지의 저주대로 시므온지파는 지파 자체가 없어져 유다 지파에 흡수되어 버리고 레위지파도 이름만 간신히 명맥을 유지하고 있을 때에 결정적으로 이 레위지파가 복권되고 지파의 명예를 되찾게 되는 사건을 맞게 됩니다.

회복과 복권

출애굽기 32장을 보면 모세가 십계명을 받으러 시내산에 올라있을 때 산 밑에서 이스라엘백성이 금붙이를 모아다가 금송아지를 만들어 가지고는 그것을 하나님이라고 경배했습니다. 하나님이 제일 가증히 여기시는 우상숭배를 한 것입니다. 이 때 모세가 십계명 돌 판을 집어던지고 분노했습니다. 그러면서 무슨 말을 했냐면 32장 26절 이하를 보면 이렇게 되어있습니다.

"이에 모세가 진 문에 서서 이르되 **누구든지 여호와의 편에 있는 자는 내게로 나아오라 하매 레위 자손이 다 모여 그에게로 가는지라.** 모세가 그들에게 이르되 이스라엘의 하나님 여호와께서 이렇게 말씀하시기를 너희는 각각 허리에 칼을 차고 진 이 문에서 저 문까지 왕래하며 각 사람이 그 형제를, 각 사람이 자기의 친구를, 각 사람이 자기의 이웃을 죽이라 하셨느니라. 레위 자손이 모세의 말대로 행하매 이 날에 백성 중에 삼천 명 가량이 죽임을 당하니라 모세가 이르되 각 사람이 자기의 아들과 자기의 형제를 쳤으니 오늘 여호와께 헌신하게 되었느니라. 그가 오늘 너희에게 복을 내리시리라!"

모세가 진중 문 앞에 서서 "누구든지 여호와의 편에 선자는 나오라!" 했을 때 레위자손은 여호와의 분노에 동참하는 것으로 허리에 칼을 차고 악한 무리를 처단했습니다. 그러니까 이 사람들은 가서 처단하는 데는 일가견이 있는 사람들입니다.(?) 하나님의 말씀을 준행하고 그것을 집행하는 데에 있어서 사사로운 감정이나 인간적인 정에 이끌리지 않았습니다. 이들은 하나님의 공의를 세우는 일에 혁혁한 공을 세우게 된 것입니다. 이 일로 인해서 레위지파가 다시 세움을 받게 됩니다. 실추되었던 지파의 명예가 회복되고 복권되었습니다.

조상 레위가 혈기부린 것으로 아버지 야곱의 저주를 받아서 지파가 없어질 뻔 했는데 금송아지 우상 죄악을 제대로 처단한 것이 인정되어 하나님의 제사장 직분을 맡게 된 것입니다. 이때나 그때나 하나님의 말씀은 곧 법입니다. 당시의 제사장은 곧 법관이기도 했기 때문에 하나님 말씀 앞에서의 단호함과 강직함 대쪽 같은 사람이어야 했는데 하나님이 보시기에 이들이 제격인 것입니다. 정의를 물같이 공의를 하수같이 흐르게 하는데 레위지파만한 사람들이 없는 것입니다.

나중에 신명기 33장 9절에서 모세가 레위지파를 축복할 때 이런 말을 했습니다. "그는 그의 부모에게 대하여 이르기를 내가 그들을 보지 못하였다 하며 그의 형제들을 인정하지 아니하며 그의 자녀를 알지 아니한 것은 주의 말씀을 준행하고 주의 언약을 지킴으로 말미암음이로다!" 부모도 보지 않고, 형제도 인정치 않고, 자식도 알지 않았다는 것은 하나님의 말씀을 앞에 두고서는 부모자식도 없었다는 것입니다.

민수기 25장을 보면 이와 비슷한 거룩한 분노 사건이 일어납니다. 이스라엘의 많은 남자들이 이방 모압의 음란하고 음탕한 여인들에게 넘어갔을 때 비느하스라는 사람이 여호와의 분노로 떨쳐 일어나서 음녀에게 넘어간 악한 자를 처단했습니다. 성경은 비느하스가 하나님의 질투하심으로 질투하였기에 그 진노를 그치셨다고 말씀하고 있습니다. 비느하스가 여호와의 진노, 거룩한 진노, 의로운 진노를 품은 것입니다.

하나님의 분노는 옳은 일입니다.

신약에도 이와 관련된 예수님의 말씀이 있습니다. 이단들이 하도 자기들에게 올인 하는데 쓰는 본문이고 재산 갈취, 이혼조장, 가정파탄 나게 하는 것으로 인용하는 본문이라서 잘 안 보게 되는 경우가 있는데 오늘은 좀 보겠습니다. 주님이 그 말씀을 하신 그 의미만큼은 우리가 분명히 붙들어야 하기 때문입니다. 마태복음 10장 34절 이하입니다. "내가 세상에 화평을 주러 온 줄로 생각하지 말라 화평이 아니요 검을 주러 왔노라 내가 온 것은 사람이 그 아버지와, 딸이 어머니와, 며느리가 시어머니와 불화하게 하려 함이니 사람의 원수가 자기 집안 식구리라 아버지나 어머니를 나보다 더 사랑하는 자는 내게 합당하지 아니하고 아들이나 딸을 나보다 더 사랑하는 자도 내게 합당하지 아니하며."

예수님은 분명히 우리가 아는 데로 평강의 왕으로 오신 분인데 어찌하여 정반대로 이런 말씀을 하시는 것입니까! **화평을 주러온 것이 아니라 검을 주러왔다는 것은 곧 하나님의 거룩한 분노에 동참하라는 의미입니다. 레위지파사람들이 들었던 그 검을 들으라는 말씀입니다. 결연히 일어나서 죄악을 처단하고 주님보다 더 사랑하는 것을 잘라버리는 것으로 여호와의 질투(진노)를 잠재우라는 뜻이 이 말씀 안에 담겨있다고 보아야 할 것입니다.**

하나님의 분노는 옳은 일입니다. 예수님이 성전에서 분노하시고 채찍을 드신 것도 옳은 일입니다. 하나님이 내시는 분노는 사람이 내는 혈기와 다른 것은 그것이 철저히 악을 제거하는 일이기 때문입니다. 그러나 사람의 분노는 그릇된 일입니다. 사람이 성내는 것이 하나님의 의를 이루지 못한다고 야고보서 1장 20절에서 말씀하시고 성경 많은 부분에서 화와 분노를 다스리고 말씀하고 있습니다.

레위는 사람의 분노와 혈기를 다스리지 못하는 것으로 저주를 받았지만 그 후손은 아이러니하게도 하나님의 분노, 거룩한 분노, 의로운 분노에 동참하는 것으로 복을 받았습니다.

분노에는 죄짓는 분노가 있고 거룩한 분노가 있습니다.

네 번째 이야기

덮음과 견딤

효소분해

성경의 한 장을 이렇게 오래 설교한 적은 없는 것 같습니다. 고린도전서 13장만 가지고 오늘로 벌써 11번째 시간입니다. 그 만큼 하나님의 사랑 아가페는 우리가 깊이 있게 깨닫고 폭넓게 이해하는 것을 통해서 우리의 삶의 자리로 가져가야 할 것입니다.

계속해서 하나님의 사랑을 하나하나 효소분해하고 있습니다. 사랑은 효소분해해서 소화하는 것으로 우리의 인격에 붙이고 믿음에 붙여야하는 것입니다. 꼭꼭 씹는 것이 효소분해 하는 것입니다. 마치 고깃덩어리 그냥 꿀꺽 삼키면 그냥 뒤로 버려지는 것과 같습니다. 고기는 꼭꼭 오랜 시간 씹어서 먹어야 그것이 효소분해가 되어서 단백질은 근육을 만들고 칼슘은 뼈에 붙고 철분은 피가 되는 것 이듯이 영적으로도 우리가 '그냥 사랑합시다!' 하면 이거는 고깃덩어리 그냥 삼키는 것과도 같다는 것입니다.

아가페의 성분을 하나하나 분해해서 우리 영혼의 뼈와 살과 근육이 되게 해야 합니다. 하나하나 분해하던 중에 오늘은 마지막 7절입니다. "사랑은 모든 것을 참으며 모든 것을 바라며 모든 것을 견디느니라!" 입니다. 4절에서 "사랑은 오래참고."로 시작된 사랑의 정의와 그 성분들이 비로소 마무리 되는 절이라고 하겠습니다.

참고로 7절에 "모든 것을 참고(스테게이)"는 4절에 기록된 "오래참고(메크로 쑤메이)"와는 조금 다른 의미인 '덮음의 의미' 입니다. 영어로는 커버(cover)한다는 의미로 새 번역 성경에는 7절이 "사랑은 모든 것을 덮습니다."로 시작하고 있습니다.

오래 참음

그러고 보면 하나님의 사랑은 오래참고로 시작해서 모든 것을 덮고 견디는 것으로 마치고 있습니다. 즉 하나님의 사랑은 참음이라는 인격의 흙을 양분으로 해서 싹이 트고 피어나는 한 송이의 꽃과 같다고 하겠습니다. 사랑은 오래참고로 시작해서 온유하고, 시기하지 않고, 자랑하지 않고, 교만치 않고, 무례히 행치 않고, 자기유익을 구하지 않고, 성내지 않고 하는 이 모든 사랑의 성분들은 결국 '참음' 이라고 하는 범주 안에 있고 그 의미군(群) 안에 들어있는 말들이라고 할 수 있다는 것입니다. 오래 참음이라고 하는 토양을 바탕으로 하지 않고서는 결코 그 어느 것 하나도 이룰 수 없는 것이었습니다. 하나님의 말씀이 옥토에 떨어져야 싹이 트고 열매를 맺듯이 하나님의 사랑은 '참음' 이라고 하는 흙에 심겨지고서야 하나씩 자라나고 열매 맺는다고 하겠습니다.

우리는 우리를 힘들게 하는 사람들을 향하여 참고 있으면서 늘 하는 생각이 있습니다. 참으면서 과연 내가 지금 잘하고 있는 것인지 의심하는 것입니다. 참는 것만이 능사는 아닌데 내가 어리석게 참고만 있는 것은 아닌지 깊은 자괴감에 빠질 때가 있습니다. 그러나 하나님의 사랑 아가페를 이해할수록 그 사랑은 오래 참는 것입니다. 반대로 하나님의 사랑 아가페가 없는 사람일수록 참지 못하고 바로바로 쏟아버리는 것입니다.

하나님은 노하기를 더디 하시기를 인류역사가 시작된 이래 지금까지 심판을 유보하고 계십니다. 지금도 하나님을 향해서 손가락질 하는 수많은 악인들의 조롱과 욕설을 그냥 꾹 참고 계십니다. 우리가 흔히 하는 말 중에 '그냥 내가 덮고 간다!' 라는 말을 할 때가 있는데 바로 그 말입니다. 하나님은 우리의 허물을 덮고 가십니다. 참고 간다는 의미와 같습니다. 덮는다는 것은 참는다는 것입니다. 그래서 오늘은 7절에 기록된 "사랑은 모든 것을 덮는다!"고 하는 덮음(스테게이)의 의미를 자세히 살펴보도록 하겠습니다.

덮음 하나 (법궤 뚜껑)

덮음을 생각할 때 먼저 생각해야 하는 것이 있습니다. 그것은 좀 생뚱맞게 들릴 수 있겠지만 법궤뚜껑입니다. 법궤의 뚜껑은 단순히 상자를 덮어두는 덮개가 아닙니다. 법궤뚜껑을 지칭하는 말이 있습니다. 그곳은 '시은소' 또는 '속죄소' 라고 하는 곳입니다. 영어로는 자비의 자리(mercy seat)라고 합니다.

구약의 이스라엘은 성전중심의 삶을 살았습니다. 성전의 중앙에는 성소가 있었고 성소는 다시 성소와 지성소로 나뉘어져 있었으며 성전의 가장 은밀한 곳인 지성소 안에는 법궤가 놓여있었습니다. 그 법궤뚜껑 위가 바로 성전의 가장 신성한 자리입니다. 금을 입힌 천사 그룹 둘이서 날개로 '시은소' 위를 덮고 있는 곳입니다.

그곳에서 하나님의 음성이 들렸고 대제사장은 일 년에 한번 돌아오는 '대속죄일' 을 맞아 온 백성의 죄를 속하기 위해 어린양의 피를 받아다가 바로 그 '시은소' 위에 뿌렸습니다.

중요한 것은 법궤 안에 들어있는 십계명입니다. 물론 아론의 싹 난 지팡이와 만나도 들어있었지만 법궤 안에 들은 것을 대표하는 것은 십계명의 두 돌 판입니다. 십계명은 하나님의 율법을 대표하는 것입니다. 율법이 하는 일은 송사하는 일과 고소하는 일을 하는 것입니다. 죄 지은 우리를 향해서 '아무개는 신명기 5장 7절을 범했습니다!', '7계명을 어겼습니다!', '탐심을 품었습니다!' 하면서 계속해서 법궤뚜껑 위로 올라오는 것입니다. 율법은 올라오는(송사하는) 것입니다. 이 부분을 사도바울은 로마서 8장에서 말씀하고 있는 것입니다.

그것을 못 올라오게 법궤뚜껑이 덮고 있는 것입니다. 그러므로 율법을 덮고 있는 법궤의 뚜껑 '시은소'는 주님을 상징하는 자리인 것입니다. 주님은 우리의 대제사장이 되심과 동시에 친히 자신의 피를 하늘의 '시은소' 위에 뿌리심으로 단번에 우리의 죄를 사하셨다고 히브리서에서 말씀하고 있습니다. 그러니까 법궤를 덮는다는 의미에서의 그 뚜껑(시은소)은 율법의 송사와 고소를 올라오지 못하게 하는 것입니다.

법궤뚜껑을 덮음은 무조건적인 용서와 관용으로서 덮는 것이 아니라 값을 치러내는 것을 의미하는 것입니다. 하나님은 독생자의 십자가 피 흘림으로 인하여 우리의 죄와 허물을 감당하게 하시고 올라오는 율법의 송사와 고소를 그야말로 덮으시고 커버하신 것입니다. 이와 같이 주님이 덮고 커버하신 것으로 인하여서 우리 모두는 죄의 형벌과 죄책에서 비로소 자유하게 된 것입니다. 이것이 덮음의 첫 번째 의미인 율법으로부터의 자유함입니다.

덮음 둘 (지붕)

다음으로 우리가 덮음을 생각할 때 빠뜨릴 수 없는 것이 있습니다. 그것은 '안식'과 '지킴' 그리고 '보호'입니다. 그것을 아주 쉬운 단어로 우리가 이해할 수 있는 것이 있습니다. 그것이 바로 지붕입니다. 우리 모두는 다 집이라고 하는 건물에서 살아가는데 그 모든 집은 지붕이 그 위를 덮고 있음으로 집이 되는 것입니다. 알거나 모르거나 우리는 모두 다 지붕아래 있는 것입니다. 지붕이 우리가 살아가는 곳을 덮고 있기 때문에 우리는 비가와도 폭풍이 불고 눈보라가 쳐도 아늑하고 포근하고 평안하게 그 공간 안에서 살아가는 것입니다. 비가 오는데 지붕 한 귀퉁이에서 물이 줄 줄 샌다면 그것처럼 심란한 마음도 없을 것입니다.

영적으로도 마찬가지입니다. 영적인 지붕이 없다면 마귀가 근심걱정을 비처럼 뿌리고 인생의 폭풍우가 일어날 때 그 모든 어려움을 그대로 맞는 것입니다. 지붕이 있다 해도 부실한 경우라면 물이 새고 바람드는 것입니다. 영적으로 지붕에 물이 새는 것은 의심의 마음을 품는 것입니다. 마치 물이 어디서 새는 지 잡을 수 없게 스며들듯이 그렇게 사단마귀는 교묘하게 우리의 믿음에 구멍을 낸다는 사실을 알아야 할 것입니다. 영적으로 구멍 난 지붕 밑에 사는 인생에는 결코 안식과 평안과 쉼은 없다는 것입니다.

주님은 당신의 십자가에 온 몸을 던지시는 것으로 우리를 덮어주시는 지붕이 되셨습니다. 우리교회가 한 지붕 교회인 것은 한 지붕 세 가족이라서가 아니라 하나의 지붕이 의미하는 바가 바로 우리 주님이라는 것입니다. 우리주님이 크신 사랑과 능력으로 한 지붕 이름 아래 모인 성도들의 덮음이 되시고 지붕 되어주시는 것으로 먼저는 하나님의 무서운 심판과 진노가 우리 머리위에 떨어지지 않게 하셨다는 것입니다. 비 올 때 우산과도 같습니다. 우산 쓰고 있으면 비는 우산이 맞듯이 주님이 십자가에서 우리 대신 심판을 맞으시고 죽으신 것입니다. 하나님의 진노가 독생자의 십자가위에 떨어지는 것으로 그 십자가 지붕 아래 거하는 모든 사람들은 평안과 안식과 구원을 얻게 된 것입니다.

다음으로는 우리의 삶의 차원에서 악한 마귀가 우리의 인생위에 뿌

려대는 문제와 고난 그리고 우리 마음 가운데 새어드는 걱정 근심과 같은 이 모든 어려움들로부터 견고한 지붕이 되심으로 커버해 주시는 것입니다. 인생을 살다보면 예견치 못하게 우리의 머리위로 그리고 삶의 자리위로 날아드는 외부의 공격이 참으로 많이 있다는 것을 깨닫게 됩니다. 그러나 그때마다 우리 주님이 견고한 지붕 되어 주심으로 우리를 지켜주시는 것입니다. 우리 주님이 참으로 한 지붕 성도들의 견고한 지붕이 되시기를 소망합니다.

사실 주님이 우리의 지붕 되시는 것으로 우리의 덮음이 되신다는 이 덮음의 의미가 성경에서 가장 먼저 나온 것은 출애굽기에 기록된 '불기둥' 과 '구름기둥' 입니다. '불기둥' 과 '구름기둥' 은 이스라엘의 행선지를 인도하는 인도의 의미가 있지만 사실 그보다 먼저는 덮음의 의미가 있습니다. 낮에는 작렬하는 태양으로부터 서늘하게 열을 식히는 것으로의 덮음이고 밤에는 광야의 추운 한기를 녹이는 스팀으로 덮는 것입니다. 한마디로 주님이 당신의 백성들의 자리를 아늑하게 하시는 것입니다.

이와 같이 하나님은 내 인생을 덮고 보호하시고 지키신다는 믿음을 또한 가장 확실하게 가지고 정말 그 믿음대로 산 성경의 인물을 들라면 그 이름은 다윗입니다. 그는 평생을 전쟁터에서 살았기 때문에 언제 어디서 적들로부터 화살이 비처럼 날아들고 죽창이 꽂힐지 모르는 풍전등화 같은 인생을 살면서 그는 시편을 통해서 늘 고백하기를 "하나님은 나의 산성이시요! 나의 방패시요! 나의 견고한 요새시라!" 하면서 믿음을 고백했습니다. 이 믿음은 한 마디로 하나님은 나를 안전하게 덮고 계시는 지붕이라는 의미입니다. 불기둥 구름기둥이 지붕 밑에 **아늑함**이라면 여기서는 지붕 밑에서의 **안전함**일 것입니다.

지붕의 의미를 성경에서 또 하나 찾아본다면 그것은 '날개아래' 입니다. 하나님은 구약의 많은 구절을 통해서 "마치 독수리가 날개아래 그 새끼를 모음같이 너희를 품으려 하였으나 너희가 그것을 싫어하고 다 제 길로 갔다!"고 말씀하셨습니다. 새들은 자기새끼를 알에서 부화하기까지 품에 품고 있다가 부화해서 나오면 날개아래 덮고 있습니다. 동물의 왕국에 나오는 겨울철새를 보면 비바람이 몰아치고 눈이 내리는 환경에서도 새들은 자기새끼를 날개아래 덮고 있는 것입니다.

남극의 황제펭귄 수컷은 영하 50도가 넘는 극한의 눈보라와 추위를 이기며 무려 한 달이 넘는 시간동안 자기 새끼를 품안에 품고 암컷이 돌아오기를 기다린다고 합니다. 그래서 우리는 여기서 덮음이 있는 곳에는 그냥 덮음만 있는 것이 아니라 동시에 견딤이 있다는 것을 깨닫게 되는 것입니다.

덮음 셋 (기둥 :견딤)

오늘 본문의 말씀 7절은 하나님의 아가페 사랑을 마지막으로 정리 하면서 "사랑은 모든 것을 덮고 그리고는 또한 모든 것을 견디느니라!" 갈무리하고 있습니다. 덮는 곳에는 필히 그와 함께 견딤이 있음을 보는 것입니다. 지붕이 있다면 그 지붕은 반드시 그 지붕을 떠받치는 기둥이 있고서야 지붕이지 그냥 나 홀로 지붕은 없다는 것을 깨닫게 되는 것입니다. '지붕' 과 '기둥' 그리고 '덮음' 과 '견딤' 은 따로 떼어 놓고는 말할 수 없습니다. 모든 기둥은 믿거나 말거나 지금도 중력이라고 하는 힘을 견디고 있는 것입니다.

그러므로 **이 세상 모든 덮음이 있는 곳에는 그와 함께 견딤이 있는 것 이었습니다. 마치 겨울철새가 눈보라를 견디며 자기 새끼를 덮고 있듯이 우리 주님은 십자가의 모진 고난을 홀로 다 담당하시고 우리의 덮음인 지붕 되시고 동시에 기둥 되심으로 견디신 것입니다.**

마치 우리의 가정에 기둥인 아버지들이 자신의 몸은 부서져라 일하면서 아파도 병원도 안가고 그렇게 일터로 향하는 것은 자신이 가정의 기둥이라는 의식이 있기 때문입니다. 기둥이 아프다고 병원 가서 들어 누우면 지붕 밑에 식구들은 누가 먹여 살리겠습니까! 그래서 기둥은 괜히 기둥이라는 말이 있는 것이 아닙니다. 기둥은 지금도 항상 견디고 있는 것입니다. 견디고만 있는 것이 아니라 자기일 다 하면서 견디고 있다는 것입니다.

그러므로 내가 지금 누리고 있는 지붕아래에서의 평안은 누군가의 기둥 되어 견딤으로 누리는 '평안' 과 '안식' 이라는 것입니다. 그래서 철이 든 자녀는 그것을 아는 것입니다. 영적으로도 마찬가지입니다. 철이 든 하나님의 자녀는 내가 얻게 된 이 구원이 얼마나 값비싼 대가를 치루고 얻게 된 것인지를 아는 것입니다. 구원이 값없이 주어진 것이라해서 공짜가 아니라는 것입니다. **싼 게 비지떡이라서 '값없이' 가 아니라 값을 매기는 순간 그 가치가 저 아래로 곤두박질치기 때문에 감히 값을 매길 수가 없다 해서 '값없이' 가 된 것입니다.**

"십자가를 참으사(견디사) 부끄러움을 개의치 아니하시더니 하나님 보좌 우편에 앉으셨느니라!(히 12:1)" 입니다. 우리는 부끄럽고 수치스럽고 자존심 상한 것이 너무도 많은데 주님은 그런 것을 하나도 개의치 않으시고 그 끔직한 십자가를 견디신 것입니다.

십자가는 종과 횡으로 되어있습니다. 종(縱)이 기둥이며 견딤이라면 횡(橫)은 지붕이면서 덮음의 의미로 이해할 수 있을 것입니다. **주님은 당신의 크신 사랑으로 온 인류의 죄악 위에 떨어져야 하는 하나님의 진노를 횡(橫)으로 지붕 되신 당신위에 떨어지게 하시고 또한 종(縱)으로 기둥이 되심으로 그 모진 십자가의 고난을 견뎌내신 것입니다.**

지붕과 기둥 즉 덮음과 견딤이 있는 곳에는 필연적으로 어떤 공간이 생기는 것입니다. 바로 이곳이 우리 성도들이 흔히 하는 말 중에 “십자가 아래. 주의 날개 그늘아래. 주의 품안에서. 그리스도 안에서. 등등” 이와 같은 표현들은 모두 이곳을 말합니다.

주님은 우리를 이곳에 두시고자 십자가 고난을 받으신 것이고 지금도 우리 성도들을 이 곳 안에서 돌보시고 계신 것입니다. 육신적으로도 우리 아버지들이 기둥 되어 견디시는 것으로 마련되는 공간이 있습니다. 우리 아버지들이 지키고자 하는 곳은 바로 이 곳입니다. 이곳에서 누리는 '포근함' '아늑함' 그리고 '안전함' 이 오늘도 영 육간에 우리 한 지붕의 성도들 한 분 한 분 위에 가득하길 축복합니다. 오늘 하나님의 사랑은 덮음과 견딤 이었습니다.

네 번째 이야기

시험과 유혹

테스트로서의 시험

성도들이 신앙생활을 하면서 하는 말 중에 "아무개가 시험 들었다!"는 말을 종종 할 때가 있습니다. 주로 믿음이 약해지고 세상길로 행하게 될 때 쓰는 말이기도 합니다. 그러나 그 말이 꼭 그렇게 믿음이 떨어지게 될 때에만 쓰는 말은 아니었습니다. 오늘은 성경에서 시험에 든다고 하는 것이 무엇인지 살피도록 하겠습니다.

크게 말씀드려서 성경에서 시험에 든다고 하는 것은 두 가지 의미를 담고 있습니다. 먼저는 테스트로서의 시험입니다. 훈련과 연단의 과정을 극복해 내는 것을 통해서 목표한 실력과 역량을 갖추기 위한 테스트를 말하는 것입니다. 군인이라면 처음부터 자대배치 받아가는 것이 아니라 훈련소에 입소한 후에 최소한의 기초 군사훈련을 통해서 군인으로서의 기본적인 훈련과정을 겪는 것과 같다고 하겠습니다.

하나님은 이스라엘을 훈련시키시는 하나님이십니다. 애굽에서 노예생활 400년 살던 사람들이 이제 후로는 자주적이고 독립적인 하나님의 나라를 세워야 하는 사람들인데 아직 그들에게는 떨어버려야 하는 노예근성이 온 몸과 삶에 배어 있었습니다. 그래서 하나님은 걸어서 가

자면 열흘이면 도달 할 가나안 땅 이었지만 그 길을 정 반대로 돌려서 훈련장이라 할 수 있는 광야로 들어가게 하신 것입니다.

오죽하면 하나님은 이스라엘을 애굽에서 나오게 하신 이후에 처음 하신 말씀이 출애굽기 13장 17절에서 "블레셋사람의 땅의 길은 가까울지라도 하나님이 그 길로 인도하지 아니하셨으니 이는 이 백성이 전쟁을 하게 되면 애굽으로 도망갈까 함이니라" 였습니다. 그러니까 이 백성은 나라 없는 백성으로 즉 노예로만 살았기 때문에 자기나라에 대한 아무런 의식이 없는 것입니다. 책임감도 없고, 주인의식도 없고, 독립심도 없고 그저 주인의 눈치만 보면서 주인이 시키는 것만 하는 둥 마는 둥 했던 사람들이었기 때문에 자기나라를 외부의 침입으로부터 지킨다는 것은 더욱이 상상할 수 없는 일이었습니다.

홀로서기 백성

하나님은 당신의 백성을 자주적인 하나님 백성으로 만드시고자 광야의 시험장으로 인도하셨습니다. 광야는 말 그대로 아무것도 없는 곳입니다. 길도 없고 물도 없고 먹을 것도 없습니다. 이곳에서 구름기둥 불기둥이 길을 인도하며 반석에서 나오는 물을 마시고 하늘에서 떨어지는 만나를 먹게 됩니다. 시편 66편 10절에 보면 이스라엘이 광야생활을 회상하며 이런 말을 하고 있습니다. "주께서 우리를 시험하시되 은을 단련함같이 하셨으며"로 고백하고 있습니다.

마찬가지로 신약의 이스라엘인 성도들 또한 우리가 애굽이라 할 수 있는 세상으로부터 구원받아 하나님의 백성이 될 때도 하나님은 우리로 하여금 광야의 훈련과정을 치르시는 때가 있습니다. 독한 연단의 과정을 치러내는 것을 통해 욥의 말처럼 그야말로 정금같이 나오게 되는 것입니다. 하나님이 당신의 백성들에게 주시는 시험은 연단으로서의 시험입니다.

그래서 훈련과정의 첫 번째 목표는 홀로서는 백성이 되는 것입니다. 내 나라를 내가 사랑하고 지킬 수 있는 백성이 되는 것입니다. 여기서 의미하는 내 나라는 물론 육에 속한 나라가 아니라 영에 속한 하나님 나라를 말합니다. 우리의 발은 비록 땅을 딛고 살지만 하나님을 왕으로 섬기는 천국의 시민권자로 세상을 살아가게 하시는 것입니다.

동행하는 백성

혹한 연단의 과정을 통해서 하나님이 원하시는 훈련의 목표 또 한 가지는 연단 속에서 하나님의 함께하심을 의심하지 않는 것입니다. 하나님은 홍해를 건넌 이스라엘이 마라에 이르렀을 때에 출애굽기 15장 25절을 보면 "여호와께서 그들을 위하여 법도와 율례를 정하시고 그들을 **시험하실 새.**"

사실상 이스라엘이 홍해를 마른땅처럼 건너게 하시는 커다란 하나님의 구원하심을 경험하게 하신 것은 하나님이 이렇게 너희를 특별한 은혜가운데 보호하신다는 메시지도 있지만 또 한편으로는 이제 다시 애굽으로 못 간다는 의미가 있습니다. 돌아오지 못할 루비콘 강을 건너간 것입니다. 광야를 향하여는 홍해가 갈라졌지만 반대로 애굽으로 돌아가기 위해 갈라지는 일은 없을 테니까요.

이제 후로는 꼼짝없는 것입니다. 주님과의 동행 없이는 동서남북구별이 안 되는 것이고 물 한 모금을 마셔도 식사 한 끼를 먹어도 주님에 간섭과 도우심 없이는 불가능한 것입니다. 그래서 주님의 사람들은 이것을 아는 것입니다. 주님 없이는 아무것도 할 수 없다는 고백이 절로 나오는 것입니다. 이것이 훈련의 두 번째 목표입니다. 세상을 의지하지 않고 주님을 섬기고 의지하며 보이지는 않는 하나님을 앞에 모시고 동행할 줄 아는 백성을 만드시는 것입니다.

말씀을 사랑하는 백성

연단으로서의 시험을 주시는 세 번째 목표는 하나님의 법을 지키는 준법백성이 되게 하는 일이었습니다. 하나님은 만나와 메추라기를 내리시는 16장 4절에서도 "그들이 **내 율법을 준행하나 아니하나 내가 시험하리라!**" 출애굽기 20장 20절에서도 하나님은 이스라엘에게 십계명을 주신 이후에 "모세가 백성에게 이르되 두려워 말라. 하나님이 강림하심은 **너희를 시험하고 너희로 경외하여 범죄치 않게 함이라.**" 신명기 8장 2절에서도 "네 하나님 여호와께서 이 사십 년 동안에 너희로 광야의 길을 걷게 하신 것을 기억하라. 이는 너를 낮추고 **너를 시험하사 네 마음이 어떠한지 그 명령을 지키는지 아니지키는지 알려함이라!**" 한 나라의 백성으로서의 사실상 중요한 의무는 준법의 의무라고 할 수 있습니다.

벌받을까봐 무서워서 지키는 것이 아니라 종국에 가서는 그 말씀과 명령을 사랑함으로 지키게 되는 자리에까지 나아가기를 하나님은 원하시는 것이었습니다. 그래서 말씀을 사모함으로 떡처럼 받아먹는 백성을 삼으시는 것이었습니다.

신명기 8장 3절입니다. "너를 낮추시며 너로 주리게 하시며 너도 알지 못하고 네 열조도 알지 못 하던 만나를 네게 먹이시는 것은 **사람이 떡으로만 사는 것이 아니요 여호와의 입에서 나오는 모든 말씀으로 사는 줄을 너로 알게 하려 하심이라!**"

유혹으로의 시험

연단과 테스트로서의 순기능적인 시험을 말씀드렸다면 이제는 성경에 기록된 시험의 역기능적 요소를 말씀드리려고 합니다. 이 시험은 하나님이 당신의 백성들을 단련시키고자 하는 시험이 아니라 거꾸로 사람들이 하나님을 향하여 의심하고 불신하는 것을 말합니다. 우리가 흔히 말하는 '시험들은 것' 입니다. 마태복음 24장 10절을 보면 "그때 많은 사람들이 시험에 빠져"라고 하시면서 말세에 사람들이 사단의 유혹에 넘어가는 것을 시험에 빠졌다고 표현하고 있습니다. 하나님이 어디에도 안 계신 것 같고 하나님의 말씀도 다 사람의 말처럼 느껴지는 것으로 불안과 두려움 가운데 사로잡히는 것을 말합니다.

이 의심이 깊어지면 나중에는 혹 하나님이 계신다고 하더라도 나를 유혹해서 망하게 하는 하나님으로 안다는 것입니다. 실제로 구약의 이스라엘이 그랬습니다. 이스라엘은 40년 광야생활을 하면서 항상 하는 원망과 불평은 한결같았습니다. 그냥 애굽에서 살았으면 이렇게 아무것도 없는 광야에서 죽지는 않았을 텐데 애굽에 매장지가 없어서 우리를 다 이렇게 광야에 이끌어 내었다는 것입니다.

한마디로 하면 우리 백성을 다 망하게 하고 죽게 만들기 위해서 모세와 하나님이 우릴 꾀어내어 유혹했다는 것입니다. 그러면서 애굽의 주인집 가마솥 옆에서 고기 구워먹을 때가 그립다고 하는 것입니다. 하나님이 메추라기를 주시니까 이번에는 고기 먹을 때는 마늘과 부추가 있어야하는데 하나님은 고기도 드실 줄 모르나봐(?). 이러고 있습니다. 고기 다 먹고 나서는 디저트로 참외나 수박이 없다고 불평했습니다.

두 개의 구도

지금 이들은 하나님의 연단으로서의 시험장에서 훈련 중에 있으면서 훈련을 훈련으로 이해하지 않고 유혹으로 받았다는 것입니다. 출애굽기 17장 2~7절입니다. 이스라엘이 물이 없어 목마를 때에 "모세가 그들에게 이르되 너희가 어찌하여 나와 다투느냐 어찌하여 **하나님을 시**

험하느냐! 그들이 여호와를 시험하여 이르기를 여호와께서 우리 중에 계신가 안계신가 하였음이더라!" 시편 78편 18절 "저희가 저희 탐욕대로 식물을 구하여 그 심중에 **하나님을 시험하였으니.**", 41절 "저희가 돌이켜 하나님을 **제 삼 시험하여** 이스라엘의 거룩한 자를 격동하였다", 56절 "저희가 지존하신 **하나님을 시험하며** 반항하고 그 증거를 지키지 아니하며."

여기서의 시험이 바로 '템프테이션'으로서의 미혹이고 유혹이라는 것입니다. 악한 마귀가 사람들을 꾀어 결국에는 멸망 길로 인도하듯이 하나님도 그와 같이 이해한 것입니다. **출애굽기 40년 전 역사가 이와 같은 두 개의 시험이라고 하는 구도에서 전개되는 것을 보게 되는 것입니다. 하나는 연단으로의 시험이고 또 하나는 유혹으로의 시험입니다. 하나님은 이스라엘을 연단으로서 시험하시는데 반해서 이스라엘은 그것을 유혹의 시험으로 받아들였다는 것입니다.**

하나님은 민수기 14장 22절에 가서는 이스라엘이 무려 10번이나 나를 시험했다고 직접 말씀하셨습니다. "나의 영광과 애굽과 광야에서 행한 나의 이적을 보고도 **이 같이 나를 열 번이나 나를 시험하고** 내 목소리를 청종치 아니한 그 사람들은."

이것은 마치 욥의 시험이 하나님 앞에 연단으로의 시험이지만 사단마귀 앞에서는 유혹으로의 시험이었던 것과도 같다고 하겠습니다. 욥은 사람으로서 겪을 수 있는 지극히 혹독한 고난에 처했을 때에 이것이 나를 망하게 하는 유혹으로의 시험이 아니라 하나님의 연단으로 이해했습니다. 욥기 23장 10절입니다. "나의 가는 길을 그가 아시나니 그가 나를 단련하신 후에는 내가 정금같이 나오리라."

여기서 분명히 오늘날의 이스라엘인 성도들이 들어야하는 메시지가 있는 것 입니다. 우리 앞에 있는 어려움과 고난은 연단으로서의 시험이

지 유혹하여 망하게 하는 시험이 아니라는 것입니다. 유혹하여 망하게 하는 시험으로 받는다면 우리 모두는 광야 이스라엘이 그러했던 것처럼 그 입에 원망과 불평이 끊이지 않을 것이지만 단련하여 정금되게 하시는 하나님의 시험으로 받는다면 우리 모두는 이 시대의 욥이 될 것입니다.

감사와 믿음

하나님은 우리의 머리위에서 이것을 보고 계시는 것입니다. 조금 힘들다고 해서 광야의 이스라엘이 그랬던 것처럼 "하나님이 계신지 안 계신지"(출 17:7)하면서 불평하고 원망하는지 아니면 그 속에서 나를 향하신 하나님의 뜻을 찾는지를 알아보고자 하시는 것 입니다. 어떤 상황에서도 감사와 믿음을 잃지 않는지를 보고자 하시는 것입니다. 결국 하나님께서 이스라엘 백성을 광야훈련 시키시는 최종목표는 믿음과 감사의 사람을 만들고자 하시는 것 이었습니다.

우리는 우리 일이 좀 잘 된다 싶으면 하나님이 계시는 것 같고 일이 좀 안되면 하나님이 안 계시는 것으로 압니다. 그러나 하나님은 우리 일이 잘 되고 안 되고를 떠나서 항상 계시는 하나님 이십니다.

우리가 늘 암송하는 히브리서 11장 26절이 이 부분을 말씀해 주고 있습니다. "믿음이 없이는 기쁘시게 못하나니 하나님께 나아가는 자는 **반드시 그가 계신 것과** 그가 자기를 찾는 자들에게 **상주시는 이심을** 믿어야 할 찌니라!" 하나님께 나온다고 해도 반신반의 하는 마음이 있기 때문에 그 앞에 반드시가 붙은 것입니다.

또한 하나님은 결코 우리를 망하게 하시는 분이 아니십니다. 하나님은 우리가 하나님 말씀대로 순종해서 살아갈 때 복을 주시고, 상을 주시고, 좋은 것을 주시는 하나님 이십니다.

"여호와는 네게 복을 주시고 너를 지키시기를 원하며 여호와는 그의 얼굴을 네게 비추사 은혜 베푸시기를 원하며 여호와는 그 얼굴을 네게로 향하여 드사 평강 주시기를 원하노라 할지니라 하라 그들은 이같이 내 이름으로 이스라엘 자손에게 축복할지니 내가 그들에게 복을 주리라!"(민 6:22).

"네 조상들도 알지 못하던 만나를 광야에서 네게 먹이셨나니 이는 다 **너를 낮추시며 너를 시험하사 마침내 네게 복을 주려 하심이었느니라!**"(신 8:16).

성경을 통해서 '시험' 이라고 하는 단어가 쓰여지고 있는 부분에서 이것이 하나님의 '테스트' 인지 아니면 마귀의 '유혹' 인지를 알게 되는 우리 모두가 될 때에 어떻게 보면 결과론적인 이야기가 될 수 있지만 똑같은 문제와 어려움 앞에서 우리가 불평불만하고 있으면 그 시험은 마귀의 유혹이 되는 것 이고 동일한 문제 앞에 믿음으로 인내하며 감사를 잃지 않고 있으면 그 시험은 하나님의 연단이 되는 것임을 기억해야 할 것입니다.

시편 26편 2절 "여호와여 나를 살피시고 시험(테스트)하사 내 뜻과 내 마음을 단련하소서!"

야고보서 1장 13절 "사람이 시험(템프테이션)을 받을 때에 내가 하나님께 시험(템프테이션)을 받는 다 하지 말지니 하나님은 악에게 시험(템프테이션)을 받지도 않으시고 친히 아무도 시험(템프테이션)하지 아니하시니라 오직 사람이 시험(템프테이션)을 받는 것은 자기 유혹에 끌려 미혹됨이니."

네 번째 이야기

남편과 아내

세상의 시작과 마지막은 가정

창세기를 열면 하나님은 아담과 하와를 통해 하나의 가정을 이루는 것으로 세상의 시작을 알리시고 있고 또한 세상의 마지막인 오메가 포인트에도 신랑 되신 그리스도와 그의 신부인 교회의 성도들로 인하여 어린양의 혼인잔치를 치루는 것으로 역시 하나님 가정이 탄생하는 것을 말씀하고 있습니다. 성경은 세상이 가정에서 시작해서 가정으로 끝나는 것을 말하는 것입니다. 그리고 이제 그 가운데의 유구한 시간을 통하여 수많은 남편들이 아내를 맞이하며 가정을 만들고 그 가정들이 마치 몸의 세포 조직과도 같이 모든 인류사회의 기초 단위가 되어 살아가고 있더라는 것입니다.

인류의 대표인 아담은 선악과 먹지 말라고 한 그 한 가지 계명을 어기는 것으로 타락하여 하나님과 단절을 이루었습니다. 또한 아내인 하와에게 모든 죄의 책임을 떠넘기는 것으로 실패한 가정을 이루었습니다. 그러나 우리 예수님은 하나님의 모든 율법을 십자가에서 이루시는 것으로 계명을 지키셨고 또한 아내(성도)가 지은 모든 죄의 책임을 홀로 십자가에서 담당하시는 것으로 하나님의 가정을 회복시키고 완전케 하셨습니다.

책임을 지는 남편이 되십시오

오늘날의 모든 남편들에게는 아담에게서 물려받은 타락한 본성이 있습니다. 그것은 죄를 지어놓고는 책임을 안 지려고 하는 죄성입니다. 하나님께서 "너 왜 선악과 먹었냐?"하시니까 "하나님이 내게 주신 저 여자가 주어서 먹었다!"고 했습니다. 이 말은 저 여자가 나를 이렇게 만들었고, 나는 아무 잘못 없고, 저 여자만 하나님이 안 주셨으면 죄 안 졌다는 의미가 됩니다. 죄의 책임을 여자에게서 더 나아가 하나님께로 돌리는 뻔뻔하기 그지없는 원망의 말 이었다는 것입니다.

지금도 많은 남편들은 조금만 어려운 일이 있다 싶으면 누가 아담의 후손이 아니랄까봐 "널 만나서 내 인생이 이렇게 됐다!" 합니다. 잘 되면 조상 탓이고 못 되면 아내 탓입니다.(?) 자녀가 좀 속을 썩여도 아내가 애들 교육 못 시킨 탓을 합니다. 그러나 그 가정의 마지막 책임자요 최후의 책임자는 가장인 남편이라고 하는 사실을 잊어서는 안 될 것입니다. 뿐만 아니라 남편들은 밖에 나가 부지런히 일하는 것으로 식솔을 먹여 살려야 하는 책임이 있습니다. 하나님은 아담에게 "네 이마에 땀이 흐르는 것으로 네 소산을 먹을 것이다!" 하셨기 때문입니다. 많은 가정들에 왜 문제가 있는 것입니까? 남편이 아내를 책임지지 않으려하고, 자녀를 낳아만 놨지 책임지지 않고 방치하고, 아예 책임지기도 싫으니까 결혼도 안하고 낳지도 않고. 이것이 바로 전형적으로 자기만 아는 이기적 아담의 본성이라 하겠습니다.

그러나 남편들에게 말씀드립니다. 내가 책임져야할 아내와 아이들이 내 평생에 짊어져야할 짐이 아니라 내 평생에 하나님이 주신 복으로 알기를 바랍니다. **아내와 자녀를 바라볼 때 나를 무겁게 짓누르고 내가**

힘겹게 감당해야 할 짐으로 보여 진다면 죄 짓고 나서 아담이 가졌던 생각에서 아직도 벗어나지 못한 것이고 아내와 자녀가 내 평생의 복 덩어리로 느껴진다면 예수님이 당신의 아내인 성도들을 향해 가졌던 그 사랑의 마음을 갖고 있는 것이라 하겠습니다. 마지막 아담인 예수님 속에는 오늘날의 남편들이 취해야하는 참다운 남편상이 있는 것이고 실패한 남편인 첫째 아담의 속성에는 오늘날의 남편들이 버려야할 못된 남편상이 있는 것입니다.

이 비밀이 크도다

이 부분이 참으로 놀라운 일입니다. 아담과 하와, 남편과 아내, 그리스도와 교회사이의 관계 속에는 참으로 신묘막측하고 오묘한 이치가 숨어있는데 그 가운데는 오늘날의 남편과 아내들이 받아들이고 몸에 익히고 삶으로 가져가야 하는 그리스도와 교회의 관계가 있는가 반면에 취하거나 받아서는 안 되는 아담과 하와 가정을 통해 반면교사 타산지석으로 주시는 말씀이 있다는 것입니다.

에베소서 5장 22절 이하를 보면 사도바울은 남편과 아내가 지켜야 할 도리를 또한 머리와 몸의 관계로 죽 설명하시면서 사도바울 스스로가 놀라고 있습니다. 남편과 아내 속에 담아놓으신 하나님의 지혜를 발견하고 진리를 찾아낸 것으로 기뻐하시면서 하시는 말씀입니다. 31절 32절입니다. "사람이 그 부모를 떠나 그 아내와 합하여 한 육체가 될지니 이 비밀이 크도다. 나는 그리스도와 교회에 관하여 말하노라!" 입니다. 사도바울이 남편과 아내를 성경적으로 가만히 연구하면서 들여다보니까 거기에는 다름 아닌 그리스도와 교회가 있더라는 것입니다. 남편과 아내를 말하려 했는데 말하고 보니 그것은 예수님과 성도들의 관계더라는 것입니다.

머리와 몸

이 비밀이 크고 신비로우며 놀랍고 오묘한 것은 마치 머리가 몸에 붙어 있음으로 하나 됨과 같다는 것 이었습니다. 사도바울이 발견한 중요한 진리는 이것입니다. **그리스도는 교회(성도)의 머리가 되고 교회(성도)는 그리스도의 몸인 것을 부부간에 빗대어 말씀하는 것입니다. 머리와 몸이 한 육체이듯이 그리스도와 교회가 한 육체이고 남편과 아내가 분리할 수 없는 유기체로서의 한 육체라는 것입니다.** 머리가 자신의 몸을 보양하고 지키고 돌보듯이 예수님은 자신의 몸인 성도들을 그렇게 하는 것이고 남편 또한 자신의 몸인 아내에게 이렇게 하라는 것입니다.

주님이 부부들에게 주시는 말씀 중에 "하나님이 하나 되게 하신 것으로 사람이 나눌 수 없다!"하신 말씀의 진의가 또한 이 안에 감추어져 있습니다. 머리와 몸을 어떻게 나누겠습니까! 하나님은 남편과 아내가 갈라지는 것을 머리와 몸이 분리되는 것으로 보시는 것이었습니다. 그것은 곧 죽음이고 처참함이고 생각하기도 싫은 끔찍함인 것과도 같습니다.

남편과 아내를 통해서 하나님이 보여주시는 그림 속에는 참으로 많은 부분에서의 깊은 진리가 숨겨졌습니다. 머리되신 그리스도의 몸이 우리 성도들이기에 우리는 주님의 돌보심을 받으며 세상을 살아갈 것입니다. 그리고 이것은 부부관계에만 국한된 말씀이 아니라 의미가 확대되어 우리의 구원의 확실성 또한 보장하는 말씀이 되는 것입니다. 단순이 '바늘이 가는 데 실이 간다!' 는 차원의 말이 아닙니다. **주님이 우리 모두의 머리가 될 때 그분이 계신 곳에는 몸인 우리도 있는 것입니다.** 이 신앙고백은 우리의 구원을 더욱 확정적이고 기정사실인 것으로 받게 하는 말씀이 되는 것입니다.

아내들에게

여기서 우리가 또한 알게 되는 것은 머리가 가는 곳을 그 몸이 같이 가는 것으로 몸이 받는 복이 있다는 것을 알 때에 그 몸은 머리에 순종하고 그 머리의 지시와 명령을 잘 따르는 과정이 있다는 것입니다. 몸인 성도가 자신의 머리인 주님에게 순종하듯이 아내들은 자신의 머리인 남편에게 순종하라는 말씀입니다. 에베소서 5장 24절에는 마치 주님께 순종하듯이 남편에게 순종하라는 말씀이 주어지고 있습니다. 많은 부분에서 여성분들이 받기 힘든 말씀인 것은 분명합니다. 대번에 "지금 시대가 어느 시대인데. 그런 시대착오적인. 그런 가부장적인. 말도 안 되는. 씩씩" 이렇게 나옵니다. 그러나 성경이 시대마다 다르게 적용되고 그때의 하나님과 지금의 하나님을 다른 하나님으로 안다면 성경은 절대적 진리의 말씀이 되지 않습니다.

성경에서 부부간에 있어서 아내가 남편에게 순종할 것을 명령하는 것은 절대로 우열의 개념에서 하는 말씀이 아닙니다. 기능과 역할과 위치의 의미입니다. 여자들은 여기를 놓치면 안 됩니다. 자꾸만 남자는 우월하고 여자는 열등하다고 받아들이니까 문제가 일어나는 것입니다. 그래서 성경에서 진정한 강자는 여자였음을 연구하면서 페미니즘 계열의 여성신학자들이 나오는 것입니다. 사탄이 먼저 강자를 결박하고자 하와에게 먼저 접근한 것이라 하고 제품설을 들어서 하나님이 창조하신 것 중에 제일 나중(최신)버전인 하와가 가장 뛰어난 창조물이라 하고 재료설을 들어서 아담은 흙으로 창조하셨지만 여자는 뼈로 지으셨으니까 하와가 더 우월하다고 접근하는 것입니다. 이런 부분만 성경에서 찾으려하는 것입니다.

성경에서 아내에게 남편 순종을 말하는 것은 아내는 남편보다 열등해서 순종하라는 것이 아닙니다. 단지 순종의 역할을 말씀하는 것입니다

다. 마치 몸의 대표를 심장이라 한다면 심장이 머리에게 이르기를 “너는 만날 생각만 하고 결정만 내리니까 좋겠다. 나는 잠시도 쉬지 못하고 잠도 못자며 펌프질을 하면서 뛰어야하는데.” 하고는 자기 역할과 기능에 불만을 품고 자기 일을 놓아버리면 일 분도 안 되어 뇌는 산소 공급중단으로 식물인간이 되는 것입니다. 어떤 하나의 유기체가 온전하게 그 기능을 감당하고 있을 때는 그 안에 모든 기관들이 유기적으로 그 역할을 잘 수행하는 것으로 가능한 것입니다.

인격이 되고 삶이 따르고 고결한 인품을 지녔기 때문에 남편에게 순종하고 섬기는 것이라면 이 세상에서 존경받고 섬김 받을 남편은 몇 명 되지 않을 것입니다. 남편이라는 위치가 몸인 아내가 보았을 때는 마치 심장 위에 머리가 있듯이 아내 위에 다 두신 것입니다. 단지 머리는 골똘히 생각하고 결정하는 역할을 해야 하는 것이고 심장은 부지런히 뛰는 것으로 피를 공급하는 역할을 해야 하는 것 일 뿐입니다. 기능과 역할의 의미이지 우열의 개념이 결코 아니라는 것입니다.

나는 남편 만큼이다!

우리의 아내들은 또한 할 말이 있습니다. 우리 남편은 예수님이 아니라는 것입니다. 맞습니다. 예수님은 하나님의 아들이지만 나의 남편은 내가 보기에도 별거 아니고 때론 한심한(?) 남편이기 때문입니다. 그러나 아내들은 내가 보았을 때 별거 아니라고 생각하는 저 남편에게서 나왔다라고 하는 생각을 항상 해야 합니다. 하나님이 아담을 잠들게 하고 그 갈비뼈를 취하여 아내를 지으셨기 때문입니다. 그리고 창세기 2장 22절에서의 표현처럼 이끌고 오셨습니다. 모든 아내들은 하나님의 손에 이끌려서 지금의 남편에게 온 것입니다. 나보다 나를 더 잘 아시는 하나님이 내게 맞는 남편 속에서 나를 취하심으로 나를 이끌고 지금의 남편에게로 가게 하셨다는 믿음을 가져야합니다.

요한복음 6장 44절에도 이 표현이 나옵니다. 선한목자와 양의 비유에서 "아버지께서 **이끌지 아니하시면 아무라도 내게 올수 없으니.**" 이 말씀을 뒤집으면 하나님께서 이끌었기에 필히 주님에게로 가게끔 된다는 의미가 됩니다. 내가 지금 예수 믿는 것은 하나님이 날 이끌어 신랑 되신 예수 옆에 붙이신 것이 듯이 나의 가정이 이루어지기까지 날 이끌어서 남편 옆에 두신 것입니다. 하나님이 이끌지 않으시고는 저기 있는 남편이 지금의 내 남편이 되어있지 않다는 것입니다.

예수님이 십자가에서 살과 피를 내어주심으로 그의 아내인 교회가 나온 것입니다. 마찬가지로 아담이 잠들고(죽고) 피 흘려 자신의 뼈를 내어주는 것으로 자신의 아내가 나온 것과 같다고 하겠습니다. 영적으로 하면 교회는 예수에게서 나온 것이고 아내는 남편에게서 나왔다는 것입니다.

그래서 아내들은 내가 남편에게서 나왔다는 생각을 잊지 않을 때에 남편의 부족한 모습을 보았을 때에도 "나는 남편 만큼이다!"라는 마음을 품을 수 있게 것입니다. 왜 그렇게 남편보다 잘난 척을 하고 자기 남편 머리나쁘다고 하며(?) 남편을 미워하는 아내가 많은지 모르겠습니다. 아내들은 교만을 버려야합니다.

아내들은 남편의 머리됨을 인정하고 존경하고 섬길 때에 그 남편은 또한 예수님이 당신의 교회를 위해서 그렇게 하셨던 것처럼 목숨을 걸고 그 아내를 책임지는 것입니다. **남편들은 항상 예수님의 모습 속에서 남편의 남편 되는 모습을 발견해야 하고 아내들은 교회의 주님 섬기는 모습을 통해서 아내 상을 찾아야 할 것입니다. 참된 남편의 모델이며 상징이며 모범은 예수 그리스도인 것이고 참된 아내의 모습은 교회인 것입니다.**

남편이 아내를 책임질 때에 결코 마지못해서 책임지는 것이 아닙니다. 사랑해서 책임지는 것입니다. 아내가 남편에게 순종하는 것도 억지로 함의 순종이 아닙니다. 사랑해서 순종하는 것입니다. 사랑의 책임과 사랑의 순종이 잘 맞물려 있는 것으로 비로소 건강한 한 육체가 되는 것입니다. 바람직한 성경적인 부부가 되는 것입니다.

돕는 배필

다음으로 성경에서는 아내들을 향하여 남편을 '돕는 배필' 이라고 말씀하고 있습니다. 창세기 2장 18절입니다. "사람이 혼자 사는 것이 좋지 아니하니 내가 그를 위하여 '돕는 배필' 을 지으리라!" 여기서 남편들은 오해하면 안 됩니다. 내가 맘대로 부려먹고 시켜먹는 의미에서의 '돕는 배필' 이 아닙니다. 원문에서 쓰인 '에젤' 이라고 쓰인 동사는 하나님이 사람을 도와줄 때만 쓰이는 동사인데 유일하게 사람사이에 쓰인 자리가 여기입니다. 여성신학자들이 여성의 우월성을 증명할 때 인용하는 구절이 바로 이 '에젤' 입니다. 그러니까 아내가 밑에서 기면서(?) 날 돕는 게 아니라 위에서 나를 도와주는 것입니다.

남편이 자신의 '돕는 배필' 을 얻기까지의 과정이 아주 드라마틱합니다. 하나님은 모든 동물을 암수로 지으셨지만 사람만큼은 처음에 아담 혼자 지으셨습니다. 처음에는 이 부분이 잘 이해되지 않았습니다. 하나님은 전지전능하신 하나님이신데 아담을 처음 지을 때는 혼자 있는 것이 좋지 못함을 모르셨다가 나중에 "아무래도 재 혼자 있는 것 안 좋아!"이러셨냐 는 것입니다. 여기에는 하나님이 의도하시고 목적하신 뜻이 있었다는 것입니다.

창세기 2장 18절에서 아담을 위하여 '돕는 배필' 을 지으리라 하시고는 난데없이 19절에 동물들을 아담 앞으로 이끌고 오시는 것으로 이름 짓게 하는 본문이 기록됩니다. 그리고는 "아담이 뭐라 부르는지 보시려고."라는 말씀이 나옵니다. 아담은 모든 동물들의 속성을 부르는 것으로 그 이름이 되었습니다. 이름을 짓는다는 것은 그냥 내가 부르고 싶은 대로 부른다는 것이 아니라 그 동물이 지닌 속성을 꿰뚫어서 부른다는 의미입니다. 아담이 사람의 이름이지만 그 속성은 흙인 것과 같습니다.

아담은 하나님 손에 이끌려 오는 모든 동물들의 속성을 부르면서 이름을 주었습니다. 그런데 아담은 여기서 공통적이면서 결정적인 속성을 하나 발견하게 됩니다. 모든 동물들이 다 암수 서로 정답더라는 것입니다. 그런데 나는 생각을 같이하고, 정서를 나누며, 대화가 되며, 가려운 등을 긁어줄 내 짝은 이 가운데 없다는 것을 깨달은 것입니다. 그래서 하나님이 "아담이 뭐라 부르는지 보시려고"는 동물들 뭐라 이름 짓나 보자의 의미도 있겠지만 동물들 이름 지으면서 "쟤가 뭔 소리를 하는지 한번 들어보자!"의 뜻도 있는 것입니다.

"나는 짝이 없구나! 나는 외롭구나! 이 가운데 내 짝은 없구나!" 이 소리였습니다. 하나님은 아담으로 하여금 먼저 간절한 필요를 느끼게 하시고 나서 주시는 것 이었습니다. 귀한 것을 처음부터 주었다면 아담은 하와를 볼 때에 결코 감사를 모르고 당연히 옆에 있는 존재로 받았을 것이기 때문입니다. 그래서 하나님은 18절에서 '돕는 배필' 을 지으리라 하시고 바로 21절로 들어가서 아담을 잠들게 하시고 하와를 지으신 것이 아니라 중간에 동물들 이끌고 오시는 부분을 삽입해 놓으셨다는 것입니다.

하나님 손에 이끌려 오는 하와를 보고 얼마나 기쁜지 아담은 좋아서 춤추고 난리가 난 것입니다. 그리고 쓴 불후의 시가 바로 "내 뼈 중의 뼈요 살 중의 살"이 라는 작품입니다. 하나님의 손에 한 쌍씩 이끌려

오는 모든 동물 중에는 내 짝이 없었습니다. 그런데 한숨자고 깼는데 이번에는 저기서 진짜가 이끌려 오는 것 이었습니다. "이끌고 오셨다!" 는 표현이 19절과 22절에 병행구절로 되어있습니다. **계속 아닌 것이 이끌려 오다가 마지막에 결정적으로 딴~ 딴따다~ 하면서 내 짝이 하나님 손에 이끌려온 것입니다.** 이 부분이 극적인 부분이라 하겠습니다. 이런 표현을 해도 될지 잘 모르겠는데 하나님이 무슨 시나리오 작가 같으십니다.(?)

거울

또한 흥미로운 것은 '돕는 배필' 이라는 히브리어 '에젤' 의 단어는 이것이 명사형이 되면 '거울' 로도 쓰이는 말이라고 합니다. 그러니까 저기 하나님의 손에 이끌려오는 '돕는 배필' 은 그냥 '나' 라는 것입니다. 거울에 비치인 내가 거울 앞에 서 있듯이 저기 그냥 내가 있는 것입니다. 이 부분이 참으로 신비롭습니다. 뼈 중의 뼈요 살 중의 살이라는 말은 곧 '나 중의 나' 가 저기 있는 것입니다. 둘이 벌거벗었으나 부끄럽지 않았다는 것도 자기가 자기를 보는 데 무엇이 부끄럽냐는 말이 됩니다.

그래서 우리 모든 부부가 성경적인 부부가 될 때에 우리 모두는 항상 서로의 거울이라는 생각을 잊으면 안 될 것입니다. 남편은 아내의 모습 속에 그 안에 투영된 내 모습을 보아야하고 아내도 남편의 모습 속에 비취인 내 모습을 찾아야 한다는 것입니다. 내가 지금 배우자를 향하여 부족하다고, 형편없다고, 손가락질 하는 그 모습이 또 한편으로는 내 이면 안에 자리하고 있는 내 얼굴이더라는 것입니다. 그래서 결국 '남편은 그 아내만큼' 이고 '아내 또한 그 남편만큼' 이라는 사실을 인지하고 서로의 거울이(에젤) 될 때에 그 때에 우리의 남편과 아내는 성숙한 부부가 될 것입니다.

오늘은 남편과 아내로 이루어진 신비하고 놀라운 지상의 부부관계를 통해서 천상에서 이루어지는 그리스도와 교회의 관계를 보았고 또한 남편과 아내가 처음 지음 받을 때의 모습을 보면서 오늘의 부부관계를 조명해 보았습니다. 아무쪼록 하나님이 하나 되게(한 육체)하신 것을 힘써서 굳게 지키는 우리 모든 부부들이 되기를 주님의 이름으로 축복합니다.

네 번째 이야기

다음 세대 다른 세대

자기 소견에 옳은 대로

사사기 2장 10절을 보면 이런 내레이터의 기록이 있습니다. "그 세대의 사람도 다 그 조상들에게로 돌아갔고 그 후에 일어난 다른 세대는 여호와를 알지 못하며 여호와께서 이스라엘을 위하여 행하신 일도 알지 못하였더라!"

때는 이스라엘 백성이 광야 40년 세월을 보내고 가나안에 입성한 이후입니다. 모세의 제자인 여호수아의 인도로 가나안에 들어온 세대가 다 죽고 그들의 자녀들이 기성세대가 된 것입니다. 아이러니한 것은 하나님의 역사를 가장 많이 체험한 세대인 광야의 세대들이 그들의 자녀로 하여금 하나님이 누구이며 광야 40년 동안 이스라엘을 위해 어떤 일을 하신 분인지에 대해서 가르치지 않았고 자녀들 앞에 믿음의 본을 세우지 못했다는 것입니다.

하나님이 어떻게 세심하신 인도하심으로 광야를 건넜으며, 밭에서 난 소산이 아닌 하늘에서 내려온 만나와 메추라기를 먹었으며, 반석에서 터지는 물을 마시고, 옷 소매하나 해어지지 않고 신발이 닳지 않게 하시고 구름기둥 불기둥, 등등의 이 흥미진진하고 익사이팅한 이야기를 하지 않았다는 것이 이상하기까지 합니다.

하나님은 전심으로 그분을 의지하는 자에게 함께하시며 끝가지 믿음으로 나아가는 자를 버리지 않으시는 하나님이신 것을 교육하지 않은 것입니다. 한 마디로 하면 그냥 당장에 먹고사는 일에만 쫓겨서 산 것입니다. 모세와 여호수아 같은 강력한 카리스마를 지닌 지도자도 없었고, 신앙의 본이 되어줄 모델이 없었으며, 사사기 전체의 주제가 그러하듯이 "사람들이 왕이 없으므로 자기소견에 옳은 대로 행하였더라!"가 이 부분을 단적으로 말해주고 있습니다. 하나님 말씀이 없으니 다 자유주의가 되어서 자기하고 싶은 대로 산 것입니다. 믿음의 계보를 이어받은 다음세대가 되어야 하는데 믿음과는 전혀 관계없는 다른 세대가 일어났다는 것입니다.

땅 끝 선교란?

이것은 비단 구약시대의 이야기만은 아닙니다. 19세기만 해도 서구유럽과 미국에 엄청난 부흥의 물결이 일어나는 것으로 휫필드, 웨슬레, 조나단 에드워드, 무디. 등등의 부흥사들이 선지자적인 외침으로 가는 곳마다 십자가 회개의 복음을 외쳤고 교회마다 수많은 사람들이 가득 차는 것으로 교회의 커다란 부흥기를 이룬 시절이 있었습니다.

그러나 지금은 서구유럽의 모든 교회들이 다 박물관이 되어있고 공연장으로 변했습니다. 이때도 사사기 시대와 마찬가지로 역시 자유주의 물결이 일어나면서 진리 되신 하나님의 말씀을 상대화시키고 인간의 이성으로 하나님의 말씀도 이렇쿵. 저렇군. 평가받게 된 것입니다. 말 그대로 성경이 진리가 아니라 자기소견에 옳은 것이 진리가 된 것입니다.

부흥의 불길이 일던 당시에는 많은 사람들이 "땅 끝까지 가서 주의 복음을 전하라!"고 하시는 주님의 말씀에 순종하는 것으로 세계 방방곡곡으로 선교사를 보내었고 그 중에 우리나라 대한민국도 있었습니다. 그런데 중요한 것은 세계 선교는 크게 외치면서도 정작 중요한 자신들의 자녀에게는 복음전하는 일을 등한히 한 것입니다. 가까운 곳과 먼 곳을 같이 선교해야 하는데 땅 끝 선교만 신경 쓰다가 등잔 밑이 안 보였던 것입니다.

실지로 "땅 끝까지 내 증인이 되라!"는 말씀대로 땅 끝 오지에 가서 평생을 복음전하는 선교사로 사역하다가 은퇴 후 돌아와 보니 내 고향이 선교지가 되어 있더라는 해외선교사의 고백이 선교에 대해 많은 것을 생각하게 하더라는 것입니다. 역설적이지만 지구는 둥그니까 가장 가까운 곳은 또한 가정 먼 곳 일 수 있다는 것입니다. 그러므로 우리는 항상 가까운 곳과 먼 곳이 같이 보여야 한다는 것입니다.

주님 최대의 지상명령인 "땅 끝 선교"는 물리적이고 장소적 개념만의 땅 끝 만이 아니라 영적이고 세대적인 의미의 땅 끝을 생각할 때에 그곳은 곧 우리의 자녀가 되는 것입니다. 왜냐하면 하나님은 우리세대 뿐만 아니라 우리의 자녀의 세대에도 예배를 받으시고 찬송과 존귀와 영광을 받으시는 하나님이시기 때문입니다.

그래서 저는 오늘도 우리와 우리의 자녀가 다른 세대(different generation)가 아니라 우리의 믿음을 이어받고 우리의 기도를 이어받고 하나님을 아는 지식을 이어받은 다음세대(next generation)가 되기를 축복하는 것입니다.

그럼에도 불구하고

실례로 들기에는 구약성경만 믿는 유대인들이라서 좀 아쉽기는 하지만 어쨌든 유대인들은 사사기 시대 이래로 지금까지 다른 세대가 없습니다. 다음세대만이 있을 뿐입니다. 사사기 시대를 반면교사 삼아 그 시절을 다시 답습하지 않고 자녀들에게 말씀공부를 철저히 시키는 것입니다. '이스라엘은 들으라!'(쉐마교육)과 '모세오경'(토라교육) 그 유명한 '탈무드 교육'을 통해서 말씀으로 철저히 무장된 자녀로 키우는 것입니다. 세계에서 유일하게 세대 차이가 없는 민족입니다. 무려 이 천년 동안을 나라 없는 민족으로 전 세계에 흩어져 살았지만 어디서 만나도 똑같은 사람들이 있는 것입니다. 말씀의 계보를 이어받은 다음 세대만이 있는 것입니다. 이런 부분은 너무 부럽습니다.

자녀들에게 믿음을 이어받게 하는 것은 물론 쉬운 일은 아닙니다. 말로 해서 되는 것이 아니라 시청각 교육인 부모의 삶을 통해서 가르쳐야 하는 것이기 때문입니다. 믿는 부모가 믿음과 삶이 분리되어있는 이중적이고 위선적인 모습이 아니라 무언가 우리 부모는 완전하지는 않더라도 하나님의 말씀대로 살아가려고 하는 몸부림이 있고 행실에 대한 진정성이 있고 변화되려하는 간절함이 있더라는 모습을 자녀들에게 보이는 것입니다.

자녀들 또한 마찬가지입니다. 부모님의 연약하고 부족한 모습을 보고 손가락질하면 안 됩니다. 우리의 신앙이라는 것은 언제나 'because of'가 아니라 'in spite of'이기 때문입니다. **우리의 행실이 하나님 앞에 인정받은 것 때문에 우리가 구원 얻은 것이 아니라 우리가 연약함에도 또한 부족함에도 그럼에도 불구하고 하나님은 우리를 사랑하신 것입니다. 이 부분은 우리 신앙의 기둥이며 뼈대입니다.**

우리 부모님의 허물을 보고는 그것을 내 불신앙의 근거로 삼으려고 하면 안 됩니다. 부모님의 연약한 모습을 보았을 때는 노아의 첫째아들 샘과 셋째아들 야벳이 했던 것처럼 해야 합니다. 그 아비인 노아가 술에 취해 벌거벗은 추태를 보았으면서도 그것을 뒷걸음질 침으로 다가

가서 덮었듯이 우리 부모의 허물을 덮을 때에 우리가 나중에 부모가 되었을 때 역시 부족한 내 모습을 우리 자녀들이 덮는 것입니다.

저기 분명히 부모의 치부가 보이는 것으로 둘째 아들 함은 손가락질하고 부모를 힐난하는 것으로 함은 하나님의 저주를 받았습니다. "그럼에도 불구하고"의 모습이 대대손손 이어지고 선순환 될 때 우리의 후손은 다른 세대가 아닌 다음 세대가 될 것을 믿습니다.

네 번째 이야기

들어가며 나오며

복과 꼴

요한복음 10장 9절을 보면 예수님께서 자신을 친히 양의 문이라 하시면서 "내가 문이니 누구든지 나로 말미암아 들어가면 구원을 받고 **들어가며 나오며 꼴을 얻으리라!**"는 말씀이 있습니다. 그런데 여기서 마지막 부분의 말씀은 구약의 어디서 많이 본 구절입니다. 바로 신명기 28장입니다. 그 유명한 신명기 28장 6절의 "네가 **들어와도 복을 받고 나와도 복을 받을 것이니라!**"입니다. 그러니까 하나님 말씀대로 순종하고 예수 잘 믿으면 구약에서는 하나님의 백성들이 들어가도 복을 받고 나와도 복을 받는 것이고 그것을 신약버전으로 하면 주의 양떼들이 들어가며 나오며 꼴을 얻는 것입니다.

하나님의 사람들은 하나님이 주신 복과 꼴이 있어야만 사는 것입니다. 이것을 가지고 기복이라고 하면 안 됩니다. 교회에서 조금만 복 이야기를 하면 알레르기 반응을 일으키는 분들이 있습니다. 주로 목회를 해보지 않으신 분들이십니다. 성도들에게 하나님의 복과 주의 꼴이 얼마나 절실한지를 모르시기 때문입니다.

being과 doing

하나님의 사람들은 철저히 하나님의 인도하심을 받고자하는 것입니다. 지금 들어가야 하는지? 아니면 나가야 하는지? 이 사람인지? 저 사람인지? 이 직장인지? 저 직장인지? 사람들이 늘 기도하며 하나님께 여쭙는 부분이 여기에 있습니다.

그런데 많은 사람들이 놓치는 중요한 것이 하나있습니다. 그것은 바로 그렇게 지금 하나님께 묻고 있는 '나' 라고 하는 사람입니다. '나' 라고 하는 사람이 변화되지 않고서는 여기가도 '꽝' 저기가도 '꽝' 일 수 있다는 말씀입니다. 지금 들어가야 하는지, 나가야 하는지의 문제가 아니라 그렇게 묻고 있는 '나' 라고 하는 사람을 먼저 들여다 봐야하는 것입니다.

그러니까 어디로 가냐? 무엇을 하냐? 보다 중요한 것은 내가 참으로 하나님을 의지하는 사람이 맞냐는 것입니다. 주님을 문으로 해서 드나드는 사람이 맞냐는 것입니다. 말씀의 온전한 순종이 있는 사람이 맞냐는 것입니다. 행위의 문제가 아니라 존재의 문제라는 것입니다. 나라는 사람이 정말 하나님의 사람이 맞다면 그가 여기에 있든 저기에 있든 나가든 들어가든 그곳에는 하나님의 복과 주님의 꼴이 항상 준비되어 있다는 것입니다.

드나들기

주님이 주신 크신 은혜를 체험하게 될 때에 우리 모두가 한 결 같이 하는 고백이 있습니다. 그것은 이 모든 것이 다 새롭게 보인다는 것입니다. 크게 걱정하던 문제들도 그렇게 속을 썩이던 일들도 그것이 아무것도 아닌 것으로 보이게 되는 것입니다. 이전에는 그 문제 속에서 근심하고 절망하고 했었는데 이제는 그곳을 **나와서** 한 발 떨어져서 하나님의 능력 안으로 **들어가서** 그것을 바라보게 된 것입니다. 그렇게 크게 보이던 문제가 아무것도 아닌 것으로 경험되는 것입니다. 중요한 것은 세상은 달라지거나 변한 것이 없다는 것입니다. 그것을 바라보고 있는 내가 변화되고 바뀐 것입니다.

무슨 일이 있으면 그 문제 속으로만 드나들던 사람이었습니다. 그러나 이제 후로는 주님께로 드나들게 된 것입니다. 신앙생활은 주님께로 드나드는 생활입니다. 신앙생활을 정말 잘하는 성도는 주님을 문으로 해서 잘 드나들 줄 아는 것입니다. 오늘 주님께서 내가 양의 문이라 하신고로 주의 양떼들인 우리 성도들은 주님을 문으로 해서 드나들 줄을 알아야합니다. 세상으로 드나드는 것만 익숙하고 주님을 문으로 해서 드나드는 것이 서툴다면 문제는 여기에 있는 것입니다.

결국은 소통입니다.

드나든다는 것을 조금 다른 말로 바꾸면 그것은 소통입니다. 사람들이 결국 원하는 것은 소통입니다. 내 마음을 누군가가 알아주고 인정해주고 받아주기를 원하는 것입니다. 그것을 위해서 스티브잡스라는 사람은 조그만 유리창을 들여다보며 소통하게 만들었습니다. 누가 '좋아요!' 해줬는지 보려고(?) 사람들은 길에서도 집에서도 차에서도 그 조그만 유리창 속으로 들어가서 살아갑니다. 그러지 않아도 땅만 바라보고 살아가는 모든 사람들의 목을 더욱 거북이목(저두족)으로 만들어 놓았습니다. 그리고 위험천만 옆에서 자동차가 지나가도 그 속에서 나오지를 못합니다. 매년 스마트폰 중독으로 인한 사건사고가 급증하는데도 불구하고 그것이 없으면 불안해하는 것입니다. 왜곡된 소통입니다. 이제는 머리를 들어야합니다.

세상이 외롭고 우울할 때 스마트폰으로 들어가면 안 되고 예수님께로 들어가서 위로받을 줄 알아야합니다. 살면서 어려움을 겪으면 사람에게로 들어가지 말고 예수님에게로 들어가서 여쭤봐야 합니다. 그리고 답을 들고 나와야합니다. 즐거운 일이 있을 때도 세상으로 들어가서 세상과 노니는 맛만 알면 안 되고 예수님께로 들어가서 재미나고 친밀하게 지낼 줄 알아야하는 것입니다. 그렇게 주님을 문으로 드나들다가 마지막에 주님을 문으로 해서 천국에 가는 것이지 세상 살면서 주님께 드나든 일 한번 없으면서 달랑 천국에 가려는 것은 어불성설이 될 수 있습니다.

주님은 "나는 양의 문이다!" 하셨습니다. 주님을 문으로 평생을 드나드는 것으로 참다운 소통을 이루시기를 소망합니다.

네 번째 이야기

여기와 거기

믿게 하려고!

오늘과 다음 시간은 요한복음 11장과 12장의 내용을 통해서 하나님 말씀을 좀 더 높은 해상도로 선명하게 조명해 보도록 하도록 하겠습니다. 요한복음 11장은 예수님께서 사랑하시는 나사로를 죽은 지 나흘 만에 다시 살리신 내용이 기록된 본문이고 연 이은 12장은 그 나사로를 살리신 것에 대한 감사로 여동생들이었던 마리아와 마르다가 예수님을 초대해서 잔치를 베푸는 내용이 기록된 장입니다.

이야기의 발단은 이렇게 시작됩니다. 성경 본문은 예수님이 나사로와 그의 가정을 사랑하셨다고 무려 3번에(3,5,36) 걸쳐 재차 말하고 있지만 예수님은 나사로가 병들어 죽어간다는 소식을 전해 듣고도 지체하시고 늦장을 부리셨습니다. 11장 36절 "보라. 그를 얼마나 사랑하셨는가!" 얼마 전 회당장 야이로의 딸이 죽어간다는 말씀을 들으시고는 그 길로 발걸음을 재촉했다 했는데 일반인도 아닌 사랑하는 이에게 어찌 이럴 수 있냐는 것입니다. 예수님이 베다니 나사로의 집에 도착 했을 때 나사로는 이미 죽은 지 나흘이 지났고 마리아는 화가 나서 예수님을 마중 나오지도 않았습니다.

결론을 미리 말씀드리자면 예수님이 일부러 늦게 가신 것은 11장 15절의 말씀에 답이 있습니다. "내가 거기 있지 않은 것을 너희를 위하여 기뻐하노니 이는 너희로 **믿게 하려 함이라!**" 그리고 나사로를 무덤에서 부르기 직전에 기도하실 때도 "아버지께서 나를 보내신 것을 **믿게 하려 함이니다.**"라는 말씀을 통해서 한 마디로 하면 사람들로 하여금 예수 믿게 하려고 늦게 가신 것이었습니다.

한계를 넘어서서 믿게 하기 위해

나사로를 살리시는 일을 통해서 주님께서 의도하신 것이 사람들로 하여금 예수 믿게 하기 위함이라면 그렇다면 믿게 하시는 그 예수는 어떤 성격의 예수냐는 것입니다. 당시 사람들에 머릿속에 있는 예수는 사람을 안 죽게 하는 예수였습니다. 늦게 도착하신 예수님을 맞이한 사람들이 똑 같이 하는 말이 있습니다. 예수님을 마중나간 마르다나 나중에 예수님이 찾는다고 해서 못 내 예수님의 발밑에서 울며 통곡했던 마리아나 한 결 같이 하는 말은 "예수님이 여기 계셨으면 우리 오라비가 죽지 않았을 것!"이라는 말이었습니다. 37절에도 "맹인의 눈을 뜨게 한 이가 그 사람은 죽지 않게 할 수 없더냐!" 하는 말로 모든 사람들에게 예수는 어떤 분 이었냐면 사람을 죽지 않게 하는 분이었습니다. 그러나 이제 죽었으니 당신이 있어봐야 아무 소용이 없다는 것입니다.

이와 같은 사람들의 인식의 한계를 넘어서게 하시기 위해서 예수님은 늦게 오신 것입니다. **예수님은 단순히 사람을 안 죽게만 하시는 분이 아니라 죽어도 다시 살리시는 분이라는 것을 보여주기 위함입니다.** 세상에 이런 능력이 이런 권세가 어디서 난 것입니까! 예수님은 사람이 죽기 전까지의 세상만 다스리시는 것이 아니라 죽음 이후의 세상도 예수님의 주권 아래 있다는 것을 알리시는 것입니다. 주님은 만유의 주재이시고 알파와 오메가시며 전능하신 하나님이라는 것을 사람들로 믿게 하기 위함에서 늦게 오신 것입니다. **우리의 생각이 아무리 주님이 계신다고 해도 이젠 여기가 끝이다 할 때 주님은 우리의 생각과 한계를 넘어서는 그 한 걸음 앞에 계신다는 것을 믿을 때 우리는 결코 낙심치 않을 것입니다.**

죄의 실체를 보여주시려고

또한 나사로가 다시 사는 사건을 통해서 우리에게 알리시는 것은 죄의 실체를 밝혀 주시는 것이었습니다. 예수님이 마르다에게 무덤의 돌을 옮겨 놓으라고 하니까 39절에서 "죽은지가 나흘이 되어서 냄새가 나나이다!" 지금 저기 죽어서 썩어 냄새가 나는 나사로의 시체가 가리키는 것은 죄의 실체입니다. **죄의 삯은 사망이라 했을 때 사람들은 사망을 관념 속에서만 이해합니다. 그러나 사망의 실제 모습은 죽은 시체입니다. 우리 모든 세상을 살아가는 죄인들의 마지막 모습이 거기 있습니다. 부인하고 싶어도 부인할 수 없는 인간의 실존이 바로 저 무덤 안에 있는 것입니다.** 지금 죽은 지 나흘이 지났다고 하는 절망스런 상황을 앞에 놓고 모두가 울며 탄식 할 때에 이를 애통히 여기시며 예수님도 같이 우셨습니다.

그러나 우리가 믿는 예수는 죄로 인해 죽어서 썩어 냄새나는 비참한 지경의 우리를 들어서 자신의 몸과 같이 영광스런 부활의 몸으로 덧 입혀 주시는 은혜의 주님 대속의 주님이십니다. 이것을 샘플이 된 나사로를 다시 살리는 부활을 통해 우리에게 보여주시고자 했던 것입니다. 또한 죄의 결과물인 시신을 불러내심은 그 죄 값을 이제 곧 내가 십자가에서 해결하겠다는 선언이기도 하신 것입니다.

부활의 시점

물론 이 나사로의 부활은 온전한 의미의 부활은 아닙니다. 나사로는 다시 죽었기 때문입니다. 우리가 경험하는 부활은 다시 죽지 않는 영생의 몸을 입는 것입니다. 오늘 본문 23~26절은 부활에 관한 너무도 유명한 구절입니다. 예수님께서 23절에서 마르다에게 "네 오라비가 다시 살아날거라!"고 했습니다. 그러자 마르다가 24절에서 "마지막 때에 다시 사는 것은 나도 알아요!"라고 답을 한 것입니다. 이 때 주님이 우리가 다 암송하는 말씀을 하셨습니다. 25절에서 "나는 부활이요 생명이니 나를 믿는 자는 죽어도 살겠고 나를 살아서 믿는 자는 영원히 죽지 아니하리라 이것을 네가 믿느냐?"라고 하신 것입니다.

사실 지금 예수님과 마르다의 대화 사이에는 부활의 시점에 있어서 핀트가 맞지 않고 있습니다. 지금 우리 버전으로 하면 이렇습니다. 예수 믿으면 부활합니다. 그랬더니 사람들이 그건 나도 알아요 그러나 그것은 내가 죽은 다음에 일이고. 이 세상 마지막 날에 있을 일이고. 지금 일은 아니잖아요. 한 것입니다. 마르다는 부활에 관한 이해를 막연한 미래에 있을 일로 고정시켜 놓은 것입니다. 예수님은 지금의 부활을 말씀하시는데 마르다는 미래의 부활을 생각하고 답한 것입니다.

부활 지금 여기에

마르다에게 있어서 부활은 아득한 미래에 있을 부활이었습니다. 그러나 놀랍게도 예수님은 지금 여기에 있는 현재의 부활로 이끌고 오시는 것입니다. 나를 믿으면 죽어도 살고 살아도 안 죽는다는 말씀은 부활의 영원한 현재성을 말하는 것입니다. 예수님은 전능하신 하나님이시기에 영원한 현재 속에 계시는 분이십니다. 그래서 이 예수님의 말씀은 우리의 육신이 지금 살고 죽는 것은 아예 무시하고 하신 말씀입니다.

예수를 믿으면 그 시점부터 부활이고, 그 시간부터 영생이며, 그 자리가 천국이 시작되는 자리라는 말씀이 됩니다. 그러니 예수 믿는 것이 세상에서 얼마나 중요한 일입니까!

여기서 우리는 지금 우리의 시점에서의 부활을 말해야합니다. 부활이 오늘 본문 상으로 하면 까마득한 2000년 전에 있던 베다니 나사로의 부활이고 미래로 하면 마르다의 고백처럼 세상 마지막에 있을 부활일 수 있습니다. 그러나 **저는 예수님 말씀처럼 부활이 지금 여기에가 되기를 바라는 것입니다. 장차 있을 우리 몸의 부활이 지금 우리의 삶의 부활로 삶의 현장에 지금 여기에로 찾아오기를 기도하는 것입니다. 우리가 죽음 앞에 아무 손을 쓸 수 없는 것처럼 커다란 인생의 문제 앞에서 낙심 절망 할 때에 그것을 일으키시고 그 안에 생명의 기운을 불어넣으시는 부활능력의 주님을 우리 모두가 경험하게 되기를 오늘도 간절히 소망하는 것입니다.**

"오직 이것을 기록함은 너희로 예수께서 하나님의 아들 그리스도이심을 믿게 하려함이요 또 **너희로 믿고 그 이름을 힘입어 생명을 얻게 하려 함이니라!**"(요 20:31).

네 번째 이야기

악취와 향기

예수님이 아니었다면

요한복음 12장은 요한복음 11장에서 나사로를 다시 살리신 일을 기뻐하며 감사하며 여동생들이었던 마르다와 마리아가 예수님을 초청해서 잔치를 배설한 본문으로 시작이 되고 있습니다. 마침 유월절 명절과도 맞물려 있어서 많은 친지와 사람들이 잔치에 참여했습니다.

1절에 보면 죽은 자 가운데 다시 살리신 나사로가 있는 곳이고, 2절 후반부에도 나사로는 예수와 함께 앉은 자 중에 있다 했습니다. 나사로가 예수님과 같은 식탁에 앉아있는 것입니다. 예수님이 아니었다면. 예수님이 없었더라면. 나사로는 지금 어디에 있어야 하냐면 썩은 시체의 모습으로 무덤 속에 있어야합니다. 부활이고 생명이신 예수로 인해 다시 산 모습으로 영광스럽게도 지금 예수님 곁에 있는 것입니다. 바로 지금 예수님 곁에 앉아있는 나사로의 모습이 지금 예수 믿는 성도들의 그림인 것을 볼 수 있어야 합니다.

예수님과 같은 테이블에

우리 모두는 다 죄로 인해 죽는 것입니다. 죄의 삯은 사망이라 했기 때문에 죄인은 우리는 다 죽음을 향해서 달려가고 있는 것입니다. 아담이 죄 짓지 않았다면 후손인 우리는 영생했겠지만 타락으로 인해 죄가 우리 안에 들어왔고 그 죄는 우리 모두를 사망으로 이끌고 간 것입니다. 죽음은 죄의 결과물이고 죄의 마지막 모습이 바로 저기 누운 시신위에 있다는 것입니다. 그런데 주님이 오셔서 죄로 인해 죽어 있는 나사로를 살리시듯이 허물과 죄로 죽었던 우리를 다시 살리셨습니다. 에베소서 2장 1절 "그는 허물과 죄로 죽었던 너희를 살리셨도다!" 미래에 죽을 수밖에 없는 우리를 살리신 것이 아니라 이미 죽어서 냄새나는 우리를 살리신 것입니다. 과거형입니다. 그리고 오늘 나사로가 예수님과 같은 테이블에 앉아 잔치를 누리듯이 우리를 같은 자리에 앉히시고 영광과 존귀로 관을 씌워주신 것입니다.

원래는 예수님과 우리는 같이 앉을 수 없습니다. 죽음은 죄에서 왔기 때문에 구약시대 시체를 만지는 것은 부정한 것이었습니다. 나실인은 더욱 시체 옆에 있으면 안 되었습니다. 그러나 주님은 우리를 죄와 사망에서 건지시고 자기 옆에 두실 수 있는 존재로 회복시키신 것입니다.

잔칫집과 장례식

12장 3절에서 마리아가 순전한 나드 한 근을 예수님 발에 붓고 씻기며 머리털로 닦는 것으로 예수님을 향한 감사의 마음을 표현했습니다. 옆에 있던 가룟유다가 그 비싼 것을 아깝게 쏟아 버린다고 나무라니까 예수님은 저가 나의 장례를 준비하는 것이라는 말씀을 하셨습니다. 마리아가 예수님이 이제 죽으시면 장례식도 못 치룰 것을 알고 이렇게 한 것은 아니었습니다. 단지 오라비를 살려준 것에 대한 감사의 마음을 향유에 담아 표현한 것 뿐 이었습니다.

실제로 예수님은 십자가에 달려 돌아가셨을 때에 아리마대 요셉이라는 공의회의원이 당돌히 빌라도에게 가서 예수의 시신을 내려 고운 세마포로 싸고는 자신이 사놓은 무덤에 안치시킨 것이 전부였습니다. 장례식이고 뭐고 없는 겁니다. 예수님은 지금 마리아가 향유를 붓는 이 일을 자신의 죽을 육신에 염을 하는 것으로 받으신 것입니다. 아직 십자가에서 죽지 않으셨는데 미리 장례식을 치르시는 것입니다.

우리가 알 것은 사실 이 자리는 잔치자리입니다. 마리아가 오빠 나사로를 살려주신 것을 감사하면서 베푼 자리입니다. 나사로가 살은 것으로 잔치를 열었는데 그 자리는 또한 주님의 죽으심을 예표하는 장례식 자리가 된 것입니다. 여기가 역설입니다. 아주 중요한 사실을 발견하게 됩니다. **나사로가 다시 사는 것은 예수의 죽음을 전제로 한 다시 삶이라는 것입니다. 오늘 나사로와 예수님과의 관계는 성도와 예수님의 그림이라고 했습니다. 예수가 십자가에서 죽으셨기 때문에 오늘 우리는 나사로처럼 예수님 옆에 있게 된 것입니다.** 나사로가 예수님 옆에 앉아 잔치를 즐기고 있잖습니까!

대속의 제물이 되신 예수님

예수님은 우리 모두의 대속의 제물이 되신 것입니다. 십자가에서 우리 모두의 죄를 짊어지시고 죽으시는 예수님의 시신을 바라보세요! 거긴 뭐가 있는 거예요! 우리 모든 죄인이 지은 죄가 거기 있는 거예요! 그 사람의 죄로 그 사람에게 사망이 오고 죽음이 왔다면 예수님은 죄 하나 없이 모든 사람의 죄를 자신의 몸에 담으신 것입니다. 이것이 가능한 것은 예수님은 하나님의 아들이기 때문입니다. 구약의 제사 때에 드려지는 제물이 피를 흘리고 각이 떠져서 제단위에 있는 그 모습을 바라 볼 때에 거기엔 바로 그 제물을 이끌고 온 이의 죄가 있는 것입니다. 피뿌림이 있고 그 제물을 사르는 것으로 속죄함 받고 정결케 되는 것입니다.

생명이 피에 있나니 피가 죄를 속한다 했습니다. 그래서 제사 때가 되면 예루살렘 성전 밑에 흐르는 기혼시냇가가 피의 강물이 흘렀다고 합니다. 예수님의 보혈은 십자가 제단위에 올려진 제물로서의 보혈입니다. 하나님의 아들이 친히 자신의 몸을 제물 삼아 십자가에서 사르시고 보혈을 흘리신 것으로 모든 구약의 제사는 종결된 것입니다. 우리의 죄는 예수십자가 주검 위에 있다는 것을 믿는 자가 곧 구원받은 성도인 것입니다.

향기로운 냄새

구약의 제사는 제물을 제단에서 사르는 것으로 그 연기를 하나님이 흡향하시는 것입니다. 흡향하신다는 것은 죄를 용서했다는 것이며 성결케 되었다는 것이고 제사를 받으셨다는 것입니다. 레위기에 보면 각종 제사제도를 모세가 설명하면서 단락을 마무리할 때 항상 관용구처럼 넣은 말이 있습니다. 그것은 "하나님께 향기로운 냄새니라!" 입니다(레 1:9,13,17, 2:2,9, 3:5,16). 그런데 그 레위기에 기록된 제사의 향기가 오늘 12장 3절에도 기록되어있는 것입니다. 예수님이 자신의 장례식을 미리 치루고 있는 이 자리에서 "향유냄새가 집에 가득하더라!"는 말씀을 통해서 **이제 곧 있을 십자가 제사를 미리 하나님이 흡향하셨다는 것을 예시하는 본문이라는 것입니다. 모든 구약의 제사에서 하나님이 받으신 향기로운 냄새의 원형이 사실은 그 실체가 여기 있는 것입니다. 예수님의 십자가 죽음은 하나님이 받으시는 향기로운 냄새였습니다.**

11장의 악취에서 12장의 향기로

그리고 이 향기가 지니는 또 다른 의미는 악취와 대비되는 의미에서의 향기입니다. 11장 39절에서처럼 썩어서 악취가 나는 나사로를 살리셔서 지금 그 나사로를 옆에 앉히고 향기를 맡게 하시는 것입니다. 악취였던 자를 앞에 두고 향기로 가득 채우시는 것입니다.

주님께서 자신의 핏 값으로 죄와 사망에서 건져내신 우리 모두는 죄의 썩은 냄새가 더 이상 나서는 안 되는 것입니다. 죄는 죽음이고 죽음은 곧 썩은 냄새입니다. 악취입니다! 나사로는 죄로 인해 썩어서 악취가 나는 사람이었습니다. 그러나 주님이 살리셔서 향기가 가득한 곳에 두신 것입니다. 어떤 분이 예수 믿고 나서 과거에 자신이 드나들던 술집이나 요정을 되 집어서 생각하면 그곳은 담배냄새 쩌 든 한마디로 죄의 악취가 가득한 곳이라고 했습니다. 이제는 예수께로 드나들면서 예수의 향기가 나는 것입니다. 11장의 악취에서 12장의 향기로 건너와야 합니다. 그 사이를 건너오기까지 날 다시 살리시기 위한 주님의 대속의 죽음이 있다는 것을 우리는 항상 기억해야 할 것입니다.

오늘 12장은 잔칫날입니다. 그러나 또한 장례식 날입니다. 나사로가 살고 우리가 산 것은 주님이 죽으셨기 때문입니다. **"내가 죽는 것으로 너를 악취에서 꺼내서 향기에다 두었는데 너의 인생이 하나님이 흠향하시는 향기로운 냄새가 되어야 하지 않겠니?"** 하고 말씀하시는 주님의 음성을 우리 모두가 같이 듣게 되기를 간절히 소망합니다.

다섯 번째 이야기

베드로와 가룟유다

다섯 번째 이야기

노아와 에녹

그의 행적을

저는 성경의 인물 중에 정말 꼭 한번 만나서 여쭤보고 싶은 분이 계십니다. 바로 삼백년 동안 하나님과 동행했다고 하는 에녹입니다. 에녹은 제게 있어서는 어려서부터 언제나 성경속의 미스터리 같은 인물이었습니다.

하나님을 얼마나 그렇게 기쁘시게 했으면 하나님은 그를 너무 사랑하신 고로 죽음을 보지 않고 천국으로 옮기 우셨다고 어릴 때부터 주일학교 선생님과 목사님으로부터 수 없이 들었기 때문입니다.

그러나 그의 행적을 찾을 수가 없었습니다. 성경의 다른 인물들은 최소한의 행적이라도 찾을 수 있는데 에녹은 오직 창세기 5장 24절에 기록 되어 있는 "에녹이 하나님과 동행하더니 하나님이 그를 데려가심으로 세상에 다시 있지 아니 하였더라."라는 말씀 한 구절뿐입니다.

신약의 인용을 통해서 살펴보면 히브리서 11장 5절에서 하나님을 기쁘시게 함으로 죽음을 보지 않고 옮겨졌다는 내용과 유다서 1장 15절에서 경건치 않는 자들을 심판하실 것이라는 예언자의 모습으로 인용된 것이 전부입니다.

어떻게 동행하셨는지를 알고 싶은데 '어떻게' 가 없습니다. 단순히 하나님과 동행했다는 말 하나에 모든 에녹의 삶이 한정되어 있었습니다.

시대상을 통해서

유일하게 조금이나마 추정할 수 있는 길은 당시에 시대상을 통해서였습니다. 창세기 4장 후반부에 보면 가인의 후예에 대한 기록이 나오는데 가인이 동생 아벨을 죽인 형벌로 세상을 유리하다가 처음으로 성을 쌓았다는 말이 나옵니다.

성을 쌓고 벽을 쌓았다는 개념은 단절을 의미합니다. 또한 두려움에 표현이기도합니다. 누군가로부터 공격당할 것 이라는 염려와 공포가 그로 하여금 높은 성을 쌓게 했습니다.

그 성에 갇혀서 가인과 그의 후손은 하나님 없는 자기들만의 세계를 살아가게 됩니다. 가인의 후손중 대표격인 라멕은 자기 마음대로 두 명의 아내를 얻고 자기를 건드리는 자는 '가인의 벌에 칠십칠 배' 라고 하면서 하나님을 비아냥거리고 있습니다. 마치 서구의 불경한 사람들이 '운수 나쁘다!' 할 때 망령되게도 그 속에 하나님의 이름을 넣듯이 하나님의 이름은 그들에게 경배와 예배의 대상이 아니라 조소와 조롱의 대상이었습니다.

또한 그의 아들들을 통해서도 얼마나 그들이 믿음을 떠난 자들의 후예들이었는지 알 수 있습니다. 야발은 육축 치는 자의 조상이 되었다고 했는데 하나님 없이 재물만을 늘리는 사업가의 조상이 된 것이고, 유발은 수금과 퉁소 잡는 자의 조상이 되었다는데 하나님 없이 인생을 즐기는 자의 조상이 된 것이고, 두발가인은 무기 만드는 자의 조상이 되었다고 했는데 하나님이 자기를 지키는 것이 아니라 무기가 자신을 지키는 것이 되었습니다.

시대의 대세

문제는 이와 같이 악한 세대가 당시에 대세였다는 사실입니다. 물론 창세기4장 마지막에 하나님께서는 아담에게 '아벨'의 씨를 대신해서 '셋'을 주셨다고 하시면서 '셋'이 바로 '아벨'처럼 하나님을 잘 섬기는 믿음의 아들이라고 소개합니다. '셋'으로부터 비로소 경배와 섬김의 대상이신 진정한 여호와의 이름을 불렀다고 기록하고 있습니다.

그러나 너무 미미하고 미약한 세력에 불과했습니다. 당시로서 하나님을 섬기는 집안은 오직 유일하게 5장에 기록된 족보에 나오는 아담과 그의 아들 셋. 그리고 에녹에서 노아로 이어지는 가계도를 통해서 이었음을 알 수 있습니다.

마치 노아시대에 노아만이 물 심판을 면하고 하나님의 구원을 받은 것처럼 노아의 직계조상이었던 분들도 모두 패역한 세대에서 외롭게 하나님을 섬기신 분들이신 것을 쉽게 추정할 수 있습니다.

동행의 원조

재미있는 것은 이와 같이 모두가 하나같이 하나님을 떠나고 죄악으로 가득한 세상에서 유일하게 하나님과 동행했다고 기록하고 있는 인물이 에녹 말고 또 다른 사람이 한 사람 나오는데 그 사람은 바로 에녹의 증손자이면서 그 이름도 유명한 노아였습니다.

창세기 6장 9절 "노아의 사적은 이러하니라. 노아는 당대에 의인이요 완전한 자라 **그가 하나님과 동행하였으며.**" 우리가 흔히 기도할 때나 하나님을 잘 믿는 사람의 표본으로서 '하나님과 동행한다.'는 하는 말을 하는데 이 말의 원조이신 성경의 인물들이 이 두 분이셨습니다. **믿음의 원조가 아브라함이라면 동행의 원조는 에녹과 노아입니다.**

그러니까 셋과 에녹 그리고 노아로 이어지는 이 직계집안 사람들은 하나님과 동행하는 방법을 알았던 것 같습니다. 하나님과의 동행을 대물림했으며 그것을 통해서 하나님을 기쁘시게 하고 당대에 큰 복을 받은 사람들입니다.

공교롭게도 '가인' 의 5대 손인 '라멕' 은 "하나님 없이 사는 것이 바로 이런 것이다!"라는 삶을 보여준 대표 격이 되는 사람입니다. 그리고 셋의 5대손인 에녹은 바로 "하나님을 섬기는 것은 이런 것이다!"라고 보여준 대표입니다.

5대 만 밑으로 내려가니까 어느 정도 그 집안의 풍습이나 생활상이 후대에 깊은 영향을 미치는 것을 볼 수 있습니다.

하나님만으로 충분히

그래서 저는 자연히 동행이 무엇인지에 집중하게 되었습니다. '길을 함께 감' 이라는 사전적 의미와 같이 영어성경에도 '함께 걸어갔다' 정도로 되어있는 이 말은 하나님을 엄청나게 기쁘시게 하는 그 무엇인가가 들어있는 '보고' 임이 분명했습니다.

당대의 시대상을 가만히 묵상해보다가 문득 위에서 언급한 라멕의 아들들의 모습이 떠올랐습니다. 하나님 없이 사는 사람들의 대표입니다.

하나님 없이 돈 버는 맛에 빠져있고, 하나님 없이 인생을 즐기는 데에 시간을 보내고, 하나님이 없이 자신이 만든 무기를 의지하고 그로인해 안위 받고 사는 대부분의 사람들 속에서 이 에녹 집안 분들은 인생을 오직 하나님과의 동행이라는 관계 속에서 살아간 분들이라 생각 됐습니다.

인생의 의미를 세상적 출세와 야망에 두고 살아간 것이 아니라 하나님을 바라며 그분 계신 천국에 소망을 두고 사신 분들이셨습니다. 세상이 무료할 때면 술로, 돈으로, 정욕으로, 세상 향락을 쫓아간 사람들이

아니라 하나님과 같이 있는 것으로 충분히 무료함을 달랠 수 있었던 분들 이셨습니다.

세상 두려움이 몰려 올 때도 세상에서 쌓아놓은 물질이나 인맥같은 것을 의지하며 안위를 삼은 것이 아니라 하나님이 옆에 계심으로 충분히 안심했던 분들입니다. 병들거나 어려운 일이 있을 때도 옆에 계신 하나님을 바라보고 위로를 삼고 치유를 받으셨던 분들입니다.

오직 하나님 옆에 있는 것만으로 충분히 기쁘고, 충분히 만족하며, 충분히 위로가 되고, 충분히 용기가 솟으신 분들이셨습니다. 보이지 않지만 인생길 옆에서 지금 같이 행하시고 계시는 하나님과 이야기를 나누며 그 앞에서 울기도하고, 웃기도 하면서 설령 노아처럼 멀쩡한 하늘에 배를 만든다고 사람들의 조롱거리가 된다고 해도 하나님과 함께 있음으로 외로움을 몰랐던 분들이셨습니다.

'누구와 떠나냐?'가 중요

세상 거의 모든 사람들이 세상이 주는 쾌락에 맛에 취해있을 때에 보이지 않는 하나님임에도 불구하고 하나님이 좋다고 오직 하나님만으로 인생의 기쁨을 찾은 이 분들이 '정말 하나님이 기뻐할 만 하셨겠다!' 는 생각이 들었습니다.

시대가 악한 시대이었기에 더욱 빛이 나는 믿음이었습니다. 너무 예쁘신 고로 죽음을 보이지 않으시고 그냥 천국으로 데리고 갈만 하시겠다는 생각도 조금 헤아릴 수 있었습니다.

누군가가 여행은 '누구와 떠나냐?' 가 중요하지 '어디 가는지?' 는 의미가 별로 없다 한 말을 기억합니다. 그 말에 깊이 공감합니다. 인생이란 나그네 여행길에서 오직 주님만이 내 인생의 동행이 되시기를 바랐습니다.

다섯 번째 이야기

동행

하나님과 재미있게?

신앙생활의 참된 승리는 '하나님과 얼마나 동행을 잘 하고 살았느냐!'에 달려있다고 해도 과언이 아닙니다. 하나님과 동행한다고 하는 것은 모든 삶의 순간을 하나님과 함께 한다는 말이기도 합니다.

어디에서 무엇을 하고 있든지 그분의 임재를 경험하는 것입니다. 단순히 영적이고 신비한 내적체험을 말하는 것이 아니라, 그분의 실제를 느끼며 희로애락을 함께 하는 것입니다.

어떤 분이 300년간 하나님과 동행했다고 하는 에녹에 관해서 말하면서 한 이야기에 은혜를 받았습니다.

하나님과 에녹이 아주 재미나게 놀고 있었는데 날이 저물려고 하니 에녹이 '이제 늦어서 집에 가야 되요!' 그러자 한참 재미있는데 분위기 깨는 소리하니까? 하나님이 섭섭하셔서 "야! 그래도 너의 집보다는 우리 집이 낫지 않겠냐!"고 툭 치면서 데려가셨다는 것입니다. 하나님의 재미있는 동무가 바로 에녹 이었습니다.

말이 이상할지 모르는데 하나님과 재미있게 지낼 줄 아는 사람이 곧 하나님과 잘 동행하는 사람이라는 것입니다. 찬송가 499장 후렴에 정확한 그 의미가 잘 드러나 있습니다. “주가 나와 동행을 하면서 나를 친구 삼으셨네, 우리서로 받은 그 기쁨은 알 사람이 없도다.”

지극한 친밀함

하나님과의 동행을 경직된 경건생활로만 이해하는 사람이 있는데 이것은 성경적이지 않습니다. 우리의 전 인생의 궤적을 총괄하는 개념입니다. 밥 먹을 때도. 길을 갈 때도. 하다못해 화장실에 앉아서도 거기서도 동행입니다. 그런데 왠지 개인적인 사생활로 깊이 들어가면 거기는 하나님 동행하고는 별 관계가 없는 것처럼 느껴집니다.

그러나 우리가 이것을 알아야 합니다. 우리가 사역도 중하고, 사명도 중하고, 예배도 중하고, 일도 중하지만 **우리의 신앙에서 가장 중한 것은 “하나님과의 개인적인 깊은 교제와 동행이며, 지극한 친밀함과 재미남이다”**라고 저는 말하고 싶습니다.

그 모든 순간을

우리가 흔히 하는 말 중에 열심히 하는 사람이 즐기면서 하는 사람을 못 따라 간다는 말이 있습니다. 일을 단지 열심히만 하는 사람은 금방 한계에 부딪치지만 일을 즐기면서 하는 사람은 그 한계를 쉽게 넘어선다는 말입니다.

신앙생활도 마찬가지입니다. 열심히만 한다고 능사가 아닙니다. 신앙생활을 즐길 줄을 알아야 합니다. 그 즐기는 자리에 곧 하나님과의 동행이 있습니다. 하나님을 경직되게 섬기는 성도는 신앙생활에 금방 싫증을 느끼고 타성에 젖은 신앙이 되지만, 신앙생활을 즐기는 성도는 독수리의 날아오르는 것과도 같은 비상을 경험하게 됩니다.

하나님을 즐거워한다는 것은 이를테면 마치 세상 사람들이 기쁜 일이 있을 때나 슬픈 일이 있을 때나 술로 위로를 받는다고 하는 경우가 있는데 이러한 형태와 차원에서의 즐김을 말합니다.

좋을 때만 즐기는 것이 아니라 슬픔도, 고독도, 상실까지도 참된 신앙인은 하나님으로 인하여 그 모든 순간을 즐길 줄 안다는 것입니다.

동행의 증거

창세기 39장을 보면 "여호와께서 요셉과 함께하심으로 그가 형통한 자가 되어"라고 되어있습니다 **요셉도 하나님과 동행하는 일에 있어서 성공한 사람입니다.** 어느 자리 어느 순간에든 하나님을 모시고 하나님을 즐거워했습니다.

사람들은 하나님과의 동행과 함께하심의 증거를 주로 어디서 찾느냐면 내 일이 '잘 되고' '못 되고'에서 찾습니다. 내 일이 잘되면 하나님 함께 하신 것이고, 좀 잘못되면 하나님께서 함께 하지 않은 것으로 이해합니다.

그러나 우리가 알 것은 요셉이 하나님께서 그와 함께하심의 증거를 그의 일이 잘 되고 못 되는 것을 통해서만 찾았다면 요셉은 벌써 오래 전에 신앙을 잃었을 것입니다.

요셉은 하나님이 함께하셨지만 형들에게 죽을 뻔하고, 미디안 상인에게 노예로 팔렸으며, 요망한 여인에게 누명까지 썼으며, 결국 감옥에까지 갇히는 신세가 되었습니다. 급기야는 자선을 베푼 술 맞은 관원장이 자신을 잊는 지경에까지 이르렀습니다.

하나님이 요셉과 함께하시는 증거가 있습니다. 그것은 무엇이냐면 요셉이 하나님을 생각하는 것 입니다. **머릿속에 온통 하나님 생각으로 가득한 것이 하나님 동행하심의 증거입이다.** 노예로 팔려 갈 때도. 누명을 쓸 때도. 감옥에 갇힐 때도. 배신을 당할 때도 하나님의 뜻과 경륜을 생각하고, 하나님의 역사와 응답을 바라고 있는 요셉은 이미 하나님과 함께하고 있는 것입니다.

에녹 또한 마찬가지입니다. 에녹은 하나님과 300년 동안 동행할 때 괴로운 일 한번 없었을까요? 억울한 일 한번 안 당했을까요? 병든 적도 없었고, 어려운 인생에 문제가 하나도 없었을까요? 에녹이 살던 당시의 시대를 보니까 결코 그렇지 않았다는 것을 알 수 있습니다.

금광석으로야 금광석을

하나님은 내가 생각하고 싶다고 생각되어지는 분이 아닙니다. 하나님이 그 안에 계시지 않으면 하나님을 생각 할 수가 없습니다. 하나님의 생각은 하나님 말고는 갖게 할 수 있는 이가 없기 때문입니다.

하나님이 그 안에 계시지 않고 하나님을 생각하게 되는 것이 바로 우상입니다. 기껏해야 철학적이고, 신화적이며, 관념적인 개념의 신(神)은 생각 할 수 있겠지만 우릴 죄악세상에서 구원하기위해 독생자를 보내신 하나님은 생각할 수 없습니다.

이 원리는 마치 '다이아몬드' 로야 '다이아몬드' 를 가공하게 되는 것과 같습니다. 다이아몬드는 그 안에 없고 다이아몬드라고 하는 것이 가짜 '큐빅' 인 것과 같습니다. 그래서 '우상' 은 '큐빅' 과도 같습니다.

불안했던 이유

우리가 우리 내 삶에서 벌어지는 모든 일과 사건 그리고 시간 속에서 계속해서 하나님을 생각하고 있다면 우리는 그 순간 '하나님이 나와 함께 하시고, 동행 하고 계시는구나!' 하는 증거로 삼아야 합니다.

우리가 불안했던 것은 '정말 하나님이 나와 함께 계시는가!' 에 대한 의문이었기 때문입니다. "두려워 말라 내가 너와 함께 함이라! 놀라지

말라! 나는 네 하나님이 됨 이니라" 암송해도 두려움이 가시지 않았던 것은 동행의 증거를 내 일의 잘되고 못되는 것만을 통해서 찾으려 했기 때문입니다.

이 하나님이 함께하신다는 믿음만 견고하게 우리 안에 세워져있다면 우린 넘어지지 않습니다. 지금 좀 힘들어도 걱정 없습니다. 이 모든 일을 즐길 수 있습니다. 고난마저도 아무 것도 아닌 게 되어버립니다.

왜냐하면 결국에 가서는 '해피엔딩' 이 될 것이기 때문입니다. 하나님과 동행함으로 에녹이 형통했고, 요셉이 형통했듯이 이 시대의 에녹과 요셉으로 살아가는 우리에게도 하나님의 형통케 하심이 있을 것입니다.

다섯 번째 이야기

아나니아와 삽비라

비교하지 맙시다!

지난시간에 사도행전 5장에 나오는 '아나니아와 삽비라'가 죽은 사건을 통해서 우리가 무엇을 해도 경쟁함으로 해서는 안 된다는 말씀을 받았습니다.

안 바치는 사람도 많은데 땅 판 돈의 반을 받치고도 복을 받기는커녕 화를 당한 사건을 보면서 우리가 누군가와 경쟁하는 마음에서 하게 된 것이라면 그것이 얼마나 믿음생활에 치명적인 것인지를 보게 되었습니다.

경쟁은 비교하는 마음에서 시작된 것입니다. 비교하고 있는 마음속을 드려다 보면 거기에는 시기심과 교만이 자리합니다. 선한 경쟁이 있다고 하지마는 우리 사는 세상 대부분의 경쟁 속에는 미움과 질시가 그 안에 들어있습니다.

비교를 하고 살면 둘 중에 하나입니다. 나보다 잘난 사람 쪽으로는 부러워하고 질시하는 것이고, 나보다 못난 사람을 향해서는 멸시 천대하는 것입니다. 다른 사람을 깔보고 무시하는 것은 교만한 사람의 전형적인 모습입니다. 또한 남 잘 되는 것 시기하는 사람은 비굴한 사람입니다.

그러므로 믿음의 사람은 결코 위를 쳐다보고 부러워하고 살아서도 안 되고 아래를 내려다보며 위로를 받으려 해서도 안 됩니다 위에 있는 사람 부러워하는 마음에선 시기심이 잉태되고, 아래 있는 사람 보면서 위로받겠다는 것은 그를 깔보고 무시한 처사입니다.

상대적 기준

비교를 하려면 기준이 있어야 하는데 이 세상에서는 상대적 기준만 있을 뿐입니다. 상대적 기준이라는 것은 쉬운 말로 기준이 없다는 것입니다. 행복하려면 얼마가 있어야합니까? 만족하려면 어떻게 되어야 합니까? 마른 떡 한 덩이를 놓고 만족 할 수도 있고 산해진미를 놓고도 불만족할 수 있습니다. 예수 믿는 사람은 오직 예수가 기준입니다. 이 세상에 있는 가치에 준해서 행복과 불행을 계산하지 않습니다.

예수를 믿는다 하면서도 모든 삶의 패턴을 비교함으로 살아가는 사람이 있습니다. 나를 잘 나가는 누군가와 비교하고, 내 남편과 내 아내를 능력 있다는 옆집 아무개와 비교하고, 내 자녀를 머리 좋다는 앞집 애와 비교하면서 살면 고스란히 나는 없는 인생이 되고 맙니다.

하나님은 세상 60억 인구 중에 나와 똑같은 인물은 하나도 없게 하셨습니다. 그것은 나에게만 뜻하시고 바라시는 은혜가 있다는 것입니다. 내 것은 보지 못하고 남의 것만 쳐다 보며 사는 인생은 그 자체로 불행한 인생입니다.

'좀 더 너답게~

나는 그냥 납니다. 나를 나로 살아야합니다. 나를 연예인 누구처럼 살라고 하니 안 되는 것입니다. 나뿐만 아니라 내 남편을 내 아내를 내 자녀를 그 모습 그대로 존귀하고 보배롭게 바라볼 수 있는 은혜가 있어야 합니다.

저도 한때 유명한 목사님 흉내를 좀 낸 일이 있었습니다. 그러나 아무리해도 전 그 목사님이 될 수 없다는 것을 깨달았습니다. 저에게 주신 것으로 해야 했습니다. 어느 날 기도하는데 하나님께서 제게 "왜 넌! 좀 더 너 답게 살지 못하니?" 하고 묻고 계셨습니다.

해서는 안 될 일

베드로가 '아나니아와 삽비라' 를 향해 "네 마음에 사단이 가득하다! 어찌하여 '이 일' 을 네 마음에 두었느냐!" 고 징계 합니다 '아나니아와 삽비라' 가 마음에 두었던 '이 일' 은 '비교하는 일' 입니다. 비교하는 일은 우리가 해서는 안 될 일입니다. 아나니아와 삽비라는 자기보다 믿음생활 잘 하고 있던 바나바라는 사람을 보고는 경쟁하는 마음에서 신앙생활을 했습니다.

아나니아와 삽비라 사건을 기록하고 있는 사도행전5장의 바로 윗부분인 사도행전 4장 마지막 절을 보면 바나바라는 사람이 땅을 팔아 많은 헌금을 한 것으로 많은 사람의 존경을 받게 됩니다. 이것을 본 아나니아와 삽비라가 자신들도 똑같이 땅 판 돈으로 사람들의 인기와 존경을 사려했던 것이었습니다.

신앙생활의 출발이 주를 향한 사랑과 은혜와 믿음이 아니라, 과시와 자랑과 교만에 있었습니다. 헛된 공명심과 시기심이 일어난 것이 신앙의 출발점 이었습니다.

내 죄를 위해 십자가를 지신 예수사랑이 뿌리가 아니라 경쟁과 시기가 발단이 되어 열심을 내는 신앙생활이라면 그 신앙은 병든 신앙이 되고 말 것입니다.

우스갯소리로 하는 말 중에 삽비라가 경상도에 사시는 구매의 여왕이라는 말이 있습니다.(?) '사삐라~' 헛된 공명심, 헛된 사행심, 헛된 경쟁심 그 속을 들여다보면 결국 비교하는 마음이 있습니다.

예수 믿는 사람은 비교하지 않습니다.^^

다섯 번째 이야기

삼손과 들릴라 _ 들릴라의 무릎

개인적인 동기

구약성경 사사기에 나오는 인물 중에서 가장 흥미로운 인물을 고르라면 단연 머리 기른 천하장사 삼손의 이야기일 것입니다. 태중에서부터 '나실인' 으로 태어나서 이스라엘 구원을 위하여 엄청난 힘을 하나님께 부여 받았습니다.

그가 사자를 염소새끼 찢듯이 맨손으로 죽이고, 나귀턱뼈 하나 들고 블레셋 정예기병 1000명을 죽였으며, 그가 죽을 때에 신전의 두 기둥을 무너뜨림으로 수천 명의 대적을 죽인 그의 행적은 후세에 길이 남을 만했습니다.

그런데 삼손을 볼 때마다 안타까운 점이 있습니다. 나라를 구원해야 하는 사사로서의 그의 행적들을 가만히 보고 있으면 너무 개인적인 동기에서 비롯된다는 것 이었습니다.

삼손이 대적 블레셋을 치게 되는 일을 대부분 보면 지나치게 여자문제로 인해서 분노하고 분개함으로 인해 그의 힘을 쓰게 되는 것을 있음을 알 수 있습니다. 그것도 대적 블레셋 여인과의 관계에서 일어난 일들 이었습니다.

삼손의 여성 편력(偏歷)

하나님의 일을 하라고 공적인 힘을 부여받은 삼손은 그 힘을 하나님의 영광을 위하기보다는 개인적인 분노와 원한을 푸는 사적인 일에 엉뚱하게 다 사용하고 있음을 보게 됩니다.

아이러니한 것은 삼손이 사사기 13장 끝에서 처음으로 하나님의 신에 감동 되었다 한 이후로 14장 처음을 보면 사사로서 이스라엘을 구원하러 갔다! 아니면 블레셋을 치러갔다! 해야 되는데 블레셋 딤나로 내려가서 한 여인을 취하여 그 아비에게 장가가게 해 달라고 하는 장면이 기록되고 있습니다. 좀 비약일지는 모르겠지만 지금으로 하면 목사 안수 받고 술집으로 갔다는 뭐. 그런 느낌입니다. 삼손의 여성편력이 처음부터 나타나고 있습니다.

물론 14장 4절을 보면 삼손이 블레셋으로 내려간 이유가 당시에 이스라엘이 블레셋치하에 있었음으로 틈을 타서 블레셋을 치기 위함이었다고 라고 기록하고 있습니다만 블레셋에 내려간 목적이 사실은 두가지입니다.

블레셋 여자에게 장가가고 싶은 마음이 첫째목적이고, 다음으로는 블레셋의 틈을 타서 그들을 치기 위함이었습니다. 어떤게 진짜 목적이었는지는 삼손만 압니다.

그러나 연이어 기록된 삼손의 행적으로 보아 겉으로 드러난 대외적인 목적은 블레셋을 치기 위함이라고 하지만 아무래도 속내는 여자에게 빠져있었던 것 같습니다. 왜 옛날에 청년들이 교회 간다 할 때 겉으론 하나님 믿기 위해 간다하고선 속내는 여자 만나고 연애하려는 이유에서였던 것과도 같습니다.

궁금해서 물어본 게 아닙니다.

삼손의 또 다른 여성편력이 사사기 16장에 기록 됩니다. 블레셋 '가사'의 또 다른 여자 '들릴라'에게 빠집니다. 지금으로 하면 신문에 그렇게 많이 나오는 팔레스틴 '가자지구' 입니다. 블레셋의 영어식발음이 '팔레스틴' 입니다.

가자술집(pub) 정도 되겠습니다. 얼마나 깊게 이 여자에게 빠졌으면 이 여자에게 완전히 홀립니다. 홀려서는 힘의 근원을 다 말해줍니다.

이 여인이 그냥 궁금해서 물어본 게 아닙니다. 지금 내실에는 블레셋 복병이 매복해 있고 힘의 근원을 알아내는 동시에 그 힘을 끊어버리고 삼손을 죽이겠다는 여인입니다. 은전 일천 이백 냥에 매수된 미모의 블레셋 스파이입니다.

정말 답답하고 안타까운 것은 들릴라가 힘의 근원을 물어오며 유혹할 때마다 거짓으로 일러 준대로 삼손은 다음날 아침 칡넝쿨 일곱 가닥에 묶여있었으며, 새 동아줄에 묶여있었고, 머리가 베틀에 들어가 있었습니다. 그러면 삼손이 제 정신이라면 '이 여인이 날 죽이려고 이러는구나!' 하고 당연히 아는 것을 모르고 있습니다.

삼손은 백치 바보인가?

도리어 '당신은 사랑이 식었어요! 마음이 내게서 떠났어요! 거짓말만 하면서 어찌 날 사랑하다 하겠어요!' 하면서 채근하는 들릴라의 말에 16장 16절을 보면 "들릴라가 날마다 재촉하여 조르매 삼손의 마음이 번뇌하여 죽을 지경이 되었다" 고만 기록하고 있습니다.

뻔히 지금 날 죽이려는 것은 보지 못하고 거짓으로 일렀다는 말에만 죽을 지경이 되어있는 삼손에 모습이 한심함을 넘어서서 가련하기까지 합니다.

아무리 사랑에 약한 것이 남자의 마음이라고 하지만 삼손은 좀 심하다 싶습니다. 그래서 어떤 학자들은 삼손이 힘만 천하장사였지 사실은 바보백치였다고 말하는 사람도 있습니다.

그러나 삼손이 앞서서 블레셋인들에게 수수께끼를 내는 장면에서 보듯이 동음이의어를 사용한 '병행과 댓구'를 사용하여 문제를 내는 것으로 보아 그가 그렇게 바보백치는 아니었을 것이라고 보는 것이 더 정확할 것 같습니다.

홀린 겁니다!

그렇다면 어쩌다가 자길 죽이겠다는 여인과에 거짓 사랑 놀음에 빠져서 삼손이 이 지경까지 된 것입니까? 정답은 말 그대로 홀린 겁니다. 유혹에 조금 넘어진 것 정도가 아니라 아예 홀라당 빠졌습니다. 삼손의 생각하는 기능이 상식수준마저 완전히 마비가 됐습니다.

삼손이 하나님의 사람을 대표한다면 들릴라는 세상을 상징하는 인물입니다. 하나님의 사람이 세상을 사랑하다가 거기에 넋 놓고 빠져있으면 그의 이성은 오늘 삼손과 같이 마비되어 버립니다.

아무리 쉬운 진리를 말해줘도 그것이 머리에 들어가질 않습니다. 하나님이 이제 곧 벌을 내리실 거라고 아무리 말해줘도 소귀에 경 읽깁니다. 이렇듯 세상이 가져다준 물질이나, 인기나, 향락에 빠져있으면 그에겐 하나님의 지식이 들어가질 않습니다.

세상은 천하 없는 것으로 우릴 유혹한다 해도 결국은 들릴라와 마찬가지로 그 목적이 우릴 죽이고 멸망시키기 위함입니다.

사실 삼손은 나실인으로서 3가지의 금기 중에 이미 두 가지를 범했습니다. 술 먹으면 안 되는 것과, 부정한 것을 먹거나 가까이 해선 안 된다는 것, 그리고 머리털 자르면 안 된다는 것 중에 벌써 앞에 두 가지는 범했음을 알 수 있습니다. 들릴라는 현직 기생인데(?) 기생집에 들러 술을 안 먹었다는 것은 참새가 방앗간을 그냥 지나갔다는 것과도 같습니다.

또한 시체를 만지거나 가까이 해서는 안 되는데도 불구하고 사자의 죽은 시체 속에서 난 꿀을 먹었습니다. 그 사실을 아버지에게 이르지 않았다는 성경의 표현은 그것을 먹으면 안 되었다는 것을 우회적으로 암시하고 있는 부분입니다.

이제 머리 자르면 안 된다는 것 하나 남아있습니다. 나실인으로서 머리털을 자르지 말라는 하나님의 말씀은 머리를 가리우라는 뜻이고, 머리를 가리운다는 것은 나는 머리가 없다는 뜻입니다.

컨트롤 타워를

즉 '나의 머리는 여호와 하나님' 이라는 뜻입니다. 그런데 하나님을 나의 머리요, 컨트롤 타워로 삼고, 그분의 모든 명령을 주의 깊게 살펴야 할 나실인 삼손이 컨트롤 타워를 드릴라에게 내주고 말았습니다.

금기를 어겼음에도 하나님은 전연 신경 쓰이지 않았습니다. 오직 들릴라에게만 온 마음이 빼앗겨있고 그녀의 눈치만을 살피고 있습니다. 힘의 근원을 말해줄 때도 안절부절 못하다가 결국 삼손이 그의 진정(힘의 근원)을 들릴라에게 다 토했다고 성경은 표현하고 있습니다.

그 다음 구절을 우린 주의 깊게 보아야합니다 16장 18절입니다. "들릴라가 삼손의 진정을 토함을 보고."는 블레셋 방백을 불러서 돈 가지고 올라오라고 하고 있습니다.

하나님의 사람들은 그의 진정을 하나님 앞에 토하고 사는 사람들이지 세상 앞에 토하는 사람들이 아닙니다. 그러나 지금도 보면 세상에다가 마음의 진정을 토하고 사는 사람이 얼마나 많은지 모릅니다.

세상은 성도에겐 들릴라와 같습니다. 세상을 쫓아가다 결국 나중에 큰 배신을 당하고 나서는 못 믿을게 여자고 못 믿을 게 세상이라고 하면서 세상을 욕하고 나무라 봐야 다 자기 얼굴 침 뱉기입니다. 그러므로 지혜로운 사람은 처음부터 세상에 진정을 토하지 않습니다.

거짓 안식(평안)

또 있습니다. 하나님의 사람은 세상과의 거짓 사랑 놀음에 취해서 거기서 안식을 찾고 기쁨을 찾지 않습니다. 삼손이 진정을 들릴라에게 토하고 나서 그의 머리가 놓여있는 곳을 보면 그 속에 매우 깊은 진리가 숨어있는 것을 알 수 있습니다. 16장 19절입니다. "들릴라가 삼손으로 자기무릎을 베고 자게하고." 성경의 기자는 이 부분을 아주 '클로우즈업' 해서 부각시킵니다.

들릴라는 삼손이 자기에게 진정을 토하는 것을 다 듣고는 삼손으로 하여금 자기무릎을 베고 잠이 들게 했다고 합니다.

자기를 이제 곧 죽이려는 자의 무릎을 베고 그 품안에서 잠들어있는 삼손을 보면서 이것이야말로 세상에서 우리가 거짓평안을 누린다는 것이 무엇인지를 단적으로 보여주는 성경에 가장 대표적인 부분이라고 할 수 있습니다.

들릴라의 무릎은 하나님의 품과 대비되는 자리입니다. 하나님을 머리로 모시고 그분 안에서 안식을 찾아야할 나실인이 자신의 머리를 들릴라에게 내어 주고 그 안에서 거짓안식을 누리고 있습니다.

요즘도 보면 세상 인기를 쫓아 청소년들이 뜬구름 같은 연예인이 되려하고 기성세대는 부나방 같은 권력에 맛에 취해 홀려 있다가는 결국 그들 중에 상당수가 어떻게 되었는지는 이미 우리가 다 아는 이야기입니다.

세상에서 난 물질이나 사람들로부터 얻은 인기나 명예, 권력 같은 시대의 들릴라에 취해있고 거기 홀려서 거짓 안식과 평안을 누리고 있으면 이제 곧 매복해있던 어둠의 영들이 들이 닥칠 것입니다.

그들에게 끌려가서 삼손처럼 비참한 지경에 이르는 일은 없어야 하겠습니다.

다섯 번째 이야기

모세와 지팡이

없어지기를 기다리시는 하나님

성경에 기록된 인물 중에서 하나님께서 들어 쓰신 가장 위대한 인물을 찾으라 할 때에 단연 이스라엘의 구원자인 모세라고 하는 데에 있어서 이의를 제기할 사람은 아무도 없을 것입니다. 그러나 그가 하나님께 부름 받는 때를 보면 그는 가장 연약한 상태에서 가장 초라한 모습으로 가장 아무것도 없는 상태에서 부름을 받게 되는 것을 보고 의아한 마음을 품게 됩니다. 그가 시편에서 고백한대로 인생의 연수가 7~80년이라 했는데 그의 나이 80에 그리고 초라한 목자의 모습으로 뻣뻣한 말을 하는 노인의 모습으로 부름 받게 된다는 것입니다.

사람들이 잘 못 생각하는 것 하나가 있습니다. 사람이 권력도 있고, 사회적 지위도 있고, 세상에서 가지고 있는 능력과 재물이 좀 있어야만이 하나님이 그 사람을 쓰신다는 생각입니다. 물론 사람이 어느 정도 위치에 있는 것으로 또한 그가 가진 것이 어느 정도 있는 것으로 하나님이 그를 사용하실 때가 있습니다. 그러나 아무리 찾아봐도 왕후 에스더 정도입니다.

오히려 성경을 보면 하나님은 사람이 가지고 있는 것이 아무것도 없을 때 그 사람을 쓰시는 경우가 너무도 많은 것을 보게 됩니다. 도리어 가지고 있는 것이 다 없어지기를 기다리십니다. 그 대표적인 인물이 바로 모세입니다.

모세는 그의 나이 40이 되기까지 바로왕궁에서 공주의 양자로 자라면서 학문과 수사학과 검술을 익힌 사람입니다. 그러나 자신의 능력으로 세상을 한번 바꿔보겠다고 혈기를 부리다가 그만 동족 히브리인을 괴롭히는 애굽인을 죽이게 되었고 그 길로 미디안 광야로 도망가게 됩니다. 그리고 광야에 묻혀서 무려 40년의 세월을 장인의 양을 치는 빈곤한 목자생활을 하게 됩니다.

네 손에 무엇이 있느냐?

모세에게 미디안 광야 40년은 자기 것이 다 없어지는 것을 경험하는 시간이었습니다. 왕궁의 인맥도 왕자로서 가졌던 명성도 지식도 재물도 다 광야바람과 함께 날아가는 것을 보게 된 것입니다. 지금은 그저 장인의 양떼를 치는 초라한 목자일 뿐입니다.

놀라운 것은 하나님은 바로 이때 모세를 찾아오십니다. 떨기나무 불꽃가운데서 하나님의 음성을 듣습니다. 멀리서 떨기나무가 불타고 있는데 오랜 시간이 지나도 사그라지지 않는 것을 이상히 여기면서 다가갔는데 그 불 속에서 하나님의 음성을 들려온 것입니다. 애굽에서 고통받는 이스라엘을 구원할 구원자로 너를 택하였다는 것입니다. 그때 모세가 "그들이 어찌 나 같은 초라한 사람의 말을 듣겠나이까!" 하면서 거부합니다. 그때 하나님께서 모세에게 출애굽기 4장 2절에서 이렇게 말씀하십니다. **"여호와께서 그에게 이르시되 네 손에 무엇이 있느냐 그가 가로되 지팡이니이다!"**

이 한 구절 속에 하나님과 모세 사이에 참으로 많은 이야기가 오고가는 것을 보게 됩니다. 하나님께서 모세에게 "네 손에 무엇이 있느냐!" 고 물으심은 "네가 가지고 있는 것이 무엇이냐?"는 말씀입니다. 모세는 "내가 가진 것은 이 지팡이 하나입니다!" 라고 말씀드리면서 "하나님은 내가 왕자로서 권력도 있고 사회적 지위도 있고 따르는 인맥도 있고 지식과 재물도 있을 때는 모른 척 하시다가 어찌하여 이제 내 손에 아무것도 쥔 것이 없는 이때에 나를 부르시는 것입니까!"하는 일종의 푸념으로서의 대답을 한 것입니다. 하나님께서 "너 뭐 가지고 있냐?" 물으시니까 "저 아무것도 없습니다!" 하면서 내어 민 것이 지팡이 이었다는 것입니다. 자기 손에 가진 것은 아무것도 없는 줄 알았는데 정작 지팡이 하나가 손에 쥐어져 있던 것입니다. 모세는 말 그대로 지팡이 하나 있었습니다. 지팡이는 그야말로 아무것도 가진 것이 없다는 것을 나타내는 하나의 상징물입니다.

경이로운 지팡이

그런데 이 시간 이후부터 이 지팡이가 무슨 일을 하는지 보게 되면서 우리 모두는 놀라운 지팡이의 역사에 빠져들게 되는 것입니다. 당장은 지팡이를 땅에 던지라 하시면서 뱀이 되게 하시고 꼬리를 잡았을 때 지팡이로 돌아오게 하시지만 이것은 정말 맛배기였습니다. 이 지팡이로 나일 강을 치니까 온 나일 강물이 핏빛으로 물들게 되었고(출 7:17). 이 지팡이를 높이 들게 되니까 여호와의 동풍이 불어와 메뚜기 떼가 날아들게 되었으며(출 10:13) 열 가지 재앙이 애굽 땅에 떨어질 때마다 모세가 지팡이를 들었을 때 하나님의 크신 능력의 역사를 보았다는 것입니다. 모세가 손을 들었다는 것은 지팡이를 들었다는 말과 같습니다. 급기야는 이스라엘 앞에 가로 막힌 홍해를 향해 지팡이를 내밀게 되니까 바다가 마른땅처럼 갈라지게 되었으며(출 14:16). 광야에서 이스라엘이 목마를 때에 이 지팡이로 반석을 내려치니까 반석에서 물이 터져 강이 되어 흐르게 된 것입니다(출 17:6).

뿐만 아니라 더욱 놀라운 일은 이스라엘이 광야에서 처음으로 대적 아말렉과 전투를 하는데 모세가 손을 들면 이기고 내리니까 지는 겁니다. 사실 전장에서 실제 전투 중에 있던 여호수아는 생각하길 처음엔 내가 열심히 싸우지 않아서 지는 줄 알았습니다. 그리고 다시 용기를 내면이기는 줄 알았습니다. 그런데 그게 아니었습니다. 저 산위에서 모세가 지팡이를 높이 들고 있으면 이기는 것이고 모세가 팔 아프다고 지팡이 내려놓고 있으니까 지는 것이었습니다. 그래서 아론과 훌이 모세의 팔을 하나씩 들어주는 것으로 인해서 여호수아는 승리하게 됩니다(출 17:9).

이와 같이 일련의 되어지는 지팡이의 역사가 영적으로 의미하는 바가 무엇입니까! 모세는 이거를 아는 겁니다. 나는 지팡이를 내리쳤을 뿐이고, 지팡이를 내밀었을 뿐이고, 지팡이를 높이 들었을 뿐입니다. 그런데 경이로운 하나님의 역사가 끊임없이 일어나는 것입니다. 그리고 그 속에서 나는 하나님의 손에 들린 지팡이에 불과하다는 자기 정체성을 찾아야 했다는 것입니다.

모세는 계속해서 깨닫는 것입니다. “지팡이는 아무것도 아닌데도 불구하고 아무것도 아닌 것을 통해서도 하나님은 당신의 하실 일을 다 하시는 구나!” 입니다. 모세는 하나님께 부름 받을 때 아무것도 없다는 것을 표하기 위해 내어 민 것이 지팡이 이었습니다. 지팡이가 능력이 있는 것이 아니라 아무것도 아닌 지팡이를 놀랍게 사용하고 계시는 하나님을 보는 것입니다. “나는 아무것도 아니지만 하나님은 나 같은 무익한 죄인을 사용하시는구나!”를 잠시도 잊어서는 안 되었던 것입니다.

헷갈려지는 모세

그런데 모세가 지팡이를 들고 팔을 내밀 때 마다 하도 많은 역사가 일어나니까 점점 모세도 헷갈려 지는 것입니다. "이것이 일말이라도 나에게서 나온 능력이 아닐까?"라는 착각에 빠지는 것입니다. 이것이 결정적으로 모세가 하나님께 죄를 범함으로 가나안땅에 들어가지 못하게 되는 이유가 됩니다. 므리바 물가에서 반석을 칠 때에 자신이 하나님인 냥 내리친 것입니다. 다른 때는 그냥 하나님이 시키는 대로 했다면 이때는 자신이 친히 하나님이 되어서 내리친 것입니다. 이것은 사람은 볼 수 없고 하나님만이 보실 수 있는 부분입니다.

지팡이는 절대로 하나님이 될 수 없습니다. 아무리 지금 크고 놀라운 일이 지팡이를 통해서 내 앞에 나타나고 있지만 지팡이를 보아서는 안되고 지팡이를 사용하고 계시는 하나님을 보아야합니다. 그런데 사람들은 하나님의 지팡이인 모세에 집중합니다.

아무것도 가진 것 없는 지팡이와 같은 모세를 쓰시는 하나님을 보아야하지 지팡이에 불과한 사람모세에게 포커스를 맞추어서는 안 된다는 것입니다. 지팡이를 쓰시는 하나님과 지팡이에 불과한 모세를 사용하고 계시는 하나님을 보면서 이 모든 것은 결국 하나님의 커다란 은혜라는 것을 모두가 함께 고백해야 한다는 것입니다.

운칠실삼?

목회자로서 하기 어려운 말이지만 세상 사람들이 하는 말을 잠깐 인용하겠습니다. 요즘 사람들이 하는 말 중에 "운칠실삼"이라는 말이 유행어가 되어 젊은들 사이에 돈다고 합니다. 무슨 말인즉슨 사람이 성공하는데 있어서 운이 70%이고 실력이 30%이라는 것입니다. 그런데 사실 이와 같은 말은 기성세대인 어른들은 싫어합니다. 저도 기성세대입니다. "무슨 소리냐! 노력하면 되는 거지 노력해서 안 되는 것이 어디 있냐!" 기성세대는 정말 노력해서 오늘의 한국을 만들어 놨습니다.

그러나 갈수록 빈부격차가 고착화되고 금수저 흙수저 논란이 일고 아무리 노오~력해도(?) 극복할 수 없는 유리천장의 한계와 현실 앞에서 젊은이들은 좌절합니다. 성공하기 위해서는 실력보다는 인맥이고 운이라는 것입니다. 좋은 대학을 나오는 일은 아버지의 재력 가지고는 안 된답니다. 할아버지의 재력이 있어야하고 또한 엄마의 마당발 정보력이 있어야 대학 학벌을 보장받는 것이지 본인의 공부노력 가지고는 안 된다는 것입니다.

물론 성공한 사람들 가운데 상당부분은 노력해서 그 자리에 가있는 것을 부정하지 않습니다. 그런데 또한 그 가운데 많은 경우는 어떻게 하다보니까 그 자리에 있다는 것입니다. 세상 말로 하면 줄을 잘 선겁니다. 태어나면서 금수저를 물었습니다. 위로 올라가는 데에 있어서 어떤 경우는 많은 경쟁을 헤치고 가야하는데 어찌하다 보니까 그 자리에 아무도 없었습니다.

사실 어느 분야이든지 맨 위로 올라가면 노력 안하는 사람은 없습니다. 기업의 이사자리도 그렇고 나라의 장관자리도 그렇고 국가를 대표하는 스포츠 선수라 해도 다르지 않습니다. 그렇다면 이제 후로는 줄을 어떻게 섰느냐 입니다. 이번에는 동북아에서 유엔 사무총장이 나와야 하는데 아무도 나온 사람이 없는 것입니다. 그래서 지금 앉아 계신 것입니다. 소위 관운이라는 것입니다.

무슨 이야기를 드리려고 하는 것이냐면 이 사람이 정말 정직한 사람이라면 "나는 은혜로 여기 지금 이렇게 있습니다!" 해야 하는데 즉 세상말로 하면 어떻게 하다 보니까 '운칠실삼' 으로 지금 이 자리에 있습니다. 해야 하는데 거꾸로 '실칠운삼' 이라고 한다는 것입니다. 내가 잘

못 잤고, 내가 노력했으며, 내가 실력을 쌓았고, 내가 처세를 잘했기 때문에 이 자리에 있는 것으로 그렇게 자랑하고 자서전을 내고 자기를 높인다는 것입니다.

소위 성공자, 가진자, 승리자들의 논리라는 것이 있습니다. 화려한 결과가 그 사람의 부족한 과거를 다 덮어버린다는 것입니다. 그 사람의 지금 위치가 과거의 모든 것을 정당화하고 미화시킬 수 있다는 점입니다. 부풀려지고 치장하고 허세적으로 가게 만듭니다.

마른 막대기와도 같은

이것은 교회도 마찬가집니다. 대형교회의 목사님들은 제가 보아도 정말 설교를 잘하십니다. 소위 능력이 있습니다. 그런데 어떤 경우는 어떻게 저렇게 큰 교회를 이루셨는지 궁금한 목사님들도 있습니다.(?) 그야말로 하나님이 은혜를 주신 것입니다. 그런데 두 경우 다 자신의 공로를 하나같이 높이는 것을 봅니다. 지하실 개척교회시절의 고난을 입만 열면 하시는 것을 보면서 저는 많이 안타까웠습니다. 알고 보니까 지하실 생활 3개월 하셨습니다. 저는 능력이 없어서 지하 개척목회 15년차입니다. 15년 지하실이 3개월 지하실 고난을 듣는 것은 쉬운 일은 아닙니다.(?) 모두가 자신의 고난을 의로 포장하고 과장하고 공로화합니다.

물론 모세가 고생 많이 한 이스라엘의 지도자였듯이 교회를 세우는데 헌신하신 분들인 것만은 분명합니다. 광야의 이스라엘은 입만 열면 모세를 원망하였고 하나님이 막아주지 않으셨다면 몇 번을 돌에 맞아 죽을 뻔했습니다. 그러나 모세는 자신을 높여서는 안 되는 존재라는 것을 잠시도 잊으면 안 되게끔 하나님은 역사하신 것입니다. 모세는 지팡이를 내밀었을 뿐이고, 지팡이를 내리쳤을 뿐이고, 지팡이를 들었을 뿐입니다. 그 이후에 모든 역사는 다 하나님이 하신 것입니다. 광야 이스라엘을 인도하는 대 장정의 과정 속에서 하나님이 보이신 놀라운 역사하심 가운데 모세가 한 것은 백에 채 하나도 되지 않는 다는 것입니다.

마치 농부가 씨를 뿌리고 거름을 주고 김을 매며 하루 종일 고생하며 밭을 일군다고 해도 하나님이 비를 내리시고 은혜를 주지 않으시면 농부의 모든 수고는 허사인 것과 같다는 것입니다. 사람이 노력한다고 다 되는 것이 아니기 때문입니다. 그래서 **믿는 사람은 오늘도 내가 최선을 다하여서 살지만 "은구실일(은혜구십, 실력하나)"로 살아가고 있다는 사실을 잠시도 잊어서는 안 됩니다.**

사람들은 모두가 다 하나님의 손에 들린 지팡이입니다. 마른 막대기만도 못한 나를 사용하시는 하나님을 보면서 하나님께로만 온전히 영광을 돌려야 한다는 것입니다. 주지의 사실은 마른 막대기에 불과한 지팡이를 금지팡이 은지팡이로 둔갑시키고 사람들은 지팡이만 쳐다보고 있을 때 진리는 가려지고 교회는 타락한다는 것입니다.

"나 여호와는 내 영광을 다른 자에게 내 찬송을 우상에게 내어주지 아니하리라!"(사 42:8).

다섯 번째 이야기

살렘왕과 소돔왕

두 나라 왕의 환영사

창세기 14장을 보면 고대 근동 부족국가들이 서로 동맹하는 것으로 전쟁을 치르는 본문이 기록되어 있습니다. 그돌라오멜 동맹군과 소돔고모라 동맹군이 전쟁을 치르는 과정에서 소돔고모라가 패하게 되자 소돔에 살고 있던 아브라함의 조카 롯이 포로로 잡혀가게 됩니다. 이 소식을 들은 아브라함(아브람)은 조카를 구하러 급하게 가신 318인을 이끌고 뒤쫓아 갔습니다. 어떻게든 조카 롯을 구하고자 뛰어든 일이었지만 사실 무모한 일이었습니다. 일개 가신그룹에 불과한 아브라함 군사가 부족국가 연합군과 싸운다는 것은 이게 될 싸움이 아니었는데도 불구하고 밤에 복병전을 쓰는 것으로 아브라함이 대승을 거두고 돌아오게 되었습니다.

이 때 아브라함의 승리를 축하하고자 두 나라의 왕이 환영하러 나오게 되는데 **이 두 나라의 왕이 하는 말과 그에 따른 아브라함이 전리품을 나누는 행동이 바로 오늘 하나님을 섬기는 우리에게 매우 중요한 메시지를 남기고 있다는 사실입니다.**

십일조는 은혜에 대한 감사입니다.

창세기 14장 19절에 먼저 살렘왕이 나와서 "천지의 주재이신 하나님께서 아브라함에게 복을 주셨습니다. 네 대적을 네 손에 붙이신 지극히 높으신 하나님을 찬양하라!"라고 하면서 너의 승리는 네가 작전을 잘 쓰고, 무기가 뛰어나고, 재수가 좋아서 이긴 것이 아니라 하나님이 너에게 복을 주셨기 때문에 승리한 것이라고 하면서 하나님께 영광 돌릴 것을 말했습니다.

아브라함은 살렘 왕 멜기세덱에게 십일조를 드리는 것으로 이 모든 승리와 전리품들이 하나님의 것임을 증명했습니다. 여기서 십일조의 원조가 나오는 것입니다. 십일조는 율법이 아니라 감사와 은혜입니다. 이 모든 승리와 그로 인한 전리품들은 하나님의 것이라는 의미에서 그 대표로 십의 일조를 드린 것입니다.

그래서 십일조는 율법이 아닙니다. 율법은 뭐냐면 이를테면 내가 피땀 흘려 수고해서 10을 얻었는데 그 하나를 하나님께 드릴 테니까 내가 어려울 때 하나님도 나를 좀 도와 달라고 하는 일종의 거래입니다. 하나님은 은혜 베풀기를 원하시는 하나님이지 우리와 거래하길 원하시는 분이 아니십니다. 그러므로 10개 중에 하나를 드리는 의미에서의 십일조가 아니라 열 개가 다 하나님의 것이라는 대표로서의 하나입니다.

대표는 곧 그 나머지 모두를 의미합니다.

성경에서 대표성의 원리를 이해하는 것은 성경전체의 그림을 보는 데에 매우 유익합니다. 아담은 인류의 대표로서 사단에게 졌습니다. 아담은 인류의 대표였기 때문에 내가 진 것과 같습니다. 마찬가지로 둘째 아담 되신 예수님이 십자가에서 사단을 이기셨습니다. 그러므로 예수 믿는 내가 이긴 것입니다. 우리나라 축구 대표 팀 11명이 일본과의 대결에서 이겼다면 내가 이긴 것이고 졌으면 내가 진 것입니다. 나의 대표라서 그렇습니다.

그래서 성경에 십일조가 언급 될 때는 첫 새끼, 첫 열매, 첫 것과 같이 나오는 것입니다. 즉 대표로서의 첫 것입니다. 신명기 12장 17절 "너는 곡식과 포도주와 기름의 십일조와 네 소와 양의 처음 난 것." 첫 것을 드린다는 것은 나머지도 다 하나님 앞에 가 있다는 것을 고백하는 행위가 됩니다. 하나님이 관리하시고 하나님이 이기게 하시고 복 주시는 것으로 하나님 손에 있다는 것입니다. 아브라함은 이 모든 승리와 그로인한 축복이 모두 하나님에게서 온 것이라는 고백으로 십일조를 드린 것입니다.

소돔왕의 환영사는 은혜가 아니라 율법입니다.

반면에 아브라함을 환영 나온 소돔왕은 창세기 14장 21절에서 이런 말을 아브라함에게 하는 것으로 그가 세상왕의 대표인 것을 보이고 있습니다. "소돔 왕이 아브람에게 이르되 사람은 내게 보내고 물품은 네가 가지라!" 이 소돔왕의 말에 아브라함은 22절에서 "아브람이 소돔왕에게 이르되 천지의 주재이시요 지극히 높으신 하나님께 맹세하노니 네 말이 내가 아브람으로 치부하게(부자 되게) 하였다 할까하여 네게 속한 것은 실오라기하나 들메끈 한 가닥도 내가 가지지 아니하리라!"로 대답했습니다.

소돔왕은 지금 한껏 고무 되서는 아브라함을 높이 치켜세우고 있는 것입니다. 그런대도 불구하고 아브라함은 소돔 왕을 내 치고 있는 것입니다. 조금 전 살렘왕은 아브라함으로 하여금 이 승리는 네가 이룬 것이 아니니까 어깨 힘 빼라고 한 것과 비교하면 반대되는 환영사를 한 것입니다. 오히려 자신을 높이는 소돔 왕과 같이 들떠서 승리를 자축

했을 만 한 대도 아브라함은 그러지 않았습니다.

사람들은 그 때고 지금이고 조금만 무슨 일이 됐다 싶으면 자신의 공로를 치켜세우고, 우쭐대고, 자랑하고 싶어 합니다. **소돔왕은 아브라함을 높이 치켜세워 주는 말을 했지만 그 말속에는 독이 담긴 것을 믿음의 사람 아브라함은 감지했습니다.** 그러니까 소돔왕은 지금 전쟁의 승리로 의기양양해 있는 아브라함에게 다가가서 이 승리는 너의 지략과 작전의 승리고 너의 자랑이고 너의 영광이니까 내가 빼앗긴 전리품은 다 네가 취하라고 한 것입니다.

지금 우리버전으로 바꾸면 이렇습니다. 세상에서 성공하고 뭘 좀 이루었다 싶으면 소돔 왕 같은 사람들이 옆에 붙어서는 '이것은 다 너의 피땀 흘린 노력의 결과이며. 네가 새벽별 보고 나가서 저녁 달 보고 들어와서 이룬 것이며. 네가 쌓고 애쓰고 고생한 것이므로 이 모든 것이 다 네 영광이고 네 자랑이며 네 것이다!' 라는 의미입니다.

두 왕이 우리를 마중 나올 것입니다.

아브라함은 아주 지혜롭게 말했습니다. "동네사람들이 혹이라도 소돔왕 네가 준 것으로 내가 부자 되었다는 말을 들을까봐 싫어 내가 네 것은 실오라기 들메끈 한 가닥도 안 가진다!"라고 답한 것입니다. 아브라함은 하나님이 주신 것과 세상이 준 것을 구별하는 지혜가 있었습니다. 부자가 되고 성공한 것이 중요한 것이 아니라 어떻게 무엇으로 그것을 이루게 된 것 인지를 보아야 하는 것입니다. 세상에서 돈 벌고 출세하고 성공하면 그저 무엇이든 하나님이 준 것으로 아는 것은 교회가 세속화된 그 마지막 모습이라고 보면 틀리지 않을 것입니다.

하나님께서 주신 은혜와 복으로 사는 사람은 어떤 경우라도 세상왕인 소돔왕의 것은 취하는 일이 없을 것입니다. 소돔왕의 것을 취한다는

것은 자기 의를 취한다는 것입니다. 그래서 소돔왕은 율법주의 왕이고 공로주의 왕이며 자기 의의 왕인 것입니다. 반면에 살렘왕인 멜기세덱은 의의 왕 평강의 왕 은혜의 왕이신 그리스도이십니다.

이 부분을 히브리서 기자는 이렇게 설명하고 있습니다. "이 멜기세덱은 살렘 왕이요 지극히 높으신 하나님의 제사장이라. 아브라함이 모든 것의 십분의 일을 그에게 나누어 주니라. 그 이름을 해석하면 먼저는 **의의 왕이요 그 다음은 살렘 왕이니 곧 평강의 왕이요**"(히 7:1-2).

우리가 교만히 행하며 목이 뻣뻣해지고 어깨에 힘이 들어가려 할 때 살렘왕 되신 주님은 우리에게 목에 힘 빼고 하나님을 찬양하고 하나님께 영광을 돌리라 하시겠지만 세상왕 소돔왕은 우리 목과 어깨에 기브스를(?) 델 것입니다.

우리가 인생을 살다 보면 반드시 이 두 왕이 우리를 마중 나올 것입니다. 그 때 아브라함처럼 믿음으로 행하는 성도들이 되시길 축복합니다.

다섯 번째 이야기

십브라와 부아

조산원 산파

'십브라'와 '부아' 성경에 나오는 인물인데 교회를 오래 다니신 분들도 그 이름이 다소 생소한 이름입니다. 출애굽기 1장에서 애굽의 바로왕이 '히브리(이스라엘)여인들이 아들을 낳으면 죽이고 딸을 낳으면 살게 두라!' 고 명령했던 조산원 산파였습니다.

당시에 이들은 바로의 명령을 듣지 않고 히브리 여인의 아들들을 살려 주었습니다. 출애굽기 1장 15~17절을 보면 이렇게 되어있습니다.

"애굽왕이 히브리산파 '십브라'라 하는 자와 '부아'라 하는 자에게 일러 너희는 히브리여인을 위하여 조산할 때에 아들이거든 죽이고 딸이거든 살게 두라 그러나 **산파들이 하나님을 두려워하여** 애굽왕의 명을 어기고 남자를 살린지라."

더 두려운 대상

이 분들은 눈에 보이지 않는 하나님을 눈에 보이는 바로왕보다 더 두려워했던 믿음의 사람들이었습니다. 당장 눈앞에 서슬 퍼런 바로왕의 칼날이 있음에도 불구하고 그것보다 하나님을 더 두려워할 수 있었다는 것은 보통 믿음이 아닙니다.

당시에 바로왕은 곧 신이고 법이며 나라입니다. 그 왕명을 어길 수 있음은 이미 목숨은 내어놓고 있었다고 보아야 할 것입니다.

본문상의 표현은 이 두 산파가 바로왕의 명을 어겼을 때 받는 형벌보다 하나님의 명령을 어겼을 때 받게 될 형벌이 훨씬 두려웠다는 의미로 되어 있습니다.

사람들은 더 두려워하는 대상의 말을 듣게 되어 있습니다. 우리가 하나님을 주님으로 섬기고 왕으로 섬긴다고 하면서 하나님보다 더 두려워하는 대상이 있다면 그 대상을 하나님 보다 높이 본 결과입니다.

세상의 권력. 사람들의 말. 그리고 어려운 환경. 문제들. 이런 것들을 두려워하고 있다면 하나님은 그것들 앞에 어찌할 수 없고, 하나님은 그것들 앞에 아무 힘도 쓸 수 없는 분이라는 것을 내 스스로 증명하는 결과가 된다는 것입니다.

하나님이 온전히 두려울 때

하나님이 온전히 두려울 때 다른 것은 하나도 두렵지 않게 됩니다. 하나님에 대한 두려움이 점점 없어질 때 세상에 대한 두려움은 커지게 됩니다.

성경에 나오는 모든 믿음의 사람은 하나님을 두려워했던 분들입니다. 단순히 하나님을 무서움과 공포의 대상으로 삼았다는 뜻이 아니라 하나님의 명령을 어기는 것을 두려워했다는 것입니다.

이 부분을 성경은 '하나님을 경외하는 것' 이라 말씀하고 있습니다. 빌립보서 2장 12절에서 사도바울은 "오직 복종함으로 두려움과 떨림으로 너희 구원을 이루라!"고 하셨습니다.

애굽 바로왕의 왕명보다 하나님을 더 두려워했던 분들이 십브라와 부아였다면 바벨론의 느브갓네살 왕 앞에서 우상에게 절하지 말라는 하나님의 명령을 더 두려워했던 분들은 사드락과 메삭과 아벳느고였습니다.

역시 사자굴 앞 에서도 두려워하지 않았던 다니엘이었습니다. 페르시아의 아하수에로 왕 앞에서 하나님을 더 높인 사람은 에스더였습니다. 사람도, 환경도, 문제도, 모든 것이 다 하나님 아래에 있는 존재들이라는 것을 알고 그렇게 믿었기 때문입니다. 오직 하나님을 경외하고 하나님 한 분만을 진심으로 두려워하고 산다면 우리가 가지고 있는 세상에 대한 두려움, 문제에 대한 두려움, 미래에 대한 두려움은 사라질 것입니다.

복중에 복

출애굽기 1장 20~21절을 보면 "하나님이 산파들에게 은혜를 베푸셨고… 하나님을 경외하였음으로 하나님이 그들의 집을 왕성케 하신지라"로 되어있습니다.

성경의 역사를 보면 산파들 뿐 아니라 하나님과 그의 명령을 지키는 것으로 인생 가운데 가장 높이 두고 산 사람들은 하나님께서 복을 주셨습니다.

지금도 하나님은 자신의 명령을 지키는 것을 생명처럼 여기고 그 명령을 어기는 것을 두려워 할 줄 아는 당신의 백성을 찾고 계십니다. 그리고 그들의 삶에 찾아오셔서 은혜와 복을 더하여 주십니다.

그런데 가만히 생각해보면 하나님 명령을 지킨 것에 대한 보상으로 받는 복도 큰 것이지만 그보다 앞서서 애초에 하나님을 경외함으로 세상에 대해 두려워하지 않고 사는 것 그 자체가 복중에서도 큰 복 인 것을 느끼게 됩니다.

다섯 번째 이야기

기드온과 엘리야

상식과 경험에 반대로

'기드온'과 '엘리야' 이 두 사람의 이야기에 공통점이 있습니다. 기드온이 대적 미디안을 치기위해서 모집한 군사의 수를 3만2천에서 3백명으로 계속해서 줄여나간 것과 엘리야가 제물이 놓인 제단위에 물을 흥건하게 가져다 붓게 한 일입니다. 이 두 가지의 일은 모두 일반 사람의 상식과 경험과는 반대로 이루어진 일이라는 것입니다.

일반적으로 전쟁을 하기위해서는 군사의 수를 늘려야합니다. 사사기 7장을 보면 모집한 군사의 수가 3만2천이었는데 반하여 미디안 적군은 무려 13만5천입니다. 전쟁을 하기엔 아직도 상대가 되지 않는 인원임에도 불구하고 하나님은 기드온을 통해 너무 많으니까 줄이라고 하십니다.

줄여나가는 과정이 아주 흥미롭습니다. "전쟁이 무서운 사람은 집으로 돌아가라!"하니까 2만 명이 집으로 돌아갔습니다. "이것도 많다! 더 줄여라!" 하시면서 "물가로 데려가서 개처럼 핥아먹는 사람과 무릎 꿇고 먹는 사람 두 부류로 나눠라!" 하니까 대부분의 사람이 무릎 꿇고 마셨고 300명만이 개처럼 핥아먹었습니다.

그래서 하나님은 "됐다!" 하시면서 이 300명으로 싸울 것 이라 하셨습니다. 만약에 무릎 꿇고 물을 마신사람이 300이었다면 하나님은 그들을 사용했을 것입니다. 줄이자는데 의미가 있는 것이지 어떻게 줄였느냐는 아무 의미가 없습니다.

태우려면 말려야 하는데

엘리야가 갈멜산에서 바알과 아세라 제사장 850명을 대항해서 누가 참 신(神)인지를 가리는 대결을 벌입니다. 하나님의 제단과 바알의 제단을 하나씩 만들어 놓고 하늘에서 불이 내려 제단을 사르는 신이 진정한 신이라는 목숨을 건 850 대 1의 대결입니다 850명의 바알제사장들이 먼저 하루 종일 자기 몸을 해 하면서까지 불이 내리길 기도했지만 아무런 기척도 없었습니다.

드디어 엘리야 차례가 되었습니다. 엘리야는 하속들을 시켜서 제단 밑에 도랑을 파게하고 물동이로 계속해서 제단과 제물위에 물을 부으라고 합니다. 물이 제단과 제물위에 흥건하고 나중에는 도랑이 넘쳐흐르게 되었습니다. 이제 이게 타야합니다.

물에 젖은 나무라도 그것을 태우려면 일단은 말려야 합니다. 그런데 엘리야는 하속들을 시켜서 제단위에 물을 부으라고 합니다. 조금 적시는 수준이 아니라 아예 물속에 흠뻑 담그고 있습니다.

전형적인 코스

기드온과 엘리야의 경우는 상식과는 반대로 행하고 있습니다. 물론 기드온은 하나님이 시켜서 이렇게 군사를 줄이고 있고, 엘리야는 자기가 직접 제단의 장작위에 물을 가져다 부으라고 지시했습니다.

이 일을 하신분이 하나님이심을 드러내시기 위한 과정입니다. 하나님의 하나님 되심을 만인에게 나타내시기 위한 전형적인 코스입니다. 기드온의 군사수가 많았다면 그들은 틀림없이 자신들의 힘으로 일구어낸 자신들의 승리라고 했을 것입니다.

엘리야의 제단에 장작이 말라있었으면 불꽃이 실수로 옮겨졌다거나, 트릭을 썼다거나 하면서 말 만들어내기 좋아하는 사람들이 별 이야기를 다 만들어 냈을 것입니다. 그러나 이건 하나님이 아니고선 설명할 수가 없는 것입니다.

그 누구도 의심하거나 부인할 수 없는 명백한 하나님의 일임을 나타내게 하기 위해 즉 하나님의 하나님 되심을 보이기 위해 하나님은 때로 우리에게도 이와 같은 일을 행하실 때가 있습니다. 군사의 수를 늘려야 한다고 생각되는 시점에 도리어 군사의 수를 줄이실 때가 있습니다.

기드온처럼 하나님께서 직접 줄이라고 명령하시기도 하지만 우리로 하여금 줄이게 하실 때도 있습니다. 엘리야처럼 직접 제단위에 물을 붓게 하시기도 하지만 또한 하나님이 직접 그렇게 하실 때도 있습니다.

'하나님! 왜 이러십니까!

이런 상황이 되면 우리가 기드온이나 엘리야 같은 수준의 믿음이라면 '하나님이 뭘 보여 주시려고 이렇게 하시나!' 하고는 하나님의 하실 일을 기대합니다. 그러나 중요한 것은 우리는 기드온이나 엘리야 같은 믿음이 아닐 때가 너무 많다는 것입니다.

우리는 대번에 이렇게 나오기 십상입니다. '하나님 왜 이러십니까!' '왜 하나님은 내 일을 방해하십니까!' '왜 하나님은 일을 거꾸로 돌리십니까?' '왜 말려야 할 때인데 적시는 겁니까!' '왜 늘려야 할 때 인데 줄이십니까!' '왜 다 된 밥에 재를 뿌리시는 겁니까!!!' 하면서 '왜' 를 남발합니다.

하나님의 하나님 되심

그러나 참된 믿음은 하나님을 끝까지 믿고 신뢰하는 대에 있습니다. 우리의 상식과 경험을 벗어나서 늘려야할 때 줄이시고 말려야할 때 적시는 것은 하나님이 이미 그 일에 깊숙이 개입해 계신다는 신호입니다. "하나님의 하나님 되심"을 보여 주시기 위함입니다.

두려워말고 군사의 수를 줄이고 겁내지 말고 물을 갖다 부읍시다! 그러면 우리에게도 기드온과 엘리야처럼 '이것이 하나님이 하신일입니다!' 라고 고백 할 수밖에 없는 놀라운 하나님 경험을 하게 될 때가 이를 것입니다.

하나님은 구름떼같이 많은 대적들을 앞에 놓고 도리어 군사를 줄이시면서 기드온에게 계속해서 하신 말씀이 있습니다. 그것은 "네가 13만5천 대군을 한 사람 치듯이 하리라!" 는 말씀입니다.

우리가 준비한 제단의 흙과 돌까지

엘리야 또한 그의 기도 속에서 하나님의 하나님 되심을 말하고 있습니다. 열왕기상 18장 36절에서 여호와의 불을 내려 달라고 기도 하면서 "아브라함과 이삭과 이스라엘의 하나님 여호와여 주께서 이스라엘 중에 하나님 되심과"로 시작하고 있습니다.

하나님은 당신의 하나님 되심을 그의 백성들에게 나타내 보여주시는 살아계신 하나님 이십니다. 지금 이 시대에도 하나님은 우리가 끝까지 하나님을 신뢰하고 믿음으로 나아갈 때 우리 앞에 있는 대적 13만5천 대군을 한 사람 치듯이 치실 것이고, 우리가 준비한 제단의 흙과 돌까지 다 태우는 여호와의 불을 내려주심으로 우리의 기도를 열납하실 것입니다. 그리하여 온 천하에 영광을 받고 계시는 하나님이신 것을 보여 주실 날이 있을 것입니다.

다섯 번째 이야기

하나님의 얼굴 브니엘

_ 도우시는 하나님

극적인 반전

야곱이 간절히 소원하던 바를 이루었습니다. 형이 칼을 빼어 들고 달려들 줄 알았는데 말에서 내리자마자 달려와서는 자신의 목을 끌어않고 울었습니다. 놀라운 일이 일어났습니다. 에서의 마음이 야곱을 향해 달려오는 중에 바뀐 것입니다. 출발할 때는 20년 전 장자권을 강탈당한 분노의 감정에 가득해서 앙갚음하고 복수할 마음으로 가신 400인을 이끌고 온 것이었습니다.

400인이 결코 형제상봉 이벤트 벌이자고 데리고 온 것은 아니었습니다. 하나님이 에서의 마음을 만지신 것입니다. 분노와 복수심에 가득한 에서의 마음을 형제의 정으로 가득한 마음으로 바꿔주셨습니다. 참으로 극적인 반전이 아닐 수가 없습니다.

야곱은 자신을 반겨주는 형의 유순한 얼굴을 본 것으로 인해서 '내가 형님의 얼굴을 뵈오니 하나님의 얼굴을 뵈옵는 것 같습니다!' 라는 표현을 했습니다. 하나님의 얼굴은 하나님의 도움을 의미합니다.

시편을 보면 숱한 구절에서 어려움에 처한 하나님의 백성들이 하나님의 얼굴빛을 비춰달라고 구하고 있습니다.

하나님 얼굴 보기

사실 하나님의 얼굴을 본 자는 살 수 없습니다. 하나님의 보좌를 본이들도 하나님 발등상만을 보았을 뿐입니다. 그런데 하나님은 당신의 얼굴을 직접 볼 수 는 없어도 이스라엘 백성들로 하여금 하나님의 얼굴을 보는 것과도 같은 감동과 감흥을 느낄 수 있게 하셨습니다.

그것은 간절히 소망하던 바를 이루는 것을 통해서입니다.

'하나님의 얼굴' 이 곧 '하나님의 도움' 이 된 것은 민수기 6장 22절의 말씀이 그 시초가 됩니다. 하나님은 모세와 아론을 부르시고는 너희들 맘대로 백성들을 축복하지 말고 이와 같이 축복하라 하시면서 주신 말씀이 그것입니다.

"여호와께서 모세에게 말씀하여 이르시되 아론과 그의 아들들에게 말하여 이르기를 너희는 이스라엘 자손을 위하여 이렇게 축복하여 이르되 여호와는 네게 복을 주시고 너를 지키시기를 원하며 **여호와는 그의 얼굴을 네게 비추사** 은혜 베푸시기를 원하며 여호와는 **그 얼굴을 네게로 향하여 드사** 평강 주시기를 원하노라 할지니라. 하라 그들은 이같이 내 이름으로 이스라엘 자손에게 축복할지니 내가 그들에게 복을 주리라"(민 6:22).

얼굴을 비취심

하나님께서 직접 당신의 백성들을 돕는 일을 가리켜서 당신의 얼굴을 비춰시는 것으로 말씀하고 계십니다. 그래서 이스라엘백성이 인생의 힘든 문제 속에서 하나님께 도움을 구하고 있는 시편의 수많은 구절들을 보면 하나님의 얼굴빛을 비춰달라고 하는 간절한 기도가 그 안에 들어있음을 알 수 있습니다.

대학입시를 치룬 수험생이 학교정문에 붙은 합격자명단속에서 자신의 이름을 보았다면 그는 자신의 이름만 보는 것이 아니라 그 속에서 하나님의 얼굴빛을 보는 것입니다.

중요한 문제를 앞에 두고서 어떤 사람에게 생각지 못했던 큰 도움을 입었다면 그는 그 도움을 준 사람의 얼굴에서 마찬가지로 하나님의 얼굴을 보는 것입니다.

오늘 야곱이 형의 얼굴을 하나님의 얼굴이라고 하는 것도 마찬가지입니다. 복수의 얼굴로 자신에게 왔다면 같은 형의 얼굴이겠지만 그것은 하나님의 얼굴이 아닙니다.

이미 야곱은 얍복 강가에서 하나님과 씨름하고 이긴 것으로 인해 축복을 받으면서 하나님의 얼굴을 보고도 죽지 않았다 해서 그 곳 지명을 하나님의 얼굴이란 뜻의 '브니엘'로 지었습니다. 그리고 바로 이어서 자신 앞에 나타난 형님의 얼굴을 '하나님의 얼굴'로 경험하게 되었습니다.

오늘날의 브니엘

예수로 인해 하나님의 백성이 된 오늘날의 야곱 또한 인생의 구체적인 현장에서 날 돕고 계신 하나님을 맛보아야 합니다. 저는 기도를 할 때 하나님의 얼굴을 보았던 때(간절한 기도를 응답받았을 때)를 가만히 기억해 냅니다.

그리고 그것들 하나하나를 아주 자세한 부분에 있어서까지 들추어서 주님께 감사를 드립니다. 나의 인생속의 크고 작은 문제 가운데 깊이 개입하시고 간섭하신 하나님의 역사를 찬송하며 다시금 오늘의 기도를 드립니다.

요즘은 햇살이 가득 비취는 거실 창가에서 기도하는 버릇이 생겼습니다. 오랫동안 햇빛 하나 없는 지하실 생활을 한 연유도 있지만 사실은 그 자체가 기도의 응답이기 때문입니다.

지하실에 살면서 어쩌다 빛 한 줄기가 지하실 계단 밑으로 내려오면 그 한줌 빛 속으로 머리를 들이밀고는 기도를 했던 기억이 있습니다. 내게도 빛을 비춰달라고 간절히 기도했습니다.

지금은 한쪽 벽면 전체가 창으로 나 있는 커다란 남향의 창문 밑에 무릎을 꿇습니다. 날씨가 맑은 날이면 쏟아지는 빛을 주체할 수가 없습니다. 한 줌의 빛에 기대어 구했는데 지금은 쏟아지는 빛이 머리와 온몸을 감싸 안습니다.

저는 이 따사로운 빛을 맞으며 또 다시 기도합니다. 이 빛이 성령의 비취시는 하나님의 얼굴빛이 되게 해 달라고 기도합니다. 우리 성도들 각 사람 마음과 가정과 일터에 비취심으로 하나님의 커다란 도움을 보고 브니엘의 역사를 경험하게 되는 오늘날의 야곱이 되기를 간절히 기도합니다.

이 기도가 응답 될 날이 속히 이를 것입니다.

다섯 번째 이야기

베드로와 가룟유다 1

_ 회개와 뉘우침

부인한 자와 팔아먹은 자

베드로와 가룟유다는 예수님의 열 두 제자 중에 있어서 가장 반대되는 길을 걸었던 인물입니다. 한 명은 예수님의 수제자로 크게 쓰임을 받았던 반면에 또 한명은 모든 시대에 걸쳐 배신자란 이름의 대명사가 되었습니다.

사실 예수를 은전30전에 팔아먹은 가룟유다나 예수를 모른다고 3번 부인하고 마지막에 가서는 저주 까지 한 베드로나 스승을 배신한 정도로 따지면 앞서거니 뒤서거니 할 것입니다. 일개 계집 종 앞에서 예수를 모른다고 맹세하고 저주까지 한 베드로의 죄가 예수를 팔아먹은 가룟유다의 죄보다 결코 가볍지만은 않을 것입니다.

그런데 베드로는 그 죄까지 딛고 일어나 주님의 수제자의 길을 계속 가는 반면에 가룟유다는 결국 아겔다마에서 자살하는 것으로 그의 인생을 끝내는 것을 통해 무엇이 이들을 이렇게 다른 길을 가게 했는가에 관심을 갖았습니다.

수제자와 도적

물론 베드로는 처음부터 자타가 공인하는 수제자였고, 가룟유다는 돈 궤를 맡은 도적이었다는 표현이 성경에 기록되어있지만 가룟유다가 주님께 처음 부름 받았을 때에도 그와 같은 마음은 아니었을 것입니다. 얼마 되지도 않는 주님의 열 두 사도 가운데 하나로 부름 받았을 때에는 나름대로 순수함이 있었을 것이라는 말씀입니다.

사실 둘 다 주님께서 미리 경고를 하셨습니다. 베드로에게도 주님은 "오늘밤 3번 나를 부인하리라!"고 미리 경고의 말씀해 주셨으며 유다에게도 유월절 최후의 만찬 시에"나와 같이 떡 그릇에 손을 넣는 자가 나를 팔 것이다!"라고 미리 말씀해 주셨습니다.

마태복음 26장 75절을 보면 베드로는 예수 부인하고 새벽닭이 울자 예수님의 말씀이 생각나 심히 통곡하며 회개 했지만, 세 절 건너 이어서 기록된 마태복음 27장 3절에서 가룟유다는 새벽에 예수가 잡혀가시자 대제사장에게로 가서 은전 30을 도로 갖다 주며 스스로 뉘우쳤다는 내용이 나옵니다.

회개와 뉘우침

베드로는 심히 통곡하며 회개 했고 유다는 단순히 뉘우치기만 했습니다. 이 둘의 차이는 종이 한 장의 차이 같으면서도 참으로 큰 '갭' 이 있습니다.

뉘우침이 '내가 잘못을 저질렀구나!' 하고서 인지적 차원에 단순한 깨우침 까지라면 회개는 잘못한 대상에게 용서를 빌어야 한다는 것의 차이입니다. 지금도 무슨 일을 잘못하고 나서는 극단적인 선택을 하는 사람이 있습니다. 자기 양심에 가책을 받기 때문입니다. 만일 유다가 베드로처럼 진정한 통곡과 회개를 했다면 그의 인생도 달라질 수 있었을 것입니다.

누구나 잘못을 할 수 있습니다. 그러나 잘못을 처리하는 방법은 사람마다 다른 것 같습니다. **의지적 변화는 없이 괜한 감정에 복 바쳐서 자기 눈물에 스스로가 속는 형태부터 해서 될 대로 되라는 식의 자포자기형과 되레 더욱 그 마음이 강퍅해져서 극단적인 선택을 하는 경우가 그것입니다. 자기가 자신을 용서할 수 없어서 또는 자기 분에 자기가 못 이겨서 자해하고 자살하는 경우입니다.**

잘못한 사안에 대한 처분을 주님께 맡기는 사람이 크리스천입니다. 자기 잘못을 자기가 처리하는 사람은 교만한 사람입니다. 자기공로로 자기영광 받는 사람이나 다를 바가 없습니다. 겸손한 사람은 이 모든 심판을 하나님께 맡깁니다. 그리고 오직 긍휼과 불쌍히 여김을 구할 뿐입니다.

성령을 받고서

그래서 회개는 우리의 연약을 알게 하시는 하나님의 방법입니다. 참 회개를 하는 사람은 그래서 하나님을 만나게 되어 있습니다. 베드로는 큰 소리를 잘 쳤습니다. 모두가 주를 떠나고 버릴지라도 나는 죽는 자리에까지 주를 따르겠다고 했는데 그 다짐은 불과 몇 시간 만에 풍선껌이 되었습니다.(?)

베드로는 내가 다짐한다고 되는 것이 아님을 깨닫게 되었습니다. 성령이 오셔야 한다는 것을 깨달았고 그분의 도우심이 있어야 만이 예수를 좇을 수 있다는 것도 알게 되었습니다. 실지로 베드로는 계집종 앞에서도 두려워하며 예수를 부인하던 사람이었는데 오순절 날 성령을 받고 나서는 솔로몬행각에 모인 수많은 사람들 앞에서 "너희가 죽인 예수를 하나님이 살리셨다!"고 담대히 외치며 예수를 증거 했습니다.

성령은 참 회개하는 자에게 오십니다. 성령의 역사가 크게 임했던 한국 초대교회의 대부이신 길선주 목사님은 예배시마다 찬송가 177장을 10번 이상 불렀다고 합니다. "성령이여 강림하사 나를 감화하시고 ♬ 애통하며 회개할 맘 충만하게 하소서 ♬ 예수여 비오니 ? 나의기도 들으사 애통하며 회개할 맘 충만하게 하소서♪" 참된 회개는 우리 신앙의 참된 문이며 출발점입니다.

다섯 번째 이야기

베드로와 가룟유다 2

_ 훈계 달게 받기

훈계 달게 받기

열 두 제자들이 3년 동안 예수님과 다니면서 훈계를 들을 때가 몇 번 있었습니다.

"너희가 어찌하여 믿음이 없느냐!" 귀신들린 아이를 데리고 온 아버지 앞에서도 "내가 언제까지 너희와 함께 있으랴!" 겟세마네 동산에서는 "한 시 동안도 나와함께 깨어 기도할 수 없더냐!"

제자들은 입이 한 주먹씩 나와 가지고는 코가 땅에 닿을 만큼 쏙 빠져 있었습니다. 오늘은 베드로와 가룟유다 이 두 제자를 바라볼 때에 스승인 예수님의 훈계를 얼마나 잘 받아들이고 수용했는지에 초점을 맞추어서 살펴보려합니다.

유다의 마음상태

먼저 요한복음 13장 2절을 보면 "마귀가 가룟유다의 마음에 예수를 팔 생각을 넣었다"는 말씀이 나옵니다. 그런데 이 가룟유다의 마음이 어떤 마음 상태 이었는지를 우선 주목 해보려고 합니다.

앞장인 12장으로 가면 예수님이 나사로의 집에 있을 때 마리아가 무려 300데나리온에 해당하는 향유를 가져다가 그것을 예수님 발에 붓고는 씻기는 장면이 나오는데 이것을 본 가롯유다가 저 비싼 것을 팔아 가난한자에게 나누어 줄 것을 엉뚱하게 낭비하고, 허비한다면서 여인을 나무라고 있습니다.

물론 성경은 친절하게 저가 가난한 자를 생각한 것이 아니라 돈을 중간에서 가로 챌 마음으로 한 말이었다는 설명을 하고 있지만 사실 일반인이 들을 때에 가롯유다의 말 자체가 틀린 말은 아니었습니다. 속으로 다른 꿍꿍이가 물론 있었지만 겉으로 가롯유다는 예수님께 칭찬을 듣자고 한 말이었습니다.

감정이 있는 마음상태

그런데 예수님께서는 말씀하시길 "저가 나의 장례를 준비하는 것이다!"라는 말씀으로 도리어 여인을 두둔하셨습니다. 당시에 사람이 죽으면 염 할 때 향유를 조금 발랐는데 이제 곧 닥칠 예수님의 죽음은 그 어떤 이의 죽음보다도 존귀한 하나님의 아들로서의 죽음이었음으로 이 세상 모든 향유를 다 부은들 모자람이 맞습니다.

이와 같은 영적 지식이 없던 가롯유다로서는 가난한자를 위한다는 명분으로 예수님께 칭찬을 들을 줄 알았는데 되레 면박성의 말씀을 들은 것입니다. 자기 말에 동조해 줄줄 알고 한 말인데 오히려 훈계성 말을 들은 것입니다.

지금도 옹졸한 사람은 자기가 한 말에 사람들이 동조해 주지 않으면 삐지게 되는 것을 흔치 않게 보게 됩니다. 가롯유다는 그 마음속에 예수님을 향한 섭섭한 마음, 꽁한 마음, 꼬부라진 마음을 품게 되었습니다. 마귀가 가롯유다의 마음에 예수를 팔아먹을 생각을 넣었다 하는데 그 마음상태는 예수를 향한 감정이 있는 마음이었습니다.

마귀가 장악한 마음

예수님은 가룟유다로 깨닫게 하기 위해 13장 최후의 만찬 중에 계속해서 "너희중 하나가 나를 팔 것이다!"라고 말씀하시고, 가룟유다의 발까지 씻겨주시고, 급기야는 "나와 같이 떡 그릇에 손을 넣는 자가 나를 팔 것이다!" 라고 직접 말씀해주셨지만 이미 가룟유다의 완악한 마음은 마귀가 장악한 뒤 이었습니다.

요한복음 13장 27절을 보면 예수님의 계속된 설득에 가룟유다가 회개하게 생겼으니까 마귀는 생각을 넣은 것 가지고는 안 되겠다 싶었는지 완전히 그 속으로 들어갔다고 되어 있습니다.

저는 괜한 생각입니다 만은 예수님이 12제자 발 씻겨주실 때 가룟유다라고 그냥 지나치지 않으셨을 텐데 가룟유다를 앞에 두고서 '그 얼마나 민망하셨을까!' 를 생각해 봅니다. 이 세상 가장 민망한 시간이면서 장면입니다.

한 분은 씻기는 자를 위해 목숨을 내어놓을 생각을 하는데 씻김 받는 자는 도리어 씻겨주시는 분 팔아먹을 생각을 했으니까요. 어지간하면 여기서 가룟유다는 예수님 앞에 꼬꾸라져야 했습니다. 그러나 그의 마음이 어지간히 완악했던 것 같습니다.

영적인 맷집

재밌는 것은 베드로는 예수님께 훈계를 받을 때 그 말씀을 달게 받았다는 것입니다. 베드로는 훈계에 말을 들은 정도가 아니라 우리가 이미 아는 것처럼 아예 사단이 된 적이 있었습니다.

예수님이 십자가를 진다고 했을 때 베드로가 안 된다고 하자 예수님이 베드로에게 "사단아 내 뒤로 물러가라 너는 나를 넘어지게 하는 자로다!" 사단 비슷한 놈도 아니고(?) 아예 사단이 되었습니다.

여기서 그 마음이 소심하고 옹졸한 가룟유다 같으면 속으로 생각하길 '아니 어떻게 그런 심한 말을 다른 제자들도 다 있는데서 창피하게.' 하면서 꽁하고 감정을 품었을 텐데 베드로는 그러지 않았습니다. 성격 좋은 베드로는 예수님의 훈계를 그냥 꿀꺽~ 삼켰습니다.

신앙생활을 잘하려면 성격이 좋아야합니다. 영적인 맷집이 좋아야 합니다. 예수님으로 실족하지 않는 자가 복 있는 자입니다. 그래서 예수님은 "누구든지 나를 인하여 실족하지 아니하는 자는 복이 있도다!(눅 7:23)" 라고 말씀하신 것입니다.

혹 기도한 것 안 들어주셨다 해서 또는 훈계를 받았다 해서 무슨 소리를 들었다 해서 교회를 향한, 예수님을 향한, 섭섭한 마음이나 실족한 마음 품는 일이 없기를 간절히 소망합니다.

여섯 번째 이야기

가정과 교회

여섯 번째 이야기

가정과 교회

두 곳의 충전소

자동차를 타고 가다보면 길가에 충전소가 나옵니다. 휴게소도 나옵니다. 대개는 둘이 같이 있습니다. 사람들은 이곳에서 부족한 연료를 공급받고 피로한 여정에 쉼을 얻습니다.

하나님은 당신의 백성들에게 인생이란 길을 달려가면서 일종의 휴게소라고도 할 수 있는 충전소를 주셨습니다. 인생을 살면서 소진된 힘을 충전하고 비축할 수 있는 곳입니다.

두 곳입니다. 한 곳은 가정이고, 또한 곳은 교휩니다. 이 충전소를 잘 관리해 두는 사람이 지혜자입니다. 아무리 장사라고 해도 쉬지 않고 일할 사람 없기 때문입니다. 가정에서 우리의 육신이 새 힘을 충전 받고, 교회에서 우리의 영혼이 새 영을 공급 받습니다.

가정충전소

먼저 육신의 휴게소인 집에 거하면서 편안해야 합니다. 편안한 동안 힘이 충전 됩니다. 긴장해서는 충전이 되지 않습니다. 모든 가족구성원들은 서로에게 편한 상대가 되기 위해 노력해야합니다. 불편한 관계가 되면 서로에게 충전은 없습니다. 주로 언제 불편해지고 긴장하게 되냐면 흠과 허물을 지적받을 때입니다.

가정은 평가받는 곳이 아닙니다. 평가는 집밖에서 받는 것만으로도 충분합니다. 집에서 부모가 자녀를 평가하고, 아내가 남편을 평가하고, 있는 집은 충전소라 할 수 없습니다. 평가 받기 전에 우리는 긴장합니다. 하나님께서는 식구들끼리는 격려하고, 칭찬하는 것을 통해 서로가 서로에게 힘을 충전 받게 하셨습니다.

교회 충전소

다음으로 충전 받는 곳이 교회입니다. 교회에 나오면 우리의 영혼이 하나님을 뵙습니다. 사람은 하나님을 뵈어야 살 수 있습니다. 사람은 영적인 존재이기 때문에 영이 잘 됨같이 육신이 잘 되기 때문입니다.

시편에 많은 하나님 백성들은 성전에 나와 하나님의 얼굴빛을 비춰 달라고 기도하고 있습니다. 영이 공허한데 육이 만족할 수 없습니다. **태양 빛을 쬐어야 우리육신이 살듯이, 하나님의 얼굴빛을 보면 우리의 영에 성령의 기름 부음을 받게 됩니다. 이 기름을 연료통에 가득 채우고 세상 살아가는 사람이 성도입니다.**

그러므로 교회에 나오는 길을 깨끗하게 해야 합니다. 이 길이 지저분하면 안 됩니다. 교회에 나오는 길에 이것저것 거치는 것이 많이 있으면 안 됩니다. 성도들 간에 불편하면 은혜가 가려집니다.

누군가를 향한 감정을 가지고 예배드리면 본인이 힘듭니다. 주님도 먼저 사람 앞에 갖게 된 안 좋은 감정들 있다면 그것먼저 해결하고 그리고 나서 내 앞에 나오라고 말씀하셨습니다.

평생을 사시면서 하나님 주신 두 곳의 충전소에서 힘과 원기를 회복하고 사시는 성도가 되시기를 축복합니다!

여섯 번째 이야기

크리스천과 바리새인

깨달음

우리가 '깨닫는다!'는 말을 할 때가 있습니다. 단순한 하나의 지식을 얻는 차원이 아니라, 머리가 시원해지고, 가슴이 뻥 뚫리며, 눈물이 핑 도는 지식을 말합니다. 다름 아닌 하나님의 지식을 알아갈 때 우리는 이와 같이 '깨닫는다!'는 말을 하게 됩니다. 하나님을 알아갈 때 느끼는 감동은 우리가 세상 그 어떤 것을 느끼는 감동보다 크고 놀라운 것입니다.

"창세로부터 그의 보이지 아니하는 것들 곧 그의 영원하신 능력과 신성이 그의 만드신 만물위에 분명히 보여 알게 되나니"(롬 1:20).

조물주와 창조주

목욕탕에서 어떤 아저씨가 자신이 운동선수 출신이라서 안다고 하면서 발가락 하나하나의 기능을 친구들에게 말해주는 것을 곁에서 들었습니다.

약지 발가락을 가리키며 이게 없으면 쪼그려 앉지를 못하고, 무슨 발가락이 없으면 뭘 못하고, 하면서 발가락 하나하나의 기능을 설명하면서 이것이 다 필요해서 조물주가 이렇게 만들어 놓았다고 했습니다. 그러나 그분이 예수 믿는 분은 아니었습니다.

조물주가 계시고, 그분이 만들어 놓으신 것도 인정하면서, 그분이 누구인지 더 이상 알려고 들지 않는다는 것이 '아이러니' 이었습니다.

어떤 음악가가 상을 받으면서 수상 소감을 말할 때 이런 말을 한 것도 기억에 있습니다. 음악을 작곡을 하려면 뭔가가 머리에서 떠올라야 하는데 그것을 떠오르게 끔 하시는 하늘에 있는 그 어떤 분에게 감사한다고 했습니다.

이 분 역시 하나님을 섬기는 분은 아니었습니다. 그 어떤 분이 느껴졌는데 말 그대로 그냥 거기까지였습니다.

이 분들에게 있어서 '하나님은 참 피상적이고 막연하기 그지없는 하나님이다!' 라는 생각을 했습니다.

하나님을 아는 참된 지식

올바른 신앙을 갖게 되는 것은 하나님의 지식을 어떻게 알아가고, 설정해 놓느냐의 문제에 달려 있습니다. 하나님을 어떤 하나님으로 이해하느냐의 문제는 한 사람의 신앙을 지배하는 키가 됩니다.

하나님을 자기만족을 위한 지적 흥미의 대상이나 자기 야망을 이루는 도구쯤으로 아는 사람들이 많은 세상입니다. 예수님에 대해 토론하기는 좋아하면서 예수님을 영접하지는 않고, 말씀대로 살지는 않으면서 예수님으로 인해 돈과 명예를 얻으려는 사람이 많은 세상인 것 같습니다.

바리새인은 예수님을 구경하려 했습니다. 예수님을 마음으로 모시고 영접하려 들지 않고 멀찌감치서 예수님이 일으키시는 기적 쇼(?)를 구경하려 했습니다. 예수님에 대한 지식이 기껏해야 자신에게 볼거리를 제공하는 수준이었습니다.

그러한 바리새인을 향하여서 예수님은 악하고 음란한 세대가 표적을 구한다고하시면서, 내가 너희에게 보일표적은 요나의 표적밖에는 없다고 하셨습니다. 예수님은 삼일 만에 요나가 물고기 뱃속에서 나오듯이 삼일 만에 죽음을 이기시고, 부활하는 것이 너희에게 보일 유일한 표적이라고 말씀하신 것입니다.

우리가 예수님을 마음으로 영접하려하면 우리는 '크리스천' 이 되지만 예수님을 구경하려면 '바리새인' 이 되는 것입니다!

하나님을 아는 참된 지식은 나를 위해 십자가를 지시는 그의 독생자 예수님을 바라보면서 시작 됩니다.

요한복음 17장 3절에서 "영생은 곧 유일하신 참 하나님과 그의 독생자 예수그리스도를 아는 것이다!"라고 말씀 하셨습니다. 겸손히 주를 영접하고 그분의 말씀에 귀 기울일 때 하나님을 아는 놀라운 지식이 싹터 올라오는 것입니다.

그때 얻는 감동은 우리가 세상에서 얻는 그 어떤 감동보다도 커다란 감동이 될 것입니다.

여섯 번째 이야기

선지자와 제사장

선지자

구약시대에는 '선지자' 라고 하는 사람들이 있었습니다. 주로 하나님께서 이스라엘 백성들의 죄를 지적하고, 깨닫게 하실 때에 각 시대마다 들어 쓰셨던 사람들입니다. 구약성경에 나오는 각 책들에 저자이기도 한 사람들입니다.

'엘리야' 와 '엘리사' 선지자처럼 당대에 하나님의 큰 역사가 나타났던 선지자들도 있지만 '이사야' 선지자, '예레미야' 선지자, '에스겔' 선지자들처럼 다가 올 시대를 예언하면서 온갖 핍박과 고난 속에서도 이에 굴하지 않고 담대히 하나님 말씀을 전했던 사람들도 있었습니다.

요는 이스라엘 백성들이 선지자들을 그다지 좋아하지 않았다는 것입니다. 자연히 선지자들의 말을 잘 듣지도 않았습니다. 죄와 잘못을 지적하는 말이 귀에 듣기 좋을 리가 없었기 때문입니다.

급기야 이스라엘이 바벨론에 패망할 때에 가서는 왕에게 아첨하며 귀에 좋은 말만하는 가짜 선지들이 판을 치게 되고, 참 선지자들은 설 자리가 없어지기도 했습니다.

제사장

그런데 이스라엘 백성에게는 선지자만 있었던 게 아니라, 제사장이라는 사람들도 있었습니다. 제사장은 백성들이 자기 죄를 대속 할 희생제물을 이끌고 성전으로 나오면, 그 제물을 하나님께 가지고 나아가서, 그들의 죄를 대속해 주고, 위로해 주었던 사람들이었습니다. 하나님은 모세의 형이었던 아론과 레위지파에 속한 사람들의 후손으로 이 제사장 직무를 감당케 하셨습니다.

즉 선지자가 지적한 죄를 듣고는 회개할 마음이 가득하게 되면 찾아가게 되는 곳이 제사장 이었습니다. 사람들의 눈에는 죄를 지적하며 나무라는 선지자보다는 위로하고 감싸주는 제사장이 좋아 보입니다. 그래서 실제로 구약의 선지자들 중에는 처음 선지자로 부름 받을 때 주저하는 모습을 보게 됩니다.

선지자는 아버지 제사장은 어머니

그러나 하나님 앞에 이 둘의 사역은 똑같이 중요합니다. 마치 선지자가 아버지 같은 분이라면 제사장은 어머니 같은 분이기 때문입니다.

불순종과 죄악의 멸망 길로 나가는 것을 잡아주는 추상같은 아버지 역할을 하신 분들이 구약의 선지자들 이었습니다. 그리고 죄의 벌로 회초리 한 대 맞고는 울고 있는 자들을 안아주며 눈물을 닦아주던 자상한 어머니 같은 역할을 했던 분들이 제사장입니다.

지금은 선지자와 제사장이 없습니다. 그러나 그 역할은 여전히 남아 있습니다. 지금 시대의 목회자는 이 두 가지 직분인 선지자와 제사장 직분을 다 감당해야 합니다.

주로 목회자는 설교시간에 선지자가 됩니다. 대중을 상대로 죄에서 돌이킬 것을 강권 합니다. 나머지 시간은 제사장 시간입니다. 개인적으로 만나며 위로하고 싸 메고 치유하는 일을 하게 됩니다.

설교와 목양

설교시간에 죄를 지적할 때가 있습니다. 그런데 그 말이 듣는 분들에게 마치 자신을 대상으로 하는 것처럼 오해해서 들릴 때가 있습니다. 그러나 설교는 공동체를 대상으로 하기에 그것은 누구 한 사람을 대상으로 하는 말일 수가 없습니다.

목회자로서 선지자가 되어야 할 때가 설교시간입니다. 훈계와 회개의 촉구는 매우 조심스럽습니다. 사랑하지 않고서는 말하기 힘듭니다. 자칫 잘못하면 비난처럼 들릴 수 있기 때문입니다. 듣기 거북하실 수 있습니다. 그러나 말하기 싫다고 선지자로서 이걸 하지 않는다면 직무유기가 됩니다.

그러나 또한 목회자는 제사장이 될 것입니다. 같이 아파하고, 위로하고, 힘을 주는 목양사역입니다. "네 양떼의 형편을 부지런히 살피며 네 소떼에 마음을 두라!"하신 말씀을 이루는 제사장 사역입니다.

기억할 것은 중요성에서는 똑같지만 시간적으로 볼 때 설교시간은 짧고, 목양시간은 길다는 것입니다. 목회자 사역을 비율로 보면 열에 하나 정도가 선지자사역이고, 나머지 아홉인 대부분의 시간이 제사장 사역입니다.

선지자 사역보다 제사장 사역이 대부분인 것이 목회자에게는 큰 행복이 아닐 수 없습니다.

여섯 번째 이야기

책임감

약하기 때문에

부모가 되어 자녀를 향하여 갖는 가장 큰 마음이 있다면 그것은 책임감이 아닌가 합니다. 자녀를 향한 부모의 사랑이 책임감으로 나타나는 것 같습니다. 내가 이 아이를 돌보지 않고는 이 아이가 살 수 없다는 애틋한 마음입니다. 나의 손길과 헌신이 아니고서는 이 아이에게 길이 없다고 하는 절박한 마음입니다.

마치 아이에게 젖을 물린 어머니가 그 약하디 약한 몸짓과 여린 눈동자에서 보호본능과 함께 한없는 사랑을 경험하는 것과 같습니다. 젖 먹는 아이는 그야말로 우는 것 외엔 아무런 자기방어를 할 수 없습니다. 그와 같이 약하기 때문에 젖먹이 자녀는 부모에게 있어서 한없는 책임감을 불러일으킨다는 것입니다.

무한 책임 무한 사랑

무한 책임감은 무한 사랑의 또 다른 모습이라는 사실입니다. 그리고 그와 같은 사랑의 책임감은 무서우리만치 큰 능력을 나타내게 됩니다. 왜 옛날의 어머니들 중에 그 힘든 현실을 살아가면서도 거기에 굴하지 않고 이겨낼 수 있었던 힘은 저 새끼들을 책임져야 한다는 것 이었습니다.

고통뿐인 세상살이 하루에도 몇 번씩 세상을 등질 생각을 하면서도 그렇게 하지 않은 것은 자녀들을 돌봐야 한다는 책임감에서였습니다. 거기서 초인적인 힘이 나오더라는 것입니다.

아버지들 또한 마찬가지입니다. 새벽부터 밤늦게 까지 뼈가 부서져라 일하면서도 그 힘든 일들을 이겨낼 수 있는 힘은 가장으로서 처자식을 책임져야 한다는 책임감이라는 것입니다. 그러니까 아빠들은 몸이 아파도 아프지도 않은 것이고 아플 새도 없는 것입니다.

세상을 이끄는 힘

오늘의 모든 가정들이 이렇게 살고 있습니다. 겉으로는 마치 돈이 세상을 이끌고 가는 것 같고, 권력이 이끌고 가는 것 같고, 무슨 법이 이끌고 가는 것 같으나 세상을 이끌고 가는 진정한 힘은 책임감이라는 것입니다.

하나님께서 각 가정들에 속한 부모들의 마음가운데 심어놓으신 마음이기도합니다. 물론 그 책임감은 사랑에서 나온 것입니다. 그리고 그 사랑의 이름이 바로 하나님이라는 사실입니다.

하나님은 세상을 지으시고 책임지시는 하나님이십니다. 특별히 우리는 부모들의 마음가운데 있는 책임감에서 하나님 아버지의 마음을 읽을 수 있어야합니다. 아버지의 원조는 언제나 “우리 주 여호와 하나님 아버지”이시기 때문입니다.

젖먹는 아이

하나님은 우리가 마치 젖 먹는 아이와도 같이 하나님만을 바라볼 때 무한 사랑으로 무한 책임을 지시는 것입니다. 이제 중요한 것은 우리에게 정말로 젖 먹는 아이와도 같은 '순수함'과 '연약함'과 그 '갈급함'이 있나는 것입니다.

오직 엄마만을 바라보듯 하나님만을 바라보는 그 순수한 눈동자가 있느냐는 것입니다. 엄마가 아니고는 아무것도 할 수 없는 그와 같은 연약함이 하나님 앞에서 있느냐는 것입니다. 우는 아이 젖 준다고 했는데 말씀의 신령한 젖을 먹고자하는 그 갈급함이 또한 있냐는 것입니다.

그러고 보면 우리는 하나님 말고도 넋 놓고 바라보는 것이 너무 많이 있습니다. 그리고 우리는 왜 그렇게 다들 하나님 앞에서 강하고, 지혜롭고, 잘나고, 의롭고, 똑똑한지 모르겠습니다. 아이는 오직 엄마젖으로만 살 수 있는데 우리는 신령한 말씀의 젖보다는 세상에서 말미암은 것으로만 먹고 만족하려고 하는 것이 문제라는 사실입니다.

우리 모두가 젖 먹는 아이와도 같은 '순수함'과 '연약함'과 '갈급함'으로 하나님 앞에 나아갈 때 무한사랑으로 무한책임을 지시는 분이 바로 우리의 "아바 아버지" 되심을 믿습니다.

여섯 번째 이야기

아버지의 마음 하나

아들의 생일날

아들에 생일날이었던 것으로 기억합니다. 아들이 지금보다 더 어릴 때였는데 장난감 자동차를 선물한 일이 있습니다. 무선으로 움직이는 아주 작고 귀여운 미니카 자동차였습니다.

생일이라고 남들은 놀이동산으로, 백화점으로, 간다는데 개척교회 목사가 그럴 수는 없고 그렇다고 그냥 지나갈 수도 없고 해서 적당한 가격대의 선물을 찾던 중에 마침 인터넷에서 저렴하면서 괜찮은 것으로 하나 마련했습니다.

아들이 흡족해하며 가지고 놀았습니다. 보는 사람마다 우리 아빠가 사 준거라며 자랑했습니다.

문제는 이 미니카가 의자 다리엔가 살짝 부딪치고 난 다음에 일어났습니다. 그 다음부터 조작이 되질 않는 것 이었습니다 아들은 다음날 언제나처럼 제게 고쳐달라는 말을 남기고는 학교로 향했습니다.

저는 혹시라도 아들에게 "이거 별로 안 좋은 거라서 금방 고장 났지!" 라는 말을 들을까봐 아이가 학교 간 틈을 타서 얼른 속을 뜯어 봤습니다. 부속이 조밀하긴 했지만 손을 보면 고칠 수 있을 것 같았습니다.

뜨끔..?

사실 먼저 번 어린이날에도 뭘 하나 사줬는데 그게 금방 망가져 버렸거든요. 그때 아이가 한 말이 저에게는 뜨끔했습니다.

"아빠 이거 별로 안 좋은 거지! 그래서 금방 망가진 거지!" 그러는 겁니다. 아들이 그냥 지나가는 말로 한마디 한 건데 그게 제겐 상처였습니다. 그 전까지는 뭐든지 사주면 그게 제일인 것으로 알았는데 머리가 조금 컸다고 이내 물건을 보고 평가할 수 있게 된 것입니다.

그래도 녀석이 아버지의 마음을 알았는지 학교에 가면서 "우리 아빤 고칠 수 있을 거야~" 하고는 환하게 웃어주었습니다.

그런데 생각처럼 쉽게 고쳐지질 않았습니다. 실타래처럼 얇은 전선들이 회로 판들 위에 붙어 있었는데 그 선 중 하나가 회로 판에서 떨어진 것 이었습니다. 가스 불에 젓가락을 달궈다가 평생처음으로 납땜 질이라는 것도 해 보았습니다.

그러나 여기서 연결해놓으면 저기서 끊어지고 이곳 고쳐놓으면 저기가 망가지고 하면서 저는 하루 종일 밤이 맞도록 그 조그만 미니카 안을 들여다보느라 눈이 밖으로 튀어져 나올 것만 같았습니다.

결국 다음날 미니카 회사에 전화해서 자초지종을 이야기했더니 울먹이며 얘기하는(?) 제가 너무 불쌍했던지 마침 채널이 맞는 재고가 하나 있는데 선뜻 그냥 보내주겠다고 했습니다. 너무 감사했습니다.

아버지의 체면이

그날 이후로 저는 저의 아들을 통해서 하나님 아버지의 마음을 들여다보게 되었습니다.

"아하! 이게 아버지 마음이구나!" 했습니다. 아들이 아버지가 준 것이라고 말하고 다니는데 그게 안 좋은 거라서 금방 고장나버리면 그래서 아들이 실망해 있으면 아버지는 마음이 많이 아프고 속이 상한거구나! 하고 알았습니다.

저는 이것을 바로 하나님 아버지께 적용했습니다. 그때부터 저는 무엇이든 생기기만하면 이전보다 더욱 큰 소리로 하나님 아버지가 주신 것이라고 말하고 다니는 버릇이 생겼습니다. **아버지가 준 것이라고 말하고 다니는데 혹 고장나버리기라도 한다면 주신 아버지의 체면이 걸린 문제가 된다는 것을 알았기 때문입니다.**

우리 하나님 아버지는 금방 망가지는 안 좋은 것을 주실 일이 없고 혹 고장이 나더라도 마치 제가 아들이 잠들었을 때 고장 난 미니카를 고치듯이 밤에 제가 잠들어 있는 동안 얼른 고쳐 주실 것으로 믿어졌습니다. 비록 육신의 아버지는 고치는 능력에 한계가 있지만 하나님 아버지는 뭐든 고치시는 분이셨습니다.

주께서는 무소불능하시며 무슨 경영이든 못 이루시는 것이 없는 줄 아노니(욥 42:2). 이스라엘을 지키시는 자는 밤에도 주무시지지 아니하시고(시 142:6). 온갖 좋은 은사와 온전한 선물이 빛들의 아버지에게서 내려오나니(약 1:17).

그날은 하나님 아버지가 정말 저의 친 아버지로 느껴진 날이었습니다! ㅎㅎ

여섯 번째 이야기

아버지의 마음 둘

아버지 노릇

아이들을 키우면서 아버지노릇을 해야 할 시간이 있습니다. 휴일이나 특별한 날이 되면 아이들을 데리고 놀이동산으로, 공원으로, 산으로, 들로 나가 아이들과 함께 뛰노는 일입니다. 아버지로서 반드시 해야 하는 중요한 일입니다.

저도 집 아이들이 한참 클 때 참 많이 다녔습니다. 나름대로는 아이들 나이에 맞추어서 동물원이 좋을지, 식물원이 좋을. 자연사 박물관이 좋을지.

한 반나절을 투자해서 인터넷 검색하고, 할인쿠폰 끊어서 경비계산하고 해서 주말마다 부지런히 데리고 다니던 시절이 있었습니다. 아이들이 중학생이 된 지금은 벌써 자기스케줄이 다 있어서 같이 어디 나가서 밥 한번 먹는 것도 쉽지 않습니다.

그러고 보면 아이들의 스케줄이 없었을 때가 부모로서는 참 행복했던 시간이었던 것 같습니다. 가끔 아이들에게 아빠의 스케줄이 곧 너희 스케줄이었던 5살, 6살 그때로 잠깐만 돌아갈 수 없겠냐(?)는 농담성 사정을 하지만 공허한 메아리에 지나지 않습니다.

인증 샷

요즘은 주로 회상시간입니다. 티브이에서 가끔 아이들 데리고 갔었던 곳이 나올 때가 있습니다. 그러면 제가 '우리 갔던 데 저기 나왔다!' 하면 아이들이 '아! 저기 기억나!' 하면서 그때 아빠랑 있었던 일을 이야기해 줄 때면 아버지로서 기분이 참 좋습니다.

그런데 그 반대인 경우가 있습니다. '우리 저기 갔었지!' 하는데 두 놈 다 똑같이 '기억 안나!' 할 때가 있습니다. 특별히 여러모로 꼼꼼하게 준비해서 시간을 냈고 정말 큰 맘 먹고 경비도 많이 들여서 다녀온 곳인데도 불구하고 기억이 안 난다고 할 때는 아버지로서 그렇게 허탈하고 섭섭할 수가 없습니다.

물론 아이들이 어려서인 경우도 있지만 어떤 경우는 다 커서 갔던 곳인데도 기억이 안 난다고 잡아떼고 한술 더 떠서는 '우리가 언제 저런 델 다 갔어!' 하고 적반하장으로 나오면 저는 당황함을 넘어서 황망하기까지 합니다. 그러면 저는 다시 정신을 가다듬고(?) 사진첩을 뒤적거려 그곳에 사진을 들이밀게 됩니다. 그럴 땐 약속이나 한 듯이 두 넘이 동시에 합창을 합니다.

'아! 여기! 이제야 기억난다!'

그래서 전 아이들을 데리고 어딜 가면 꼭 인증 샷(?)을 증거물로 남겨두는 버릇이 생겼습니다.

원조 아버지

이런 제 모습을 보면서 어쩔 수 없이 저는 또 하나님 아버지 생각을 했습니다. 그리고 하나님 아버지의 마음을 헤아려 보게 되었습니다. 하나님 아버지도 당신의 자녀들로 인하여 사진첩 뒤적거리시는 일이 있겠다는 생각 이었습니다.

아버지의 원조는 하나님 아버지신데 제 마음속에 이런 마음이 있다면 틀림없이 원조이신 하나님에게서 나왔을 거라는 생각이 들었습니다.(?)

하나님은 그의 자녀들과 함께 한 시간이 많은데도 그의 자녀들이 기억을 잘 못하는 것으로 인해 하나님 마음이 아프실 때가 참 많은 것 같습니다.

하나님 백성 이스라엘의 역사를 보면 하나님은 아브라함, 이삭, 야곱 이래로 숱한 세월을 그 백성과 함께 하시면서 놀랍고 큰 능력으로 함께 하셨지만 정작 하나님의 자녀인 이스라엘은 하나님이 함께하신 시간을 금방 잊어버리고 원망과 불평 일변도의 삶을 살았다는 것이 이상하기까지 했습니다.

출애굽기 민수기를 통해 40년 광야생활 하고 있는 이스라엘을 보면서 신기한 것은 바로 얼마 전에 함께 하신 하나님을 기억하지 못 한다는 것 이었습니다.

위기를 만났을 때마다 하나님이 함께하신 그 많은 추억의 시간들과 그 놀라운 장면들을 새까맣게 잊어버리고 한결같이 그들의 지도자인 모세를 원망하고 하나님을 대적했다는 사실입니다.

그래서 하나님은 이스라엘의 이러한 어리석음으로 인해 자자손손 후대에 증거를 남기시고자 인증 샷을 남기셨습니다. 오직 전능하신 하나님만이 하실 수 있는 크고 놀라운 사건들을 하나의 장면들로 편집하셨습니다.

그리고 이스라엘후손이 묻기를 '하나님이 우리와 언제 함께하셨는가! 하나님이 언제 우리의 도움이 되었는가!' 하면서 박박 우기면 그때마다 하나님이 그들 눈앞에 들이미셨습니다.

가슴속 앨범

하나님이 당신의 백성 이스라엘과 함께하시면서 가지고 계신 대표적인 인증 샷 몇 개를 살펴보면 먼저는 이스라엘백성이 홍해를 마른땅같이 건너고 있는 사진입니다. 그리고 반석에서 물이 터지는 사진입니다 그리고 하늘에서 만나와 메추라기가 내리는 사진입니다.

시편을 보면 수많은 인증사진이 연대기로 스크랩되어 있습니다. 물론 그때는 사진이 없었던 고로 주로 '기억하라!'는 말씀으로 남기셨습니다. "너희는 홍해를 건널 때를 기억하라! 헤스본왕시혼과 바산왕 옥을 물리쳤던 때를 기억하라! 기억하라! 기억하라!"

하나님과 함께했던 사진을 그 가슴속 앨범에 많이 품고 있는 사람이 행복한 사람이었습니다. 반대로 불행한 사람은 기억할 하나님과의 사진이 없는 사람입니다. 하나님은 지금 이 시대의 하나님 백성인 성도들에게도 사진들을 주십니다. 하나님의 역사를 기억할 과거가 있게 하십니다. 주로 인생의 크고 작은 고난과 어려움. 문제 속에서 너무도 분명히 하나님이 도와주셨음을 알게 하시는 한 컷. 한 컷.의 장면들입니다.

사진의 힘

저는 지금도 기도할 때면 하나님께서 도와주신 명장면들을 하나씩 떠올리며 다시금 기도 할 수 있는 힘을 얻게 됩니다.

현상되지는 않았지만 언제나 이 머릿속에 한 컷의 필름 형태로 남아있는 이 사진들을 시간 역순으로 떠올리면서 기도합니다. 그 사진들은 오직 하나님과 나만이 공유하는 사진이기에 더욱 애틋하기 그지없습니다.

우리가 인생의 문제 속에서 하나님의 도움을 또 다시 구할 수 있는 힘과 근거는 이 사진들이 있기 때문입니다.

하나님이 들이대시기전에 내가 먼저 기억하고 나와 함께 하시고 날 도우신 하나님을 찬송하며 영광을 돌리며 더욱 깊은 신앙의 자리에 나아가는 하나님의 자녀들이 되시기를 소망합니다.

여섯 번째 이야기

아버지의 마음 셋

호탕하신 어머니

오늘은 저의 어머니를 소개하려합니다. 저의 어머니는 이북 출신이시면서 생활력 강하셨던 외할머니의 성품을 그대로 이어받으셔서 남자 같은 배포와 기질을 가지고 계십니다.

어린 시절 망치로 대못질하시는 어머니의 모습이 자연스러웠습니다. 기골이 장대하신(?) 분으로 묻지도 않았는데 몸무게 88키로 라는 말을 호탕하게 웃으며 말씀하시는 어머니를 보며 자랐습니다.

그 어머니는 역시 아들만 삼형제를 낳으셨고 그중 장남이 저였기 때문에 저와 저의 형제들에게는 특별한 여자의 상(像)이 없었습니다. 여자들이 주로 쓰는 말인 피부. 화장. 생리. 쌍꺼풀. 뭐 이런 단어들은 성인이 되어서야 그 단어들이 있는 줄 알았습니다.

어머니께서 여성스러운 모습은 없으셨지만 평생을 고생스럽게 사시면서 오직 자녀들을 위해 모든 것을 헌신하시는 어머니의 모습은 여느 어머니와 다르지 않았습니다.

아버지 상(像)

저의 어머니는 한국전쟁이 나던 9세 때 외할아버지와 생이별 하셨습니다. 평양에 사시면서 장사수완 좋으셨던 외할아버지는 큰 집을 가지고 계셨는데 전쟁이 터지면서 이 큰 집이 문제가 되었습니다.

1.4후퇴가 일어나면서 이북에 있는 사람은 다 폭격 맞아 죽는다는 소문이 돌면서 이남으로 피난을 떠날 때 할아버지는 이 것 다 놔두고는 못 떠난다고 하시면서 조금 처분해서 내려 갈 테니 애들 데리고 잠깐 먼저 내려가 있으라는 말씀과 함께 영원한 생이별이 되었습니다.

그 이후 이남으로 내려오신 외할머니가 겪으신 고초는 굳이 말이 필요 없을 것 같습니다. 어머니는 원효로에서 중고등학교를 마치시기까지 학교가 파하고 집으로 돌아오면 괄괄한 성품임에도 한 번도 대문을 활짝 열어 제친 적이 없다고 하십니다. 꼭 아버지가 당신을 찾아 왔을 것 같은 마음에 살며시 열어보며 혹여 아버지의 신발이 놓여 있는지 아주 조심스럽게 현관을 주시했다고 하십니다.

그렇게 초등 2학년 때인 9살에 외할아버지와 생이별하신 어머니에게 아버지 상(像)이 있을까 했습니다. 가끔 친정아버지도 일찍 여의고 결혼해서 시아버지도 없는 경우에는 아버지의 역할모델이 없음으로 인해 우리 믿음의 대상인 하나님 아버지에 대한 이해가 막연할 수 있겠다는 생각을 하던 차였기 때문입니다. 아버지를 경험하지 못했는데 어떻게 아버지의 깊은 사랑과 애틋한 부정 그리고 아버지의 자리와 그 권위를 알 수 있겠습니까!

그래서 이번 명절에 어머니께 갔을 때 넌지시 외할아버지의 기억을 여쭈었더니 몇 가지 말씀을 해 주셨습니다. 들으면서 제가 아주 은혜를 많이 받습니다.

위로자 공급자 돕는자

어머니께서 개구지셔서 장롱에 있는 외할머니 옷들을 다 가위실습용(?)으로 만들어 버린 것으로 인해 외할머니에게 굴뚝 뒤로 끌려가서는 흠씬 매를 맞고 있었는데 마침 집에 들어오시던 외할아버지가 멀리서 그 광경을 보시고는 한걸음에 달려오셔서는 '딸 하나 있는 것 어쩌자고 그렇게 때리냐!' 고 도리어 할머니를 나무라시면서 당신을 엎어주시고 달래 주신 기억이 생생하다고 하셨습니다.

어린 시절 어머니에게 할아버지는 **'위로자'** 이셨습니다. '달래자' 이셨습니다. 그 아버지를 기억하며 평생을 하나님 아버지의 위로를 받고 사셨습니다.

또 여름이면 마당 한 가운데 펌프 물 한 가득 담긴 '대야' 에 철 따라 각종 과일과 먹을거리들로 가득 채워 놓으셔서 놀면서 항상 먹을 것으로 부족한 것을 느끼지 못하셨다고 하셨습니다.

'대야' 안에는 언제든지 먹을 것이 가득했습니다. 어린 시절 어머니에게 할아버지는 항상 풍족하게 채우시는 **'공급자'** 이셨습니다 시마다 때마다 철마다 알아서 다라이에(?) 채우시는 하나님 아버지의 채우심을 평생 보았다고 하셨습니다.

마지막으로 또한 저의 어머니에게 할아버지는 **'돕는자'** 였다고 하십니다. 명절이 되면 오랜 시간 앉아서 부쳐야 하는 부침개를 할머니에겐 동생 젖 물리라 하시고는 당신이 새벽 늦게까지 부치셨다고 하셨습니다.

어머니께서 새벽녘에 화장실을 가기위해 부스스 일어나보면 보름달 아래 아직도 혼자 부치고 계시는 할아버지 모습이 생생하다고 하셨습니다. 어머니에게 할아버지는 남들 다 잘 때도 집안일을 홀로 돕고 계신 분이셨습니다.

우리가 다 잠든 때에도 졸지도 않으시고 주무시지도 않으시고 우릴 위해 일하시고 지키시는 시편 121편에 나오는 바로 그 하나님 아버지의 이미지가 그때 박혔다고 합니다.

오래된 그림

어머니 기억 속에 남아있던 친정아버지의 그림은 어쩌면 우리 내 모든 아버지의 전형적인 상(像)이었습니다. 시집와서 시아버님도 안 계셨던 저의 어머니는 이 오래된 친정아버지의 기억을 통해서 하나님 아버지에 대한 성경적인 건전한 상(像)을 그릴 수 있으셨던 것 같습니다.

하나님은 우릴 지으시고 당신을 아버지라고 부르게 하셨습니다. 그리고 육신의 아버지들에게 당신의 마음을 투영해 놓으셨습니다.

그 아버지의 '위로'와 '채움'과 '도우심'이 하나님의 자녀들에게 충만히 알려지는 은혜가 있기를 소망합니다.

여섯 번째 이야기

이사를 갑니다.

교회와 집

근 8년간 월세를 살면서도 내 집처럼 살았습니다. 옛날에는 월세를 살면 그렇게 집주인이 방을 비우라고 해서 한 겨울에도 이사 다니느라 큰 고생이었다고 하던데 누가 나와라 들어가라 하는 말없이 오래 동안 내 집인 냥 살았으니 그것도 큰 복임에 틀림없습니다.

이번에 교회 사택 살림이 따로 나면서 전세로 올라서게 되었습니다. 적지 않은 세월동안 교회이면서 집이었습니다. 집이면서 교회였습니다. 같은 곳인데 이른 오전부터는 직장인 교회였고 아이들이 학교파하고 오는 늦은 오후부터는 집 이었습니다.

주로 아이들이 없으면 직장이었고 아이들이 있으면 집이었다고 해야 할 것입니다. 출퇴근 시간을 까먹지 않아서 좋았습니다.

아무 때나 강단으로 올라가 기도할 수 있고, 아무 때고 편안한 마음에 글을 쓸 수 있고, 아이들을 가르치며 설교준비 할 수 있는 이곳이 좋았습니다.

물론 햇빛 하나 없는 지하실 생활임으로 비타민D 체내합성을 위해서 한 10분쯤은 현관에서 하늘을 보다가 내려오곤 했습니다.

특별히 손봐주신 집

지하실이었지만 기름보일러가 깔려있는 아늑하고 포근한 집 이었습니다 어딜 가게 되면 이 집이 그렇게 그리웠습니다.

매서운 바람이 부는 겨울날 문을 열고 들어서면 훈훈한 온기가 영혼까지 따듯하게 했습니다. 낡은 소파에 털썩 앉으면서 아이들은 언제나 '아빠 우리 집이 최고다!' 라고 했습니다.

흔히 지하실하면 곰팡이 냄새가 퀴퀴한 곳을 상상하지만 이곳은 하나님께서 특별히 손을 봐주신 집 이었습니다. 문이 앞뒤로 나 있었고 집 구조상 자동 환기가 되며 한 겨울에도 웃풍이 없고, 장마철역시 어느 구석하나 곰팡이 피는 일 없이 오는 사람들마다 지하실 같지 않다고 하셨습니다.

지하실인 까닭에 소리가 밖으로 새 나갈 일이 없어 아내는 밤늦은 시간까지 마음껏 피아노를 칠 수 있었고, 저는 반주에 맞추어서 성악가 마냥 큰 소리로 노래한 적도 있었습니다. 부부싸움도 문 닫고 하면 밖으로 새어나갈 염려가 없는 것이 아주 안성맞춤이었습니다.

시간의 조각들

하나님이 불어 넣으신 산소가 들어오던 환기구에서 감히 허락도 없이 담벼락에 있던 엘피지 통 가스가 한번 새어 들어오고, 역시 허락도 없이 지나가던 쥐가 지 멋대로 들어와서 놀란 일. 그리고 잠자는 곳 바로 위 일층상가에 술집이 들어와서 한 3개월을 잠 못 들어 힘들었을 때를 빼면 항상 웃음이 가득한 날 들이었습니다.

이사 오고 몇 일되지 않던 날엔 뉴스에서 북한이 핵전쟁 위협한다고 하기에 아내에게 전쟁나면 우리 같은 지하실이 최고 인기라고 했습니다. 전쟁나면 사람들이 대피할 벙커가 필요한데 벙커가 지하실이라고 했습니다. 그때 500원씩 받을까? 하다가 '에이~ 교횐데 어떻게 받어!' 하며 웃던 기억도 있습니다.

처음에 기름보일러 한 대 덩그러니 놓여있는 보일러실을 바라보며 여기서 과연 씻을 수 있을까 했지만, 하나님이 보내신 맥가이버 김 집사님은 흉직한 보일러실을 멋들어진 세면실로 바꿔주셨습니다.

그 덕에 아이들 두 놈을 그 안에서 너끈히 목욕시킬 수 있었습니다. 그러나 어느새 그 아이들은 자라나서 지금은 한 놈 들어가 있기도 비좁게 되었습니다.

다람쥐와 도토리

그동안 그 어느 문필가의 표현처럼 왜 버리지 못하는지 모를 물건들이 쌓여갔고 책도 좀 늘었습니다. 특히 요즘 들어 쓰레기가 빈번히 들고 나는 것을 보면서 아이들이 크고 있는 것을 확연히 느끼게 되었습니다.

다람쥐가 부지런히 도토리를 입에 물고 나르듯이 우리부부가 저녁마다 양팔에 하나 가득 실어 다 나르면 이내 고스란히 쓰레기가 되어 나왔습니다. 다람쥐는 입으로 나르고 우리는 팔로 나르는 것이 다를 뿐이었습니다.

쓰레기 당번인 제가 보기에도 쓰레기통 비우는 횟수가 요즘 들어 눈에 띄게 늘었습니다. 이 안에 뭔가가 가득 들어 있었고 알맹이들은 다 아이들 속으로 들어가고 찌꺼기가 이렇게 버려진다 하니까 아이들이 급속히 크고 있는 것이 분명했습니다. 이를 아신 하나님께서 새로 조금 더 넓은 보금자리를 준비하셨습니다.

늘 상 불을 키고 있어야 하는 곳 이었습니다.

성령이 지피신 마음의 불도 항상 같이 켜두었습니다. 이제 그 불빛을 조심스럽게 이사 갈 집으로 옮기려합니다. 이사를 며칠 앞둔 지금 기도가 절로 나옵니다.

이곳에 있던 안식이 그 곳으로 이어지기를. 이곳에서 허락하셨던 평안이 그곳에도 가득하기를. 이곳에서 넘쳐났던 웃음이 그곳에도 충만하기를.

의정부 변방의 한 작은 목장을 맡은 목자로부터

여섯 번째 이야기

이사를 했습니다.

하나님의 손길

이사를 했습니다. 오랜 동안 입고 있던 옷을 벗은 느낌입니다. 지금도 교회 문을 열고 들어서면 너무도 익숙한 공기, 윙~ 하는 보일러 소리와 아늑한 분위기 모든 것이 몸에 잘 맞는 옷을 다시 입는 느낌입니다. 주님이 이 모든 것을 계획하고 실행하셨음을 고백하지 않을 수 없습니다.

전세금이 모아지는 과정이나 하다못해 세간 살이 하나하나가 제자리에 놓이기까지 세심하신 하나님의 손길이 작용했을 부인할 수 없습니다. 하나님이 하시는 일을 가만히 지켜본다는 것이 바로 이런 경우 같았습니다.

'이사 가긴 가는 거야?'

작년가을 중랑천 코스모스가 한창이던 때에 딸아이 다제와 함께 자전거를 타러 나간 적이 있었습니다. 김 집사님 사무실이 있는 도봉동 입구까지 갔다가 돌아오는데 새로 짓는 거대한 성처럼 생긴 아파트가 눈에 들어왔습니다.

다제가 '와~~ 저 집에 사는 사람들은 좋겠다! 근데 우리 이사 가긴

가는 거야?' 저는 나란히 달리면서 '하나님이 널 위해 무엇을 준비하실지 한번 기대하고 있어봐!' 하고는 힘껏 페달을 밟았습니다.

저는 큰 소리 치면서 제가 딸아이 앞에서 한 이 말을 하나님이 보증해 달라고 기도했습니다. 손에 쥔 돈은 뻔 한데 아이는 자기의 방을 원했기 때문입니다. 게 중에 거실 넓은 방을 얻어서 가리개로 방 하나를 만들 생각이었습니다.

보증이 되신 하나님

하나님은 저희의 사정을 돌아보셔서 시세보다 싸게 나온 방 세 개 딸린 셋집을 얻게 하셨습니다. 아내가 하나님은 꼭 방 세 개를 주실 것 이라고 했을 때 콧방귀 꼈는데 정말 아내의 기도대로 방 두 개 값으로 세 개 딸린 집을 얻게 하셨습니다. 거실이 아주 넓고 해가 잘 드는 남향집에 창문이 커다랗게 달려있는 신옥 3층집입니다.

전셋집이기는 하지만 그래도 단칸방에서 벗어나 아이들이 처음으로 자기 방을 갖는 기쁨으로 하자면 자기 집 이상이었습니다. 일단 전세계약 2년은 받아놓았습니다. 여기서 얼마를 살지 법원등기상에 집주인을 넘어서서 하나님께서 이집에 주인이 되어 주시길 기도했습니다.

다시 한 번 사택의 지하탈출(?)을 위해 기도해주신 성도님들과 원호 형제님께 감사를 드립니다.

딸아이 방에 들어가면서 노크하는 맛이 아주 괜찮네요.~

여섯 번째 이야기

인생의 파도타기

수영강습

요즘 아내와 아이들이 저녁이면 수영강습을 받고 있습니다. 청소년회관에서 운영하는 수영강습에 등록하고 저는 시간 맞추어서 부지런히 바래다주고 있습니다.

다부지게 마음먹고 초급부터 시작해서 수영에 도전하는 것입니다. 아내와 아이들이 선생님에 강습을 받으며 수영을 배우는 동안 저는 인생에 또 다른 것을 배우게 됐습니다.

수영장은 안쪽부터 바깥쪽까지 각 레인마다 초급반부터 중급, 상급, 연수반까지 코스를 구분해 놓았습니다. 저 멀리 연수반과 상급자들이 모인 마지막 레인에서는 사람들이 힘들이지 않고 수영을 하고 있었습니다. 어찌 그리 자연스러운지 물위를 미끄러지는 것 같았습니다.

그런데 초급자들이 모인 첫 번 레인에는 사람들이 몸에 힘이 많이 들어가 있는 것이 금방 보여 졌습니다. 의욕은 앞서는데 몸이 따르지 않으니 몇 번 휘적거리다가는 이내 지쳐버렸습니다.

몸이 받아들이기까지

모든 운동이 다 그런 것 같습니다. 머리로 이해한 지식을 몸이 받아들이기 까지는 많은 노력과 시간이 필요 했습니다. 이론이 실제가 되기까지는 힘이 가는 데로 몸을 내어 맡기는 기술이 뒤따라야 했습니다.

힘이 진행되고 있는 방향을 거스르거나 반대로 움직이게 될 때에는 필요이상의 힘이 들어가게 되고 엉뚱한데다 에너지를 다 소진하게 되는 것 이었습니다.

수영 뿐 아니라 이를테면 자전거를 탈 때도 자전거가 쓰러지지 않으려면 쓰러지려는 반대쪽으로 몸을 틀어야 한다는 지식을 머리가 아는 것은 아무 소용이 없습니다. 몸이 알아야 합니다. 몸이 안다는 것은 사실 설명이 불가능한 것입니다.

인라인 스케이트를 탈 때도 힘이 가는 방향을 몸이 읽기까지 적잖은 시간이 걸립니다. 이것 역시 작용하는 힘을 거스르면 바로 넘어져서 다치게 됩니다. 피아노를 치는 제 아내가 악보를 눈이 읽는 것이 아니라 손이 먼저 읽는다고 하는데 이것 역시 머리로 이해할 수 있는 부분이 아니었습니다.

수영을 하는 것도, 자전거를 타는 것도, 인라인을 타는 것도, 힘이 진행되는 방향을 몸이 완전히 익히고 난 이후라면 자연스러워지는 것입니다. 그 힘에 몸만 실어주면 되니까요.

그래서 어떤 운동이든 수준급에 사람들은 모두 다 한결같이 자연스럽습니다. 힘들어 보이지가 않습니다. 그러나 초급에 속한 사람들은 모두 다 힘이 많이 들어 보입니다. 불안해 보입니다. 초급에서 고급으로 올라가기까지 계속된 훈련을 통해 몸이 이 힘의 방향을 읽고 찾아가는 것 이었습니다.

우리의 인생에도

운동만 그런 것이 아니라 인생에도 하나님이 작용하는 큰 힘이 있었습니다. 이 힘을 우리가 몸으로 알아가는 시간이 고난의 시간이 아닌가 싶습니다.

이론이 실제가 되는 시간이기도 합니다. 하나님은 지금 말씀이 있는 곳으로, 순종이 있는 곳으로 힘을 이끌어가고 계시는데 우리는 자꾸 그 힘에 거슬려서 세상을 향해 힘을 쓰니까 힘든 것 이었습니다. 넘어지고, 깨지고, 부딪쳐서 다치는 인생이 됩니다.

그래서 고급한 깊은 신앙의 단계가 되면 운동선수가 자기 앞에서 작용하고 있는 힘 위에 자연스럽고 편안하게 몸을 실 듯이 하나님이 일으키신 힘 위로 내 인생을 실어 보낼 줄 알게 됩니다.

이 부분이 믿음입니다 수영선수는 물을 두려워하지 않고 스케이트 선수는 미끄러지는 것을 두려워하지 않습니다.

일전에 읽은 릭 워렌 목사님의 글대로 하면 파도타기선수는 파도를 두려워하지 않습니다. 물속에서. 미끄러짐 속에서. 파도 속에. 자신을 평안히 맡길 수 있기 때문입니다.

자신을 온전히 맡기기까지 초기에는 의심이 있습니다. 혹시 물에 빠져 어떻게 되는 건 아닌가? 혹시 이렇게 하다 넘어지진 않을까? 이렇게 해도 되는 건가? 하고는 두려워합니다. 그래서 힘도 많이 들어갑니다. 큰 힘 앞에 거꾸로 힘을 쓰기 때문입니다.

그러나 그 밀어내는 힘의 방향을 분명히 보고, 읽고, 터득하고 그 힘을 믿게 되면 이제 그 힘을 이용할 줄 알게 됩니다. 그 힘에 내어 맡기면 맡길수록 자연스러운 고급한 단계로의 선수가 됩니다. 힘들이지 않고 레인을 몇 번이고 왕복합니다.

믿음이 곧 실력

내 힘을 빼고 지금 하나님이 일으키시고 있는 큰 힘 위에 나를 온전히 맡길 수 있어야 합니다. 그때 믿음은 곧 실력이 됩니다. 믿음이 실력이란 말은 다름 아닌 잘 맡기는 실력을 말합니다.

믿음에도 선수가 되어야 하는 이유가 여기에 있습니다. 선수가 되지 못하면 그의 인생은 매우 부자연스러운 인생이 되며 엉뚱한데다 힘을 낭비하는 힘든 인생을 살게 되기 때문입니다.

어떤 분이 인생이 힘들 때 하나님을 의지하고 기도해야 한다는 것을 머리로는 알지만 또 몸이 그렇게 하고는 있지만 실제적으로 내 몸은 여전히 어찌할 바를 모르겠다고 하신 말씀을 들은 일이 있습니다. 처음이라서 그렇습니다. 아직 몸에 힘이 많이 들어가 있어서 본인도 힘들고 보는 사람도 힘들 수 있습니다.

그러나 힘들다고 포기해서는 안 됩니다. 계속 기도하려고 하시고 은혜 받는 자리를 사모하라고 했습니다. 오랜 시간이 지나지 않아 지금 내 앞에 작용하는 커다란 그 힘이 보이게 될 것이고 거기에 내 몸과 인생을 던지면서 그때부턴 하나님 주시는 놀라운 평안과 자유함이 임할 것이라고 했습니다.

운동신경

선천적으로 운동신경이 있어서 조금 휘적거리고는 금방 힘의 방향을 읽고 그것을 이용하는 분이 있는 것처럼 영적으로도 어떤 분은 조금만 도와드렸는데도 금방 이 힘 위에 올라서시는 분이 계셨습니다. 반면에 어떤 분은 포기하다 또 하기를 반복하면서 한참만에야 찾아 가시는 분도 계셨습니다.

릭워렌 목사님이 쓰신 글 중에 '영적파도타기' 란 말이 있는데 거길 보면 하나님은 파도를 일으키시는 분입니다. 우리는 파도를 만들 수 없습니다. 단지 하나님이 일으키시는 파도를 탈 뿐입니다. 그 파도타기에 선수가 되려면 자꾸 넘어지는 훈련의 과정을 극복하면서 파도의 힘에 나를 맡기는 실력을 키워야합니다.

하나님이 일으키시는 인생의 파도타기에 베테랑들이 되시기를 축복합니다.

여섯 번째 이야기

병원과 호스 _ 내 안에 있는 것

비상은혜

새해가 시작되면서 기록적인 폭설과 함께 근래 보기 드문 한파가 몰아칠 때 큰 아이와 함께 병원에 입원해 있었습니다. 일상적인 삶을 잠시 벗어나서 정신없는 하루하루를 보냈습니다.

우리의 삶을 보면 평범한 일상일 때가 있고 하루가 정말 어떻게 갔는지 모를 정도로 길게 느껴지는 시간들이 있습니다.

평범할 때는 평범한 은혜를 구한다면 비상시엔 비상은혜를 구한다고 하는데 요즘 저는 비상은혜를 구하며 지냈습니다.

날씨가 매섭게 추워서도 더욱 그렇게 느껴졌던 것 같았습니다. 직장생활을 하는 아내와 교대로 부지런히 집과 병원을 오가면서 아이를 병간했습니다.

중증의 특징

저의 같은 경우는 큰 아이가 어릴 적입은 손바닥 화상으로 인해서 오랜 동안 준비하고 계획했다가 받는 수술이었지만 5인실 같은 병실에 있는 분들 중에는 사고로 다친 중증 환자분들이 유독 많았습니다.

하루아침에 눈을 크게 다치신 분. 불 끄다가 온몸에 화상을 입으신 분. 작업하다 손가락이 잘린 분 등등. 갑자기 당한 사고로 많이 힘들어 하셨습니다.

중증환자들에 특징이 있습니다. 이분들은 화장실에 가지 않습니다. 베드에 달려있는 호수와 주머니가 그 일을 하고 있었습니다. 환자의 몸에 소변 줄, 대변 줄이 달려있어서 간호사는 매일 그 주머니 게이지를 체크했습니다.

병원에 있으면서 간단한 입원환자와 중증환자의 구별을 소변 줄, 대변 줄 달린 것을 보고 금방 구분하게 되었습니다. 그것이 더 심한 경우는 호흡도 산소 호흡기에 연결된 호스가 대신하고 있었고, 음식물 또한 식도로 이어진 호스가 그 일을 대신하고 있었습니다.

호스가 필요 없는 인생

화장실에 혼자 가는 것이 은혜인 것을 배우는 곳이 병원입니다. 소변 줄 대변 줄이 화장실 일을 대신해 줘서 화장실에 갈일 없어 편리해서 좋겠다고 생각할 수 없는 곳이 병원이었습니다. 내 힘으로 화장실에 가서 해결하고 화장실을 나올 수 있음이 축복인 것을 깨닫는 곳이 병원이었습니다.

숨 쉬는 것 또한 호스와 줄이 아니라 내 코로 숨 쉴 수 있음이 복인 것을 배워야하는 곳이 병원이었습니다. 내 입으로 음식물을 맛나게 먹으며 영양분을 섭취할 수 있음이 큰 기쁨인 것을 알아야하는 곳이 병원이고 병실이었습니다.

적어도 병원에서는 그랬습니다. 내 몸에 있는 것으로 위로 들어가고 뒤로 나오는 것을 할 수 없어서 수많은 호스와 줄 들이 그 일을 대신하고 있는 분들의 소원은 자기 것에 회복이었습니다.

육신적으로나 영적으로나 우리가 잃어버린 것에 대한 회복을 갈망하는 은혜가 있기를 소망합니다.

병원엔 참 많은 호스가 있습니다. 그 호스가 필요 없는 여러분의 인생이시길 축복합니다.

기록적인 폭설이 내리던 날.

여섯 번째 이야기

질병과 겸손

질병과의 싸움

오늘 아침 신문을 보다가 '책과 사람' 이라는 칼럼난을 통해 소개된 '생명과 약의 연결고리' 라는 책의 저자이면서 서울대 약대 교수로 재직 중인 김성훈 교수의 이야기를 읽으며 잔잔한 감동을 받았습니다.

차세대 바이오산업을 주도할 과학자로 평가받고 있는 그는 수 십 년간 온갖 병원균과 싸우며 신약을 개발하는 일에 매진해 온 세계적인 '생명과학자' 였습니다.

그런데 그가 그 책에서 한 말이 아주 이채로 왔습니다. 오랜 세월 질병을 일으키는 세균들과 동고동락(?)해 오다시피 한 그가 질병연구를 통해 알아 낸 점은 오히려 사람들이 질병과 큰 싸움을 벌이지 말아야 한다는 것을 조언하고 있었습니다.

그리고 이어서 하는 말이 약으로 완치되는 병은 거의 없다고 하는 솔직한 고백 이었습니다. 그럼에도 불구하고 우리나라 사람들은 약에 대해 너무 용감하다고 하면서 약의 오남용이 심각한 수준이라고 했습니다.

인생의 일부

그는 또 핵무기처럼 한방에 끝낼 수 있는 것을 찾지 말라고 했습니다. 한국 사람들은 한방 기질이 있어서 인생도 한 큐에 역전을 바라고 병도 한방에 끝내는 것을 좋아하는 것 같습니다. 그래서 약을 먹어도 만병통치약만 좋아 한답니다.

그러나 과학자들의 연구로 알아낸 사실은 한방에 끝낼 수 있는 약을 찾는다면 그에 대항하는 슈퍼 박테리아가 등장하는 것이 생명계의 이치라고 했습니다. 불치병을 극복하면 이전에 없던 또 다른 불치병이 나온다는 것입니다.

그러면서 이런 말을 했습니다. **"질병은 결코 같은 하늘아래서 살 수 없는 불구대천의 원수가 아닙니다. 같이 살아야할 인생의 일부지요 병의 완전멸절을 목표로 싸우기보다는 우리 건강과 생명을 앗아가지 못하는 수준에서 싸우는 것이 가장 좋은 해결책입니다."**

연구를 하면할수록 생명의 경외감을 느낀다는 그는 완전한 약을 개발하는 것이 불가능하다는 사실에 감사한 마음이 든다며 우리 몸이 복잡한 네트워크로 되어있는 이유는 교만을 버리고 스스로 파괴하지지 말라는 메시지라고 했습니다.

목회자로서 참 생각하게 하는 부분이 많은 말들 이었습니다. 특별히 마지막에 겸손을 강조하는 부분에서 더욱 그러했습니다.

이기고 있다는 것

가만히 보면 우리 인생 속에 질병만 그러한 것이 아니라 문제들도 그랬습니다. 문제를 해결했다 싶으면 또 문젭니다. 산 넘었더니 또 산입니다. 문제가 없길 바라는 것이 아니라 내가 항상 문제를 이기고 있다는 것이 중요한 것 같았습니다.

마치 우리 몸속에 하루에도 수 십 개의 암세포가 자라지만 우리의 저항력이 그들을 퇴치시키는 것처럼 매일 매일을 우리 몸과 우리 영혼이 병을 이기고, 문제를 이기고 있는 것 이었습니다.

건강은 꼭 자만하는 사람이 잃어버리는 것을 보게 됩니다. 질병 앞에 우리를 겸손케 하시고 문제 앞에 우릴 낮추시려는 하나님의 섭리인 것을 느끼게 됩니다.

살아가면서 질병이 있을 겁니다. 문제도 있을 것입니다. 그러나 그 앞에 우리가 겸손함으로 하나님께 무릎 꿇는 것을 통해 항상 이기게 하실 것입니다. 사랑합니다. ^^

여섯 번째 이야기

불떡~ 푸쉬~

5년 전 어느 날

덜커덕 병에 걸린 일이 있습니다. 건강에는 자신하고 살다가 5년 전 어느 날 밤 숨쉬기가 어려웠습니다. 병원에 가니까 나이 지긋하신 의사선생님이 청진기를 대보시더니 심장소리가 이상하다고 했습니다. 다른 사람은 불~떡~ 불~떡~ 하고 뛰는데 저는 불~떡 푸~쉬.. 불~떡 ~푸쉬~ 하고 새는 소리가 들린다는 것입니다.

초음파 검사를 하니 심장 판막 하나가 제 기능을 못한다는 것입니다. 급격하게 더 나빠질 수 도 있고 만성으로 평생 갈 수 도 있다고 했습니다.

병원 문을 나섰습니다. 확인 할 길은 없는데 제 눈앞에 영구차가 지나갔습니다. 이제 초등학교 4학년, 3학년 아이들과 아내의 얼굴도 지나갔습니다. 그리고는 보이는 모든 게 다 그전에 보던 것이 아니었습니다.

모든 것이 그대로였지만 딴 세상에 온 것 같았습니다. 눈에 보이는 모든 것이 그렇게 애틋하고 소중해 보일수가 없었습니다. 왜 그런지 특별히 연약한 것들이 많이 눈에 들어왔습니다. 연약한 사람. 연약한 가게. 연약한 교회. 괜히 그 앞에서 잠깐 기도하고 가는 습관이 생겼습니다. 하다못해 시들한 풀 한 포기까지 불쌍히 보였습니다.

그때 제 나이가 서른하고 여덟이었습니다. 그때 이후로 심장에 부담을 줄이기 위해 혈압 약을 지금까지 들고 있습니다. 밤에 호흡곤란이 올 수 있기 때문에 매일 혈압을 체크하는 일이 곤욕이지만 어쨌든 건강을 챙기는 습관을 갖게 되었습니다.

신기한 경험

병이 들고 얼마 지나지 않아서였습니다. 아주 속상한 일을 경험한 적이 있습니다. 누가 교회로 왔는데 그렇게 서운한 말을 하곤 돌아갔습니다. 얼마나 속이 상하든지 하루 종일 얼굴이 벌게 가지고는 씩~씩~거리고 있었습니다.

그런데 신기한 것은 순간적으로 상한 마음이 완전히 사라지는 경험을 했습니다. 제 속에서 주님께서 이렇게 말씀하시는 것이었습니다.

“너 안 아프구나!” 그러시는 것이었습니다 그때 저는 “아니예요. 하나님! 저 아픕니다!” 그랬습니다. 그 순간 신기하게도 상한 감정이 흔적도 없이 사라지는 경험을 했습니다.

미워하고 시기하는 것도 다 몸 성할 때 하고 있던 것 이었습니다. 내 몸이 아픈데 지금 누구 미워하고 있을 여력이 어디 있겠습니까!

사람이 몸이 아프니까 이전에 걸러지지 않고 들어오던 것들이 더 이상 들어오지 않게 되었습니다. 이전에는 스트레스가 들어오고, 서운함과 섭섭함이 들어오면 그것이 그대로 상처가 되어 남곤 했었는데 이후로는 조절되는 것을 체험하게 되었습니다. 그러면서 스스로 몸을 돌볼 줄도 알게 되었습니다.

자고하지 않게 하시려고

하나님께서 스스로를 돌보게 하기 위해서 주신 것이라는 확신이 생겼습니다. 마치 예방주사를 맞는 것이 우리 몸에 항원이 되는 병원균을 조금 넣고서는 우리 몸이 그것을 대항하는 항체를 기르게 하는 것처럼 하나님의 사람으로 하여금 조금 병들게 하신 것은 상당부분 스스로를 챙기며 돌아보게 하시는데 있었습니다.

이것이 저 만에 경험은 아니었습니다. 건강하던 사람이 갑자기 병에 걸리면서 부터는 그 마음이 연약해지고, 겸손해지며 자기 자신이 없어지는 경험을 하게 되더라는 것 이었습니다.

하나님은 좋은 것을 주시는 분이십니다. 우리 몸 안에 생기는 질병조차도 감사함으로 받으니까 그 병으로 해서 얼마나 커다란 은혜의 생활이 시작되었는지 알 수 없습니다.

하나님께 얼마나 바짝 다가서게 되며 얼마나 간절한 마음, 간곡하고, 절박한 마음으로 그 분 앞에 가게 되는지는 경험한 분만이 알 수 있을 것입니다.

저의 심장은 오늘도 불~떡..푸~쉬..하고 뜁니다. 그러나 사도 바울에게 주님이 주신 "내 은혜가 네게 족하다!"의 말씀처럼 얼마나 족한 은혜의 생활인지 말할 수 없습니다.

"너무 자고하지 않게 하시려고 내 육체에 가시 곧 사단의 사자를 주셨으니 이는 나를 쳐서 너무 자고하지 않게 하려 하심이니라. 이것이 내게서 떠나기 위하여 내가 세 번 주께 간구하였더니 내게 이르시기를 내 은혜가 네게 족하도다. 이는 내 능력이 약한데서 온전하여짐이라 하신지라. 이러므로 도리어 크게 기뻐함으로 나의 여러 약한 것들에 대하여 자랑하리니 이는 그리스도의 능력으로 내게 머물게 하려함이라"(고후 12:9).

여섯 번째 이야기

물 예찬 _ *생명수의 강*

보좌 앞에 있는 강

신구약성경을 막론하고 하늘에 좌정해 계신 하나님을 직접 본 사람은 아무도 없습니다. 그런데 하나님의 보좌와 그 주변을 본 경우는 있습니다. 구약의 선지자 이사야는 하나님 보좌아래 놓인 발등상과 함께 하나님의 옷자락을 보았으며 계시록을 보면 사도요한은 보석으로 묘사된 하나님 보좌와 그 주위를 보았습니다.

제가 특별히 관심 있게 본 부분은 하나님보좌 앞에서 물이 흘러나온다고 하는 부분입니다. 신약성경인 요한계시록 4장 6절을 보면 "보좌 앞에 수정과 같은 유리바다가 있고." 22장 1절에서는 "또 저가 수정같이 맑은 생명수의 강을 내게 보이시니 하나님과 및 어린양의 보좌로부터 나서 길 가운데로 흐르더라. **강 좌우에 생명나무가 있어 열두 가지 실과를 맺히되 달마다 그 실과를 맺히고** 그 나뭇잎사귀들은 만국을 소성하기위하여 있더라."

구약성경에도 구약의 계시록이라는 에스겔서 47장을 보면 에스겔이 하나님의 성전 문지방에서 물이 흐르고 있는 환상을 보게 됩니다.

처음엔 물이 흘러나와서 사람이 건너기에 발목까지 오르더니 이내 물이 무릎에 이르고 이윽고 물이 창일하여 사람이 건너지 못할 강이 되었다고 말씀하고 있습니다.

47장 6절 이하를 보면 이렇게 되어있습니다. "사람이 능히 건너지 못할 강이더라. 그가 내게 이르시되 인자야 네가 이것을 보았느냐 하시고 나를 인도하여 강가로 돌아가게 하시기로 내가 돌아간즉 강 좌우편에 나무가 심히 많더라. 이 강물이 이르는 곳마다 번성하는 모든 생물이 살고 또 고기가 심히 많으리니 이 물이 흘러들어감으로 바닷물이 소성함을 얻겠고 이 강이 이르는 각처에 모든 것이 살 것이며 강 **좌우 가에는 각종 먹을 실과나무가 자라서 그 잎이 시들지 아니하며 실과가 끊이지 않고 달마다 새 실과를 맺으리니** 그 물이 성소로 말미암아 나옴이라 그 실과는 먹을 만하고 그 잎사귀는 약재가 됨이라."

소성케 하는 물

신구약을 통해 하나님의 사람들이 성령의 감동하심으로 하나님 보좌를 보았을 때 동일하게 하나님 보좌에서 물이 흘러나오는 것을 보았습니다. **강 좌우의 모습을 나타낸 부분에 있어서는 놀라울 정도의 일치됨을 보입니다.**

그 물이 **'유리바다'** 또는 **'생명수의 강'** 그리고 **'성전 문지방에서 흘러나오는 강'** 이란 모습으로 그것을 본 선지자들에 따라 다르게 묘사되고 있을 뿐이지 중요한 것은 하나님 보좌 앞에서는 물이 흘러나온다는 사실입니다. 그리고 그물이 흘러드는 곳에서는 죽어가던 생명들이 다 살아나고 소성케 되더라는 것입니다.

하나님 보좌에서 흐르는 물에 집중하는 이유가 있습니다. 어떤 성도가 몸이 너무 허약해서 병이란 병은 온몸에 달고 살았었다고 합니다. 어느 날 기도원에서 병 좀 고쳐달라고 기도하는 중에 시냇가에 이렇게 앉아 시냇물소리를 듣고 있는데 냇가 주위의 풀과 나무들은 주위의 다른 식물보다 잎사귀가 푸르고 윤기가 흐르며 더욱 풍성하더라는 것입니다.

그때 문득 위의 에스겔 47장이 떠올랐다고 합니다. 냇물이 흘러 들어가기만 하면 시들하던 식물도 살아나고 싱싱해지며 죽어가던 고기도 살아난다는 말씀입니다.

그리고서는 아주 단순한 진리를 발견 했다고 합니다. '하나님이 만물을 창조하셨을 때의 창조원리는 물이 들어가게 하는 것이구나!' 이었습니다. '물이 흙을 통해 식물을 자라게 하듯이 사람도 흙으로 지어졌기에 물이 내 몸으로 들어오면 나도 싱싱해지지 않겠는가!' 해서 계속 맑은 냉수를 마셨다고 합니다. 평소에 물이 사람 몸에 좋다는 것과 병 고친 사례도 귀 동냥으로 조금은 알고 있던 터라 공복에 물만 집중적으로 마셨다고 합니다. 몇 개월이 지나자 신기하게도 몸에 생기가 돋고 아픈 몸이 회복 되더라는 것입니다.

'당신 너무 가물었어!'

그리고는 십 수 연간을 물만을 연구했다고 합니다. 사람의 몸이 75%가 물인데 냉수 한 컵 마셨을 때 그 물이 우리 몸을 한 바퀴 도는데 걸리는 시간이 40분이라고 합니다. 그것이 도는 과정에서 양분과 산소를 옮겨주고 노폐물은 씻어내더라는 것입니다.

물론 혈액이 이 일을 하지만 혈액 속에 계속해서 깨끗한 물이 공급되지 않으면 산소와 양분이 운반되지 않고 노폐물은 그대로 쌓인다는 것입니다. 이것이 결국 당뇨나 동맥경화 같은 질병으로 나타난다는 것입니다.

이 분이 자신이 연구한 물에 대해 강의도하고, 라디오 건강상담도 하고, 오직 물 마시는 것 만으로 많은 성인병을 고친 실례들을 이야기 해주면서 느낀 것은 대부분의 현대인들이 물을 잘 안 마신다는 것입니다. 물을 자주마시면 화장실에 자주 가야하기 때문입니다.

그러나 건강해지려면 하루에 1.8리터의 맑은 물을 공복 시에 계속 마셔 줄 것을 권합니다. 처음에는 화장실을 자주 가게 되지만 몇 달 지나면 몸이 자리를 잡는 답니다.

주의할 것은 많은 물이 소화기계통 특히 위(胃)에는 큰 부담이 됨으로 소화물이 없을 시에 마실 것을 권하고 있습니다. 성인병 중에서도 특히 당뇨에 아주 특효가 있다고 합니다.

이 분이 물의 효능을 알고 난 후부터는 아픈 사람을 보면 '당신 너무 허약해!' 아니라 '당신 너무 가물었어!' 라는 말로 바뀌었답니다.(?)

예수생수

제가 오늘 무슨 생수회사 파견 직원 같습니다. 그러나 요는 이겁니다. 우리의 영이든 육이든 물이 흘러들어가야 산다는 진리를 말씀드리고자 함입니다. 요한복음 4장을 보면 예수님과 사마리아 여인과의 대화가 이어지고 있습니다.

"야곱의 우물로 물 뜨러 온 사마리아여인에게 예수님이 물 한 그릇 떠 달라 하니까 당신은 유대인으로 어떻게 사마리아여인인 내게 물을 떠 달라합니까! 네가 물 달라 하는 이가 누군 줄 알았다면 도리어 그에게 생수를 구했을 것이다. 이 물(우물)을 마시는 자는 다시 목마르려니와 내가 주는 물을 먹는 자는 다시 목마르지 아니하려니와 **나의 주는 물은 그 속에서 영생하도록 솟아나는 샘물이 되리라.**"

요한복음 7장 38절에서도 "누구든지 목마르거든 내게로 와서 마셔라. **나를 믿는 자는 성경에 이름과 같이 그 배에서 생수의 강이 흘러나**

리라"고 하셨습니다.

육신 속에 맑은 생수가 들어가야 육신이 사는 것처럼 우리의 영혼도 생명수가 흘러들어가야 영생을 얻을 수 있다는 말씀의 내용입니다. 생명수의 영적인 의미는 예수를 믿는 것입니다. 예수를 믿어야 우리 영혼 가운데 끊임없이 생명수가 샘물처럼 솟아나는 것입니다.

그래서 우리의 영혼이 기운을 차리고 생기와 활기를 얻게 되며 세상에 그 어떤 헛된 가치에 이끌리지 않게 되는 것입니다. 영혼이 갈증을 느낄 때 세상의 그 어떤 것으로도 그 갈증을 해갈해줄 수 없습니다. 오직 예수만이 그 갈증을 해갈하는 생수가 됩니다.

생명수 강가

생명수의 더욱 구체적인 영적인 의미는 위의 말씀 다음구절인 39절에 말씀해 주고계십니다. "**생수의 강**이 흘러나리라 하시니 이는 **그를 믿는 자의 받을 성령**을 가리켜 말씀하신 것이라." 이와 같은 말씀들을 종합하면 결국 하나님 보좌 앞에서 흘러나오는 생명수의 강은 하나님의 성령을 가리키고 있었습니다. **성령의 임재가 있는 곳 그곳이 생명수 강가가 되는 것입니다.** 성경 말씀대로 하면 생명수강가에 머무는 영혼들은 **생명나무 과실**을 먹고 그 영혼이 영원토록 영생한다는 말씀입니다.

더욱 신비로운 것은 이 생명나무 실과는 창세기 3장에서 아담이 선악과를 따 먹고 타락한 후에 생명나무실과까지 먹고 죄악가운데 영생하는 것을 막고자 하나님께서 화염검을 든 천사들을 시켜 생명나무로 나가는 길을 막으셨다고 했을 때 그 생명나무이기도 하다는 사실입니다. **생명수가 성령이라면 생명나무실과는 영생이었습니다.**

육신이건 영혼이건 물이 흘러들어야 사는 것 이었습니다. 맑은 물이 우리 육신 안으로 흘러들 때 우리육신이 건강을 유지하는 것처럼 하나님과 어린양의 보좌에서 흘러드는 생수의 강이 항상 우리 영혼가운데로 흘러들 때 우리 영이 산다고 하는 진리입니다. 영육 간에 물이 흘러들어가지 않으면 메마르고, 시들고, 가무는 것 이었습니다.

성령 충만

그럼으로 우리 영은 항상 하나님보좌에서 흘려주시는 당신의 성령을 받기를 사모해야합니다 우리가 기도하고, 찬송하고, 하나님을 예배하는 것은 그 성령의 물줄기를 받고자 함입니다.

요한계시록 1장 15절에서는 하나님의 음성조차도 흐르는 물소리 같다고 말씀하고 있습니다. 우리가 은혜를 받아 큰 믿음을 가지게 되었다면 그가 가진 믿음만큼 성령이 그 안에 흘러들어온 결과입니다. 성령이 아니고는 그 누구도 믿음을 가질 수 없기 때문입니다.

우리가 성령 충만을 말할 때도 우리 안에 흘러든 성령을 통해서 이해해야 합니다. 그렇지 않으면 지나친 신비주의에 빠지게 됩니다. 위의 에스겔 47장의 말씀 그대로입니다. 거기 보면 강을 건너가라 하십니다. 처음엔 강물이 이 발목까지 차있는 고로 그 사람은 얼마든지 강물의 흐름을 역행해서 자기 맘대로 뛰어다닐 수 있습니다. 강물의 흐름은 영적으로 성령의 주장하심과 인도하심을 의미합니다.

그런데 강물이 무릎까지 차니까 건너기가 힘들어 집니다. 허리까지 차니까 어기적거리면서 간신히 건너갑니다. 그러나 물이 창일하자 도저히 사람이 건너지 못하는 강이 됩니다. 강의 흐름대로 나는 이끌려 갈 뿐입니다.

성령 충만은 오직 성령이 이끄시는 대로의 삶을 말합니다. 성령이 발목까지 차있는 사람은 하나님이 말씀하시는 반대방향으로 얼마든지 행할 수 있습니다.

그런데 점점 성령이 나를 충만히 채우게 되면 나는 성령의 인도하심을 거역할 수가 없게 됩니다. 그럼으로 참으로 성경적인 성령의 충만은 신비적 환상이나, 방언, 신유를 의미 한다기보다는 말씀에 대한 온전한 순종을 의미합니다.

중요한 것은 공짜

오늘 영 육간에 물이 지니고 있는 효능에 대해서 길게 말씀드리다 가 성령 충만까지 들어가게 되었습니다. 우리의 인생에서 물은 정말 소중한 것입니다 그러면서 또한 값싼 것이기도 합니다.

가만히 보면 하나님은 사람이 살아가게 하시는데 정말 중요한 것은 거저 주셨다는 생각을 하게 됩니다. 어떻게 보면 우리주위에는 참으로 많은 부분에 있어서 진짜 중요한 것은 공짜라라는 생각이 듭니다.

물은 돈이 드는 것도 아닌데 사람 몸을 치유하는 효능이 있는 것처럼 이를테면 우리가 사는데 꼭 필요한 햇빛이나, 공기, 그리고 오늘 말씀드린 물은 그 값이 거저라는 것입니다.

오히려 가짜가 값이 비싼 경우가 많이 있습니다. 건강기능식품이라고 나와 있는 그 많은 값비싼 보약들 중에는 가짜가 적지 않다고 합니다. 물론 어떤 사람은 싼 게 비지떡이라고 공짜라면 거들떠보지도 않는 다는데 그러나 정말 중요한 부분에 있어서는 거저 주어진 것입니다.

하나님은 돈 있는 사람만 건강하게 살게 하지 않으셨습니다. 누구나 마실 수 있는 물만으로도 건강을 유지할 수 있게 하셨습니다. 우리에게 정말 필요한 햇빛과 공기도 그렇습니다. 햇빛 5분 쬐는데 500원, 맑은 공기 5분 마시는데 1000원, 뭐 이런 건 없습니다.

'값없이

그러고 보면 우리 삶에 가장 중요한 구원이 또한 공짜 이었습니다. "누구든지 그 은혜를 인하여 **값없이 구원함을 얻었으니** 이는 너희에게서 난 것이 아니요 하나님의 선물이라"(엡 2:8). 여기서 **'값없이'** 가 거저라는 말입니다.

가짜들은 구원받는데 돈 가져와야 한다고 하고, 많은 공로를 쌓아야 한다고 하고, 많은 행위를 요구합니다. 그러나 성경에서 하나님이 분명히 하시는 말씀은 구원은 값없이 주어진 것이라는 진리입니다.

하나님 나라의 성도들은 하나님과 어린 양의 보좌에서 거저 흘려 보내주시는 성령을 사모하며, 그 성령 안에 충만히 거하며, 복된 은혜의 삶을 사는 성도들인 것을 믿습니다.

"성령과 신부가 말씀하시기를 오라 하시는 도다 듣는 자도 오라 할 것이요 목마른 자도 올 것이요 또 원하는 자는 **'값 없이'** 생명수를 받으라 하시더라"(계 22:17).

"너희 목마른 자들아 물로 나아오라. 돈 없는 자도 오라 너희는 와서 사먹되 돈 없이 **'값없이'** 와서 포도주와 젖을 사라. 너희가 어찌하여 양식 아닌 것을 위하여 은을 달아 주며 배부르지 못할 것을 위하여 수고하느냐"(사 55:1).

여섯 번째 이야기

'고지론' 에 반대하며..

보배를 질그릇에

고린도후서 4장 7절을 보면 "우리가 이 보배를 질그릇에 가졌으니 이는 능력의 심히 큰 것이 하나님께 있고 우리에게 있지 아니함을 알게 하려 함이라!"라는 말씀이 있습니다. 오늘은 이 말씀을 보면서 한국교회를 병들게 한 '고지론' 이라는 것이 무엇인지 알아보고 그 의미에 대해서 바른 묵상을 해 보도록 하겠습니다.

혹시 우리 가정에 귀중품이 있다면 여러분은 그것을 어디에다 담으시겠습니까? 보배는 최소한 금 그릇이나 은 그릇에 담아야 폼이 날 것입니다. 우리 중 누구라도 금반지 은반지를 보배 함에 담지 볼 품 없는 질그릇에 담아놓는 경우는 없을 것입니다.

그런데 하나님이 하시는 일은 사람이 하는 일과는 다릅니다. 하나님은 보배를 질그릇에 담으셨습니다. 보배는 예수그리스도이십니다. 질그릇은 우리들입니다. 보배를 보잘 것 없는 질그릇에 담으신 이유는 오직 하나입니다. 오직 예수만 우리 안에서 드러나게 하기 위함입니다. 예수가 은그릇 금 그릇에 담겨있으면 은그릇 금 그릇이 드러나지 예수가 드러나질 않는 것입니다. 그릇의 임무는 그 담긴 것을 드러내는 것인데 자기가 드러나고 있으면 주객이 전도된 것입니다.

사람들은 내가 은그릇 되고 금 그릇이 되는 것으로 내 안에 담긴 예수를 더욱 빛나게 하겠습니다. 하면서 신앙생활을 합니다. 나를 출세시켜 주시고 세상에서 성공시켜 주시면 내가 주님을 위해서 이것도 하고 저것도 하고 하는 식의 기도가 우리의 일반적인 기도입니다. 내가 세상에서 성공하고 높은 자리 오르는 것으로 하나님께 영광을 돌리겠다는 것이 바로 '고지론' 입니다. 물론 성경에서 이 부분을 언급합니다. 그러나 그것은 아주 작은 부분에서만입니다. 항상 부분이 전체가 될 때 진리는 왜곡되는 것입니다

성경의 인물들도 ..질그릇

성경을 보면 하나님이 사용하시는 사람은 결코 높은 사람들이 아니었습니다. 다 질그릇들을 쓰셨습니다. 갈대아 우르의 우상장사 아브람을 쓰셨고..일개 애굽의 노예인 요셉을 쓰셨으며, 지팡이 하나 들고 있는 모세를 쓰셨습니다. 또한 사사기에 기록된 모든 사사들이 다 질그릇들이었으며, 초라한 목동 다윗을 비롯하여 선지자들이 거의 다 평민출신들입니다. 도리어 어용목회자라 할 수 있는 거짓선지자들이 귀족 출신들이었습니다. 우리는 다 결과론에 익숙합니다. 그래서 총리된 요셉과 왕이 된 다윗에만 치중하는 것입니다. 그러나 성경의 인물들이 실제 성경 속에서 살아가는 현장은 모두가 다 하나님 앞에 질그릇으로 살아가고 있는 시간이었습니다. 왕이었던 다윗도 하나님 앞에 왕복을 벗고 아이처럼 춤추며 자신이 금 그릇이 아니라는 것을 고백한 것입니다.

신약을 보아도 예수님의 제자들이 다 평범한 갈릴리의 어부들이었습니다. 사도행전 13장을 보면 대제사장과 관원들이 사도들의 설교하는 것을 보고는 원문에 '아그라마토이' 라는 말을 쓰고 있습니다. '그라

마' (grammar)는 우리가 알고 있는 글이라는 말입니다. 그러니까 이 말은 저들이 글도 모르는 무식한 자들이 아니냐는 비아냥입니다. 사도바울도 마찬가지입니다. 우리가 알기에는 사도바울은 베냐민 지파고, 가말리엘 문하에서 배웠고, 로마시민권도 가지고 있는 대단한 사람으로 알지만 그것은 사실 당시에 사람들이 자신을 너무나 형편없는 사람으로 알기에 자기를 변호하는 차원에서 말한 것입니다.

사도바울은 사람들이 보기에 예수님처럼 흠모할만한 것이 아무것도 없었습니다. 전해지는 이야기에 의하면 풍채는 있었으나 키는 구부정하고 대머리에 메부리코 였다고 합니다. 육신에 질병의 가시가 있었지만 하나님은 '내 은혜가 네게 족하다!' 고 하시고는 고쳐주시지 않으셨습니다. 추천서 한 장 없이 선교지를 다니느라 사람들로 의심을 많이 받았습니다. 바울의 사도권에 대한 의심은 그의 사역에 계속해서 집요하고 끈질기게 따라다녔습니다. 지금으로 말하면 제가 목사가 아니라고 하는 것입니다. 그러면 제가 성도들 앞에서 할 수 있는 것은 아무것도 없습니다. 당시는 교회가 세워지는 초대교회이기 때문에 더욱 그러했습니다.

당시에 교린도 교회 교인들이 사도바울을 이렇게 보니까 말은 어눌하고 너무 행색이 초라하고 볼품없는 것입니다. 만일에 요즘에 사도바울이 담임목사 청빙이력서를 냈다면 학벌 하나밖에는 볼게 없으므로 서류전형에서 떨어졌을 것입니다. 그리고 사도라는 사람이 맨 날 헐벗고, 굶고, 쫓겨나고, 매 맞고, 갇히고, 배가 파선하는 것으로 죽음에서 건지우고 하는 것을 보고는 "사도가 왜 그러냐!.. 도대체 사도가 뭐 이러냐!" 이렇게 된 것입니다. 고린도후서 1장 8절에서처럼 힘에 지나도록 고생을 하는 것으로 살 소망마저 끊어지는 고난을 격고 오늘 4장 8절처럼 사방으로 우겨쌈을 당하고, 답답한 일을 당하고, 박해를 받고,

거꾸러드림을 당하고 하면서 사도라는데 도대체 왜 이런 일들이 있냐는 것입니다.

그래서 사도바울이 오늘본문 고린도후서 4장 10절 이하에서 말씀하는 것입니다. "내가 깨어지고 내가 죽어지고 없어지는 것으로 너희가 산 것 아니냐! 예수가 죽은 것으로 우리 모두가 산 것 같이 내가 이 고난을 받은 것으로 너희가 지금 예수 믿고 있는 것 아니냐!" 그리고 13절이 참 중요합니다. "기록된바 내가 믿었음으로 말하였다 함과 같이 우리가 같은 믿음의 마음을 가졌나니 우리도 믿었음으로 또한 말하노라!" 사도바울이 구약시편 116편 10절의 말씀을 인용한 것입니다. "내가 크게 고통을 당하였다 말할 때에도 나는 믿었도다!" 입니다.

극심한 고통이 있음에도 나는 하나님의 살아계심과 선하심을 믿었다는 것입니다. 고난 중에도, 문제가 여전히 있음에도, 병들어 신음하는 중에도, 하나님을 믿었다는 것입니다. 나도 좀 괜찮은 외모에 수려한 언변을 가지고 전도하고 싶다. 전도하려하는데 내 신세가 너무 초라한 겁니다. 전도할라치면 너처럼 찌질하게 될까봐 예수 안 믿을란다 혹 이런 소리 들을까 봐입니다. 이것이 지금 사도바울의 심정이라는 것입니다.

놀라운 것은 복음이 전해지는 데에 있어서 사람의 지혜나 사람의 언변이나 사람의 그럴듯함으로 전해진 것이 아니라는 것입니다. 사도바울이 아덴에서 그것을 깨닫고는 복음을 전하는데 있어서 다시는 사람의 지혜로 하지 않을 것이라고 고백한 것입니다.

초대교회 역사를 보면 복음이 실제로 전파된 것은 당시에 로마의 노예들을 통해서였습니다. 오죽하면 사도바울은 고린도전서 1장 26절에서 "너희의 부르심을 보라 육체를 따라 지혜로운 자가 많지 않고 능한 자가 많지 않고 문벌 좋은자가 많지 않다!" 하시는 겁니다. 로마시대에 주일날 주인들이 태양신을 숭배하러 가면 그 밑에 노예들이 모여서 예수님을 예배하면서 복음이 전해진 것입니다. 이것은 우리나라 복음 전래도 마찬가지입니다. 초기에 복음을 받아들였던 사람들은 모두가 다 천민계층이었습니다.

충만한 영광중에 계시는 하나님

돈 많이 벌어 부자 되어야 하나님께 영광이 되는 것이다 해서 성도들 모아놓고 장사시키고 하는 곳을 보면 대부분 다 이단들입니다. 교회가 무슨 다 단계 영업소 같습니다. 그리고는 기도하는 것도 이번 한 번만 잘 되게 하시는 것으로 돈 벌고 출세하게 해 주시면 그것으로 하나님께 영광돌리겠다는 내용이 전부입니다. 지금도 정선 도박장에 있는 교회에는 "주님 이번 한 번만 좀 도와 주십쇼!"하면서 새벽기도하고 금식하는 사람들로 가득한 것입니다

사람들이 무슨 착각을 하냐면 하나님은 돈이 없기 때문에 내가 잘 되고 돈 벌어서 하나님께 드려야 한다는 생각을 하는 것입니다. 하나님은 내가 출세해서 하나님께 영광을 돌리지 않으면 하나님은 영광도 못 받으시는 것으로 아는 것입니다. 우리는 의외로 이러한 유아기의 믿음을 가지고 있는 경우가 있습니다.

다윗이 그러던 시절이 있었습니다. 자기는 백향목 궁에 거하는데 하나님은 초라한 성막(장막)안에 계시는 것 같으니까 하나님을 위해 성전을 지어드린다고 했습니다. 그때 하나님께서 하신 말씀이 있습니다. "하늘은 나의 보좌요 땅은 나의 발등상인데 무슨 성전을 지는다고 하냐!"(이사야 66:1) 이 말씀은 하나님은 이미 충만한 보좌위에 앉아 계시고 충만한 영광중에 계시며 충만한 거룩하심으로 모든 만물을 충만케 하시는 분이시라는 의미입니다.

그렇게 하나님은 모든 것이 이미 충만하시기 때문에 뭐가 좀 있다고 하는 사람들은 사용하지 않으시는 것입니다. 부자와 출세한 사람, 장관과 대통령을 쓰시는 것이 아니라 없는 사람 약한 사람 가난한 사람을 쓰시더라는 것입니다. 그렇게 연약한 사람을 통해서 강한 사람을 부끄럽게 하시고 미련한자를 택하심으로 스스로 지혜있다 하는 자를 부끄럽게 하시는 일이 그분이 하시는 주된 일이십니다. 도리어 부와 권세와 명예를 가졌다고 하면서 소위 은그릇 금그릇 행세하면서 교만히 행하는 자들을 어느 순간 망하게 하시는 것입니다.

시편 73편을 보면 성도들이 악한 사람들이 잘되는 것을 보고 시험에 들었습니다. 그때 하나님은 악인의 잘 됨을 부러워하지 마라 그들의 멸망이 급속히 임할 것이라고 하셨습니다.

우리 모두는 지금 이것을 직접 목도하는 것입니다. '최순실' 이라는 사람입니다. 하늘 높은 줄 모르고 교만히 행하며 권세와 위세를 떨쳤습니다. 하나님은 교만한 자를 바로 벌하시는 것이 아니라 어느 정도 잘되게 하시고 성공하게 하십니다. 그리고 높은 곳까지 이끌고 가셨다가는 거기서 수직으로 떨어뜨리십니다. 어느날 하루 아침에 갑자기 망하게 하시는 것입니다. 그것을 많은 사람들이 보고 교훈을 삼으라는 뜻이 거기에 있는 것입니다.

쓰임을 받는다는 것

하나님은 우리가 당신 앞에 쓸 만한 사람이 되고 세상에서 성공한 사람이 되는 것으로 우리를 사랑하시는 것이 아닙니다. 그것은 조건적인 사랑입니다. 우리가 자녀를 키울 때 내가 저 놈을 잘 키워서 나중에 꼭 써먹어야겠다 하고서 자녀를 키우는 경우는 없습니다. 혹 그런 경우라면 부모자녀가 문제가 생기는 것입니다. 자녀를 생각할 때 자신이 이루지 못한 것을 대리 충족시켜 주는 자기만족의 대상으로 삼은 것이기 때문입니다. 혹 사람은 잘난 자식 가까이하고 못난 자식 멀리할 수 있지만 하나님은 그렇지 않으십니다. 그 반대십니다. 연약한 자녀이기 때문에 더욱 그를 품으십니다. 깨지기 쉽고, 볼 품 없고, 부족한 그릇인 질그릇인 자녀를 더 사랑하시는 것입니다.

우리는 서구의 실용주의 영향을 너무 많이 받아서 쓰임을 못 받으면 존재가치가 없는 것으로 아는 것입니다. 이런 왜곡된 가치관이 교회에까지 들어와서 교회도 소위 잘나가는 사람들의 그들만의 리그로 만들어 놓았습니다. 목회자도 엘리트 성도만 좋아하는 겁니다. 엘리트 성도 몇 명 있는 것으로 자기 위세를 삼는 것입니다.

그러나 우리는 이것을 알아야합니다. 우리가 그리스도만으로 충분한 것처럼 그리스도 또한 그냥 내가 나인 것으로 충분하다 하시는 것입니다. 그것이 성경입니다. 출세 못해도, 부자 안 돼도, 성공과는 거리가 멀어도, 질그릇이어도 괜찮습니다. 사람들은 무슨 생각을 하냐면 내가 지금은 비록 질그릇이지만 새벽기도 40일 하면 은그릇 되는 줄 압니다. 그리고 더 세게 해서 40일 금식기도하면 금 그릇이 되는 줄 압니다.

그것으로 하나님께 영광 돌린다고 합니다. 그러나 그렇지 않습니다. 하나님은 보배를 질그릇에 담으시지 결코 은그릇 금 그릇에 담지 않으십니다. 능력의 심히 큰 것이 하나님께 있음을 알게 하기 위함입니다. 예수가 은그릇 금 그릇에 담기는 것으로만 가르치는 '고지론' 이 한국교회를 지배했기 때문에 지금 이렇게 교회가 세상과 별로 다른 게 없어 보이게 된 것입니다. 이것을 알아야 합니다. 사람들은 도리어 자기가 정말 은그릇 금 그릇된 줄 알면 그때부터 이상하게 예수는 없어지고 금 그릇 은 그릇만 있더라는 것입니다.

자기가 한 행위만 남기 때문입니다 마태복음 7장에서 "불법을 행하는 자들아 내게서 떠나가라!" 하고 주님께 버림받은 자들은 모두가 이렇게 하나님께 했다는 이야기만 잔뜩하고 있습니다. 하늘에서 불도 내리고 선지자 노릇도 하고 권능도 행하고, 그러다가 '내가 왜..' 를 남발하는 것입니다. 반면에 마태복음 25장에서 기록된 양과 염소의 비유에서 주님께 구원받은 양들은 자기가 뭘 했는지를 모릅니다. 도리어 예수님이 그들이 무엇을 했는지를 말씀해주시는 것입니다. 내가 벗었을 때 입혔고, 주렸을 때 먹을 것을 주었고….

즉 이 비유의 말씀들은 구원의 내용이 사람들의 은그릇 금그릇 행위에 있지 않았다는 것을 말씀하는 비유더라는 것입니다. 오직 '나 같은 죄인이 어찌….' 라는 은혜에 대한 감사만 남아 있는 것입니다.

귀한 그릇

그렇다고 '고지론' 이 틀린 것이다. 이 말씀은 아닙니다. 모든 것을 흑백 논리으로만 가져가면 안 될 것입니다. 하나님은 자유하신 하나님이심으로 때론 당신의 주권적 사역으로 은그릇 금 그릇을 사용하기도 하십니다. 그러나 그것은 부분적이고 특수한 경우에서만입니다. 특수한 것을 일반화시키면 안 됩니다. 그래서 우리는 쓰임받는 그릇을 말씀하고 있는 또 다른 본문인 디모데후서 2장 20절을 보아야합니다.

"큰 집에는 금 그릇과 은 그릇뿐 아니라 나무 그릇과 질그릇도 있어 귀하게 쓰는 것도 있고 천하게 쓰는 것도 있나니 그러므로 누구든지 이런 것에서 자기를 깨끗하게 하면 귀히 쓰는 그릇이 되어 거룩하고 주인의 쓰심에 합당하며 모든 선한 일에 준비함이 되리라!"(딤후 2:20) 이 말씀의 핵심은 깨끗한 그릇이 귀한 그릇이라는 말씀입니다.

이 말씀에서 중요한 것은 그릇의 재질이 아닙니다.. '재질' 보다 중요한 것이 '쓰임받는 것' 입니다. 그리고 '쓰임받는 것' 보다 더 중요한 것이 있습니다. 그것이 바로 '귀한 것' 입니다. '용도' 보다 귀한 것이 '존재' 입니다. 사람들에게는 금그릇 은그릇이 귀합니다. 그러나 하나님께 귀한 그릇은 깨끗한 그릇입니다. 죄가 묻어있는 더러운 그릇이라면 금그릇이라 해도 하나님 앞에서는 천한 그릇입니다. 죄악 세상에서 구별되어 말씀 안에서 늘 자신을 성결케 하는 그릇이 바로 '귀한 그릇' 이라는 것입니다. 사람들은 그릇의 재질과 쓰임받는 차원에서만 그릇을 생각합니다. 그러나 그보다 더 중요한 것은 깨끗한 그릇이어야 한다는 것입니다.

물론 우리 중에는 깨끗한 은그릇 금 그릇도 있습니다. 그러나 우리 대부분의 성도는 질그릇입니다. 바라기는 깨끗한 질그릇이기를 소망하는 것입니다. 우리 자신이 세상과 구별되어 있을 때에 하나님 앞에서는 귀한 그릇이 되어 주의 선한 일에 준비 될 것입니다. 오늘 말씀처럼 그리스도께서 우리 안에서 영광을 받으시며 빛을 비취실 것입니다.

글을 마름하면서 이것 하나 만큼은 분명히 말씀드리고 싶습니다. 하나님은 우리를 사용하시려는 분이 아니라 사랑하시는 분이십니다. 혹 하나님이 우리를 일꾼으로 사용하신다고 해도 그 쓰임은 바로 하나님의 사랑을 모든 이들에게 알게 하는 일에 부름 받는 일 일 것입니다. 우리는 세상에서 성공하든지 실패하든지, 출세하든지 못하든지, 부자이건 가난하건, 상관없이 하나님 아버지의 존귀한 아들이며 딸이며 천하와도 바꿀 수 없는 보배롭고 존귀한 한 사람 한 사람들인 것을 믿습니다.

후기

한국 교회 대부분의 목사님의 설교 제목은 이런 것입니다. 〈겸손한 사람이 받는 복〉, 〈하나님은 용기 있는 사람을 쓰셨다〉, 〈모세의 헌신〉 이와 같은 일련의 패턴을 따릅니다. 그리고 우리도 겸손해 집시다! 우리도 용기를 냅시다! 우리도 헌신합시다!

물론 이와 같은 말씀이 성도들에게 필요한 것이 사실이지만 문제는 뭐냐면 전면에 결국 들어나게 되는 것이 하나님의 은혜가 아니라 사람의 행위라는 것입니다. 처음에는 그렇게 은혜를 강조하면서도 마지막에는 사람의 행위로만 도배되는 것을 보면서 사도바울이 갈라디아서 3장 3절에서 "너희가 이같이 어리석으냐? 성령으로 시작하였다가 이제는 육체로 마치겠느냐!"의 마음이 그대로 전해지는 것입니다.

그래서 제가 전하는 메시지 가운데는 무엇을 '하라!' 와 '하자!' 는 것이 별로 없습니다. 지식인들이 좋아하는 시대정신도 없습니다. 시대는 옷만 바꿔 입었을 뿐이지 사람 사는 모습은 매 일반이기 때문입니다.

저는 그저 성경을 통해 나타내신 하나님이 바로 이 분입니다. 라고 하나님을 소개할 뿐입니다. 어떻게 하라는 것 없이, 시대적 고민과 갈등의 처방도 없이 글을 마름하는 것으로 싱겁고 밋밋할 수 있습니다.

그러나 어떻게 하는 것은 이미 우리가 유치원 때 다 배워 알고 있는 것입니다. 얄팍하고 피상적으로 막연히 알고 있던 하나님을 분명히 나타내는 작업에 치중했습니다.

성경은 자기계발서도 아니고 좌우이념서적도 아니며 세상출세나 성공 메뉴얼도 아닙니다. 성경은 모든 사람들로 하여금 하나님 보좌 앞으로 데려가서 거기다 세워놓은 책입니다.

하나님은 그 어떤 경우에도 목적이지 수단이 아닙니다. 마지막 도착지가 되고 최후에 목표지점이 되어야하는 하나님 자신이 목적이 아니라 하나님을 수단화해서 뭘 얻어내려고만 하는 것은 우리의 신앙이 샤머니즘과 결합 될 때 나타나는 현상입니다. **신앙은 내가 하나님을 위해서 이렇게 많이 했으니 나를 좀 알아달라고 하는 몸부림과 발악이(?) 아닙니다. 신앙은 하나님이 이미 내게 행하신 숱한 은혜를 날마다 시간마다 발견하며 감사하는 생활입니다.**

행위주의 은사주의 세속주의에 빠져 있을수록 이것이 보이지 않습니다. 하나님이 하신 일이 아니라 사람의 행위가 전면에 들어날 때 나타나는 신앙의 병패현상입니다. 교회가 교회되고 예배가 예배되며 말씀이 말씀되어 질 때는 내가 찾아가는 하나님이 아니라 이미 찾아오신 하나님을 울트라 HD급으로 보게 되는 것입니다. 저의 집 TV는 20세기에 나온 구형TV인데 얼마 전 어디서 UHD급으로 TV를 보니 정말 사람들의 머리털 하나하나가 보였습니다.

마찬가지로 아주 자세하게 세심한 부분을 살피고 계시는 하나님이 보이게 되면 세상에서 겪게 되는 애지간한 일에는 휘둘리지 않습니다. 신앙은 우리에게 행하신 하나님의 일을 머리털 하나 크기까지 자세히 드려다 보는 것입니다. 우리의 머리털을 헤아려 아신다고 했기 때문입니다.

성경에 기록된 단순한 문자를 넘어서서 그 말씀을 하시는 하나님의 얼굴표정을 읽어야합니다. 그러기 위해서는 하나님의 시청각 교육장인 성경의 그 조밀한 화소 안으로 들어가야 합니다. 행간을 읽어내는 깊이 있는 이해가 필요합니다. 성경이해가 곧 기록자이신 하나님의 마음을 아는 일이기 때문입니다.

우리의 머리털 한 올을 아시는 하나님이시기에 우리 또한 하나님 입술과 미간 사이의 미세한 떨림까지 캐치해야 합니다. 사랑하는 관계라면 꼭 그렇게 될 것입니다.

지난 십여 년 설교한 내용을 오롯이 담았습니다. 다소 직설적이고 거친 부분이 많이 있는 책자이만 이 책자가 조금이라도 그 일에 도움이 되길 바라는 마음 간절합니다.

"사람의 제일 되는 목적은 하나님을 영화롭게 하고 영원토록 그를 즐거워하는 것입니다"(소요리문답 1문).

'솔라 그라티아!'(오직은혜), '솔라 스크립투라!'(오직성경), '솔라 피데!'(오직믿음)를 외쳤던 개혁자들의 심장으로 2017년 종교개혁 500주년을 맞이하며….

2017. 2. 1.